Goebel

Inkassokosten

AnwaltsPraxis

Inkassokosten

Ein Praxisleitfaden zur
Erstattungsfähigkeit von Inkassokosten

Von
Frank-Michael Goebel
Richter am Oberlandesgericht Koblenz
www.inkassokosten.com

DeutscherAnwaltVerlag

Zitiervorschlag:
Goebel, Inkassokosten, § 1 Rn 1

Copyright 2008 by Deutscher Anwaltverlag, Bonn
Umschlaggestaltung: gentura, Holger Neumann, Bochum
Satz: Satzbetrieb Schäper GmbH, Bonn
Druck: Westermann Druck Zwickau GmbH
ISBN 978-3-8240-0995-4

Bibliografische Information der Deutschen Bibliothek
Die Deutsche Bibliothek verzeichnet diese Publikation in der Deutschen Nationalbibliografie; detaillierte bibliografische Daten sind im Internet über http://dnb.ddb.de abrufbar.

Vorwort

Für den Gläubiger kann es mit besonderen Vorteilen verbunden sein, ein externes Inkassounternehmen mit der Wahrung des gesamten Forderungsmanagements oder einzelnen Inkassodienstleistungen zu beauftragen, weil er keine eigene Inkassoabteilung mit den damit verbundenen Fixkosten vorhalten muss, sondern bezogen auf den konkreten Auftrag eine Vergütung zahlt, die regelmäßig unter möglichen Eigenkosten liegt. Zum Teil werden auch Vergütungsmodelle gewählt, die das Inkassounternehmen am Risiko des erfolgreichen Forderungseinzugs beteiligen. Er betreibt dann das so genannte Business Process Outsourcing. Darüber hinaus nutzt der Gläubiger das besondere Wissen, die Spezialisierung und letztlich auch die Formen des Telefoninkassos und des Außendienstes dieses Dienstleistungsunternehmens, die im Vergleich zur Tätigkeit eines Rechtsanwaltes breiter angelegt sind und häufig eine höhere Erfolgsquote mit sich bringen. Vor diesem Hintergrund verwundert es nicht weiter, dass die Zahl der Inkassounternehmen als auch der Umfang des – nach Schätzungen – von diesen verwalteten Forderungsbestandes stetig wächst.

Auch die öffentliche Hand hat dies erkannt. Die Landesregierung in Baden-Württemberg hat am 11.3.2008 einen Gesetzentwurf vorgelegt, der die Beteiligung privater Inkassounternehmen an der Beitreibung öffentlich-rechtlicher Forderungen vorsieht und die Wahrung des Datenschutzes regelt.[1]

Auch für den Schuldner hat die Einschaltung eines Inkassounternehmens Vorteile. Mehr noch als die Anwaltschaft sind Inkassounternehmen bemüht eine Vermittlerrolle zwischen Gläubiger und Schuldner einzunehmen und so Teilzahlungslösungen zu finden, die den tatsächlichen Lebensumständen und der tatsächlichen Leistungsfähigkeit des Schuldners entsprechen. Dies geschieht nicht etwa aus besonderer Mildtätigkeit und Barmherzigkeit, sondern weil sie früh erkannt haben, dass die Titulierung der Forderung nicht gleichbedeutend ist mit der erfolgreichen Beitreibung der Forderung und

---

1   Nach Angaben der Landesregierung geht es um etwa 25.000 Forderungen mit einem Volumen von etwa 5 Millionen EUR jährlich. Hinzu kommen rund 75.000 Forderungen aus den letzten drei Jahren mit einem Volumen von rund 15 Millionen EUR. Der Gesetzentwurf ist im Internet auf der Seite des Justizministeriums Baden-Württemberg zu finden: www.justiz.baden-wuerttemberg.de.

Vorwort

sich der beste Beitreibungserfolg in Kooperation mit dem Schuldner erzielen lässt.

In dieser Funktion profitieren letztlich auch die Gerichte von den Inkassounternehmen. Wenn es heute noch richtig ist, dass rund 70 % der den Inkassounternehmen übergebenen Forderungsmandate ohne Inanspruchnahme von Rechtsanwälten, Gerichten und Gerichtsvollziehern abgeschlossen werden,[2] tragen sie wesentlich zur Entlastung der Gerichte bei.

Letztlich dienen alle Rechtsdienstleister, so auch die Inkassounternehmen, dem aktiven Verbraucherschutz. Kommt es zu Forderungsausfällen bei den Unternehmen, so werden diese versuchen, den Ausfall auf die Preise umzulegen. Forderungsausfälle[3] sind deshalb eine von vielen Ursachen für höhere Preise. Die ehrlichen Verbraucher zahlen so die Zeche für Schuldner, die ihren Verpflichtungen nicht nachkommen. Kann eine Umlegung auf die Preise wegen des hohen Wettbewerbdrucks nicht erfolgen, müssen innerbetriebliche Sparmaßnahmen ergriffen werden. Solche Sparprogramme kosten meist Arbeitsplätze.

Als besonders seriös, weil einer besonderen Kontrolle unterliegend, können dabei die Inkassounternehmen angesehen werden, die dem Bundesverband Deutscher Inkassounternehmen e.V. (BDIU)[4] angeschlossen sind. Die Mitgliedsunternehmen haben sich deutlichen Regeln für die Berufsausübung sowie der ständigen Aus- und Fortbildung verschrieben. Klar abzugrenzen sind diese Unternehmen von unseriösen Anbietern vermeintlicher Inkassodienstleistungen, die sich tatsächlich aber außerhalb des gesetzlich zulässigen Rahmens bewegen. Der Schuldner, der die Berechtigung des Inkassounternehmens zur Forderungseinziehung bestreiten möchte, kann im Zweifel

---

2   *Rödl*, Praxis und wirtschaftliche Bedeutung von Inkassounternehmen, Materialien der Evangelischen Akademie Bad Boll 5/1998, S. 12, 31.
3   Wie hoch die Forderungsausfälle in Deutschland tatsächlich sind, kann nicht verlässlich festgestellt werden. Nach einer Untersuchung des Forderungsmanagement-Unternehmens Intrum Justitia in 23 europäischen Ländern für das Jahr 2005 (European Payment Index 2005) wurden bei den befragten Unternehmen rund 2,2 % aller Forderungen nicht ausgeglichen. Diese auf den ersten Blick geringe Größe wird in ihrer Dimension deutlich, wenn man beachtet, dass ein Unternehmen mit einem Jahresumsatz von 12 Millionen EUR und einem durchschnittlichen Auftragswert von 750 EUR sowie einem Deckungsbeitrag von 20 % einen Mehrumsatz von 1,3 Millionen EUR erwirtschaften muss, um den Zahlungsausfall zu kompensieren. Dies entspricht 1.760 zusätzlichen Aufträgen.
4   Siehe www.bdiu.de.

kontrollieren, ob eine Mitgliedschaft im BDIU vorliegt, anderenfalls einen Nachweis der Registrierung verlangen. Wird ein Unternehmen im Forderungsinkasso für Dritte tätig und erbringt hier Rechtsdienstleistungen, ohne über die erforderliche Registrierung zu verfügen, hat es keinen Vergütungsanspruch. Andererseits kann der Gläubiger, der seine Forderungen an ein Inkassounternehmen übergeben will, hier bundesweit Unternehmen in seiner Nähe finden, die einerseits ein effektives Forderungsmanagement betreiben, andererseits so arbeiten, dass sein Image nicht beschädigt wird.

Mit der Neuregelung des Rechtsberatungsrechtes durch die zum 1.7.2008[5] erfolgende Zulassung der Inkassounternehmen zur Tätigkeit im gerichtlichen Mahnverfahren und der gesamten Mobiliarzwangsvollstreckung, d.h. nunmehr auch der Forderungsvollstreckung, § 79 Abs. 2 Nr. 4 ZPO n.F.,[6] ist das Tätigkeitsspektrum der Inkassounternehmen vom Gesetzgeber deutlich erweitert und für den Gläubiger noch attraktiver geworden. Für unstreitige Forderungen können Inkassounternehmen nun eine ganzheitliche Betreuung des Gläubigers anbieten, ohne teilweise selbst nur einen Rechtsanwalt einschalten zu müssen. Der Gesetzgeber hat die besondere Rolle der Inkassounternehmer und ihre Bedeutung für ein modernes Wirtschaftsleben damit ausdrücklich anerkannt. Die Zahl der Fälle, in denen es trotz der Einschaltung eines Inkassounternehmens zukünftig auch noch der Tätigkeit eines Rechtsanwaltes bedarf, wird abnehmen. Damit werden auch die Streitfälle abnehmen, in denen sich die Frage stellt, ob Rechtsanwaltskosten und Inkassokosten nebeneinander verlangt werden können. Demgegenüber wird sich viel häufiger die Frage stellen, ob und in welcher Höhe Inkassokosten vom Schuldner zu erstatten sind.

Beauftragt der Gläubiger ein Inkassounternehmen, so haftet er zunächst auch für die aus diesem Geschäftsbesorgungsvertrag geschuldete Vergütung an den Inkassounternehmer. Neben diesem Vergütungssystem zwischen Gläubiger und Inkassounternehmer stellt sich aber in der Praxis die Frage, inwieweit der Schuldner diese Kosten zu tragen hat. Einerseits hat er die Beauftra-

---

5 BGBl I 2007, 2840; hierzu ausführlich *Goebel*, Bundestag beschließt Rechtsdienstleistungsgesetz, FMP 2007, 37; *Goebel*, Berufliche Zusammenarbeit nicht neu geregelt, FMP 2007, 42; *Schatz*, Inkassounternehmen: Registrierung statt Erlaubniserteilung, FMP 2008, 16; *Henssler/Deckenbrock*, Neue Regeln für den Rechtsberatungsmarkt, DB 2008, 41; *Kleine-Cosack*, Öffnung des Rechtsberatungsmarktes – Rechtsdienstleistungsgesetz verabschiedet, BB 2007, 2637; *Römermann*, RDG – zwei Schritte vor, einen zurück, NJW 2008, 1249.

6 BGBl I 2007, 2840.

Vorwort

gung des Inkassounternehmens regelmäßig durch seine Nichtleistung ausgelöst und muss so dem Verursacherprinzip folgend auch für die dadurch veranlassten Mehraufwendungen einstehen. Andererseits muss er vor unberechtigter Inanspruchnahme geschützt werden.

Betrachtet man diese Fragen und sieht die wirtschaftliche Bedeutung der Inkassounternehmen in einem modernen Wirtschaftssystem, so verwundert es, dass es keine aktuelle und zusammenfassende Darstellung der Aspekte der Erstattungsfähigkeit von Inkassokosten durch den Schuldner gibt.[7] Die Situation ist vielmehr von einer unübersichtlichen Rechtsprechung und verschiedenen, jeweils nur Teilaspekte erfassenden, Literaturstimmen gekennzeichnet.

Wer die frühere Rechtsprechung zur Erstattungsfähigkeit von Inkassokosten verfolgt, kann sich manchmal des Eindrucks nicht erwehren, dass hier teilweise ein Glaubenskrieg um die Berechtigung dieses Dienstleistungssektors geführt worden ist. Das Inkassounternehmen wird dabei mit einem Image versehen, das jedenfalls heute nicht mehr gerechtfertigt ist. Spätestens mit der Übertragung weiterer Aufgaben durch die Neuregelung des Rechtsberatungsrechtes hat der Gesetzgeber den Inkassounternehmen den Ritterschlag erteilt.

Die neuere Rechtsprechung lässt demgegenüber eine an den einschlägigen Rechtsgrundlagen und den hierzu entwickelten Rechtsprinzipien orientierte Rechtsprüfung erkennen. Hinweise von Amtsgerichten, in denen es heißt: „Inkassokosten sind nach ständiger Rechtsprechung des Amtsgerichts ... generell nicht erstattungsfähig", nehmen insoweit deutlich ab, kommen aber gleichwohl noch vor. Dies wird häufig mit der Frage verbunden „Wird die Klage insoweit zurückgenommen?". Ein solcher Hinweis mag zwar im Einzelfall gerechtfertigt sein, ist als generelle Entscheidungsmaxime aber nicht haltbar. Es obliegt deshalb dem Gläubiger und seinen Bevollmächtigten, die Rechtsgrundlagen für die Erstattungsfähigkeit von Inkassokosten rechtlich darzulegen und unter dem Vortrag aller maßgeblichen Tatsachen nachvollziehbar zu begründen.

---

[7] Die letzte Gesamtdarstellung stammt von *Jäckle*, Die Erstattungsfähigkeit der Kosten eines Inkassobüros, aus dem Jahre 1978. Hierbei handelt es sich um eine Dissertation, die in ihren tatsächlichen Annahmen – jedenfalls heute – nicht mehr hinreichend aktuell die Funktionen und Arbeitsweisen von Inkassounternehmen berücksichtigt. Gleichwohl ist diese in ihren rechtsdogmatischen Ansätzen zu beachten.

Demgegenüber zeigt die Praxis, dass die Zurückweisung des Anspruchs auf Erstattung der Inkassokosten meist darauf beruht, dass der Begründung des Anspruchs als Nebenforderung von den Rechtsanwälten nicht oder jedenfalls nicht hinreichend Beachtung geschenkt wird. So wird der Anspruch regelmäßig nicht schlüssig begründet, sondern häufig nur behauptet. Für Nebenforderungen gilt nach § 139 Abs. 2 ZPO die richterliche Hinweispflicht nicht, so dass es ausreicht, die Nebenforderung mit dem Hinweis auf deren Unschlüssigkeit im Urteil abzuweisen. Werden die Inkassokosten durch eine teilweise Klageabweisung bei Zuerkennung der Hauptforderung verweigert, steht regelmäßig kein Rechtsmittel zur Verfügung, weil die Berufungssumme nach § 511 ZPO von mehr als 600 EUR nicht erreicht wird und eine Zulassung der Berufung insoweit nicht erfolgt. Der Rechtsanwalt muss diesem Risiko in der Praxis durch einen entsprechend vertiefenden Vortrag Rechnung tragen. Das vorliegende Werk soll hierzu einen Beitrag leisten.

In gleicher Weise muss allerdings der Schuldner die aufgeworfenen Fragen prüfen. Er muss einerseits akzeptieren, dass die durch seine Nichtleistung hervorgerufene Beauftragung eines Rechtsdienstleisters mit Kosten verbunden ist, die er nach dem Verursacherprinzip zu tragen hat. Andererseits hat er nur die notwendigen Rechtsverfolgungskosten als Verzugsschaden zu tragen. Auch dem Schuldner und seinen Bevollmächtigten soll das Werk daher als Orientierung dienen, wann Inkassokosten berechtigt gefordert werden können und wann Sie zurückzuweisen sind.

Die Diskussion um die Berechtigung von Inkassokosten sowohl dem Grunde als auch der Höhe nach wird schon seit vielen Jahrzehnten geführt. Die Streitfragen sind bis heute nicht beigelegt.[8] Die sich verändernden tatsächlichen wie rechtlichen Rahmenbedingungen sind dabei noch nicht hinreichend aufgenommen worden. So hat sich in rechtstatsächlicher Hinsicht die Verkehrsanschauung zu der Frage, welche Aufgaben ein Gläubiger beim Forderungsinkasso selbst wahrnehmen muss vor dem Hintergrund des allgemein akzeptierten Outsourcings gewandelt. In rechtlicher Hinsicht haben sich erste wesentliche Änderungen durch das zum 1.1.2004 in Kraft getretene Rechtsanwaltsvergütungsgesetz im Zusammenhang mit der Schadens-

---

[8] Dies stellt auch der BGH noch im Jahre 2005 fest, BGH NJW 2005, 2991; ebenso OLG Köln MDR 2004, 480 = OLGR 2004, 76.

Vorwort

minderungspflicht bei der Geltendmachung der Inkassokosten ergeben. Die bisherige Definition der überwiegenden Praxis, wann Inkassokosten neben später anfallenden Rechtsanwaltskosten geltend gemacht werden dürfen, sieht sich nun durch die Neuregelung des Rechtsberatungsrechtes zum 1.7.2008 und die damit erweiterten Befugnisse der Inkassounternehmen erneut zur Überprüfung gestellt. Unter Anwendung der jedenfalls überwiegend anerkannten Kriterien werden sich zum Teil andere Ergebnisse ergeben. Dies wird die Rechtsprechung nachzuvollziehen haben.

Die vorliegende Ausarbeitung soll die Unterschiede und Gemeinsamkeiten in der Arbeitsweise von Inkassounternehmen und Rechtsanwälten herausarbeiten und damit die jeweiligen Kernkompetenzen benennen. Ausgehend hiervon soll unter Berücksichtigung der bisherigen Rechtsprechung und Literatur in Übertragung auf die neuen gesetzlichen Rahmenbedingungen aufgezeigt werden, wann Inkassokosten dem Grunde nach und in welcher Höhe erstattungsfähig sind. Die bisher anerkannten Kriterien sollen also auf die neue Rechtslage übertragen werden. Sodann sollen besondere Fallkonstellationen behandelt werden, insbesondere die Frage, ob und in welcher Höhe Inkassokosten neben später anfallenden Rechtsanwaltskosten geltend gemacht werden können. Der erstmals eingeführte prozessuale Kostenerstattungsanspruch für Inkassounternehmen im Mahnverfahren und die sich stellenden Fragen des Konzerninkassos bedürfen ebenfalls einer gesonderten Betrachtung.

Mit den abschließenden Mustern und Checklisten sollen allen Beteiligten die erforderlichen Arbeitshilfen an die Hand gegeben werden, um die rechtlichen Obersätze für die Behandlung von Inkassokosten zu formulieren, nachdem die notwendigen tatsächlichen Grundlagen in einer schlüssigen Art und Weise vorgetragen wurden. Dem Schuldner und seinen Bevollmächtigten können die Ausführungen dabei zur Überprüfung dienen, wann die Inkassokosten dem Verursacherprinzip entsprechend von ihm zu tragen sind und wann er sie berechtigt zurückweisen kann.

Das Werk soll der Praxis dienen, indem auf verständliche Weise die rechtlichen Grundlagen der Inkassokosten geklärt und in einer anwendungsorientierten Form präsentiert werden. In diesem Sinne steht der Autor Hinweisen aus der Praxis sehr aufgeschlossen gegenüber. Aktuelle Entscheidungen und

Vorwort

Entwicklungen zur Erstattungsfähigkeit finden Sie zukünftig auf der Internetseite www.inkassokosten.com. Um hier aktuell zu bleiben dankt der Autor auch für die Zusendung von Entscheidungen zu Inkassokosten, die begründet wurden.

Das Werk wurde Ende April 2008 abgeschlossen. Ich danke all jenen, die sich der Mühe unterzogen haben, dass Werk kritisch zu begleiten und wertvolle Hinweise und Anregungen gegeben haben. Ich danke meiner immer verständnisvollen Lektorin, Frau Andrea Albers, mit ihrem Team vom Deutschen Anwaltverlag für ihre Geduld und ihr Verständnis mit einem nicht immer einfachen Autor. Vor allem aber danke ich meinen Söhnen Florian und Jonas, die auch für dieses Werk so manches Mal ihren Vater entbehren mussten.

Koblenz, im Mai 2008
Frank-Michael Goebel
Richter am Oberlandesgericht
www.goebel-rhens.de
www.inkassokosten.com

Inhaltsverzeichnis

Abkürzungsverzeichnis	17
Literaturverzeichnis	25

§ 1 Rahmenbedingungen ... 33
  A. Die Entstehung des Inkassogewerbes ... 33
  B. Neue Rahmenbedingungen: Das Rechtsdienstleistungsgesetz ... 34
  C. Die handelnden Akteure des Forderungsinkassos ... 38
    I. Einleitung ... 38
    II. Der Gläubiger ... 40
    III. Der Rechtsanwalt ... 44
    IV. Die Inkassounternehmen ... 45

§ 2 Rechtliche Grundlagen ... 53
  A. Einleitung ... 53
  B. Der vertragliche Anspruch auf Erstattung von Inkassokosten ... 54
  C. Der Anspruch aus Verzug ... 61
    I. Einleitung ... 61
    II. Möglichkeit der Leistung ... 63
    III. Nichtleistung durch den Schuldner ... 63
    IV. Fälligkeit ... 64
    V. Mahnung ... 67
      1. Der notwendige Inhalt der Mahnung ... 67
      2. Die Falsch- oder Zuvielforderung ... 68
      3. Die Androhung von Rechtsfolgen und die Fristsetzung ... 73
      4. Der richtige Zeitpunkt der Mahnung ... 74
      5. Der Zugang der Mahnung ... 75
      6. Klage und Mahnbescheid als Ersatz für die Mahnung ... 76
    VI. Entbehrlichkeit der Mahnung ... 77
      1. Die kalendermäßige Bestimmung der Leistungszeit ... 77
      2. Die Abhängigkeit der Leistungszeit von einem Ereignis ... 80
      3. Die ernsthafte und endgültige Erfüllungsverweigerung ... 83
      4. Besondere Gründe für den unmittelbaren Verzugseintritt ... 84
    VII. Die Sonderregelung des § 286 Abs. 3 BGB ... 85
    VIII. Verschulden ... 90
    IX. Der Verzugsschaden ... 91
      1. Einleitung ... 91
      2. Die notwendige Kausalität zwischen Verzug und Schaden ... 92

Inhaltsverzeichnis

    3. Schadensausgleich durch Geldersatz 93
    4. Verzugsschaden und Abtretung 96
    5. Inkassokosten als Verzugsschaden 97
    6. Die Eigenobliegenheiten des Gläubigers 99
       a) Grundsätzliche Erwägungen 99
       b) Auffassungen in der Literatur 105
       c) Auffassungen in der Rechtsprechung 109
       d) Folgerungen für die Praxis......................... 112
       e) Europarechtliche Aspekte 118
       f) Die Erstattungsfähigkeit von Auslagen................ 119
       g) Zusammenfassung................................. 120
    7. Die Wahl zwischen Rechtsanwalt und Inkassounternehmen.... 122
    8. Stellungnahme zu einzelnen Argumentationslinien in der
       Rechtsprechung...................................... 130
       a) Grundsätzlich keine Erstattungsfähigkeit der Inkassokosten. . 130
       b) Mangelnde Vergleichbarkeit der Tätigkeiten 133
       c) Außergerichtliches Forderungsinkasso als Gläubiger-
          obliegenheit 134
    9. Die Höhe der erstattungsfähigen Inkassokosten............. 137
       a) Einleitung...................................... 137
       b) Ersatz der mit dem Gläubiger vertraglich vereinbarten
          Inkassovergütung 141
       c) Die ortsübliche Inkassovergütung 147
       d) Zahlung oder Freistellung? 153
  X. Die Schadensminderungspflicht 154
    1. Einleitung... 154
    2. Der Hinweis auf einen ungewöhnlich hohen Schaden 155
    3. Die Schadensminderungspflicht in Abhängigkeit vom erteilten
       Auftrag.. 157
    4. Die gänzliche Verweigerung der Erstattung von Inkassokosten . 162
    5. Inkassokosten neben Rechtsanwaltsgebühren 164
       a) Die bisherige Auffassung der herrschenden Meinung 165
       b) Notwendige Modifikationen durch die Neuregelung des
          Rechtsberatungsrechtes 169
    6. Prozessuale Fragen zur Beachtlichkeit der Schadensminderungs-
       pflicht... 171
  XI. Die Verjährung des Verzugsschadensanspruches 172
D. Der prozessuale Kostenerstattungsanspruch im Mahnverfahren....... 174
  I. Einleitung.. 174
  II. Der Regelungsinhalt von § 4 Abs. 4 EGRDG 176
    1. Ein erster Problemaufriss............................. 176

      a) Die anwaltliche Vergütung im Mahnverfahren 176
      b) Die Vergleichbarkeit der Vergütung von Rechtsanwalt und
         Inkassounternehmen 180
   2. Der Regelungsinhalt nach der gesetzgeberischen Motivation . . . 183
   3. Die Differenzierung zwischen Inkassounternehmen und Rechtsanwalt 185
   4. Auswirkungen der Differenzierung aufgrund der Schadensminderungspflicht 192
   5. Der Wechsel des Rechtsdienstleisters nach dem vorgerichtlichen Inkasso 201
   6. Auslagenpauschale und Mehrwertsteuer 203
  III. Die Folgen für die Praxis 215
E. Der prozessuale Kostenerstattungsanspruch in der Zwangsvollstreckung 217
F. Konzerninkasso und Inkassokosten 223
  I. Problembeschreibung 223
  II. Die berufsrechtliche und kostenrechtliche Problematik 226
  III. Die kostenrechtliche Behandlung des Konzerninkassos 232
  IV. Zusammenfassung 235
G. Forderungskauf und Inkassokosten 236
  I. Die beiden Grundformen des Forderungskaufes 236
  II. Die Erstattungsfähigkeit von Inkassokosten beim Forderungskauf . 238
  III. Die Erstattungsfähigkeit von Inkassokosten beim Factoring 240

§ 3 Die gerichtliche Geltendmachung 243
A. Einleitung 243
B. Die Geltendmachung der Inkassokosten im Mahnverfahren 243
C. Die Geltendmachung der Inkassokosten im streitigen Erkenntnisverfahren 245
D. Rechtsmittel 249

§ 4 Arbeitshilfen 251
A. Checkliste: Erstattungsfähigkeit von Inkassokosten 251
B. Checkliste: Die Höhe des Basiszinssatzes 252
C. Muster: Klagebegründung für Inkassokosten mit unterschiedlichen Alternativen 254

Stichwortverzeichnis 265

Abkürzungsverzeichnis

a.A.	anderer Ansicht
a.E.	am Ende
a.F.	alte Fassung
a.M.	anderer Meinung
a.a.O.	am angegebenen Ort
ABlEG	Amtsblatt der Europäischen Gemeinschaften
Abs.	Absatz
Abschn.	Abschnitt
abw.	abweichend
AcP	Archiv für die civilistische Praxis
AfP	Archiv für Presserecht
AG	Die Aktiengesellschaft (Zeitschrift)
AG	Aktiengesellschaft; Amtsgericht
AGB	Allgemeine Geschäftsbedingungen
AGS	Anwaltsgebühren Spezial
ALB	Allgemeine Lebensversicherungsbedingungen, Musterbedingungen für die Großlebensversicherung
allg.	allgemein
allg.M.	allgemeine Meinung
Alt.	Alternative
AnfG	Anfechtungsgesetz
Anh.	Anhang
Anm.	Anmerkung
AnwBl	Anwaltsblatt
AO	Abgabenordnung
AP	Arbeitsrechtliche Praxis
ArbG	Arbeitsgericht
ArbGG	Arbeitsgerichtsgesetz
Art.	Artikel
Aufl.	Auflage
AVBEltV	Verordnung über Allgemeine Bedingungen für die Elektrizitätsversorgung
AVBl	Amts- und Verordnungsblatt
Az	Aktenzeichen
B2B	Business to Business
BABl	Bundesarbeitsblatt
BAGE	Entscheidungen des Bundesarbeitsgerichts
BadWürtt.	Baden-Württemberg
BAnz	Bundesanzeiger
BayJMBl	Justizministerialblatt für Bayern

Abkürzungsverzeichnis

BayObLGZ	Entscheidungen des Bayerischen Obersten Landesgerichts in Zivilsachen
BB	Betriebs-Berater
Bd.	Band
BDIU e.V.	Bundesverband Deutscher Inkassounternehmen e.V.
BeamtVG	Gesetz über die Versorgung der Beamten und Richter in Bund und Ländern
BeurkG	Beurkundungsgesetz
BFH	Bundesfinanzhof
BFH/NV	Sammlung amtlich nicht veröffentlichter Entscheidungen des Bundesfinanzhofs
BFHE	Entscheidungen des Bundesfinanzhofs
BGB	Bürgerliches Gesetzbuch
BGBl I; II; III	Bundesgesetzblatt – Teil I; Teil II; Teil III
BGH	Bundesgerichtshof
BGHR	BGH-Rechtsprechung
BGHZ	Entscheidungen des Bundesgerichtshofs in Zivilsachen
Bl	Blatt
BMF	Bundesfinanzministerium
BPatG	Bundespatentgesetz
BRAGO prof.	BRAGO professionell
BRAK-Mitt	Bundesrechtsanwaltskammer-Mitteilungen
BR-Drucks	Bundesrats-Drucksache
BSGE	Amtliche Sammlung der Entscheidungen des Bundessozialgerichts
bspw.	beispielsweise
BStBl	Bundessteuerblatt
BT-Drucks	Bundestags-Drucksache
BUrlG	Bundesurlaubsgesetz
BVerfG	Bundesverfassungsgericht
BVerfGE	Entscheidungen des Bundesverfassungsgerichts
BVerwGE	Entscheidungen des Bundesverwaltungsgerichts
BwNotZ	Zeitschrift für das Notariat in Baden-Württemberg
bzgl.	bezüglich
bzw.	beziehungsweise
ca.	circa
CR	Computer und Recht
DAngVers	Die Angestellten-Versicherung (Zeitschrift)
DAR	Deutsches Autorecht
DB	Der Betrieb
DepotG	Gesetz über die Verwahrung und Anschaffung von Wertpapieren
ders.	derselbe
DGVZ	Deutsche Gerichtsvollzieherzeitung

d.h.	das heißt
DJ	Deutsche Justiz
DJZ	Deutsche Juristen-Zeitung
DNotIR	Informationsdienst des Deutschen Notarinstituts-Report
DNotZ	Deutsche Notarzeitschrift
DÖV	Die Öffentliche Verwaltung
DR	Deutsches Recht
DRiZ	Deutsche Richterzeitung
Drucks	Drucksache
DRZ	Deutsche Rechtszeitschrift (ab 1946)
DStR	Deutsches Steuerrecht
DStRE	DStR-Entscheidungsdienst
DVBl	Deutsches Verwaltungsblatt
DWW	Deutsche Wohnungswirtschaft
DZWir	Deutsche Zeitschrift für Wirtschaftsrecht
EGRDG	Einführungsgesetz zum Rechtsdienstleistungsgesetz
EigZulG	Eigenheimzulagengesetz
Einf.	Einführung
Entw.	Entwurf
etc.	et cetera
EUR	Euro
e.V.	eidesstattliche Versicherung
evtl.	eventuell
EWiR	Entscheidungen zum Wirtschaftsrecht
f., ff.	folgende, fortfolgende
FamRZ	Zeitschrift für das gesamte Familienrecht
FAZ	Frankfurter Allgemeine Zeitung
FF	Forum Familien- und Erbrecht
FK	Familienrecht kompakt
FMP	Forderungsmanagement professionell
Fn	Fußnote
FoVo	Forderung und Vollstreckung
FuR	Familie und Recht
FPR	Familie Partnerschaft Recht
GBO	Grundbuchordnung
GbR	Gesellschaft des bürgerlichen Rechts
gem.	gemäß
GemSOBG	Gemeinsamer Senat der obersten Gerichtshöfe des Bundes
ggf.	gegebenenfalls
GKG	Gerichtskostengesetz
Gl.	Gläubiger
GmbH	Gesellschaft mit beschränkter Haftung
GmbHG	Gesetz betreffend die Gesellschaften mit beschränkter Haftung

GmbH i. Gr.	GmbH in Gründung
GmbHR	GmbH-Rundschau
GoA	Geschäftsführung ohne Auftrag
GRUR	Gewerblicher Rechtsschutz und Urheberrecht
GVBl	Gesetz- und Verordnungsblatt
GVGA	Gerichtsvollziehergeschäftsanweisung
GvKostG	Gerichtsvollzieherkostengesetz
GVO	Gerichtsvollzieherordnung
h.L.	herrschende Lehre
h.M.	herrschende Meinung
HReg	Handelsregister
HRP	Handbuch der Rechtspraxis
HRR	Höchstrichterliche Rechtsprechung
Hrsg.	Herausgeber
hrsg.	herausgegeben
Hs.	Halbsatz
HwK	Handwerkskammer
i.A.	im Auftrag
i.d.F.	in der Fassung
i.d.R.	in der Regel
i.d.S.	in diesem Sinne
i.E.	im Ergebnis
i.H.v.	in Höhe von
i.S.d.	im Sinne des
i.S.v.	im Sinne von
i.Ü.	im Übrigen
i.V.m.	in Verbindung mit
IBR	Immobilien & Baurecht
IHK	Industrie- und Handelskammer
IKU	Inkassounternehmen
inkl.	inklusive
insb.	insbesondere
insg.	insgesamt
InVo	Insolvenz und Vollstreckung
JA	Juristische Arbeitsblätter
JBl	Justizblatt
Jg.	Jahrgang
JKomG	Justizkommunikationsgesetz
JR	Juristische Rundschau
Jura	Juristische Ausbildung
JurBüro	Juristisches Büro
JuS	Juristische Schulung
Justiz	Die Justiz

Abkürzungsverzeichnis

JVBl	Justizverwaltungsblatt
JVEG	Justizvergütungs- und -entschädigungsgesetz
JW	Juristische Wochenschrift
JZ	Juristenzeitung
K&R	Kommunikation und Recht
Kap.	Kapitel
Kfz	Kraftfahrzeug
KG	Kommanditgesellschaft; Kammergericht
KG-Rp/KGR	Rechtsprechungsreport des Kammergerichts Berlin
KJ	Kritische Justiz
KSchG	Kündigungsschutzgesetz
KTS	Konkurs-, Treuhand- und Schiedsgerichtswesen (ab 50. 1998 Zeitschrift für Insolvenzrecht /vorher Konkurs- und Treuhandwesen)
KV	Kostenverzeichnis
lfd.	laufend
LG	Landgericht
Lit.	Literatur
LPartG	Lebenspartnerschaftsgesetz
LStR	Lohnsteuerrichtlinien
m.E.	meines Erachtens
m.w.H.	mit weiteren Hinweisen
m.w.N.	mit weiteren Nachweisen
MDP	Mitteilungen der deutschen Patentanwälte
MDR	Monatsschrift für Deutsches Recht
MinBl	Ministerialblatt
mind.	mindestens
MittBayNot	Mitteilungen des Bayerischen Notarvereins, der Notarkasse und der Landesnotarkasse Bayern
MK	Mietrecht kompakt
MMR	MultiMedia und Recht
MRRG	Melderechtsrahmengesetz
MüKo	Münchener Kommentar
MuW	Markenschutz und Wettbewerb
MwSt	Mehrwertsteuer
n.v.	nicht veröffentlicht
NdsRpfl	Niedersächsische Rechtspflege
NJ	Neue Justiz
NJW	Neue Juristische Wochenschrift
NJW-COR	NJW-Computerreport
NJWE	NJW-Entscheidungsdienst
NJWE-FER	NJW-Entscheidungsdienst Familien- und Erbrecht

Abkürzungsverzeichnis

NJWE-MietR	NJW-Entscheidungsdienst Miet- und Wohnungsrecht
NJWE-VHR	NJW-Entscheidungsdienst Versicherungs- und Haftungsrecht
NJWE-WettbR	NJW-Entscheidungsdienst Wettbewerbsrecht
NJW-RR	NJW-Rechtsprechungsreport
NotBZ	Zeitschrift für die notarielle Beratungs- und Beurkundungspraxis
Nr.	Nummer
NStZ	Neue Zeitschrift für Strafrecht
NVersZ	Neue Zeitschrift für Versicherung und Recht
NVwZ	Neue Zeitschrift für Verwaltungsrecht
NWB	Neue Wirtschaftsbriefe
NWVBl	Nordrhein-Westfälische Verwaltungsblätter
NZA	Neue Zeitschrift für Arbeitsrecht
NZA-RR	NZA-Rechtsprechungs-Report Arbeitsrecht
NZG	Neue Zeitschrift für Gesellschaftsrecht
NZI	Neue Zeitschrift für Insolvenzrecht
NZM	Neue Zeitschrift für Miet- und Wohnungsrecht
o.g.	oben genannt
OHG	Offene Handelsgesellschaft
OLG	Oberlandesgericht
OLGE	Entscheidungssammlung der Oberlandesgerichte
OLGR	OLG Report
OLGZ	Entscheidungen der Oberlandesgerichte in Zivilsachen
PA	Prozessrecht aktiv
PatG	Patentgesetz
PKH	Prozesskostenhilfe
Pkw	Personenkraftwagen
pp.	perge perge (fahre fort)
PStG	Personenstandsgesetz
RA	Rechtsanwalt
RAin	Rechtsanwältin
RBeistand	Rechtsbeistand
RBerG	Rechtsberatungsgesetz
RdA	Recht der Arbeit
RDG	Rechtsdienstleistungsgesetz
RDV	Recht der Datenverarbeitung
RegBl	Regierungsblatt
RG	Reichsgericht
RGBl	Reichsgesetzblatt
RGZ	Entscheidungen des RG in Zivilsachen
RiStBV	Richtlinien für das Strafverfahren und das Bußgeldverfahren
RIW	Recht der internationalen Wirtschaft
Rn	Randnummer

RPfl.	Rechtspfleger
Rpfleger	Der Deutsche Rechtspfleger
RPflG	Rechtspflegergesetz
RpflJb	Rechtspfleger-Jahrbuch
RpflStud	Rechtspfleger-Studienhefte
RR	Rechtsprechungsreport
Rspr.	Rechtsprechung
RVG	Rechtsanwaltsvergütungsgesetz
RWS	Kommunikationsforum Recht-Wirtschaft-Steuern
S.	Satz; Seite
s.	siehe
s.a.	siehe auch
s.o.	siehe oben
s.u.	siehe unten
SAE	Sammlung Arbeitsrechtlicher Entscheidungen
SchlHA	Schleswig-Holsteinische Anzeigen
SGb	Die Sozialgerichtsbarkeit
sog.	sogenannte/r/s
st.Rspr.	ständige Rechtsprechung
StA	Staatsanwaltschaft
StB	Der Steuerberater
str.	streitig
StVollzG	Gesetz über den Vollzug der Freiheitsstrafe und der freiheitsentziehenden Maßregeln der Besserung und Sicherung
StW	Steuer-Warte
SZ	Süddeutsche Zeitung
u.a.	unter anderem; und andere
u.E.	unseres Erachtens
u.U.	unter Umständen
UFITA	Archiv für Urheber-, Film-, Funk- und Theaterrecht
umstr.	umstritten
unstr.	unstreitig
UrhG	Urheberrechtsgesetz
urspr.	ursprünglich
Urt.	Urteil
USt.	Umsatzsteuer
usw.	und so weiter
v.H.	vom Hundert
VE	Vollstreckung effektiv (Informationsdienst für Rechtsanwälte)
Verf.	Verfassung; Verfasser
VersPrax	Versicherungspraxis
VersR	Versicherungsrecht
Verz.	Verzeichnis

Abkürzungsverzeichnis

v.g.	vorgenannt
vgl.	vergleiche
VIZ	Zeitschrift für Vermögens- und Investitionsrecht
VOBl	Verordnungsblatt
VuR	Zeitschrift für Wirtschafts- und Verbraucherrecht
VVG	Versicherungsvertragsgesetz
VV RVG	Vergütungsverzeichnis zum Rechtsanwaltsvergütungsgesetz
WEG	Wohnungseigentumsgesetz
WEZ	Zeitschrift für Wohnungseigentumsrecht
WiB	Wirtschaftsrechtliche Beratung
WiR	Wirtschaftsrecht
WiStG	Wirtschaftsstrafgesetz (1954)
wistra	Zeitschrift für Wirtschaft, Steuer, Strafrecht
WM	Zeitschrift für Wirtschafts- und Bankrecht
WoGG	Wohngeldgesetz
WRP	Wettbewerb in Recht und Praxis
WuM	Wohnungswirtschaft und Mietrecht
WuW	Wirtschaft und Wettbewerb
WuW/E	Wirtschaft und Wettbewerb/Entscheidungssammlung zum Kartellrecht
z.B.	zum Beispiel
z.T.	zum Teil
ZAP	Zeitschrift für die Anwaltspraxis
ZEV	Zeitschrift für Erbrecht und Vermögensnachfolge
ZfA	Zeitschrift für Arbeitsrecht
ZFIR	Zeitschrift für Immobilienrecht
zfs	Zeitschrift für Schadensrecht
ZfStrVO	Zeitschrift für Strafvollzug und Straffälligenhilfe
ZGR	Zeitschrift für Unternehmens- und Gesellschaftsrecht
ZHR	Zeitschrift für das gesamte Handels- und Wirtschaftsrecht
Ziff.	Ziffer
ZIP	Zeitschrift für Wirtschaftsrecht und Insolvenzpraxis
zit.	zitiert
ZMR	Zeitschrift für Miet- und Raumrecht
ZNotP	Zeitschrift für die Notarpraxis
ZOV	Zeitschrift für offene Vermögensfragen
ZPO	Zivilprozessordnung
ZRP	Zeitschrift für Rechtspolitik
ZUM	Zeitschrift für Urheber- und Medienrecht
ZVI	Zeitschrift für Verbraucher-Insolvenzrecht
zzgl.	zuzüglich
ZZP	Zeitschrift für Zivilprozess

Literaturverzeichnis

Barnbeck, Klaus	§ 286 BGB und die Inkassobüros	NJW 1973, 1868
Behr, Volker	Inkassounternehmen und Rechtsberatungsgesetz	BB 1990, 795
Brangsch, Heinz	Die Vergütungen der Inkassobüros	AnwBl. 1953, 181
Brunner, Klaus	Zur Prüfungskompetenz des Rechtspflegers bei einem Antrag auf Erlass eines gerichtlichen Mahnverfahrens	JurBüro 2003, 486
Brunner, Klaus	Inkassokosten in Höhe einer 15/10 Gebühr als zu ersetzender Verzugsschaden	JurBüro 2003, 259
Brunner, Klaus	Erstattungsfähigkeit von Inkassokosten	JurBüro 2003, 146
Eimer, Eberhard	Inkassokosten als notwendige Kosten der Zwangsvollstreckung nach § 788 ZPO	DGVZ 1976, 6
Evangelische Akademie Bad Boll	Inkasso vor Gericht	Materialien der Ev. Akademie Bad Boll 5/98
Finger, Peter	Die Erstattungsfähigkeit der Gebühren von Inkassoinstituten als Verzugsschaden, § 286 Abs. 1 BGB	WRP 1978, 785
Finke, Alfred	Zur Erstattung von Inkassogebühren	NJW 1973, 1310
von Garmissen, Ilsabe	Rechtsprechung des Oberlandesgerichtes München zur Erstattung von Inkassokosten	JurBüro 1993, 641

Literaturverzeichnis

Giebel, Ulf	Welche vorgerichtlichen Kosten für die Inanspruchnahme eines Inkassounternehmens sind üblich und als Verzugsschaden des Gläubigers erstattungsfähig?	RBeistand 1982, 211
Goebel, Frank-Michael	Vergütung des Inkassounternehmens im Mahnverfahren	FMP 2008, 96
Goebel, Frank-Michael	Der zukünftige prozessuale Kostenerstattungsanspruch für Inkassounternehmen im Mahnverfahren	MDR 2008, 542
Goebel, Frank-Michael	AnwaltFormulare Zwangsvollstreckung, 3. Auflage 2008, § 15	
Gsell, Beate	EG-Verzugsrichtlinie und Reform der Reform des Verzugsrechts in Deutschland	ZIP 2000, 1861
Hagen, Gottfried	Inkassoauslagen als notwendige Kosten der Zwangsvollstreckung	JurBüro 1992, 1
Hauschildt, Jürgen und Stahrenberg, Cora	Zur Effektivität von Inkasso-Unternehmen	BB 1991, 3
Heider, Gisela	Inkassokosten: Notwendige Kosten der Zwangsvollstreckung?	DGVZ 1977, 82
Heinrichs, Helmut	EG-Richtlinie zur Bekämpfung von Zahlungsverzug im Geschäftsverkehr und Reform des Verzugrechts nach dem Entwurf eines Schuldrechtsmodernisierungsgesetzes	BB 2001, 157
Hummel, Walter	Zur Erstattung von Inkassokosten. Rechtsprechung im Bezirk des OLG Frankfurt	JurBüro 1990, 281
Jäckle, Wolfgang	Erstattung der Inkassokosten	NJW 1996, 2767
Jäckle, Wolfgang	Effektivität und Erstattungsfähigkeit der Kosten eines Inkassounternehmens	BB 1993, 2463

Jäckle, Wolfgang	Die Erstattungsfähigkeit der Kosten eines Inkassobüros (Diss. Berlin 1978), Schriften zum Bürgerlichen Recht Bd. 49	
Jäckle, Wolfgang	Die Erstattungsfähigkeit der Kosten eines Inkassobüros	JZ 1978, 675
Jäckle, Wolfgang	Nochmals: Inkassokosten als Verzugsschaden	NJW 1986, 2692
Jäger, Ulrich	Zur Erstattungsfähigkeit von Inkassokosten. Rechtsprechung im Bezirk des OLG Celle	JurBüro 1989, 1073
Jenisch, Dieter	Verkehrsüblichkeit vorgerichtlicher Inkassokosten	ZVI 2003, 441
Jenisch, Dieter	Geltendmachung von Inkassokosten und Schlüssigkeitsprüfung im gerichtlichen Mahnverfahren	JurBüro 1989, 721
Klinger, Peter	Der „außergerichtliche" Einzug von Forderungen durch Inkassogesellschaften im gerichtlichen Verfahren	NJW 1993, 3165
Künkel, Joseph	Zur Frage der Haftung des Schuldners für Inkassokosten	MDR 1963, 892
Lappe, Friedrich	Die Erstattung der Vergütung eines Inkassobüros	Rpfleger 1985, 282
Lieb, Manfred	Personalkosten als Schaden, Festschrift für Ernst Steindorff, Berlin 1990, S. 705–723	
Lipp, Martin	Eigene Mühewaltung bei der außergerichtlichen Rechtsverfolgung – ersatzfähige Einbuße oder Nachteil im eigenverantwortlichen Pflichtenkreis des Betroffenen?	NJW 1992, 1913
Löwisch, Manfred	Inkassokosten als Verzugsschaden	NJW 1986, 1726

Literaturverzeichnis

Löwisch, Manfred	Erstattungsfähigkeit von Inkassokosten	RBeistand 1987, 79
Lüddringhausen, Peter	Rechtsprechung im Lande Bremen zur Erstattungsfähigkeit von Inkassokosten	JurBüro 1991, 477
Michalski, Lutz	Unzulässigkeit der Forderungseinziehung durch konzerngebundene Inkassounternehmen	ZIP 1994, 1501
Michalski, Lutz	Unzulässigkeit der Forderungseinziehung durch konzerngebundene Inkassounternehmen	DB 1995, 2511
Michalski, Lutz	Die Befugnis von Inkassounternehmen zur gerichtlichen Durchsetzung von Forderungen	BB 1995, 1361
Mümmler, Alfred	Nochmals: Inkassokosten als notwendige Kosten der Zwangsvollstreckung	JurBüro 1993, 136
Peter, Alexander F.	Der Ersatz von Inkassokosten nach § 286 BGB	JurBüro 1999, 174
Philipp, Hans-Michael	Zur Erstattungsfähigkeit von Inkassokosten. Rechtsprechung im Bezirk des Schleswig-Holsteinischen Oberlandesgerichtes in Schleswig	JurBüro 1991, 467
Rentsch, Harald und Bersiner, Dieter	Inkassokosten als Verzugsschaden gemäß § 286 BGB	BB 1986, 1245
Rieble, Volker	Außergerichtliches Inkasso im Wettbewerb zwischen Anwälten und Inkassounternehmen	DB 1995, 195
Rieble, Volker	Replik auf die Ausführungen von Michalski in DB 1995, 2511	DB 1995, 2512

Rudolf, Thomas	Ausgewählte Rechtsfragen der Inkassounternehmen (Diss. 1996), Europäische Hochschulschriften, Bd. 2075, 1997	
Ruess, Karl	Anwaltsvergütung – Die Geltendmachung vorgerichtlicher Rechtsverfolgungskosten als Nebenforderungen	MDR 2005, 313
Salten, Uwe	Die Erstattungsfähigkeit von Inkassokosten und die Auswirkungen des neuen Rechtsdienstleistungsgesetzes	ZRP 2007, 88
Schmidt, Herbert	Die Kosten der Inkassobüros	Rpfleger 1970, 82
Schneider, Egon	Der materielle Kostenerstattungsanspruch	MDR 1981, 353
Seitz, Walter	Inkassohandbuch – Recht und Praxis des Inkassowesens, 3. Auflage 2000	
Seitz, Walter	Erstattung von Inkassokosten	Rpfleger 1995, 201
Siegert, Karl	Durchsetzung der Erstattungspflicht für die Gebühren eines Inkassobüros gegen den säumigen Schuldner	DB 1965, 1767
Spengler, Hans	Erstattung von Schadensbearbeitungskosten	VersR 1973, 115
Freiherr von Stackelberg, Curt Ferdinand	Ist der Gläubiger berechtigt, vom Schuldner nach § 286 BGB Erstattung der Kosten eines Inkassobüros unter dem Gesichtspunkt des Verzugsschadens zu verlangen?	BB 1965, 891
Stahrenberg, Cora	Effektivität des externen Inkassos – Ein Beitrag zur Ausgliederung betrieblicher Funktionen, Berlin 1995	

Steinbild, Carl-Michael	Zur Erstattungsfähigkeit von Inkassokosten. Rechtsprechung im Bezirk des Oberlandesgerichts Nürnberg	JurBüro 1990, 1387
Stickelbrock, Barbara	OLG Dresden – Ersatzfähige Inkassokosten	WiB 1996, 187
Stöber, Dr. Michael	Ansprüche auf Erstattung von Anwaltskosten bei unberechtigter Inanspruchnahme durch ein Inkassobüro	AGS 2008, 53
Stöver, Claudia	Zur Erstattungsfähigkeit von Inkassokosten. Rechtsprechung des OLG Hamm	JurBüro 1989, 1071
Strohm, Eberhard	Zur Frage der Erstattung der Kosten eines Inkassobüros	BB 1965, 1298
Triendl, Hans	Die gerichtliche Geltendmachung von ursprünglich fremden Forderungen durch Inkasso-Unternehmer	RBeistand 1983, 59
Wedel, Thomas	Zur Frage der Erstattungsfähigkeit von Inkassokosten als notwendige Kosten der Zwangsvollstreckung i.S.d. § 788 ZPO	JurBüro 2001, 345
Wedel, Thomas	Aktuelles zur Frage der Erstattungsfähigkeit von Inkassokosten	JurBüro 2006, 180
Wedel, Thomas	Neues zur Inkassokosten-Problematik	JurBüro 1999, 173
Wedel, Thomas	Inkassokosten beim Versäumnisurteil	JurBüro 1996, 117
Wedel, Thomas	Zur Frage der Erstattungsfähigkeit von Inkassokosten als Verzugsschaden gemäß § 286 BGB	JurBüro 1994, 74
Weimar, Robert	Der Einsatz der eigenen Arbeitskraft im Schadensersatzrecht	NJW 1989, 3246

Literaturverzeichnis

Werner, Horst   Formen kartellfreier Kooperationen   DB 1986, 1809

Wilhelm, Reinhard   Ersatz von Bearbeitungskosten im Schadensfall   WM 1988, 281

§ 1 Rahmenbedingungen

A. Die Entstehung des Inkassogewerbes

Das Wort Inkasso entstammt der italienischen Sprache[1] und bedeutet das Einziehen von fälligen Forderungen, vor allem bei Wechseln, Schecks, Wertpapieren und Rechnungen durch Dritte, die für das Inkasso eine Vergütung (*Inkasso-Provision*) erhalten.[2]

1

Dieses Einziehen von Forderungen hat der Gläubiger ursprünglich selbst erledigt. Doch die Zeit brachte es mit sich, dass diese Tätigkeit immer schwieriger wurde, weil sich einzelne Schuldner dem Forderungsausgleich entzogen haben und es dem moderneren Wirtschaftsverkehr zunehmend entsprach, auch Geld- und Warenkreditgeschäfte vorzunehmen, was weitere Risiken mit sich brachte. Es entsprach den bodenständigen kaufmännischen Interessen des vom rasenden wirtschaftlichen Aufschwung gekennzeichneten 19. Jahrhunderts, sich gegen die wirtschaftlichen Risiken der Kreditgewährung und Vorleistung abzusichern.

2

Als erstes echtes Inkassobüro beschreibt *Ohle*[3] das am 1.4.1860 gegründete „Erkundigungsbüro zur Wahrung kaufmännischer Interessen für Stettin und die Provinz Pommern". Schon die Bezeichnung des Unternehmens zeigt, dass es um mehr ging als nur um die Einziehung einer Forderung. Wesentliches Moment der entstehenden Inkassounternehmen war auch die Beschaffung und Weitergabe von Informationen sowohl zur Bonitätsprüfung bei der Vertragsanbahnung als auch zur Liquiditätsprüfung während einer dauerhaften Leistungsbeziehung und letztlich auch zur Effektivierung des Forderungseinzuges bei notleidenden Geschäften. Das Auskunftselement ist bis heute integraler Bestandteil der Tätigkeit von Inkassounternehmen und stellt einen wesentlichen Unterschied zur Kerntätigkeit eines Rechtsanwaltes dar und macht nicht zuletzt auch einen Aspekt der höheren Effektivität aus.

3

---

[1] Incassare = Geld einziehen.
[2] Ausführlich zur Geschichte der Inkassounternehmen *Ohle*, Das deutsche Inkassogewerbe in Vergangenheit, Gegenwart und Zukunft, in: *Seitz*, Inkasso-Handbuch, 3. Auflage Rn 1 ff.
[3] *Ohle*, in *Seitz*, Inkasso-Handbuch, a.a.O., Rn 8.

§ 1 Rahmenbedingungen

4   Zum Ende des 19. Jahrhunderts wird dann aber auch immer stärker die Funktion betont, fremde Forderungen gegen Entgelt einzuziehen. Es entwickelt sich ein eigenständiger Wirtschaftszweig, der einerseits die Auskunftsbeschaffung, -verwaltung und -bereitstellung sowie andererseits die Einziehung von Forderungen umfasste. Dabei war im beginnenden 20. Jahrhundert die eigentliche Inkassotätigkeit weitgehend auf die Beitreibung bereits titulierter Forderungen beschränkt.

5   Erst nach dem zweiten Weltkrieg haben die Inkassounternehmen ihr Tätigkeitsfeld zunehmend ausgeweitet und auch die Einziehung untitulierter Forderungen übernommen. Hintergrund waren Bestrebungen der Wirtschaftsunternehmen, den abnehmenden Erfolg von Mahnungen der Gläubiger, aber auch der Rechtsanwälte und erhebliche Zeit in Anspruch nehmende Gerichtsverfahren zur Titulierung der Forderung zu vermeiden und durch effektivere Mittel zu ersetzen. Dabei standen sowohl die persönliche Ansprache des Schuldners durch die Inkassounternehmen im Fokus als auch die Zwischenfinanzierung und der Kauf von Forderungspaketen.

6   Die Tätigkeit der Inkassounternehmen wurde im Jahre 1935 durch das Rechtsberatungsmissbrauchsgesetz[4] zugleich anerkannt und einem Erlaubnisvorbehalt unterstellt. Der bundesdeutsche Gesetzgeber übernahm das Gesetz unter der Bezeichnung des Rechtsberatungsgesetzes in die bundesdeutsche Rechtsordnung.[5] 1980 wurde dies vertieft, indem die Inkassounternehmen in Art. 1 § 1 Abs. 1 S. 2 Nr. 5 RBerG ausdrücklich erwähnt wurden.

B. Neue Rahmenbedingungen: Das Rechtsdienstleistungsgesetz

7   Zum 1.7.2008 wurde das Rechtsberatungsrecht einer umfassenden Neuregelung unterworfen.[6] Das Rechtsberatungsgesetz wurde durch das Rechtsdienstleistungsgesetz abgelöst. Der Gesetzgeber hat in diesem Zusammen-

---

4   Vom 13.12.1935 – RGBl I 1935, 1478.
5   Gesetz über die Sammlung des Bundesrechtes vom 10.7.1958, BGBl I 1958, 437. Mit diesem Gesetz wurde nach § 1 Abs. 1 das gesamte Bundesrecht festgestellt und in einer besonderen Sammlung (BGBl III) in bereinigter Fassung veröffentlicht.
6   Gesetz zur Neuregelung des Rechtsberatungsrechtes, BGBl I 2007, 2480.

B. Neue Rahmenbedingungen: Das Rechtsdienstleistungsgesetz § 1

hang die Tätigkeit der Inkassounternehmen aufgewertet.[7] Wie bisher bedarf es zur Inkassotätigkeit nach § 2 Abs. 2 RDG einer Erlaubnis, die eine besondere praktische und theoretische Sachkunde voraussetzt. Der Inkassounternehmer bedarf heute eines breiten juristischen und kaufmännischen Fundamentes, um seiner Aufgabe gerecht werden zu können. War den Inkassounternehmen in der Vergangenheit allerdings jegliche gerichtliche Tätigkeit verboten, ist dies einer umfassenden Revision unterzogen worden. Den Inkassounternehmen ist es nun nach § 79 Abs. 2 Nr. 4 ZPO n.F. gestattet, das gesamte gerichtliche Mahnverfahren und die Mobiliarzwangsvollstreckung in Gänze zu betreiben und auch den Gläubiger bei der Einleitung eines Insolvenzverfahrens nach § 174 S. 2 InsO n.F. zu vertreten. Nachdem der Inkassounternehmer für das Forderungsinkasso über die gleichen Kenntnisse verfügen muss wie ein Rechtsanwalt, gab es keinen Grund mehr, ihn von der Erbringung der auf den Forderungseinzug gerichteten Rechtsdienstleistungen im vorgerichtlichen wie im gerichtlichen Verfahren fernzuhalten.

So hat das Bundesverfassungsgericht im Jahre 2004 festgestellt, dass Personen, die nicht Rechtsanwälte sind, die aber aufgrund ausdrücklicher Erlaubnis zu geschäftsmäßiger Inkassotätigkeit berechtigt sind, nach Inhalt und Systematik des Rechtsberatungsgesetzes für diesen Teilbereich auch zur geschäftsmäßigen Rechtsberatung und Rechtsbesorgung berechtigt sind.[8] Die Zulassung – zukünftig die Registrierung – führt nach Auffassung des Bundesverfassungsgerichtes dazu, dass beim Forderungseinzug auch Rechtsberatung geleistet werden darf. Dazu gehöre aber naturgemäß auch das Geltendmachen von Ansprüchen mit den rechtlichen Argumenten, die dem Gläubiger zu Gebote stehen. Weder der Schutz der Verbraucher noch die Reibungslosigkeit der Rechtspflege rechtfertigen es nach Ansicht des Bundesverfassungsgerichtes, Inhabern einer Inkassoerlaubnis Rechtsäußerungen

8

---

7 Umfassend hierzu *Goebel*, Bundestag beschließt Rechtsdienstleistungsgesetz, FMP 2007, 37; *Schatz*, Die Registrierung von Inkassounternehmen nach dem Rechtsdienstleistungsgesetz, FMP 2008, 16; *Sabel*, Das Gesetz zur Neuregelung des Rechtsberatungsrechtes, AnwBl. 2007, 816; *Salten*, Die Erstattungsfähigkeit von Inkassokosten und die Auswirkungen des neuen Rechtsdienstleistungsgesetzes, ZRP 2007, 88; *Römermann*, RDG – zwei Schritte vor, einen zurück, NJW 2008, 1249; *Henssler/Deckenbrock*, Neue Regeln für den Rechtsberatungsmarkt, DB 2008, 41; *Kleine-Cosack*, Öffnung des Rechtsberatungsmarktes – Rechtsdienstleistungsgesetz verabschiedet, BB 2007, 2637.
8 BVerfG v. 14.8.2004 – 1 BvR 725/03 = NJW-RR 2004, 1570 = InVo 2005, 61 = RBeistand 2005, 91 = ZVI 2004, 512 = WM 2004, 1886 = DB 20034, 2314.

gegenüber ihren Klienten zu den einzuziehenden Forderungen zu verbieten.[9] Sie äußerten sich insoweit zu ihrem Geschäftsgegenstand und hielten sich damit grundsätzlich im Rahmen der ihnen erlaubten Tätigkeit. Dabei sei nicht entscheidend, ob die rechtlichen Hinweise an ihren Vertragspartner gerichtet werden oder im Außenverhältnis auch den Forderungsschuldner erreichen. Der Schutz der Rechtspflege gebiete allein, dass dieser Rechtsrat durch hinreichend sachkundige Personen erteilt werde. Dieses Erfordernis wurde durch Art. 1 § 1 Abs. 2 RBerG und die Sachkundeprüfung sichergestellt. An diesem Erlaubnissystem hat das Rechtsdienstleistungsgesetz nichts geändert, so dass die Grundsätze dieser Entscheidung fort gelten. Das Bundesverfassungsgericht hat dies dann weiter konkretisiert: Eine effektive Inkassotätigkeit sei ohne Hinweis auf die Rechtslage, die den zahlungsunwilligen Schuldner zum außergerichtlichen Einlenken bewegen soll, auch kaum vorstellbar. Inkassounternehmen hätten nicht nur die Aufgabe schlichter Mahn- und Beitreibungstätigkeit, also einer kaufmännischen Hilfeleistung, die nicht als Besorgung fremder Rechtsangelegenheiten anzusehen wäre. Sie übernehmen vielmehr die Verantwortung für die wirkungsvolle Durchsetzung fremder Rechte. Gerade weil sie in ihrem Teilbereich typischerweise Rechtsbesorgung übernehmen, unterfallen sie dem Erlaubnisvorbehalt des Art. 1 § 1 S. 2 Nr. 5 RBerG und zukünftig dem Registrierungszwang. Dann aber dürfe beim Forderungseinzug auch Rechtsberatung geleistet werden. Wenn die Rechtsberatung gegenüber dem Klienten zugelassen ist, um die auftragsgemäße Einziehung von dessen Forderungen effektiv zu gestalten, umfasst diese Tätigkeit auch die Äußerung von Rechtsansichten gegenüber dem Schuldner nach Erhebung von Einwendungen. Diese rechtliche Qualifizierung des Geschäftsgegenstandes, für die der Inkassounternehmer seinem Mandanten gegenüber Verantwortung trage, bleibe Teil seiner erlaubten Rechtsbesorgung und wird nicht etwa zum Rechtsrat gegenüber dem Schuldner. Der Schuldnerschutz als Verbraucherschutz steht dem nicht entgegen. Verneinte man die Befugnis des Inkassounternehmers zur Rechtserläuterung auch im Außenverhältnis, so würde letztlich nicht die Rechtspflege geschützt, sondern nur die Rechtsbesorgung durch Inkassounternehmen weitgehend auf rein kaufmännische Tätigkeiten reduziert.

---

9   BVerfG v. 20.2.2002 – 1 BvR 423/99, 1 BvR 821/00 und 1 BvR 1412/01 = NJW 2002, 1190 = AnwBl. 2002, 425 = RBeistand 2002, 67 = ZVI 2002, 59 = DB 2002, 631.

B. Neue Rahmenbedingungen: Das Rechtsdienstleistungsgesetz § 1

Für eine rein kaufmännische Tätigkeit bedürfte das Inkassounternehmen aber keiner Erlaubnis nach dem Rechtsberatungsgesetz. Beruhte die Zahlungsverweigerung eines Schuldners nicht auf Zahlungsunfähigkeit, sondern auf einer von ihm geäußerten Rechtsmeinung, wäre bereits dieser außergerichtliche Konflikt zwischen Gläubiger und Schuldner nur mit rechtsanwaltlicher Unterstützung zu beseitigen, obwohl die außergerichtliche Forderungseinziehung nach der Wertung des Gesetzgebers nicht den Rechtsanwälten vorbehalten ist. Dabei hat das Bundesverfassungsgericht die Tätigkeit von Rechtsanwälten und Inkassounternehmen im Erlaubnisumfang gleichgestellt, sieht also keinen Unterschied in der Qualität und der Quantität der zu erbringenden Rechtsdienstleistungen.

Die erweiterten Befugnisse der Inkassounternehmer nach der Neuregelung des Rechtsberatungsrechtes haben den Gesetzgeber gezwungen, sich mit der Frage auseinanderzusetzen, ob die prozessualen Kostenerstattungsansprüche nach § 91 ZPO für das gerichtliche Mahnverfahren und nach § 788 ZPO für die Tätigkeit in der Zwangsvollstreckung auch für die Erstattung der Inkassokosten Anwendung finden sollen. Statt sich für eine solche einfache Lösung zu entscheiden, hat der Gesetzgeber mit § 4 Abs. 4 EGRDG eine eigenständige gesetzliche Kostenregelung geschaffen. Danach ist die Tätigkeit des Inkassounternehmens im Mahnverfahren „bis zu einem Betrag von 25 EUR nach § 91 Abs. 1 der Zivilprozessordnung erstattungsfähig". Diese Regelung wirft eine Reihe von Fragen auf, die der gesonderten Betrachtung bedürfen.[10] 9

Soweit Inkassounternehmen in der Vergangenheit in der Zwangsvollstreckung darauf beschränkt waren, den Gerichtsvollzieher beauftragen zu können, steht ihnen zukünftig das gesamte Spektrum der Mobiliarzwangsvollstreckung als Tätigkeitsfeld zur Verfügung. Auch insoweit hat § 79 Abs. 2 Nr. 4 ZPO n.F. die Möglichkeiten der Inkassounternehmen erweitert und damit den praktischen Bedürfnissen und Forderungen der Wirtschaft Rechnung getragen. 10

Hinweis 11
In diesem Fall sieht § 4 Abs. 4 EGRDG eine gesetzliche Kostenerstattung vor. Die Erstattung der Vergütung für die Vertretung in Zwangsvollstre-

---

10 Vgl. § 2 Rn 405.

ckungsverfahren richtet sich nach § 788 ZPO. Inkassokosten für die Vertretung im Zwangsvollstreckungsverfahren sind mithin nach § 788 ZPO erstattungsfähig, wenn sie sich als notwendige Kosten der Zwangsvollstreckung darstellen.

12 Die Neuregelung des Rechtsberatungsrechtes und die damit einhergehende Erweiterung des Tätigkeitsspektrums für die Inkassounternehmen wird deren wirtschaftliche Bedeutung weiter stärken. Damit wird sich auch die Frage verstärkt fokussieren, unter welchen Voraussetzungen Inkassokosten in welcher Höhe vom Schuldner zu ersetzen sind.

C. Die handelnden Akteure des Forderungsinkassos

I. Einleitung

13 Als beitreibende Akteure im Forderungsinkasso sind der Gläubiger selbst, der Rechtsanwalt und das Inkassounternehmen zu betrachten. Die nachfolgenden Ausführungen sollen dabei zunächst die Kernkompetenzen des jeweiligen Akteurs und damit auch die Unterschiede hervorheben.

14 Aus diesen Kernkompetenzen erhellt sich, welche Gründe dafür sprechen können, dass ein Gläubiger das Forderungsinkasso selbst betreibt oder sich entweder eines Rechtsanwaltes oder eines Inkassounternehmens bedient.

15 Die Darstellung soll dabei zugleich auch zeigen, wo Rechtsanwälte und Inkassounternehmen in ihrem Leistungsspektrum vergleichbar sind und damit als unmittelbare Konkurrenten im Markt des Forderungsinkassos auftreten und wo Unterschiede vorherrschen, so dass sich Rechtsanwalt und Inkassounternehmen durchaus ergänzen können und Formen der beruflichen Zusammenarbeit nicht nur möglich, sondern auch sinnvoll sind.

16 Diese Unterscheidungen sind einerseits für die wirtschaftliche Entscheidung des Gläubigers wichtig, wo er seinen zuvor zu definierenden Zielen eines effektiven Forderungsinkassos am nächsten kommt, zum anderen aber auch für die rechtliche Beurteilung der Erstattungsfähigkeit von Inkassokosten, dem Thema dieses Werkes. Eine Begrenzung von Inkassokosten unter dem Blickwinkel der Schadensminderungspflicht nach § 254 BGB als Aspekt zur Begrenzung des Verzugsschadens kommt nämlich nach den allgemein

C. Die handelnden Akteure des Forderungsinkassos § 1

anerkannten Regeln nur dort in Betracht, wo der Gläubiger das gleiche Ziel mit einem geringeren Aufwand erreichen kann.

Die nachfolgenden Ausführungen konzentrieren sich vor dem skizzierten Hintergrund in besonderer Weise auf die Inkassounternehmen, deren Arbeitsweisen und Angebotsspektrum als Grundlage für die spätere Untersuchung, inwieweit die hier entstandenen Kosten vom Schuldner als Inkassokosten erstattet werden müssen und inwieweit diese Kosten zum eigenen Pflichtenkreis des Gläubigers gehören und deshalb von diesem selbst zu tragen sind. 17

Dabei geht der Verfasser von den seriösen Inkassounternehmen aus, die im Rahmen der geltenden Rechtsordnung eine Rechtsdienstleistung anbieten. Spätestens mit der Anerkennung der Inkassounternehmen als ein nicht mehr wegzudenkender Teil des modernen Wirtschaftslebens durch den Gesetzgeber[11] und dem folgerichtig erweiterten Tätigkeitsfeld im gerichtlichen Mahnverfahren[12] und der gesamten Mobiliarzwangsvollstreckung[13] sowie Teilen des Insolvenzrechtes[14] gilt es, den früheren „Hauch von Unseriosität"[15] beiseite zu lassen und unvoreingenommen die Berechtigung der Erstattungsfähigkeit einer Vergütung unter Vertrags- oder Schadensersatzgesichtspunkten zu prüfen. Es ist nicht erkennbar, dass es bezogen auf die bisher zugelassenen Inkassounternehmen – soweit diese im BDIU zusammengeschlossen sind – wegen eines Verstoßes gegen die maßgeblichen Rechtsvorschriften zu berufsrechtlichen Verfahren gekommen ist. 18

Hinweis 19
Dabei soll nicht in Zweifel gezogen werden, dass unter dem Label eines Inkassounternehmens auch unseriöse Anbieter zu finden sind, die einerseits unerlaubte Methoden einsetzen, insbesondere unzulässigen physischen und psychologischen Druck auf den Schuldner ausüben, und andererseits gänzlich unangemessene und unberechtigte Vergütungsansprüche stellen und dabei den Versuch unternehmen, das Mahnverfahren zur ma-

---

11 BT-Drucks 16/3655 S. 87.
12 § 79 Abs. 2 Nr. 4 ZPO n.F.
13 § 79 Abs. 2 Nr. 4 ZPO n.F.
14 § 174 Abs. 1 S. 2 InsO n.F.
15 *Salten*, ZRP 2007, 88.

teriell-rechtlich ungeprüften Titulierung zu nutzen. Ebenso wie im Anzeigengeschäft, wo ähnliche Phänomene feststellbar sind, ist aber streng zu differenzieren. Eine weitgehende Gewähr für ein seriöses Inkassounternehmen bildet dessen Mitgliedschaft im Bundesverband Deutscher Inkassounternehmen e.V.[16] Die Mitgliedschaft ist vom Verband selbst an strenge Voraussetzungen gebunden. Der Verband seinerseits ist als Interessenvertreter der Berufsgruppe, als Gesprächspartner der Ministerien und des Gesetzgebers im Verbund mit den anderen Berufsverbänden der Rechtsanwälte und der Rechtsbeistände anerkannt. Die Gesetzesbegründung nennt den Verband auch ausdrücklich als Träger der Sachkundeprüfungen.

II. Der Gläubiger

20 Der Gläubiger steht oder stand in der originären Leistungsbeziehung zum Schuldner. Hier ist die Forderung entstanden. Der Gläubiger wird diese zunächst dem Schuldner in Rechnung stellen. Schon danach stellt sich die Frage, wie der Gläubiger weiter verfährt. Ihm stehen nun drei Grundwege zur Verfügung.

- Er hat einerseits die Möglichkeit, das Inkasso selbst zu betreiben, d.h. den Schuldner einmal oder mehrfach zu mahnen, Instrumente des modernen Forderungsinkassos wie das Telefoninkasso und den Außendienst einzusetzen, sodann – zumindest im Mahnverfahren – die Forderung auch zu titulieren und diese letztlich im Wege der Zwangsvollstreckung beizutreiben zu suchen.

21 *Hinweis*
Dies empfiehlt sich insbesondere dann, wenn es sich um eine streitige Forderung handelt und der Streit weniger auf rechtlichem als vielmehr auf tatsächlichem Gebiet liegt, insbesondere der Frage, ob die Leistung des Gläubigers ordnungsgemäß war. Aufgrund der Leistungsnähe sieht er sich ansonsten ohnehin des Aufwandes ausgesetzt, seinen Bevollmächtigten zu informieren. Eine wesentliche Ersparnis des Aufwandes ist dann nicht erreichbar.

---

16 Siehe www.bdiu.de mit einem dort zu findenden Mitgliederverzeichnis.

C. Die handelnden Akteure des Forderungsinkassos § 1

- Er kann sich – regelmäßig nach der ersten Mahnung – professioneller Hilfe für das Forderungsinkasso bedienen, wobei ihm einerseits der Rechtsanwalt und andererseits das Inkassounternehmen zur Verfügung stehen.

> *Hinweis*
> Hier kommen bereits unterschiedliche Formen der Beauftragung eines Rechtsdienstleisters, insbesondere mit Inkassounternehmen in Betracht. Einerseits kann die Beauftragung zur Einziehung der Forderung im Namen und auf Rechnung des Gläubigers durch den Rechtsanwalt oder das Inkassounternehmen erfolgen. Daneben werden insbesondere von den Inkassounternehmen aber auch die treuhänderische Abtretung und der Forderungskauf als weitere Unterarten des Forderungsinkassos angeboten. Die treuhänderische Abtretung ist geeignet, beim Gläubiger Imageschäden zu vermeiden. Über Inkassounternehmen können im Ergebnis so auch Fragen der Bilanzbereinigung oder der Finanzierung mit in die Betrachtung einbezogen werden.

- Letztlich kann der Gläubiger eine Mischform zwischen den ersten beiden Möglichkeiten wählen, d.h. er betreibt zunächst das betriebliche Mahnwesen bis zu einem zu bestimmenden Punkt. Hat der Schuldner dann nicht gezahlt, so wird diese zum weiteren Einzug an einen Rechtsanwalt oder ein Inkassounternehmen übergeben.

Ein besonderes Problem stellt für die Gesamtheit der Gläubiger dabei die Eintreibung von Kleinforderungen dar. Einerseits übersteigen die Aufwendungen für die Forderungsbeitreibung sehr schnell die Höhe der Hauptforderung, was deren Beitreibung psychologisch weiter erschwert, andererseits kann der Gläubiger auch auf solche Forderungen nicht verzichten. 22

Mag ein solcher Verzicht unter Ausnutzung der vom jeweiligen Markt zugelassenen Möglichkeiten der Preiskalkulation sowie steuerlicher Effekte betriebswirtschaftlich noch darstellbar sein, ist er aus einem anderen Grunde nicht wirklich gangbar: Wäre im Markt bekannt, dass Forderungen einer bestimmten Höhe generell oder von einem bestimmten Unternehmen nicht beigetrieben werden, so würde die Zahl der Schuldner, die Forderungen bis zu dieser Höhe nicht mehr ausgleichen, zu Lasten aller Verbraucher erheblich steigen. 23

§ 1 Rahmenbedingungen

24 Ist der Forderungsausfall aufgrund eines harten Wettbewerbes im Markt nicht oder jedenfalls nicht vollständig auf die Preise umlegbar, so mag der Ausfall im Einzelfall geringfügig erscheinen, in der Masse entsteht ein nicht unerheblicher Gesamtausfall, der im günstigen Fall lediglich eine Liquiditätsproblematik darstellt, im schlimmsten Fall aber gar die Unternehmensexistenz bedrohen kann.

25 *Hinweis*
In diesem Sinne gefährdet der Forderungsausfall die Stabilität von Preisen und letztlich auch Arbeitsplätze. Der ernsthafte Verbraucherschutz liegt deshalb auch nicht in einem uneingeschränkten Schuldnerschutz, sondern in rechtlichen Rahmenbedingungen für ein effektives Forderungsmanagement, welches die Informationsbeschaffung zur Bonitätsprüfung und damit Vermeidung von Forderungsfällen ebenso erlaubt wie eine effektive Sachaufklärung in der Zwangsvollstreckung, um den leistungsfähigen Schuldner auch tatsächlich zum Forderungsausgleich zu zwingen.

26 Bei seiner Entscheidung wird der Gläubiger immer bedenken, inwieweit das Forderungsinkasso noch von seiner Kernkompetenz umfasst wird und inwieweit dies noch mit vertretbarem Aufwand selbst betrieben werden kann.

27 *Hinweis*
So kann es sinnvoll sein, dass der Gläubiger zumindest das außergerichtliche Forderungsinkasso selbst betreibt, wenn der fehlende Forderungsausgleich immer wieder mit vermeintlichen Sachmängelrügen begründet wird, sich die Sachmängel aber schnell beheben lassen oder – etwa ein Bedienungsfehler – schnell klären lassen. Ist hier eine besondere Fachkunde des Mitarbeiters erforderlich, erspart das unternehmensinterne Forderungsinkasso umfängliche Informationswege und damit Zeit und Geld. Auch ist der Einsparungseffekt dann nur gering, weil der Gläubiger Mitarbeiter beschäftigen muss, die diese Fragen beantworten.

28 Bei der Entscheidung, auf welchem Wege das Forderungsinkasso betrieben wird, hat sich auch die Verkehrsauffassung in den letzten 20 Jahren nachhaltig verändert. „Outsourcing" ist das entscheidende Stichwort, welches nicht nur für das Forderungsinkasso, sondern für alle Unternehmensbereiche gilt. Unternehmen konzentrieren sich auf ihre Kernkompetenzen und verlagern

C. Die handelnden Akteure des Forderungsinkassos § 1

hiervon nicht tangierte Tätigkeitsbereiche auf Dritte als Dienstleister. Solche Dienstleister sind aufgrund des Umstandes, dass sie ihre eigene Kernkompetenz im Forderungsinkasso haben, in der Regel effektiver und kostengünstiger. Während die Mitarbeiter der betrieblichen Mahnabteilung meist nach den höheren Haustarifen bezahlt werden, ist das Gehaltsniveau im professionellen Forderungsmanagement im Durchschnitt niedriger, wenngleich auch hier gut qualifizierte Mitarbeiter sehr gut bezahlt werden. Diese Entscheidungsfindung setzt allerdings auch voraus, dass der Gläubiger sein Forderungsmanagement analysiert, d.h. feststellt, welche Kosten hier entstehen und welchen Erfolg die Mitarbeiter erreichen.

Soweit der Gläubiger das Forderungsinkasso einem externen Dienstleister übertragen möchte, muss er sich überlegen, ob er dies allein für den Kernbereich des Forderungsinkassos möchte oder ob er das gesamte Spektrum des Forderungsmanagements in externe Hände gibt. Sodann wird er sich überlegen müssen, ob er das Forderungsinkasso im eigenen Namen und/oder jedenfalls auf eigene Rechnung betrieben haben möchte oder ob er seine Forderung verkauft und so schnelle Liquidität herstellt. Neben den Aspekten eines effektiven Forderungsmanagements stehen dabei allerdings auch andere Fragen zur Diskussion, wie etwa das eigene Image, die jeweils zu erzielende Nettorendite aus der offenen Forderung, und der Zeitpunkt der Liquiditätszuführung, die Frage nach der Aufrechterhaltung der Geschäftsbeziehung zum Schuldner, die IT- oder Personalausstattung des Gläubigers, der Möglichkeiten eines kostensparenden Informationsmanagements oder der Kostentragungspflicht. 29

Eine wesentliche Frage ist allerdings, in welchem Umfang der Schuldner die Kosten des Forderungsinkassos zu tragen hat. Nicht zuletzt von der Beantwortung dieser Frage hängt es ab, welche Handlungsvariante für den Gläubiger zumindest betriebswirtschaftlich am sinnvollsten ist. 30

Der Gläubiger muss sich also folgende Fragen stellen: 31
- Welche Ziele sollen mit dem Forderungsinkasso verfolgt werden?
- Können diese Ziele ganz oder teilweise mit einer unternehmensinternen Mahnabteilung und wenn ja zu welchem Preis erreicht werden?
- Welche Ziele können mit einem externen Partner erreicht werden?
- Welcher Partner bietet im Hinblick auf die anvisierten Ziele die effektivste und zugleich kostengünstigste Lösung?

III. Der Rechtsanwalt

32 Der Rechtsanwalt ist der klassische Helfer in der Rechtsberatung des Gläubigers. Er mahnt regelmäßig die Forderung erneut schriftlich an, um sich einerseits als Bevollmächtigter des Gläubigers zu legitimieren und sich dann mit möglichen Einwendungen gegen die Forderung auseinanderzusetzen. Er lässt die Forderung im Mahnverfahren oder – bei streitigen Forderungen – im normalen Erkenntnisverfahren titulieren. Sodann betreibt er im Auftrag und auf Rechnung des Gläubigers auch die Zwangsvollstreckung.

33 Die Kernkompetenz des Rechtsanwaltes liegt in der Bearbeitung von einzelnen streitigen Forderungen bis hin zu deren Titulierung im streitigen Erkenntnisverfahren. Angesichts des Umstandes, dass er mit der außergerichtlichen Anmahnung und einer hier regelmäßig zu erlangenden 1,3-Geschäftsgebühr sowie der nachfolgenden Titulierung mit der 0,65-Verfahrensgebühr (1,3-Verfahrensgebühr auf die die Geschäftsgebühr zur Hälfte anzurechnen ist),[17] der 1,2-Terminsgebühr und einer möglichen 1,0-Einigungsgebühr bei einem Abschluss mit einem Prozessvergleich insgesamt 4,15-Gebühren erlangen kann, ist es auch der wirtschaftlich interessanteste Tätigkeitsbereich für ihn.

34 Das Mahnverfahren fällt hier mit einer insgesamt 1,5-Gebühr ebenso ab, wie die spätere Zwangsvollstreckung, die mit einer 0,3-Verfahrensgebühr vergütet wird. Insoweit ist feststellbar, dass der Rechtsanwalt die Tätigkeiten im Mahnverfahren und in der Zwangsvollstreckung meist nicht mehr selbst wahrnimmt, sondern auf Mitarbeiter delegiert.

35 Nur wenige Rechtsanwälte bieten dem Gläubiger über das außergerichtliche schriftliche Mahnverfahren und die in den staatlichen Verfahren zulässigen Aktionen hinausgehende Maßnahmen des Forderungsinkassos an. Sind Maßnahmen des Telefoninkassos noch ab und zu anzutreffen, ist dem Verfasser kein Rechtsanwalt bekannt, der über einen Außendienst verfügt.

36 Wenig stark ausgeprägt ist bei den Rechtsanwälten auch das Informationsmanagement. Anwälte arbeiten in der Regel allein einzelfallbezogen. Dies erzwingen schon die häufig beschränkten Fallzahlen. So verfügen sie in der

---

17 Vorbemerkung 3 Abs. 4 VV RVG.

Regel nur über einen geringen eigenen Datenbestand über Schuldner und nutzen auch andere Anbieter solcher Informationen nur partiell.

Hinweis 37
Der Gläubiger ist deshalb gut beraten, wenn er sich im Einzelnen von dem Rechtsanwalt erläutern lässt, über welche Instrumente des Forderungsinkassos er verfügt, insbesondere ob und auf welche Weise er den Schuldner persönlich anspricht.

IV. Die Inkassounternehmen

Ist der Rechtsanwalt der klassische Rechtsberater des Gläubigers, so füllen 38 Inkassounternehmen die von dem Rechtsanwalt nicht bedienten Lücken aus und sind moderner Partner des Gläubigers. Rechtsanwalt und Inkassounternehmen stehen dabei teilweise – aber nicht in allen Bereichen – in Konkurrenz zueinander. Es kommen daneben vielfältige Formen der Zusammenarbeit in Betracht, die in der Praxis auch genutzt werden.

Während die Kernkompetenz des Rechtsanwaltes neben der Rechtsberatung 39 und der Titulierung streitiger Forderungen bei der anschließenden Durchsetzung der titulierten Forderungen liegt, beschäftigt sich ein Inkassounternehmen grundsätzlich nur mit der Einziehung von – jedenfalls zunächst – unstreitigen Forderungen und deren Titulierung im gerichtlichen Mahnverfahren sowie – ebenso wie der Anwalt – deren Durchsetzung im Wege der Mobiliarzwangsvollstreckung.

Hinweis 40
Der Schuldner wird vor diesem Hintergrund weniger als rechtlicher Gegner betrachtet. Im Fokus steht die Ermittlung der Gründe für die mangelnde Zahlung und die Entwicklung von Lösungsansätzen, um den Schuldner zumindest zu regelmäßigen Teilzahlungen zu bewegen. Erst wenn dieses Bemühen erfolglos bleibt, rückt die Sicherung der Rechte des Gläubigers durch eine Titulierung der Forderung und die zwangsweise Durchsetzung der Forderung gegen den nicht kooperationswilligen Schuldner im Wege der Zwangsvollstreckung in den Fokus.

Dabei liegt eine weitere Kompetenz von Inkassounternehmen in der Massen- 41 bearbeitung unstreitiger Forderungen. Gerade bei sehr kleinen, aber immer wiederkehrenden Forderungen ist der Gläubiger auf die Kostenvorteile einer automatisierten Massenverarbeitung angewiesen, um die Kosten der Forderungsbeitreibung auch im Verhältnis zur Forderungshöhe beherrschbar zu halten. Dies liegt auch im wohlverstandenen Interesse des Schuldners. Der Gläubiger begrenzt so sein wirtschaftliches Risiko.

42 *Beispiel*
Der Gläubiger hat immer wiederkehrende Forderungen in einer Höhe von bis zu 100 EUR. Hier fallen bei einem Rechtsanwalt pro Forderung für dessen außergerichtliche Tätigkeit Gebühren in Höhe von 45,24 EUR ohne weitere Auslagen an. Hinzu kommen die Kosten für das gerichtliche Mahnverfahren unter Berücksichtigung der zur Hälfte anrechenbaren Geschäftsgebühr von 47,99 EUR. Damit hat sich die Forderung bereits verdoppelt. Das Inkassounternehmen erhält unter Berücksichtigung der Schadensminderungspflicht vergleichbare Gebühren. Auch wenn der Schuldner diese Kosten nach der gesetzlichen Regelung über den materiellen Anspruch des Verzuges nach den §§ 280, 286 BGB oder den prozessualen Kostenerstattungsregelungen der §§ 91 ff. ZPO zu tragen hat, muss doch der Gläubiger diese Ausgaben vorfinanzieren. Er trägt das Risiko, dass diese Auslagen auch tatsächlich beigetrieben werden können.

43 Kommt dieser Fall massenhaft vor, so kann es den besonderen Interessen des Gläubigers dienen, die Forderungen automatisiert zu mahnen und auch das Mahnverfahren im automatisierten Datenaustausch mit Hilfe eines Inkassounternehmens zu betreiben. Aufgrund der besonderen Spezialisierung von Inkassounternehmen auf dieses Tätigkeitsfeld sind die Stückkosten dann meist geringer als bei einem Rechtsanwalt.

44 *Hinweis*
Inkassounternehmen unterliegen auch keinem Verbot von Erfolgshonoraren, so dass der Gläubiger die Möglichkeit hat, seine eigenen Kosten für die Forderungsbeitreibung gering zu halten, wenn der Inkassounternehmer für ihn das Risiko der Beitreibung übernimmt. Hat das Forderungsinkasso nämlich keinen Erfolg, muss der Gläubiger nicht nur die ausgefallene Forderung verkraften, sondern auch noch die Kosten des von ihm beauftragten Rechtsdienstleisters tragen. Er erleidet also faktisch einen doppelten Schaden.

C. Die handelnden Akteure des Forderungsinkassos § 1

Der Gläubiger zahlt in diesem Modell tatsächlich eine geringere oder sogar gar keine Inkassovergütung, wobei er im Gegenzug dem Inkassounternehmer seinen Schadensersatzanspruch gegen den Schuldner aus Verzug abtritt. Der Inkassounternehmer trägt dann das ganze oder einen Teil des Risikos, diesen Vergütungsanspruch auch tatsächlich beim Schuldner realisieren zu können. Zugleich verspricht der Gläubiger dem Inkassounternehmer einen zusätzlichen Vergütungsanteil in Form eines Erfolgshonorars, wenn die Beitreibung erfolgreich ist. Dies sichert einerseits das eigene Interesse des Inkassounternehmers an der Beitreibung der Forderung, was andererseits der wirtschaftlichen Zielsetzung des Forderungsinkassos für den Gläubiger entspricht. Die zusätzliche Erfolgsvergütung sichert dem Inkassounternehmer in einer Gesamtrechnung eine hinreichende Vergütung. Er kompensiert so den Ausfall seiner Vergütung in Fällen, in denen er erfolglos bleibt. 45

Hat der Gläubiger einen Rechtsanwalt mit der Wahrnehmung seiner Interessen beauftragt, so wird herkömmlich davon ausgegangen, dass die dabei entstehenden Kosten auch vom Schuldner zu tragen sind. In dieser Generalität ist das aber nicht richtig. Auch für die Erstattung der Rechtsanwaltskosten ist es erforderlich, dass sich der Schuldner zum Zeitpunkt der Beauftragung des Rechtsanwaltes in Verzug befunden hat. Dies muss der Gläubiger im Einzelfall darlegen und auch beweisen können. 46

Beispiel 47
Dass dies nicht immer so einfach ist, zeigt ein jüngst vom BGH[18] entschiedener Fall. Die Klägerin hat der Beklagten am 14.9.2004 eine Rechnung für Dienstleistungen übersandt und dabei vermerkt: „Den Rechnungsbetrag i.H.v. 543 EUR überweisen Sie bitte bis zum 5.10.2004 auf das rechts unten angegebene Konto". Ein Rechnungsausgleich erfolgte zunächst nicht. Ende September 2004 zog die Beklagte um und erteilte der Post einen Nachsendeauftrag. Die Klägerin versandte unter dem 25.5.2005 und 9.11.2005 erfolglos weitere Zahlungsaufforderungen an die – fehlerhaft bezeichnete – frühere Adresse der Beklagten; die Beklagte bestreitet den Zugang der Mahnungen. Mit Schreiben vom 3.2.2006 bestellte sich der spätere Prozessbevollmächtigte der Klägerin und verlangte von der Beklagten bis zum 13.2.2006 Zahlung der Haupt-

---

18 BGH v. 25.10.2007 – III ZR 91/07 = FMP 2007, 55 = DB 2007, 2709.

> summe sowie Erstattung von Verzugskosten. Daraufhin zahlte die Beklagte an die Klägerin am 10.3.2006 die Hauptsumme von 543 EUR, nicht aber die weiteren Kosten.

48 Der BGH hat der Schuldnerin Recht gegeben. Die Gläubigerin hatte zunächst Fälligkeit und Verzug miteinander verwechselt. Allein durch die fällige Leistungspflicht kommt der Schuldner noch nicht in Verzug. Es fehlte zunächst an einer Mahnung. Diese war auch nicht entbehrlich, weil die Gläubigerin nicht durch ihre einseitige Erklärung auf der Rechnung mit einem kalendermäßig bestimmbaren Zahlungszeitpunkt eine Mahnung nach § 286 Abs. 2 Nr. 1 BGB entbehrlich machen konnte.[19] Die Gläubigerin konnte auch nicht nachweisen, dass der Schuldnerin ihre eigenen Mahnungen zugegangen sind, so dass es sich bei der – unstreitig zugegangenen – anwaltlichen Mahnung, um die aus Sicht der Schuldnerin erste Mahnung handelte. Erst hierdurch kam die Schuldnerin in Verzug. Zu diesem Zeitpunkt waren aber sowohl die Recherchekosten als auch die anwaltliche Geschäftsgebühr bereits entstanden und damit keine Folge des Verzuges mehr.

49 Schon dieses kleine Beispiel zeigt, dass ein erstes Problem damit die Frage darstellt, wann der Schuldner dem Grunde nach zum Ersatz der Kosten des Forderungsinkassos verpflichtet ist. Diese Fragen werden im nachfolgenden Teil II vertieft. Dabei muss beachtet werden, dass der materiell-rechtliche Anspruch aus Verzug, d.h. den §§ 280, 286 BGB zwar die wichtigste Anspruchsgrundlage für die Erstattung der Kosten des Forderungsinkassos ist, gleichwohl aber nicht die einzige. So treten neben den materiell-rechtlichen Anspruch aus Verzug auch die gesetzlichen Ausformungen in §§ 91 ff. und § 788 ZPO, neuerdings ggf. unter Berücksichtigung von § 4 Abs. 4 S. 3 EGRDG. Nicht vergessen werden darf letztlich, dass es Gläubiger und Schuldner im Wege der Privatautonomie möglich ist, eine vertragliche Regelung über die Inkassokosten zu treffen.

50 Zu diesem ersten Problemkreis um die Erstattung der Inkassokosten dem Grunde nach gesellen sich bei der Bestimmung der tatsächlichen Kosten des Forderungsinkassos weitere Schwierigkeiten. Der Gläubiger hat hier zum Teil das Problem der konkreten Schadensabgrenzung, d.h. der Unterscheidung zwischen den Kosten, die die Erfüllung seiner Obliegenheiten be-

---

19 Hierzu ausführlich § 2 Rn 91 ff.

treffen und die damit vom Schuldner nicht zu erstatten sind und den Kosten, die sich bereits als Verzugsschaden darstellen.

Problematisch stellt sich die Schadensberechnung dar, wenn der Gläubiger 51 seine Eigenbemühungen vergütet erhalten möchte. Ausgehend davon, dass dies dem Grunde nach möglich ist, stellt sich der Höhe nach die Frage nach der konkreten Berechnung. Da das Forderungsinkasso in der Regel innerhalb einer Abteilung erledigt wird, die auch die Rechnungen erstellt und Buchhaltungsaufgaben wahrnimmt, d.h. Aufgaben die zu den Eigenobliegenheiten des Gläubigers gehören, können nicht die gesamten Kosten in die Betrachtung einbezogen werden. Eine Abgrenzung stellt sich als praktisch kaum möglich dar. Selbst wenn eine solche Abgrenzung gelingt – in dem etwa eine gesonderte Abteilung allein für das Forderungsinkasso nach Verzugseintritt begründet wird –, stellt sich die Frage, welche Kosten im Einzelfall durch den konkret säumigen Schuldner verursacht wurden. In jedem Fall entstehen wieder Verwaltungskosten für die Berechnung des Verzugsschadens.

Wird ein Rechtsanwalt beauftragt, ist dieses Problem zu vernachlässigen, 52 weil auf ein gesetzliches Gebührensystem, das RVG zurückgegriffen werden kann. Allerdings ist auch eine solche Antwort zu einfach. Zum einen gilt das gesetzliche Vergütungssystem nicht für die Beratung, deren Kosten allein der freien Vereinbarung der Beteiligten überlassen ist, § 34 RVG. Daneben lässt § 4 Abs. 2 S. 2 RVG im Mahnverfahren und in der Zwangsvollstreckung einen gewissen Spielraum für Vereinbarungen, ohne dass dies hier einer weiteren Betrachtung unterzogen werden kann.[20]

Beauftragt der Gläubiger ein Inkassounternehmen mit dem Forderungsinkas- 53 so, so muss er dieses grundsätzlich vergüten. Die Vergütung stellt den Schaden dar, welcher durch den Verzug begründet wurde. Die einfache und pauschale These, dass der Schuldner diese Kosten generell zu tragen hat, vermag allerdings nicht zu überzeugen. Der Schuldner kann nämlich einwenden, dass die Kosten nicht angemessen waren. Mangels eines – weitgehend[21] – fehlenden gesetzlichen Vergütungssystems stellt sich so die Aufgabe, die Angemessenheit von Inkassokosten zu bestimmen. Ist dies gelungen, wird der Schuldner einwenden, dass ein Verstoß gegen die Scha-

---

20 Hierzu etwa *Goebel*, Erfolgshonorare in Mahnverfahren und Zwangsvollstreckung, FMP 2008, 12.
21 § 4 Abs. 4 EGRDG wird nachfolgend in § 2 Rn 405 noch einer näheren Betrachtung unterzogen.

densminderungspflicht vorliegt, wenn die Inkassokosten die vergleichbaren Rechtsanwaltskosten übersteigen. Dies kann, muss aber nicht durchgreiflich sein.

54 Inkassounternehmen haben gegenüber dem Rechtsanwalt ein weiter aufgefächertes Handlungsspektrum (Telefoninkasso, Außendienst) und arbeiten aufgrund ihrer Spezialisierung nicht selten zielgenauer. Sie verfügen oder verschaffen sich ein breites Bild an Informationen über den Schuldner, was eine zielgenauere Ansprache ebenso möglich macht, wie Ratenzahlungsvereinbarungen, die der Lebenswirklichkeit des Schuldners entsprechen und zugleich die Interessen des Gläubigers berücksichtigen. Dabei verstehen sich Inkassounternehmen auch als Mittler zwischen dem Schuldner und dem Gläubiger[22] und werden, insbesondere im gewerblichen Bereich, auch als solche wahrgenommen.

55 *Hinweis*

Aus der Praxis finden sich Hinweise, dass aufgrund der speziellen Arbeitsweise von Inkassounternehmen etwa 70 % aller übergebenen kaufmännischen Mahnverfahren ohne Einschaltung von Rechtsanwälten, Gerichten oder Vollstreckungsorganen abgeschlossen werden können.[23]

56 Die Einschaltung eines Inkassounternehmens kann so auch die Aufrechterhaltung der Kundenbeziehung ermöglichen. Inkassounternehmen „bilanzieren" ihre Bemühungen auch, so dass im Sinne eines Reportings zukünftige Forderungsausfälle vermieden werden können.

57 Diese Problemkreise vertiefen sich, wenn man ganz praktische Fragen aufwirft:
- Welche Anstrengungen gehören zum originären Pflichtenkreis des Gläubigers, d.h. muss der Gläubiger, der das Forderungsinkasso durch eine betriebliche Mahnabteilung verrichten lässt, die damit verbundenen Kosten selbst tragen, oder kann er diese Kosten, ggf. welche, erstattet verlangen?

---

22 *Rödl*, Praxis und wirtschaftliche Bedeutung von Inkassounternehmen, in: Evangelische Akademie Bad Boll, Materialien 5/1998, Inkasso vor Gericht, S. 12, 27.
23 *Rödl*, Praxis und wirtschaftliche Bedeutung von Inkassounternehmen, in: Evangelische Akademie Bad Boll, Materialien 5/1998, Inkasso vor Gericht, S. 12, 31. *Dr. Rödl* war zum Veröffentlichungszeitpunkt Hauptgeschäftsführer der Vereine Creditreform e.V.

C. Die handelnden Akteure des Forderungsinkassos § 1

- Ab welchem Zeitpunkt ist der Gläubiger berechtigt, den Forderungseinzug einem Dritten zu übertragen, wenn er die dadurch verursachten Kosten vom Schuldner erstattet erhalten möchte?
- Beurteilen sich die Rechtsfragen unterschiedlich, wenn der Gläubiger ein Inkassounternehmen statt einem Rechtsanwalt beauftragen möchte?
  Diese Fragen werden herkömmlich unter dem Gesichtspunkt der Schadensminderungspflicht nach § 254 BGB behandelt. Deshalb sollen sie auch hier in diesem Rahmen in § 2 Rn 334 ff. beantwortet werden.
- Wie ist es im Hinblick auf die Erstattungsfähigkeit von Inkassokosten zu beurteilen, wenn der Gläubiger im Rahmen verbundener Unternehmen im Sinne des § 15 AktG selbst ein Inkassounternehmen betreibt und dies mit dem Einzug eigener und zugleich fremder Forderungen beauftragt? Diese Fragen sollen in § 2 Rn 553 ff. vertiefend untersucht werden.
- Kommt es durch die Einschaltung eines Dritten – des Inkassounternehmens – zu einem schnelleren Forderungseinzug, weil der Schuldner im Angesicht der nun möglichen Rechtsverfolgungskosten zeitnah zahlt, der sogenannte Schockzahler?

Hinweis 58
Mitgeteilte Erfahrungen aus der Praxis belegen, dass die Forderungsrealisierung umso erfolgreicher ist, je früher die Forderung an den Rechtsdienstleister übergeben wird.

§ 2 Rechtliche Grundlagen

A. Einleitung

Beauftragt der Gläubiger ein Inkassounternehmen so sind zwei Ebenen zu unterscheiden: 1

Zum einen schließt der Gläubiger mit dem Inkassounternehmer einen Vertrag über die Erbringung von Dienstleistungen in Form des Forderungseinzuges. Hieraus steht dem Inkassounternehmen gegen den Gläubiger regelmäßig ein Vergütungsanspruch zu. Die Praxis zeigt hier sehr unterschiedliche Vergütungsmodelle mit der Abrechnung nach Einzeltätigkeiten, mit Fallpauschalen oder auch mit Erfolgshonoraren.

Zum anderen ist die Beauftragung des Inkassounternehmers Folge der Nichtleistung des Schuldners und – soweit die Voraussetzungen vorliegen – des Verzuges des Schuldners. Insoweit kann dem Gläubiger gegen den Schuldner ein Anspruch auf Ersatz der Inkassokosten als Verzugsschaden nach §§ 280, 286 ZPO zustehen. 2

Die vertraglichen Beziehungen zwischen dem Gläubiger einerseits und dem Inkassounternehmer andererseits sind nicht Gegenstand der vorliegenden Abhandlung. Sie werden nur insoweit thematisiert, wie dies für die Bestimmung des Umfanges eines möglichen Erstattungsanspruchs des Gläubigers erforderlich erscheint. 3

Als Anspruchsgrundlagen für eine Erstattung der Inkassokosten kommen in Betracht: 4
- Der Anspruch auf Erstattung von Inkassokosten aufgrund einer vertraglichen Vereinbarung.
- Der Anspruch auf Erstattung der Inkassokosten aufgrund der materiell-rechtlichen Voraussetzungen des Verzuges nach §§ 280, 286 BGB als Schadensersatzanspruch.
- Der Anspruch auf Erstattung der Inkassokosten auf der Grundlage eines prozessualen Kostenerstattungsanspruches, insbesondere nach § 91 ZPO, § 4 Abs. 4 EGRDG für das Mahnverfahren und in Verbindung mit § 788 ZPO für die Vertretung im Zwangsvollstreckungsverfahren.

B. Der vertragliche Anspruch auf Erstattung von Inkassokosten

5 Die Erstattungsfähigkeit von Inkassokosten kann grundsätzlich auch Gegenstand einer vertraglichen Vereinbarung zwischen dem Gläubiger, vertreten durch das Inkassounternehmen, und dem Schuldner sein. Als solche vertraglichen Vereinbarungen bieten sich insbesondere Ratenzahlungsvergleiche oder sonstige Formen von Schuldanerkenntnissen an.

6 *Beispiel*
So ist in vielen Vertragswerken die Bestimmung enthalten, dass bei einer Mahnung eine bestimmte Mahngebühr fällig wird.

7 In gleicher Weise kann vereinbart werden, dass der Schuldner die Kosten der Beauftragung eines Inkassounternehmens trägt, wenn er in Verzug gerät. Dabei können auch die Vergütungssätze im Einzelnen vereinbart werden. In dem Fall stellt sich die Frage nach der Erstattungsfähigkeit dieser Kosten nicht. Vielmehr handelt es sich um einen vertraglichen Erfüllungsanspruch.

8 *Hinweis*
Soweit eine solche vertragliche Vereinbarung nicht auf der Grundlage einer Individualvereinbarung erfolgt, sind allerdings die Regelungsgrenzen der §§ 305 ff. BGB zu beachten. Diese Problematik kann hier nicht in allen Einzelheiten dargestellt werden, weshalb nur einige Aspekte aufgezeigt werden sollen: § 305c BGB verbietet überraschende Klauseln mit denen der Vertragspartner des Verwenders nicht zu rechnen braucht. Auch verbietet § 307 BGB eine unangemessene Benachteiligung des Vertragspartners, d.h. des Schuldners. Eine solche unangemessene Benachteiligung liegt insbesondere vor, wenn eine Bestimmung mit wesentlichen Grundgedanken der gesetzlichen Regelung, von der abgewichen wird, nicht zu vereinbaren ist. Die grundsätzliche Regelung stellten hier die Vorschriften über den Verzug dar. Auch verbietet § 309 Nr. 4 BGB Bestimmungen, durch die der Verwender von der gesetzlichen Obliegenheit freigestellt wird, einen anderen zu mahnen. Bei der Pauschalierung des Verzugsschadensersatzanspruches muss dem Schuldner nach § 309 Nr. 5b BGB der Nachweis offen stehen, dass ein geringerer Schaden entstanden ist. Vor dem Hintergrund dieser Problematik sollte deshalb eine

B. Der vertragliche Anspruch auf Erstattung von Inkassokosten § 2

entsprechende Regelung in AGB immer im Gesamtzusammenhang einer Prüfung unterzogen werden.

Nach der Rechnungsstellung wird der Gläubiger die Forderung zunächst einmal selbst anmahnen, bevor sich die Frage stellt, ob er sie zum weiteren Einzug an ein Inkassounternehmen oder einen Rechtsanwalt übergibt. Kommt es dann zur Beauftragung eines Inkassounternehmens, so wird die Mahntätigkeit in den unterschiedlichen Formen der schriftlichen Mahnung, der fernmündlichen Kontaktaufnahme oder auch des persönlichen Kontaktes durch einen Außendienstmitarbeiter zunächst fortgesetzt.

9

Gerade von Inkassounternehmen wird hier eine gütliche Einigung mit dem Schuldner angestrebt. Dem liegt die Erfahrung zugrunde, dass freiwillige Vereinbarungen weit häufiger erfüllt werden als titulierte Forderungen, die allein im Wege der Zwangsvollstreckung beigetrieben werden müssen. Im Rahmen freiwilliger Vereinbarungen ist der Schuldner nach der praktischen Erfahrung auch eher bereit, seine tatsächliche Leistungsfähigkeit zur Erfüllung seiner Verpflichtungen in Anspruch zu nehmen, um sich dauerhaft von seinen Schulden zu befreien. Dabei wird nicht selten vom Schuldner auf Ressourcen zurückgegriffen, auf die der Gläubiger im Wege der Zwangsvollstreckung nicht zugreifen könnte, nämlich nach den verschiedenen Pfändungsschutzvorschriften unpfändbare Beträge, freiwillige Zuwendungen Dritter[1] oder auch Vermögenswerte, von denen der Gläubiger keine Kenntnis hat oder sich nur schwer Kenntnis verschaffen kann. Hierunter fallen etwa Einkommen aus geringfügigen Beschäftigungen und letztlich auch der Schwarzarbeit.

10

Kommt es durch die Kontaktaufnahme vom Schuldner mit dem Gläubiger oder – in der Praxis häufiger – vom Gläubiger mit dem Schuldner zum Ab-

11

---

1 Hier bieten sich sowohl für den Schuldner als auch für den Gläubiger Verhandlungen an. Es bietet beiden Seiten Vorteile, wenn etwa der Gläubiger gegen eine unter der Forderungshöhe liegende Einmalzahlung auf die Restforderung verzichtet. Der Gläubiger erhält schnell eine Zahlung, ohne weitere Kosten der Rechtsverfolgung zunächst vorschießen zu müssen, ohne sicher zu sein, diese später auch rein tatsächlich erstattet zu erhalten. Der Schuldner kann sich so schnell von einem Teil seiner Verbindlichkeiten befreien. Durch den Gläubigerwechsel zu einer ihm nahestehenden Person, sind seine Refinanzierungskosten für den Schuldner in der Regel deutlich niedriger. Da er nicht ernsthaft damit rechnen kann, dass der Gläubiger die Verfolgung der Forderung aufgibt, erspart der Schuldner einerseits die ständige Auseinandersetzung mit dem Gläubiger und die damit verbundenen zusätzlichen Kosten und vermeidet seine Einstufung als kreditunwürdig.

schluss einer Ratenzahlungsvereinbarung, so sind bis zu diesem Zeitpunkt in der Regel schon Inkassokosten angefallen, da das Inkassounternehmen den Schuldner gemahnt und mit ihm Kontakt aufgenommen oder etwa den Aufenthalt des Schuldners und dessen Vermögenssituation ermittelt hat.

12 Es kann nicht ernstlich in Zweifel gezogen werden, dass Gläubiger und Schuldner auch in einer solchen Situation berechtigt sind, über die bisher angefallenen sowie die durch den Ratenzahlungsvergleich weiter angefallenen Inkassokosten eine Vereinbarung innerhalb der Ratenzahlungsvereinbarung zu treffen. Soweit dies selbständig den Anspruch begründend geschehen soll, ist dies nur in einem abstrakten Schuldanerkenntnis möglich, welches grundsätzlich schriftlich abgeschlossen werden muss, §§ 780, 781 BGB.[2]

13 *Hinweis*
Wenngleich die optimale Form einer Ratenzahlungsvereinbarung eine schriftliche Vereinbarung darstellt, die bei abstrakten Schuldanerkenntnissen wie gezeigt nach §§ 780, 781 BGB sogar zwingend ist, werden immer mehr Vereinbarungen fernmündlich geschlossen. Dies hindert zunächst einmal aber die Einbeziehung solcher Fragen nicht. Die Problematik liegt dann im Nachweis der Vereinbarung. Dies kann aber dadurch geschehen, dass der telefonierende Sachbearbeiter die Vereinbarungen im Sinne eines Vermerkes festhält und dann neben dem Vermerk im Streitfall als Zeuge zur Verfügung steht. Selbstverständlich kann die Vereinbarung dem Schuldner auch per E-Mail übersandt werden, der diese dann unmittelbar bestätigen kann.

14 Wird in einem Ratenzahlungsvergleich keine Kostenregelung aufgenommen, so spricht vieles dafür, den Rechtsgedanken des § 98 ZPO heranzuziehen, so dass jeder der Beteiligten die Kosten des Vergleichsabschlusses selbst zu tragen hat. Zwar könnte vor dem Hintergrund des zu diesem Zeitpunkt bereits eingetretenen Verzuges[3] argumentiert werden, dass diese Kosten als Verzugsschaden vom Schuldner zu tragen sind. Dagegen spricht allerdings, dass der Bundesgerichtshof für einen Ratenzahlungsvergleich während der Zwangsvollstreckung zu deren weiteren Vermeidung nicht

---

2 Wegen der fehlenden Schriftform hat etwa das AG Celle einen vertraglichen Anspruch auf Zahlung der Inkassokosten verneint: AG Celle v. 3.5.2007 – 1a C 1482/07.
3 Dazu unter Rn 31.

B. Der vertragliche Anspruch auf Erstattung von Inkassokosten § 2

etwa auf die Kostenregelung des § 788 ZPO als gesetzlichen Ausdruck des Verzugsschadensanspruches in der Zwangsvollstreckung zurückgegriffen hat, sondern auch hier von der Anwendung des § 98 ZPO ausgeht.[4] Die Situation entspricht der eines vorgerichtlichen Ratenzahlungsvergleiches, der zur Vermeidung der Titulierung und der damit verbundenen Kosten geschlossen wird.

Hinweis 15
Die vertragliche Vereinbarung mit dem Schuldner, dass dieser die Kosten des Ratenzahlungsvergleiches trägt, stellt den Anspruchsgrund dar. Der Höhe nach muss dann eine Vergütung vereinbart werden oder es wird auf die vergleichbare anwaltliche Vergütung, d.h. eine 1,5-Einigungsgebühr aus dem Wert der Forderung in entsprechender Anwendung von Nr. 1000 VV RVG abgestellt. In der Praxis kann zur Vermeidung von Streitfragen nur empfohlen werden, einen konkreten Betrag zu vereinbaren.

Formulierungsbeispiel 16
„Der Schuldner trägt die Kosten dieses Vergleiches in Höhe einer vergleichbaren anwaltlichen 1,5-Einigungsgebühr in entsprechender Anwendung von Nr. 1000 VV RVG aus dem Wert der Vollstreckungsforderung in Höhe von ▓▓▓▓ EUR, was einem Kostenbetrag von ▓▓▓▓ EUR zuzüglich der Auslagenpauschale von ▓▓▓▓ EUR sowie der Umsatzsteuer von ▓▓▓▓ EUR, insgesamt mithin ▓▓▓▓ EUR entspricht."

Wird nun vertraglich vereinbart, dass der Schuldner die Inkassokosten dem 17
Grunde nach oder – besser – in einer bestimmten Höhe übernimmt, so bindet dies den Schuldner, wenn hiermit ein selbständiges Schuldversprechen im Sinne eines abstrakten Schuldanerkenntnisses begründet wurde.

Die Übernahme der Inkassokosten kann dabei auch in diesem Stadium im 18
Rahmen von AGB erfolgen.[5] Diese unterliegen dann der entsprechenden Inhaltskontrolle nach den §§ 305 ff. BGB.[6] Insoweit kommt eine Unwirksamkeit der Bestimmung in Betracht, wenn diese den Schuldner entgegen Treu und Glauben unangemessen benachteiligt. Dies wäre dann der Fall, wenn

---

4 BGH v. 20.12.2006 – VII ZB 54/06 – Vollstreckung effektiv 2007, 64.
5 *Löwisch*, NJW 1986, 1725, 1728.
6 Siehe hierzu schon Rn 8.

sich der Gläubiger die Kosten üblicher Eigenbemühungen oder von nicht erstattungsfähigen Erfolgshonoraren[7] ersetzen lässt.

19 In diesem Sinne ist auch die vorherige Vereinbarung der Erstattung von Inkassokosten in bestimmter Höhe zulässig, soweit dem Schuldner nur gestattet wird, den Nachweis zu führen, dass tatsächlich keine oder niedrigere Inkassokosten angefallen sind, § 309 Nr. 5 BGB. Eine solche vertragliche Regelung ist einerseits schon bei dem Abschluss des der Forderung zugrunde liegenden Vertrages durch den Gläubiger, d.h. im Rahmen seines Kerngeschäftes möglich als auch in einer späteren Absprache im Rahmen des Forderungsinkassos durch den Gläubiger oder das Inkassounternehmen. Zum Zeitpunkt des Abschlusses einer Ratenzahlungsvereinbarung ist nämlich nicht gesichert, dass der Schuldner diese auch erfüllt. Kommt er seiner Verpflichtung aus der Ratenzahlungsvereinbarung nicht nach, so können weitere Inkassokosten für die Titulierung des Anspruchs im gerichtlichen Mahnverfahren und/oder die Zwangsvollstreckung entstehen.

20 Einer weitergehenden Prüfung, ob die Inkassokosten dem Grunde nach aus Verzug geschuldet waren oder der Höhe nach angemessen sind, findet im gerichtlichen Verfahren und im Mahnverfahren danach grundsätzlich nicht statt.

21 *Hinweis*
Die Plausibilitätsprüfung im automatisierten gerichtlichen Mahnverfahren greift hier nicht, da sie sich nur auf das einschlägige Datenfeld für die Inkassokosten bezieht. Hier sind wiederum nur die Inkassokosten aus §§ 280, 286 BGB als Schadensersatzanspruch einzutragen. Bei einer vertraglichen Vereinbarung im Sinne eines deklaratorischen oder abstrakten Schuldanerkenntnisses der bisher entstandenen Inkassokosten, werden diese aber zur Hauptforderung und sind mit dieser auch entsprechend einzutragen; das abstrakte Schuldanerkenntnis mit der Katalogziffer 33.

22 Zu prüfen ist im Streitfall dann allein die vertragliche Vereinbarung und die Übereinstimmung der geltend gemachten Vergütung mit eben dieser vertraglichen Vereinbarung. Im gerichtlichen Mahnverfahren kann der Schuldner

---

7 Vgl. zur Ersatzfähigkeit von Erfolgsprovisionen als Inkassokosten die gesonderten Ausführungen bei Rn 299.

B. Der vertragliche Anspruch auf Erstattung von Inkassokosten § 2

eine solche Überprüfung nur erreichen, wenn er insoweit einen – ggf. hierauf beschränkten – Widerspruch einlegt. Die Vereinbarung ist im Rahmen der Privatautonomie also bindend. Dem Schuldner kommt hier kein besonderer Schutz von Amts wegen zu, d.h. der Rechtspfleger im Mahnverfahren hat hier mangels Rechtsgrundlage keine Prüfungskompetenz. Diese steht allein dem Prozessgericht auf einen Widerspruch oder Einspruch des Schuldners zu.

> *Hinweis* 23
> Selbst wenn man also die – die anwaltliche Gebühr möglicherweise übersteigenden – Inkassokosten in dem dafür vorgesehenen Datenfeld angibt und sie dann moniert werden, muss aufgrund der Darlegung der vertraglichen Vereinbarung der Kostentragungspflicht des Schuldners hinsichtlich dieser Inkassokosten der Mahnbescheid in der beantragten Form ergehen.

Die Privatautonomie bringt es mit sich, dass weder der Gläubiger – vor dem ursprünglichen Abschluss eines Rechtsgeschäftes mit einem nicht hinreichend solventen Schuldner – als auch der Schuldner – vor der vertraglichen Übernahme von Inkassokosten – von Amts wegen vor einem besonders vorteilhaften oder nachteiligen Geschäft geschützt werden. 24

Der Schuldner ist dabei allerdings auch nicht völlig schutzlos. Unbeachtlich ist die vertragliche Vereinbarung etwa dann, wenn die Höhe der geltend gemachten Inkassokosten sittenwidrig im Sinne des § 138 Abs. 1 BGB ist. Hier kommt im Sinne des § 138 Abs. 2 BGB insbesondere in Betracht, dass die Unerfahrenheit und/oder der Mangel an Urteilsvermögen des Schuldners ausgenutzt wurden. Dabei muss allerdings beachtet werden, dass sich dies auch auf die Höhe der Inkassokosten beziehen muss. Diese müssen in einem auffälligen Missverhältnis zur erbrachten Leistung stehen, wofür der Schuldner nach den allgemeinen Beweislastregeln grundsätzlich die Darlegungs- und Beweislast trägt. Das Inkassounternehmen muss aus seiner Sphäre lediglich darlegen, welche Inkassotätigkeiten entfaltet wurden, soweit diese für den Schuldner nicht erkennbar waren. 25

Will sich der Schuldner ansonsten von der Vereinbarung über die Übernahme der Inkassokosten lösen, muss er dies mit den dafür zur Verfügung 26

stehenden materiell-rechtlichen Instrumenten tun. In Betracht kommen für den Schuldner hier:
- die Anfechtung unter den weiteren Voraussetzungen der §§ 119 ff. BGB,
- der vertraglich vereinbarte Rücktritt,
- der Widerruf oder
- die Kondizierung der Verpflichtung aus dem Gesichtspunkt der ungerechtfertigten Bereicherung.

27 Im Einzelfall mag der Geltendmachung der Inkassokosten auch der Einwand der unzulässigen Rechtsausübung nach § 242 BGB entgegenstehen, wenn etwa die vom Gläubiger begehrte Forderung nie bestanden hat.

28 *Hinweis*
Allerdings hat der BGH es unbeanstandet gelassen, dass ein Inkassounternehmen den Schuldner hinsichtlich der Hauptforderung und der bisher entstandenen Inkassokosten ein abstraktes Schuldanerkenntnis hat abgeben lassen und der Titulierung der Forderungen dann das abstrakte Schuldanerkenntnis und nicht mehr das Grundgeschäft und die Inkassokosten als Verzugsschadensersatzanspruch zugrunde gelegt hat. Im konkreten Fall hat der BGH entschieden, dass dem Inkassounternehmen es nicht deshalb als ein besonderer, ihr Vorgehen bei der Durchsetzung ihrer Gesamtforderungen als sittenwidrig prägender Umstand vorgeworfen werden könne, dass sie eine etwaige gerichtliche Sachprüfung, sei es hinsichtlich der Hauptforderungen, sei es hinsichtlich Mahn- und Inkassokosten von vornherein dadurch umgangen hat, dass sie die Schuldnerin Schuldanerkenntnisse habe unterzeichnen lassen und ihre Anträge auf Erlass der Mahn- und Vollstreckungsbescheide auf diese Schuldanerkenntnisse gestützt habe.[8] Entscheidend sei allein, ob das Inkassounternehmen von der Berechtigung der Inkassokosten habe ausgehen können.

29 Ob und inwieweit der Schuldner sich von seiner vertraglichen Verpflichtung lösen kann, ist allein anhand seines tatsächlichen Vortrages und der jeweiligen Voraussetzungen der materiell-rechtlichen Einwendungen zu prüfen.

30 In der Praxis zeigen sich immer wiederkehrende Fehlerquellen:
- Die Gläubiger und ihre Bevollmächtigten differenzieren bei der Geltendmachung von Inkassokosten häufig nicht zwischen den Inkassokosten,

---

[8] BGH v. 29.6.2005 – VIII ZR 299/04, Rn 37 = NJW 2005, 2991 = ZZP 119, 211 = VuR 2006, 446.

die unter eine vertragliche Vereinbarung fallen und solchen, die sich nur aus den §§ 280, 286 BGB oder § 788 ZPO ergeben. Zur Schlüssigkeit der Begründung des Erstattungsanspruchs bedarf es der Darlegung der vertraglichen Vereinbarung, um den Anspruch dem Grunde nach schlüssig darzulegen und der vereinbarten Inkassokosten der Höhe nach, um den Anspruch auch insoweit schlüssig darzustellen. Zum Nachweis ist im Bestreitensfall die entsprechende Vereinbarung vorzulegen, so dass diese grundsätzlich schriftlich geschlossen werden sollte.

- Die Gerichte beachten insoweit nicht immer den allgemeinen Grundsatz, dass vertragliche Ansprüche den gesetzlichen Ansprüchen vorgehen und deshalb vorrangig zu prüfen sind. Soweit nicht gesetzliche Verbote entgegenstehen, § 134 BGB, gehen die vertraglichen Vereinbarungen den dispositiven gesetzlichen Regelungen vor oder stehen neben diesen. So können sich die Inkassokosten letztlich durchaus sowohl aus einer vertraglichen Vereinbarung als auch aus Verzug nach §§ 280, 286 BGB als auch letztlich aus § 823 Abs. 1 und/oder Abs. 2 BGB ergeben. Es bleibt dem Gläubiger dann unbenommen, sich auf die für ihn günstigste und am einfachsten nachzuweisende Anspruchsgrundlage zu berufen.
- Besteht eine vertragliche Vereinbarung über die Tragung der Inkassokosten, kommt es auf den vereinzelt herangezogenen Aspekt des Verstoßes gegen die Schadensminderungspflicht nicht an. Dieser Hinweis ist an dieser Stelle verfehlt. Da es um einen selbständigen vertraglichen Leistungsanspruch und nicht um einen Schadensersatzanspruch geht, findet § 254 BGB keine Anwendung. Der Schuldner ist durch die aufgezeigten Möglichkeiten, sich von dieser vertraglichen Vereinbarung zu lösen oder hiergegen vertragsbezogene Einreden zu erheben, hinreichend geschützt.

C. Der Anspruch aus Verzug

I. Einleitung

Das BGB kennt verschiedene Formen der Leistungsstörungen mit unterschiedlichen Rechtsfolgen. Beim Schuldnerverzug kann die Leistung vom Schuldner grundsätzlich noch erbracht werden. Es wird jedoch zu spät geleistet. Das Gesetz spricht dem Gläubiger für diesen Fall nach § 280 Abs. 1 BGB einen Schadenersatzanspruch gegen den Schuldner wegen dieser

31

Pflichtverletzung zu. § 280 Abs. 1 BGB ersetzt insoweit die frühere Regelung in § 286 Abs. 1 BGB a.f.

32 Die Voraussetzungen des Schuldnerverzuges hat der Gesetzgeber in § 286 BGB geregelt. Er entspricht weitgehend der vor der Schuldrechtsreform maßgeblichen Regelung in § 284 Abs. 1–3 BGB a.f. Auf die vor der Schuldrechtsreform ergangene Rechtsprechung kann deshalb noch zurückgegriffen werden.

33 Nach §§ 286, 280 BGB sind folgende Voraussetzungen für einen Schadensersatzanspruch aus Verzug zu prüfen:
- Ist die Leistung noch möglich?
- Liegt eine Nichtleistung durch den Schuldner vor?
- Ist der geltend gemachte Anspruch fällig?
- Wurde der Anspruch gemahnt?
- Ist im Einzelfall eine Mahnung entbehrlich?
- Beruht die Nichtleistung auf einem Verschulden des Schuldners?

34 Liegen die Voraussetzungen des Verzuges vor, so muss nach Verzugseintritt ein Verzögerungsschaden eingetreten sein. Dieser Schaden ist dann nach §§ 280, 249 BGB zu ersetzen. Eine klassische Schadensposition stellen die Inkassokosten dar. Die Höhe des Schadens ist dann im Einzelfall festzustellen.

35 Eine Einschränkung der Erstattungsfähigkeit kann sich sodann aus dem Aspekt der Schadensminderungspflicht nach § 254 BGB ergeben. Diese Regelung wird in der Praxis nicht selten sehr schematisch angewandt, so dass sich eine faktische Regulierung der Inkassokosten in Höhe der nach dem RVG erstattungsfähigen Rechtsanwaltskosten ergibt, obwohl der Gesetzgeber in Art. IX Abs. 2 des KostÄndG gerade bestimmt hat, dass das Rechtsanwaltsvergütungsgesetz für Inkassobüros[9] nicht gilt. Dies mag praktischen Bedürfnissen entsprechen, wird aber dem Inhalt der Regelung nicht gerecht. Hier ist eine differenzierte Betrachtung geboten.

---

9 Früher wurde vielfach von Inkassobüros gesprochen. In der neueren Literatur und Rechtsprechung ist meist von Inkassounternehmen die Rede. Dies entspricht auch der Selbstbezeichnung, so dass dieser Begriff verwandt werden soll, ohne dass sich eine inhaltliche Differenzierung ergibt.

C. Der Anspruch aus Verzug § 2

Für den Gläubiger und seine Bevollmächtigten, insbesondere auch die Inkassounternehmen selbst, ist wesentlich, dass die Inkassokosten als Verzugsschaden im Mahnverfahren nur bezeichnet, im Erkenntnisverfahren dann aber auch begründet werden müssen. Einen Beweis für die Tatsachen muss der Gläubiger erst antreten, wenn der Schuldner den Verzugseintritt bestreitet. Der die Inkassokosten begehrende Gläubiger muss also die tatsächlichen Umstände darlegen, die den Verzugseintritt begründen. Da es sich bei den Inkassokosten um eine Nebenforderung handelt, ist das Gericht nach § 139 Abs. 1 BGB nicht verpflichtet, den Gläubiger auf Mängel in seinem Vortrag hinzuweisen, so dass es hier besonderer Sorgfalt bedarf. 36

Hinweis 37
Hier zeigen sich in der Praxis immer eklatante Mängel, die eine Ursache dafür sind, dass die veröffentlichte Rechtsprechung zu den Inkassokosten eher den Eindruck erweckt, ein entsprechender Ersatzanspruch bestehe in der Regel nicht.

II. Möglichkeit der Leistung

Diese Voraussetzung dient allein der Abgrenzung des Verzuges von den besonderen Regelungen der Unmöglichkeit. Ist eine Leistung im Sinne des § 275 BGB nicht mehr möglich, so sind die Regelungen über die anfängliche oder nachträgliche Unmöglichkeit zur Anwendung zu bringen. Eine Geldleistung ist aber grundsätzlich noch möglich, so dass diese Voraussetzung immer vorliegt und in der Praxis keine Probleme aufwirft. 38

III. Nichtleistung durch den Schuldner

Voraussetzung des Verzuges ist selbstverständlich auch, dass der Schuldner nicht geleistet hat. Der Gläubiger ist hier alleine verpflichtet, die Nichtleistung zu behaupten. Macht der Schuldner dagegen geltend, seine Leistung erbracht zu haben, so ist er für die Art der Leistung darlegungs- und beweispflichtig. 39

Hinweis 40
In der Praxis zeigen sich häufig die Fälle, dass der Schuldner die Überweisung seiner Zahlungsverpflichtung zwar veranlasst hat, es dabei aber

zu einer Störung gekommen ist, etwa weil der Schuldner eine falsche Kontonummer bei der Überweisung angegeben hat oder sich bei dem Kreditinstitut ein Übertragungsfehler eingeschlichen hat. Im letzten Fall steht das Verschulden als weitere Voraussetzung des Verzuges in Frage.[10]

IV. Fälligkeit

41 Der Schuldner kann nach § 286 Abs. 1 S. 1 BGB nur dann in Verzug geraten, wenn seine Leistung auch fällig ist. Fällig ist die Leistung, wenn der Gläubiger sie verlangen kann.

42 Ausgangspunkt ist die Regelung in § 271 BGB, wonach die Leistung grundsätzlich sofort fällig ist, wenn nichts anderes geregelt ist. Eine anderweitige Regelung kann sich dabei sowohl aus dem Gesetz als auch aus vertraglichen Abreden ergeben. Gesetzliche Fälligkeitsbestimmungen ergeben sich etwa für die Miete aus §§ 556b, 579 BGB, für die Pacht aus § 587 BGB, für die Leihe aus § 604 BGB, für den Sachdarlehnsvertrag aus § 608 BGB, für den Dienstvertrag aus § 614 BGB, für den Werkvertrag aus § 641 BGB – mit der weiteren Voraussetzung der Abnahme –, für den Gewinnanspruch aus der Gesellschaft nach § 721 BGB, für Unterhaltsansprüche aus §§ 1361 Abs. 4, 1585 Abs. 1 und § 1612 Abs. 3 BGB oder für die Leistung des Versicherers einerseits und die Zahlung der Versicherungsprämie des Versicherten andererseits aus §§ 14, 33 VVG.

43 Da es in vielen Fällen nicht der Interessenlage der Beteiligten entspricht, dass die Leistung sofort fällig ist, herrscht in der Praxis ein Vorrang der vertraglichen Regelung.

44 *Hinweis*
Wegen der zentralen Bedeutung der Fälligkeit einer Leistung, kann in der Praxis auch nur empfohlen werden, diese jeweils exakt im Vertrag festzulegen.

45 Ergibt sich die Fälligkeit nicht unmittelbar aus der gesetzlichen Regelung zu dem vereinbarten Vertragstypus oder aus dem Vertrag, so ist die Leistung unmittelbar geschuldet, ohne dass die Fälligkeit eine Rechung voraussetzt.[11]

---

10 Siehe hierzu § 2 Rn 139.
11 BGH NJW 1981, 814; *Staudinger/Löwisch* (2004), § 286 Rn 128.

C. Der Anspruch aus Verzug § 2

Die Rechnungsstellung ist also grundsätzlich keine Fälligkeitsvoraussetzung, solange nichts anderes bestimmt ist.

Für bestimmte Vertragsarten ist aber bereits gesetzlich etwas anderes bestimmt. So ergibt sich aus § 8 i.V.m. § 10 RVG, dass die Vergütung des Rechtsanwaltes fällig wird, wenn der Auftrag erledigt oder die Angelegenheit beendet ist. Bei einer Tätigkeit innerhalb eines gerichtlichen Verfahrens wird die Vergütung fällig, wenn eine Kostenentscheidung ergangen ist, der Rechtszug beendet ist oder das Verfahren länger als drei Monate ruht. Zugleich ist bestimmt, dass der Rechtsanwalt ungeachtet der Fälligkeit der Vergütung, diese nur aufgrund einer von ihm unterzeichneten und dem Auftraggeber mitgeteilten Berechnung einfordern kann. Gleiches gilt nach § 8 Abs. 1 HOAI, wonach die Überreichung einer prüffähigen Schlussrechnung Voraussetzung der Fälligkeit ist. Zu nennen ist weiter § 12 Abs. 1, 2 GOÄ. Auch in den Bedingungen der Versorgungsunternehmen finden sich Regelungen, wonach eine Leistung erst zwei Wochen nach Abrechnung fällig wird. Darüber hinaus ist die Erstellung einer Rechnung nur dann Fälligkeitsvoraussetzung, wenn dies vertraglich vereinbart ist. 46

Hinweis 47
Allerdings kann der Verzugseintritt auch in diesem Fall am mangelnden Verschulden – aber eben nicht an der fehlenden Fälligkeit – scheitern, wenn der Schuldner ohne eine solche Rechnung nicht in der Lage ist, seine Leistungspflicht hinreichend zu bestimmen.

Die Forderung ist nicht fällig, wenn diese dem Schuldner gestundet ist, so dass in dieser Zeit der Eintritt des Verzuges ausgeschlossen ist. Insoweit muss der Gläubiger beachten, dass er für diesen Zeitraum auch keinen Verzugsschaden verlangen kann, etwa auch keine Verzugszinsen, wenn als Teil der Stundungsabrede nicht ausdrücklich etwas anderes vereinbart wurde. Allerdings gilt diese Folge erst ab der Gewährung der Stundung. Ist zu diesem Zeitpunkt bereits Verzug eingetreten, so bleibt der bis dahin entstandene Verzugsschaden von der Regelung unberührt.[12] 48

---

12 *Staudinger/Löwisch* (2004), § 286 Rn 7.

§ 2 Rechtliche Grundlagen

49 *Beispiel*
Nach Eintritt der Fälligkeit mahnt der Gläubiger die Forderung zweimal an. Nachdem auch darauf keine Reaktion des Schuldners erfolgt, insbesondere auch keine ernsthaften sachlichen Einwendungen erhoben werden, übergibt er die Forderung einem Inkassounternehmen zum Einzug. Dieses überprüft die Adressdaten des Schuldners und lässt ihm eine weitere Mahnung zustellen, um den entsprechenden Nachweis sicher führen zu können. Nachfolgend nimmt es mit dem Schuldner Kontakt auf. Dieser teilt mit, zurzeit nicht zahlungsfähig zu sein. In zwei Monaten erwarte er aber einen größeren Zahlungseingang, was er auch glaubhaft macht. Darauf gewährt ihm das Inkassounternehmen namens und in Vollmacht des Gläubigers eine Stundung. Hier bleiben die bis zur Stundung entstandenen Inkassokosten sowie der bis zu diesem Zeitpunkt entstandene Zinsschaden von der Vereinbarung unberührt. Erhält das Inkassounternehmen allerdings nach seiner vertraglichen Abrede mit dem Gläubiger eine Vergütung für die Überwachung der Vermögensverhältnisse des Schuldners im Stundungszeitraum, so stellt diese ebenso wenig einen Verzugsschaden dar, wie – mangels entsprechender Abrede – in dieser Zeit Verzugszinsen anfallen.

50 *Hinweis*
Vor diesem Hintergrund muss der Gläubiger bei entsprechenden Vereinbarungen deshalb stets klarstellen, dass die Fälligkeit von dem Zahlungsaufschub nicht tangiert wird und der Schuldner weiterhin den fortdauernden Verzugsschaden, insbesondere Verzugszinsen, zu tragen hat. Klare vertragliche Abreden, die auch hinreichend dokumentiert sind, vermeiden hier zeit- und kostenintensive Auseinandersetzungen.

51 Besonderheiten bei der Fälligkeit ergeben sich, wenn die Leistung zwar dem Grunde nach bestimmt ist, der Höhe nach aber von einem Gestaltungsakt des Gerichtes oder eines Vertragsbeteiligten abhängig ist. So sehen etwa §§ 9 Abs. 1 S. 1, 10 KSchG für den Fall, dass das Gericht feststellt, dass das Arbeitsverhältnis durch die Kündigung nicht aufgelöst ist, jedoch dem Arbeitnehmer die Fortsetzung des Arbeitsverhältnisses nicht zuzumuten ist, vor, dass das Gericht auf Antrag des Arbeitnehmers das Arbeitsverhältnis aufzulösen und den Arbeitgeber zur Zahlung einer angemessenen Abfindung zu verurteilen hat. § 315 BGB erlaubt es in den vereinbarten Fällen einem

Vertragspartner – etwa einem Versorgungsunternehmen für Gas, Strom oder Wasser – die Leistung nach billigem Ermessen zu bestimmen.

In beiden Fallkonstellationen wird die Leistung erst fällig, wenn die Gestaltung vom Gericht ausgesprochen oder die Leistungsbestimmung erfolgt ist.[13] Bei einer Gestaltung durch das Gericht ist grundsätzlich auf den Eintritt der Rechtskraft abzustellen. Etwas anderes ergibt sich dann, wenn das Urteil für vorläufig vollstreckbar erklärt wurde und der Gläubiger die Voraussetzungen der vorläufigen Vollstreckbarkeit geschaffen hat.

V. Mahnung

1. Der notwendige Inhalt der Mahnung

Die Mahnung ist eine ernsthafte und unmissverständliche Leistungsaufforderung durch den Gläubiger an den Schuldner, die zu fordernde Leistung zu erbringen. Sie hat nach der Fälligkeit zu erfolgen. Die Mahnung ist grundsätzlich keiner besonderen Form unterworfen. Die Frage nach der Form der Mahnung, stellt sich allein im Zusammenhang mit dem Nachweis des Zugangs.[14] Sie kann danach schriftlich, mündlich oder elektronisch erfolgen. Etwas anderes gilt nur, wenn ausdrücklich die Schriftform angeordnet ist. So sieht § 38 VVG eine Mahnung in Textform vor, wobei auch der notwendige Inhalt der Mahnung weiter konkretisiert wird

Aus der Mahnung muss hervorgehen, dass die Leistung nun unbedingt verlangt wird. Hinweise, Anfragen oder Gesprächswünsche mit Vorschlägen zur Gestaltung der Leistungspflicht[15] reichen nicht aus. Der BGH verlangt insoweit, dass die Leistung mit Bestimmtheit gefordert wird.[16]

Beispiel
U hat das Fahrzeug des S repariert. Mit der Abholung des Fahrzeuges hat S auch die Reparaturrechnung erhalten, ohne dass in der Folgezeit ein Rechnungsausgleich erfolgt ist. Als U auch nach acht Wochen keinen

---

13 OLG Hamm NJW-RR 2001, 433 = MDR 2000, 1381 = OLGR 2000, 292.
14 Siehe hierzu nachfolgend § 2 Rn 82 ff.
15 KG Berlin v. 4.3.2008 – 2 W 226/07.
16 BGH NJW 1998, 2132 = MDR 1998, 1021.

Zahlungseingang feststellen kann, fragt er bei S schriftlich an, wann er mit dem Rechnungsausgleich rechnen könne.

56 Hier hat das Anschreiben lediglich die Form einer Anfrage, der keine ernsthafte und unmissverständliche Leistungsaufforderung zu entnehmen ist, und ist damit keine Mahnung. Die Mahnung kann aber sehr wohl höflich formuliert sein, um die weitere Geschäftsbeziehung nicht zu belasten, sie muss aber dem Schuldner zu verstehen geben, dass der Gläubiger von der sofortigen Leistungspflicht des Schuldners ausgeht und die Leistung nunmehr auch verlangt.

57 *Beispiel*
Im vorbezeichneten Fall kann etwa formuliert werden:
„Am   haben Sie Ihr Fahrzeug in unserer Werkstatt abgeholt. Wir gehen davon aus, dass die beauftragte Reparatur zu Ihrer Zufriedenheit ausgeführt wurde. Bei dieser Gelegenheit haben wir Ihnen auch unsere Rechnung übergeben. Sicherlich ist Ihnen entgangen, diese Rechnung auszugleichen. Jedenfalls konnten wir bis heute keinen Zahlungseingang feststellen.
Wir möchten Sie daher höflichst bitten, den Rechnungsausgleich zu überprüfen. Der Rechnungsbetrag war mit Erfüllung unserer Leistung und Übernahme des Fahrzeuges durch Sie fällig. Sollte die Zahlung noch nicht erfolgt sein, dürfen wir Sie bitten, den ausstehenden Rechnungsbetrag umgehend auf eines unserer nachstehend aufgeführten Konten anzuweisen. Sollten Sie den Betrag angewiesen haben, bitten wir um Angabe, wann dies auf welches Konto geschehen ist, damit der Sachverhalt überprüft werden kann."

2. Die Falsch- oder Zuvielforderung

58 Die Mahnung muss dem Schuldner grundsätzlich noch einmal vor Augen führen, was konkret der Schuldner zu leisten hat.[17] Das gilt insbesondere dann, wenn dem Gläubiger mehrere Forderungen gegen den Schuldner zustehen, was häufig im Massenverkehr des Versandhandels, der Versorgungswirtschaft oder auch der Telekommunikationsbranche vorkommt, aber auch

---

17 BGH NJW 1984, 868; *Staudinger/Löwisch* (2004), § 286 Rn 33, 34.

in anderen Zusammenhängen nie auszuschließen ist. Dem Schuldner sollte deshalb mit der Mahnung immer auch eine bezifferte Forderungsaufstellung mit übersandt werden.

Hinweis 59
Dies sichert auch in anderer Weise die Rechtsposition des Gläubigers. Obwohl Verzug mit der Mahnung eintritt, wird häufig erst ein bis vier Wochen nach der Mahnung gezahlt, ohne dass die angemahnte Forderung um die Zinsen erweitert wurde. Da die Beitreibung des Zinsbetrages dann meist unwirtschaftlich ist, wird hierauf nicht selten verzichtet. Dies lässt sich – zumindest teilweise – vermeiden, indem auch auf diesen Ersatzanspruch im Mahnschreiben hingewiesen und er der Höhe nach beziffert wird. Es lässt sich feststellen, dass dies die Zahlung beschleunigt und in vielen Fällen auch die Verzugszinsen gezahlt werden.

Beispiel 60
„In pp. haben Sie die Rechnung vom ▬▬▬ über 1.500 EUR bis heute nicht ausgeglichen. Wir müssen nunmehr auf den umgehenden Ausgleich unserer Forderung bestehen. Da Sie sich mit dem Zugang dieser Mahnung zugleich auch in Verzug befinden, ist der Rechnungsbetrag ab dem Zugang dieses Schreibens mit 5 Prozentpunkten über dem jeweiligen Basiszinssatz seit dem Zugang dieser Mahnung zu verzinsen, was einem Betrag von 0,35 EUR je Kalendertag entspricht. Diesen Betrag bitten wir bei der Zahlung mit zu berücksichtigen."

Gelingt es dem Gläubiger nicht, die tatsächlich geschuldete Leistung in dieser Weise anzumahnen, so kann in der fehlerhaften Mahnung nicht zugleich eine Mahnung bezogen auf die tatsächlich geschuldete Leistung gesehen werden. Dies gilt dann, wenn der Gläubiger eine Leistung fordert, die ihm tatsächlich nicht mehr zusteht, er aber noch eine weitere Forderung gegen den Schuldner besitzt. 61

Beispiel 62
Der Gläubiger beliefert den Schuldner in regelmäßigen Abständen mit Waren und stellt in der Folgezeit Monatsrechnungen. Mahnt der Gläubiger hier im April des Jahres ausdrücklich den Ausgleich der Monatsrechnung für Januar des Jahres an, die allerdings bereits ausgeglichen ist, so kommt der Schuldner aufgrund dieser Mahnung nicht in Verzug mit

dem Ausgleich der noch offenen Monatsrechnungen für Dezember des Vorjahres und Februar des laufenden Jahres.

63 Problematischer ist der Fall, dass der Gläubiger der Höhe nach mehr verlangt als ihm tatsächlich zusteht. Die ältere Rechtsprechung und Literatur hat hier auf das hypothetische Verhalten des Gläubigers und des Schuldners abgestellt. Soweit zu erwarten gewesen sei, dass der Schuldner auch auf eine Mahnung mit der zutreffenden Forderung nicht zahlt und der Gläubiger auch eine geringere Zahlung annimmt, wurde von der Wirksamkeit der Mahnung ausgegangen.[18] War dagegen davon auszugehen, dass der Gläubiger eine geringe wie die mit der Mahnung geforderte Summe nicht annehmen werde, so sollte die Mahnung unwirksam sein, d.h. es fehlt an einer notwendigen Voraussetzung des Verzugseintrittes. Diese Auffassung wird aber zu Recht als unpraktikabel abgelehnt, weil sich dieser hypothetische Wille regelmäßig nicht sicher feststellen lässt und damit rechtssichere Ergebnisse nicht zu erzielen sind.

64 Die neuere Rechtsprechung und Literatur stellt deshalb darauf ab, ob die unzutreffende Mahnung gleichwohl erkennen lässt, welche bestimmte Leistung von dem Schuldner gefordert wird.[19] Der BGH hat ausgesprochen, dass es nicht so sehr darauf ankommt, wie sich der Schuldner bei einer der Höhe nach zutreffenden Mahnung verhalten hätte, sondern ob unter Berücksichtigung der Umstände des Einzelfalls nach Treu und Glauben vorzunehmenden Würdigung der Schuldner die Erklärung als Aufforderung zur Bewirkung der tatsächlich geschuldeten Leistung verstehen muss und der Gläubiger auch zur Annahme der gegenüber seinen Vorstellungen geringeren Leistung bereit ist.[20]

65 Eine Zuvielforderung, die auf einem offensichtlichen Additionsfehler, einem sonstigen Rechenfehler oder auch der Schwierigkeit der Bestimmbarkeit der Leistung auf Seiten des Gläubigers[21] beruht, lässt danach die Wirksamkeit der Mahnung unberührt. Gleiches gilt, wenn ein offensichtlicher Irrtum vor-

---

18 RGZ 9, 136, 141.
19 BGH NJW 1999, 3115 = MDR 1999, 1128 = DB 1999, 1849.
20 BGH NJW 2006, 3271 = MDR 2007, 200 = WM 2006, 2011 = BB 2006, 1277 = BGHReport 2006, 1277; BGH NJW 1999, 3115; BGH WM 2000, 586; BGH WM 1967, 660 = MDR 1967, 826.
21 BGH FamRZ 1983, 352.

liegt oder eine klar abgrenzbare Abzugsposition übersehen wurde. Wird eine falsche Währung angegeben, kann es sich um einen offensichtlichen Irrtum handeln, etwa wenn DM statt EUR angegeben ist, obwohl sich für den Schuldner ohne weiteres erschließt, dass es „EUR" heißen muss.

Allerdings kann eine unverhältnismäßig hohe, weit übersetzte Zuvielforderung den zu Recht angemahnten Teil so in den Hintergrund treten lassen, dass dem Schuldner kein Schuldvorwurf zu machen ist, wenn er sich nicht als wirksam gemahnt ansieht.[22] Am Verschulden fehlt es auch dann, wenn der Schuldner die wirklich geschuldete Forderung nicht allein ausrechnen kann, weil sie von ihm unbekannten internen Daten des Gläubigers abhängt, der Schuldner nun also nicht erkennen kann, welche Forderung er tatsächlich schuldet. Es fehlt dann an der hinreichenden Bestimmtheit der Forderung.[23] 66

Anders kann es sich dagegen verhalten, wenn die Zuvielforderung gegen ein gesetzliches Verbot verstößt, etwa wenn wucherische Zinsen verlangt werden (§ 138 BGB) oder eine überhöhte Miete im Sinne des § 5 WiStG gefordert wird. Hier darf der Gläubiger in seinem gesetzwidrigen Verhalten nicht noch durch eine die Wirkungen der Mahnung erhaltende Reduktion der Forderung begünstigt werden.[24] 67

Besondere Beachtung muss dem Umstand geschuldet werden, dass eine Leistung unter den vertragsgemäßen Bedingungen angemahnt wird. Wird also das Leistungsverlangen zu Bedingungen gestellt, die nach dem Vertrag nicht geschuldet sind, kann auch dies zur Unwirksamkeit der Mahnung führen. 68

Beispiel 69
Der BGH hat einer Mahnung die Wirkung abgesprochen, in der die Zahlung der Forderung an einen Rechtsanwalt verlangt wurde, obwohl vertraglich die Zahlung auf ein Notaranderkonto vereinbart war.[25]

Unproblematisch ist der Fall, dass der Gläubiger nicht die volle Leistung mahnt, soweit es sich insgesamt um eine teilbare Leistung handelt, was je- 70

---

22 BGH NJW 2006, 3271 = MDR 2007, 200.
23 BGH NJW 1993, 1260; BGH NJW 1991, 1286.
24 *Staudinger/Löwisch* (2004), § 286 Rn 37.
25 BGH WM 1989, 1897.

denfalls bei Geldforderungen der Fall ist. Der Schuldner kommt allerdings auch nur in Höhe der tatsächlich angemahnten Forderung in Verzug, so dass auch der Schadensersatzanspruch entsprechend beschränkt ist.

71 *Beispiel*
Dem Gläubiger steht eine Forderung von 3.500 EUR zu. Tatsächlich mahnt er allerdings die Forderung nur in Höhe von 2.250 EUR an. Hier kann der Gläubiger Zinsen in Höhe von 5 bzw. 8 Prozentpunkten über dem Basiszinssatz nur aus einem Betrag von 2.250 EUR erhalten.

72 Ist der Schuldner verpflichtet, regelmäßig wiederkehrende Leistungen zu erbringen, wie etwa Mietzinszahlungen oder Unterhaltszahlungen, so zeigt sich ein differenziertes Bild. Zunächst bezieht sich eine Mahnung, wenn sich aus ihrem Wortlaut nichts anderes ergibt, lediglich auf die konkret angemahnte Einzelleistung. Allerdings kann der Gläubiger zugleich auch alle rückständigen Leistungen anmahnen. Es empfiehlt sich dabei, dies auch im Wortlaut der Mahnung eindeutig hervorzuheben. Allerdings ist dies nicht zwingend. Entscheidend ist, dass für den Schuldner erkennbar wird, dass der Gläubiger nicht nur die laufende Teilleistung, sondern auch allen Rückstand begehrt. Dies kann sich aus dem Hinweis auf die Rückstände ebenso ergeben wie aus der Berücksichtigung der Rückstände in einer umfassenden Forderungsaufstellung.

73 Die Mahnung umfasst dagegen grundsätzlich nicht die in der Zukunft erst fälligen wiederkehrenden Leistungen. Selbst wenn der Gläubiger die zukünftige pünktliche Zahlung anmahnt, fehlt es für eine verzugsbegründende Mahnung im Sinne des § 286 Abs. 1 BGB an der Fälligkeit der jeweiligen zukünftigen wiederkehrenden Leistung.[26] Allerdings will der Bundesgerichtshof hier Unterhaltsforderungen anders behandeln.[27] Der einmal begründete Verzug soll sich auf die künftig fällig werdenden, wiederkehrenden Unterhaltsforderungen erstrecken, solange die anspruchsbegründenden Voraussetzungen fortbestehen. Erneute Mahnungen sollen erst dann erforderlich sein, wenn sich nachfolgend die maßgebenden tatsächlichen Verhältnisse im Sinne von § 323 ZPO wesentlich ändern oder wenn der Unterhalts-

---

26 *Staudinger/Löwisch* (2004), § 286 Rn 40.
27 BGH NJW 1988, 1137 = MDR 1988, 481 = FamRZ 1988, 370; ebenso MüKo-BGB/*Ernst*, § 286 Rn 5; *Staudinger/Kappe/Engler* (2000), BGB, § 1613 Rn 41.

schuldner Rückstände zunächst bezahlt, aber erneut säumig wird. Die Ansicht vermag allerdings nicht zu überzeugen. Auch im Unterhaltsrecht gilt, dass die konkrete Leistung erst fällig sein muss, bevor sie angemahnt wird.[28]

Hinweis 74
Sowohl für Unterhaltsleistungen als auch für sonstige regelmäßig wiederkehrende Leistungen kann der Gläubiger die Problematik allerdings dadurch umgehen, dass er vertraglich den Leistungszeitpunkt kalendermäßig bestimmt, so dass nach § 286 Abs. 2 Nr. 1 BGB eine Mahnung insgesamt entbehrlich wird.

3. Die Androhung von Rechtsfolgen und die Fristsetzung

Die Androhung bestimmter Folgen ist nicht notwendig,[29] so dass diese im Rahmen von verschiedenen Eskalationsstufen meist erst in einer weiteren Mahnung ausgesprochen werden. 75

Auch eine Fristsetzung ist grundsätzlich nicht erforderlich aber sehr wohl möglich. Hierbei sind allerdings einige Besonderheiten zu beachten: Im Einzelfall kann eine Fristsetzung für den Gläubiger nachteilig sein, wenn die Fristsetzung als Einräumung eines Zahlungsziels und nicht als befristete Mahnung aufgefasst werden kann. Die Frist, die im Zweifel mit dem Datum der Mahnung beginnt, ist regelmäßig als Einräumung eines Zahlungsziels und nicht als befristete Mahnung aufzufassen. Diese Auslegung bedeutet, dass der Schuldner nicht bereits mit dem Zugang der Mahnung nach § 286 Abs. 1 BGB, sondern erst mit Fristablauf in Verzug gerät. Wenn in einer den Schuldnerverzug begründenden Mahnung „zur Zahlung innerhalb von zwei Wochen" aufgefordert wird, tritt demzufolge Verzug erst nach Ablauf dieser Frist ein. Um Auslegungsprobleme zu vermeiden, empfiehlt es sich deshalb, in der Mahnung klar zum Ausdruck zu bringen, dass sie bereits mit ihrem Zugang wirksam sein soll und die Frist nur deshalb eingeräumt wird, um zusätzliche nachteilige Folgen für den Kunden zu vermeiden. 76

---

28 *Staudinger/Löwisch* (2004), § 286 Rn 40.
29 OLG Hamm NJW-RR 1992, 667; *Staudinger/Löwisch* (2004), § 286 Rn 28.

4. Der richtige Zeitpunkt der Mahnung

77 Die Mahnung muss nach Fälligkeit erfolgen. Eine vorher ausgesprochene Mahnung wäre wirkungslos.[30] Der Verzug tritt mit dem Zugang der Mahnung zuzüglich der Zeit ein, die ohne schuldhaftes Zögern zur technischen Umsetzung der Leistung – etwa einer Banküberweisung – erforderlich ist. Dem Schuldner wird grundsätzlich keine weitere Zahlungsfrist mehr eingeräumt, insbesondere keine Zeit nun erst seine Leistung vorzubereiten oder das zur Leistung Erforderliche zu beschaffen.[31] Er hat mit Fälligkeit leistungsbereit zu sein. Die Mahnung stellt insoweit also nur eine Erinnerung dar.

78 In der Übersendung der Rechnung liegt grundsätzlich noch keine verzugsbegründende Mahnung. Etwas anderes kann sich aber aus den Umständen oder der konkreten Formulierung der Rechnung ergeben.

79 *Beispiel*
Der Handwerker H übersendet dem Schuldner erneut die Rechnung mit dem Hinweis: „Übersende ich Ihnen anliegend erneut meine Rechnung vom ▇ auf die ich bisher keinen Zahlungsausgleich feststellen konnte."

80 Es ist allerdings möglich, die Mahnung mit der Mitteilung zu verbinden, die die Fälligkeit der Leistung herbeiführt.[32] Auch hier gilt allerdings, dass dem Schuldner unzweideutig klar werden muss, dass die Leistung ab einem zu bestimmenden Zeitpunkt unmittelbar gefordert wird. In diesem Fall tritt allerdings auch nicht unmittelbar mit dem Zugang der Mahnung der Verzug ein. Vielmehr ist dem Schuldner hier eine angemessene Leistungsfrist zu setzen, so dass die Verzugsfolgen ihn erst nach Ablauf dieser Frist treffen.

81 Gleiches gilt, nach einer Entscheidung des OLG Naumburg,[33] wenn der Schuldner seine Leistung zunächst so angeboten hat, wie diese zu bewirken ist, der Gläubiger aber in Annahmeverzug geraten ist. Dem Schuldner muss nach dem Ende des Annahmeverzuges dann zunächst Gelegenheit gegeben werden, seine Leistungserbringung in der gebührenden Form vorzubereiten.

---

30 OLG Hamm NJW-RR 2001, 433.
31 *Staudinger/Löwisch* (2004), § 286 Rn 58.
32 *Staudinger/Löwisch* (2004), § 286 Rn 43.
33 OLGR Naumburg 2002, 427.

5. Der Zugang der Mahnung

Der Gläubiger ist für den Zugang der Mahnung darlegungs- und beweispflichtig, wenn der Schuldner diesen bestreitet. Kann der Gläubiger diesen Nachweis im Bestreitensfall nicht führen, kann dies für ihn fatale Folgen haben.

> *Beispiel*
> So hat der BGH noch 2007[34] den bereits oben in anderem Zusammenhang dargestellten Fall zu entscheiden gehabt, in dem eine Mahnung nicht entbehrlich war und der nach Rechnungsstellung umgezogene Schuldner trotz eines nachgewiesenen Nachsendeantrages bei der Post bestritten hat, eine Mahnung erhalten zu haben. Der Gläubiger hatte dann einen Rechtsanwalt mit der Aufenthaltsermittlung und dem außergerichtlichen Inkasso beauftragt. Da der Gläubiger den Zugang der Mahnung aber nicht nachweisen konnte, waren die Kosten des Rechtsanwaltes nicht kausal auf den Verzugseintritt zurückzuführen, so dass der Gläubiger diese selbst tragen musste.

Der Schuldner muss bei bestehenden vertraglichen Beziehungen im Falle eines Umzugs Vorkehrungen für den Zugang rechtsgeschäftlicher Erklärungen seines Vertragspartners treffen.[35] Hierfür genügt jedoch – jedenfalls bei Verbrauchern – ein Nachsendeauftrag bei der Post.

Der Gläubiger kann den Zugang einer Mahnung nur rechtssicher nachweisen, wenn er entweder durch einen Kontrollanruf im Rahmen des Telefoninkasso, durch den Einwurf der Mahnung durch einen Boten bzw. den Außendienst (= Zeugen) oder durch die Übersendung der Mahnung per Einwurf-Einschreiben oder Einschreiben-Rückschein den Zugang dokumentiert. In Betracht kommt bei wirtschaftlich bedeutenden Angelegenheiten auch die Zustellung durch einen Gerichtsvollzieher. Ansonsten läuft er wie im o.g. Fall Gefahr, dass der Schuldner den Zugang bestreitet und so die entstandenen Kosten eines Bevollmächtigten – dies gilt für die Gebühren und Auslagen eines Rechtsanwaltes ebenso wie für Inkassokosten – nicht erstattet erlangt. Die meisten Gläubiger verzichten allerdings aus Kostengründen auf

---

34 BGH v. 27.10.2007 – III ZR 91/07 = FMP 2007, 55 = NJW 2008, 50 = Grundeigentum 2007, 1692.
35 BGH v. 13.6.52 – I ZR 158/01; *Palandt/Heinrichs*, BGB, 66. Aufl., § 130 Rn 17.

solche Nachweismöglichkeiten. Dies muss dann als betriebswirtschaftliches Risiko kalkuliert werden.

86 *Hinweis*
Aufgrund der beschriebenen Gefahren für den Verzugsschadensersatzanspruch wegen des bestrittenen Zugangs einer Mahnung einerseits und dem erheblichen Aufwand, um eine Mahnung nachweisbar zugehen zu lassen, versuchen Gläubiger in der Praxis zunehmend eine vertragliche Situation zu schaffen, in der es ausnahmsweise zum Verzugseintritt keiner Mahnung bedarf. Diese Fälle sind in § 286 Abs. 2 Nr. 1 bis 4 BGB geregelt und werden nachfolgend abgehandelt.

87 Fraglich ist, wie zu verfahren ist, wenn der Schuldner unbekannten Aufenthaltes ist, gleichwohl aber der Verzugseintritt durch eine Mahnung sicher gestellt werden soll, insbesondere um die Forderung verzinsen und Beitreibungskosten liquidieren zu können.

88 Die Mahnung wird heute als rechtsgeschäftsähnliche Handlung angesehen, so dass sich der Zugang nach den §§ 130 ff. BGB bestimmt. Nach § 132 Abs. 2 S. 1 BGB ist es deshalb möglich, die Mahnung nach §§ 185 ff. ZPO öffentlich zuzustellen. Die Voraussetzungen der öffentlichen Zustellung sind inzwischen erleichtert worden, insbesondere ist die sehr kostenintensive Veröffentlichung in einer Tageszeitung nur noch im Ausnahmefall erforderlich. Die öffentliche Zustellung erfolgt nach § 192 ZPO über den Gerichtsvollzieher.

6. Klage und Mahnbescheid als Ersatz für die Mahnung

89 Nach § 286 Abs. 1 S. 2 BGB steht es einer Mahnung gleich, wenn der Gläubiger eine Klage einreicht, wobei der Verzugseintritt erst mit der Zustellung der Klage als Ersatz des Zugangs der Mahnung bewirkt ist, oder aber im gerichtlichen Mahnverfahren der Mahnbescheid zugestellt wird.

90 *Hinweis*
Der Vorschrift kommt für eine erste Mahnung nur eine geringe praktische Bedeutung zu. Hat der Gläubiger nämlich einen Bevollmächtigten mit der Einreichung der Klage oder der Beantragung des Mahnbescheides als Ersatz für eine Mahnung beauftragt, so gehen die dadurch ver-

ursachten Kosten nicht kausal auf den Verzugseintritt zurück, so dass sie grundsätzlich nicht ersatzfähig sind. Dazu läuft der Gläubiger Gefahr, dass der Schuldner ein sofortiges Anerkenntnis im Sinne des § 93 ZPO abgibt. Deshalb sollte in dieser Weise nur verfahren werden, wenn die Verjährung der Forderung droht und sich nur auf diesem Wege nach § 204 Abs. 1 Nr. 1 bzw. 3 BGB eine Hemmung der Verjährung erreichen lässt.

VI. Entbehrlichkeit der Mahnung

Für bestimmt Fälle sieht § 286 Abs. 2 Nr. 1 bis 4 BGB vor, dass eine Mahnung entbehrlich ist. Der Verzugseintritt erfolgt mithin mit der Nichtleistung des Schuldners trotz Fälligkeit, ohne dass es weiterer Handlungen des Gläubigers bedarf. 91

1. Die kalendermäßige Bestimmung der Leistungszeit

Nach § 286 Abs. 2 Nr. 1 BGB ist die Mahnung entbehrlich, wenn für die Leistung des Schuldners eine Zeit nach dem Kalender bestimmt ist. Der Regelung liegt die Ratio zugrunde, dass durch die kalendermäßige Bestimmung der Leistungszeit zum Ausdruck gebracht wird, dass es sich um einen wesentlichen Aspekt der Leistungsbeziehung handelt, die es rechtfertigt, mit der Nichtleistung bei Fälligkeit sogleich den Verzug eintreten zu lassen. Dies um so mehr, als dass für den Schuldner keine Zweifel bestehen, wann er zu leisten hat. 92

Die kalendermäßige Bestimmung muss von vorneherein zwischen Gläubiger und Schuldner vereinbart sein. Dabei hat der BGH im Jahre 2007 mit der herrschenden Meinung noch einmal ausdrücklich klargestellt, dass die kalendermäßige Bestimmung der Leistungszeit im Vertrag, im Gesetz oder durch ein Urteil erfolgt sein muss.[36] Fehlt es an einer solchen Bestimmung, so kann diese nicht einseitig, etwa auf der Rechnung nachgeholt werden. 93

---

36 BGH v. 27.10.2007 – III ZR 91/07 = FMP 2007, 55 = NJW 2008, 50 = Grundeigentum 2007, 1692; a.A. *Fahl*, JZ 1995, 341.

94 *Beispiel*
So hat der BGH es im zitierten Fall für § 286 Abs. 2 Nr. 1 BGB nicht als ausreichend erachtet, dass auf der Rechnung notiert war „Den Rechnungsbetrag überweisen Sie bitte bis zum 5.10.2004 auf das rechts unten angegebene Konto." Hier fehlte es an der vertraglichen Vereinbarung der Leistungszeit. Allerdings kann dieses Schreiben zugleich eine Mahnung darstellen.[37]

95 Insoweit muss der Gläubiger schon bei Vertragsabschluss sicherstellen, dass eine entsprechende Leistungsbestimmung in den Vertrag übernommen wird.

96 Erforderlich ist, dass die Leistungszeit unmittelbar oder mittelbar eindeutig bezeichnet ist.[38] Lässt sich die Leistungszeit nur in Abhängigkeit von einem an sich noch unbestimmten Ereignis bestimmen, kommt der Eintritt des Verzuges ohne Mahnung nur nach § 286 Abs. 2 Nr. 2 BGB in Betracht; dazu nachfolgend.

97 Anerkannt sind die Formulierungen
- „Zahlung im September",[39]
- „Zahlung 14 Tage ab Bestellung",[40]
- „bis spätestens Mitte [oder Ende] des Monats",[41]
- „in der ▬▬▬ Kalenderwoche" – in diesem Fall tritt der Verzug mit dem Beginn der folgenden Kalenderwoche ein,[42]
- „14 Tage ab Bestellung",[43]
- „Ostern 2008", „Pfingsten 2009".[44]

98 Daneben kann die Mahnung auch dann entbehrlich sein, wenn dem Gläubiger im Vertrag ein einseitiges Bestimmungsrecht nach § 315 BGB für den kalendermäßig bestimmten Leistungszeitpunkt eingeräumt wird[45] oder wenn

---

37 BGH NJW 2006, 3271 = MDR 2007, 200.
38 *Staudinger/Löwisch* (2004), § 286 Rn 67 ff.
39 BGH NJW 1999, 593.
40 BGH WM 1992, 823.
41 BAG WM 1982, 245.
42 BGH WM 1996, 1598 = BauR 1997, 173.
43 BGH NJW 1992, 1628 = MDR 1992, 747.
44 *Staudinger/Löwisch* (2004), § 286 Rn 70; entscheidend ist die Bestimmung eines festliegenden Festes innerhalb eines eindeutig bestimmten Jahres.
45 BGH NJW 2006, 3271 = MDR 2007, 200; BGH NJW 2005, 1772.

eine Fertigstellung der Bauarbeiten nach Ablauf eines bestimmten Zeitraums im Vertrag vereinbart ist und das Datum des Beginns des Zeitraums während der Vertragsdurchführung einvernehmlich festgelegt wird.[46]

Beispiel 99
Das vom Versorgungsunternehmen mit der Rechnung gemäß § 27 Abs. 1 AVBEltV angegebene Fälligkeitsdatum des Rechnungsbetrages und der künftigen Abschläge ist eine verzugsauslösende Bestimmung der Leistungszeit nach dem Kalender im Sinne der §§ 315, 286 Abs. 2 Nr. 1 BGB. Sind Rechnungen oder Abschlagsberechnungen zu dem vom Versorgungsunternehmen bestimmten Zeitpunkt spätestens an einem bestimmten Kalendertag zu bezahlen, kommt der Kunde auch ohne Mahnung in Verzug, wenn er nicht zu diesem Zeitpunkt leistet.

Nicht ausreichend sind wegen des Fehlens der festen kalendermäßigen Bestimmung dagegen die Formulierungen 100
- „circa drei Tage",[47]
- „2 Wochen nach Abruf",[48]
- „1 Monat nach Lieferung",[49]
- „Bezahlung nach Rechnungsstellung",[50]
- „Die Ausführungsfrist beginnt mit dem tatsächlichen Arbeitsbeginn",[51] (wenn der Arbeitsbeginn nicht vertraglich vereinbart ist).

Besonderheiten ergeben sich, wenn die öffentliche Hand ihre Aufgaben in 101 privatrechtlicher Form erfüllt. Wird die Leistungszeit in den Allgemeinen Geschäftsbedingungen kalendermäßig nach Quartalen bestimmt, bewirkt dies nur dann den Verzug des Schuldners, wenn ihm rechtzeitig vorher eine Rechnung für das betreffende Jahr übersandt wurde. Bei der Wahrnehmung öffentlicher Aufgaben in den Formen des Privatrechts sind nämlich die grundlegenden Prinzipien des öffentlichen Finanzgebarens zu beachten, zu

---

46 BGH NJW 2002, 1274 = WM 2002, 865 = BGHZ 149, 283.
47 OLG Saarbrücken MDR 2002, 1300 = OLGR 2002, 295.
48 *Staudinger/Löwisch* (2004), § 286 Rn 73.
49 *Staudinger/Löwisch* (2004), § 286 Rn 73.
50 OLG Saarbrücken OLGR 2000, 103.
51 BGH NJW 1986, 2049.

denen im Abgabenrecht der Grundsatz zählt, dass eine Fälligkeit erst mit der Bekanntgabe der Festsetzung der Abgabe eintritt.[52]

102 Für die Frage, ob und unter welchen Voraussetzungen der Schuldner trotz einer Zuvielforderung des Gläubigers in Verzug gerät, gelten auch im Falle eines durch Überschreitung der kalendermäßig bestimmten Leistungszeit herbeigeführten Verzuges die Grundsätze, die der Bundesgerichtshof zum Verzug durch eine Zuvielmahnung entwickelt hat. Denn in beiden Fällen geht es gleichermaßen darum, ob die Säumnis des Schuldners wegen der teilweise fehlenden Berechtigung des vom Gläubiger geltend gemachten Leistungsanspruchs entschuldigt ist.[53]

103 Ist eine Leistungszeit zwar kalendermäßig bestimmt, ohne dass zu diesem Zeitpunkt die Forderung aber auch wirklich fällig ist, kann Verzug nach § 286 Abs. 1 Nr. 1 BGB nicht eintreten.[54] Der Gläubiger kann den Verzug des Schuldners dann nur durch eine nach Fälligkeit erfolgende Mahnung nach § 286 Abs. 1 BGB herbeiführen.

104 Wenn die Parteien eine bestimmte Zeit in der vorgeschriebenen Form nach dem Kalender bestimmt haben, so kommt der Schuldner also auch ohne Mahnung in Verzug, wenn er zu diesem Termin nicht leistet (§ 286 Abs. 2 Nr. 1 BGB). Dem kommt insbesondere dann eine besondere Bedeutung zu, wenn der Gläubiger zwar gemahnt hat, der Schuldner aber bestreitet, eine solche Mahnung erhalten zu haben, ohne dass der Gläubiger diesen Nachweis führen kann.

2. Die Abhängigkeit der Leistungszeit von einem Ereignis

105 Nach § 286 Abs. 2 Nr. 2 BGB ist die Mahnung auch dann entbehrlich, wenn der Leistung ein Ereignis vorauszugehen hat und eine angemessene Zeit für die Leistung in der Weise bestimmt ist, dass sie sich von dem Ereignis an nach dem Kalender berechnen lässt. In diesem Fall kann der Schuldner das Ereignis feststellen und weiß unter Berücksichtigung der vereinbarten Leistungszeit insofern genau, wann er zu leisten hat. Es wäre deshalb unbillig,

---

52 BGH Grundeigentum 2006, 1608 für die Forderungen eines öffentlichen Abfallentsorgungsunternehmens.
53 Hierzu oben § 2 Rn 68.
54 OLG Hamm OLGR 2000, 21.

dem Gläubiger zuzumuten nochmals eine Nachfrist setzen zu müssen, um die Verzugsfolgen herbeizuführen.

Als Bestimmungen eines Ereignisses im Sinne des § 286 Abs. 2 Nr. 2 BGB wurden in der Rechtsprechung und Literatur anerkannt: **106**
- „3 Wochen nach Zugang der Rechnung",[55]
- „2 Wochen nach Abnahme",[56]
- die Fälligkeitsmitteilung eines Notars,[57]
- der Abruf der Leistung.

Ab dem Ereignis muss dem Schuldner eine angemessene Frist zur Leistungserbringung gesetzt werden. Insoweit soll dem Schuldner Gelegenheit gegeben werden, die Leistung – von der er zunächst den genauen Leistungszeitpunkt nicht kannte – vorzubereiten und zu erbringen. Welche Frist angemessen ist, ist eine Frage des Einzelfalles. So kann bei kleinen Geldforderungen eine kurze Frist angemessen sein, die genügt, um eine Überweisung zu veranlassen und ausführen zu lassen. Handelt es sich um größere Summen, bei denen ein Kreditbedarf besteht, so wird ggf. die notwendige Finanzierungsfrist zu gewähren sein.[58] Auch in diesem Fall kann allerdings eine kürzere Frist angemessen sein, wenn der Schuldner um den konkreten Finanzierungsbedarf weiß und vertraglich vereinbart wurde oder erwartet werden kann, dass die Zeitspanne zwischen dem Vertragsabschluss und dem Ereignis schon zur Vorbereitung der Finanzierung genutzt wird. **107**

Umstritten ist die Rechtsfolge, wenn die gesetzte Frist unangemessen war. Einerseits wird vertreten, dass in diesem Falle anstelle der unangemessen kurzen Frist die objektiv angemessene Frist gilt.[59] Nach anderer Auffassung soll ein Verzug nicht eintreten können, weil die Voraussetzungen des § 286 Abs. 2 Nr. 2 BGB nicht vorliegen.[60] Wenngleich nicht bestritten werden kann, dass die Ratio von § 286 Abs. 2 Nr. 2 BGB darin zu suchen ist, dass der Schuldner die Leistungszeit aufgrund des Ereignisses und der gesetzten **108**

---

55 *Staudinger/Löwisch* (2004), § 286 Rn 76.
56 OLG Thüringen MDR 1999, 993 = OLGR 1999, 193.
57 *Hertel*, DNotZ 2001, 910; *Staudinger/Löwisch* (2004), § 286 Rn 76.
58 Bei Grundstückskäufen hält *Hertel*, DNotZ 2001, 914, insoweit eine Frist von zwei Wochen für ausreichend.
59 *Palandt/Heinrichs*, BGB, 67. Aufl., § 286 Rn 23.
60 *Staudinger/Löwisch* (2004), § 286 Rn 78; MüKo-BGB/*Ernst*, § 286 Rn 61.

– angemessenen – Frist nun eindeutig bestimmen kann und nach der ersten Ansicht eine gewisse Rechtsunsicherheit entsteht, erscheint es doch unbillig, den Schuldner aus jeder Verantwortung für die Leistungserbringung zu entlassen. Insoweit erscheint es über § 242 BGB und die darin normierten Grundsätze von Treu und Glauben zumindest erforderlich, dass der Schuldner die gesetzte Frist unverzüglich als unangemessen zurückweist, so dass dem Gläubiger nunmehr die Möglichkeit gegeben wird, seine Rechtsposition zu überprüfen und entweder nach § 286 Abs. 1 BGB zu mahnen, eine angemessene Frist zu setzen oder auf der Angemessenheit der gesetzten Frist zu beharren. Dabei darf auch nicht übersehen werden, dass der Schuldner ohne weiteres selbst in der Lage ist, die angemessene Frist zu bestimmen, soweit nur verlangt wird, dass er ohne schuldhaftes Zögern seine Leistung vorbereitet und erbringt. Ein weitergehendes Schutzbedürfnis des Schuldners kann auch unter Beachtung der Ratio der Vorschrift nicht erkannt werden.

109 Allein in der Literatur ist streitig, ob § 286 Abs. 2 Nr. 2 BGB mit Art. 3 Abs. 1 lit. a der Zahlungsverzugsrichtlinie[61] vereinbar ist. Darin ist bestimmt, dass die Mitgliedsstaaten sicher stellen müssen, dass Zinsen ab dem Tag zu zahlen sind, der auf den vertraglich festgelegten Zahlungstermin oder das vertraglich festgelegte Ende der Zahlungsfrist folgt. Gefordert sei also eine Verzinsung mit Fälligkeit und nicht erst eine Verzinsung zu einem späteren Zeitpunkt, nämlich nach Ablauf der „angemessenen Frist".[62] Andere stellen darauf ab, dass das „Ereignis" noch keinen Zahlungszeitpunkt darstelle. Ein Zahlungstermin sei erst mit dem Ablauf der angemessenen Frist bestimmt, so dass ein Verstoß gegen die Richtlinie nicht erkannt werden könne. Ziel der Richtlinie sei es insoweit allein gewesen, dem Gläubiger eine Möglichkeit zu geben, 30 Tage nach Fälligkeit den Verzug eintreten zu lassen, ohne dass es einer weiteren Mahnung bedarf. Dies sei in § 286 Abs. 3 BGB[63] umgesetzt worden, während der nationale Gesetzgeber den vollen Gestaltungsspielraum behalten habe, um den Verzug auch früher eintreten lassen zu können.[64] Soweit ersichtlich hat sich die veröffentlichte Rechtsprechung mit dieser Frage noch nicht auseinandersetzen müssen.

---

61 ABl v. 8.8.2000, L 200, 35.
62 MüKo-BGB/*Ernst*, § 286 Rn 57; AnwK-BGB/*Schulte-Nölke* § 286 Rn 30; *Gesell*, ZIP 2000, 1861; *Huber*, JZ 2000, 743 und 957.
63 Dazu nachfolgend § 2 Rn 121.
64 *Staudinger/Löwisch* (2004), § 286 Rn 79; *Heinrichs*, BB 2001, 157; *Schmidt-Kessel*, NJW 2001, 97.

3. Die ernsthafte und endgültige Erfüllungsverweigerung

Die Mahnung kann ferner auch nach § 286 Abs. 2 Nr. 3 BGB entbehrlich sein, wenn der Schuldner die Leistung ernsthaft und endgültig verweigert. In diesem Fall verhielte sich der Schuldner entgegen Treu und Glauben, wenn er den Verzugsfolgen den Einwand entgegensetzen könnte, er sei nicht gemahnt worden.

110

Als Erfüllungsverweigerung wurden anerkannt:
- die Weisung an einen Notar nicht zu zahlen,[65]
- der Auszug des Unterhaltsschuldners bei gleichzeitiger Einstellung der Unterhaltsleistungen,[66]
- die Aussage des Schuldners, er werde erst zahlen, wenn er hierzu verurteilt sei.[67]

111

Dagegen genügt es den Voraussetzungen des § 286 Abs. 2 Nr. 3 BGB nicht, wenn der Schuldner
- lediglich um Stundung bittet, da dies die grundsätzliche Leistungsbereitschaft nicht in Frage stellt,[68]
- mitteilt, dass er derzeit zur Leistung nicht in der Lage sei,[69]
- rechtliche Zweifel an der Berechtigung der Forderung äußert, zugleich mit der Leistungsablehnung aber Bereitschaft zeigt, über die Streitpunkte zu verhandeln.[70]

112

Auch hier ist allerdings Voraussetzung, dass die Schuld zum Zeitpunkt der ernsthaften und endgültigen Erfüllungsverweigerung bereits fällig war. Der BGH hat den Eintritt der Verzugsfolgen zuletzt mit einer Entscheidung vom September 2007 verweigert, weil die Weigerung des Schuldners die vertragsgemäße Leistung zu erbringen, erfolgt ist, bevor diese Leistungspflicht überhaupt fällig war.[71] Eine grundlose endgültige Weigerung des Schuldners, eine noch nicht fällige Verpflichtung aus einem Vertragsverhältnis zu erfüllen, ist nach Ansicht des BGH zwar eine Vertragsverletzung, die

113

---

65 OLG Frankfurt NJW-RR 1988, 1107 = DNotZ 1989, 254.
66 OLG Schleswig FamRZ 1985, 743 = SchlHA 1985, 29.
67 OLG Hamm FamRZ 1997, 1402 = OLGR 1997, 80.
68 *Staudinger/Löwisch* (2004), § 286 Rn 84.
69 *Staudinger/Löwisch* (2004), § 286 Rn 84.
70 *Staudinger/Löwisch* (2004), § 286 Rn 84.
71 BGH v. 28.9.2007 – V ZR 139/06 = FMP 2007, 58 = ZGS 2007, 470.

in einem gegenseitigen Vertragsverhältnis den Gläubiger berechtigen kann, schon vor Fälligkeit der Leistung des Schuldners vom Vertrag zurückzutreten oder Schadensersatz wegen Nichterfüllung zu verlangen. Die Weigerung führt jedoch nicht dazu, dass die Leistung des Schuldners unabhängig von der hierfür vereinbarten Zeit oder unabhängig von den hierfür vereinbarten Umständen fällig wird und der Gläubiger von dem Schuldner neben der Leistung den Ersatz eines Verzugsschadens oder eine für den Fall des Verzugs vereinbarte Vertragsstrafe verlangen könnte. Nach anderer Ansicht soll in diesem Fall der Verzug erst mit der Fälligkeit eintreten.[72] Für die Praxis wird dem BGH zu folgen sein, so dass insbesondere der Gläubiger und sein Bevollmächtigter die Fälligkeit prüfen müssen.

4. Besondere Gründe für den unmittelbaren Verzugseintritt

114 Weiter nennt § 286 Abs. 2 Nr. 4 BGB besondere Umstände, die bei Abwägung der beiderseitigen Interessen den sofortigen Verzugseintritt rechtfertigen und damit eine Mahnung entbehrlich machen. Es handelt sich um eine Auffangbestimmung, um unbillige Ergebnisse zu vermeiden. Neben der Fälligkeit der Leistung muss sich aus den Umständen des Einzelfalles ergeben, dass nur eine sofortige oder an einem ganz bestimmten Zeitpunkt erbrachte Leistung den berechtigten Interessen des Gläubigers entspricht.

115 Den meisten Praxisfällen liegen Konstellationen zugrunde, die sich nicht auf die Erbringung einer Geldschuld beziehen. Insoweit sollen diese hier nicht vertieft werden.

116 Für die Beitreibung von Geldforderungen im Zusammenhang mit § 284 Abs. 1 Nr. 4 BGB ist allerdings an ein die Mahnung verhinderndes Verhalten des Schuldners zu denken. Hierher gehören die Fälle, in denen sich der Schuldner etwa einer Mahnung entzieht.[73]

117 *Beispiel*
Der Schuldner zieht in der Kenntnis um, dass gegen ihn noch Forderungen bestehen, ohne hiervon die Gläubiger in Kenntnis zu setzen, seinen Meldepflichten nachzukommen und einen Nachsendeantrag zu stellen.

---

72 *Staudinger/Löwisch* (2004), § 286 Rn 85.
73 OLG Köln NJW-RR 1999, 4 = FuR 1998, 358.

C. Der Anspruch aus Verzug § 2

Zu nennen ist aber auch der Fall, in dem der Schuldner dem Gläubiger mitteilt, dass er an einem bestimmten Termin leisten werde oder dass die Leistung sogar schon „unterwegs" (= überwiesen) sei, so dass der Gläubiger keine Notwendigkeit für eine Mahnung sieht und deshalb hiervon Abstand nimmt. **118**

Das OLG Köln hat es für eine solche „Selbstmahnung" bereits als ausreichend erachtet, dass der Schuldner zusagt, höhere Unterhaltsleistungen zu erbringen.[74] Dem wird in der Kommentarliteratur zum Teil beigepflichtet.[75] Teilweise wird dies aber auch als zu weitgehend erachtet, weil dann der Schuldner schlechter gestellt würde, der sich äußert, während derjenige, der gänzlich untätig bleibt, zunächst noch ein Mahnung erhalten muss, um in Verzug zu geraten.[76] Letztlich wird auch hier darauf abzustellen sein, ob sich der Schuldner nach Treu und Glauben darauf verweisen lassen muss, dass er eine Situation geschaffen hat, in der der Gläubiger von der Entbehrlichkeit einer Mahnung ausgehen durfte. **119**

Werden regelmäßig wiederkehrende Leistungen vom Schuldner zunächst erbracht, dann aber die Folgezahlungen eingestellt, so nimmt die Rechtsprechung an, dass in der Zahlungseinstellung ein besonderer Grund im Sinne des § 286 Abs. 2 Nr. 4 BGB liegt, um einen sofortigen Verzugseintritt zum nächsten Fälligkeitstermin anzunehmen, ohne dass es einer weiteren Mahnung bedarf. Erforderlich sei allein, dass der Schuldner aus den früheren Zahlungen den Grund und die Höhe des regelmäßig wiederkehrend gegen ihn bestehenden Anspruchs kennt.[77] **120**

VII. Die Sonderregelung des § 286 Abs. 3 BGB

Nach § 286 Abs. 3 BGB kommt der Schuldner einer Entgeltforderung spätestens in Verzug, wenn er nicht innerhalb von 30 Tagen nach Fälligkeit und Zugang einer Rechnung oder gleichwertigen Forderungsaufstellung leistet. Etwas anderes kann allerdings vertraglich vereinbart werden. Die Regelung des § 286 Abs. 3 BGB soll den Eintritt des Verzugs in den praktisch **121**

---

74 OLG Köln FamRZ 2000, 443 = NJW-RR 2000, 73.
75 *Palandt/Heinrichs*, BGB, 67. Aufl., § 286 Rn 25.
76 *Staudinger/Löwisch* (2004), § 286 Rn 87.
77 BGH NJW 1987, 1549; OLG Brandenburg NJW-RR 2002, 870; OLG Celle FamRZ 1979, 1058; OLG Oldenburg FamRZ 1982, 731; OLG Köln FamRZ 1983, 178.

häufigen Fällen vereinfachen, in denen bei einer Geldschuld der Zahlung des Schuldners eine Rechnungserstellung durch den Gläubiger vorausgeht. Es reicht nach der Ratio des Gesetzes und der ihr zugrunde liegenden Europäischen Zahlungsverzugsrichtlinie[78] deshalb aus, dem Kunden eine Frist zur Überprüfung der Rechnung zuzubilligen, nach deren Ablauf er ohne weitere Mahnung in Verzug gerät.

122 Mit dem Wort „spätestens" hat der Gesetzgeber dabei deutlich gemacht, dass der Gläubiger unter den Voraussetzungen des § 286 Abs. 1 oder Abs. 2 BGB in der Lage ist, den Verzugseintritt auch zu einem früheren Zeitpunkt sicher zu stellen. Es handelt sich also um eine selbständige Möglichkeit, den Verzugseintritt zu bewirken.

123 § 286 Abs. 3 BGB stellt seinem Wortlaut nach auch ausdrücklich klar, dass der Verzugseintritt nach dieser Vorschrift nur bei Entgeltforderungen möglich ist. Ist der Schuldner also zur Herausgabe, zu einem Dulden oder Unterlassen oder einer Leistung, die nicht in Geld besteht, verpflichtet, kann der Verzugseintritt nur über § 286 Abs. 1 oder Abs. 2 BGB bewirkt werden. Entgeltforderung ist aber auch nicht gleichzusetzen mit Geldforderung. Erforderlich ist vielmehr, dass der Schuldner das Entgelt für eine Leistung des Gläubigers zu entrichten hat. Hierunter fallen also beispielsweise Kaufpreisforderungen, Forderungen aus Dienst-, Arbeits- oder Werkverträgen sowie Mietzinsforderungen.

124 Bei Darlehnsforderungen ist zu differenzieren. Die Zinsforderung stellt ein Entgelt für die Überlassung des Kapitals dar. Demgegenüber stellt die Verpflichtung zur Rückzahlung des eigentlichen Kapitals kein Entgelt dar, so dass der Rückzahlungsanspruch nicht über § 286 Abs. 3 BGB zum Verzug führen kann. Auch Geldforderungen, die aus einer vorsätzlich unerlaubten Handlung oder einer ungerechtfertigten Bereicherung herrühren, fallen nicht unter § 286 Abs. 3 BGB.

125 Obwohl auch Ansprüche nach einem Rücktritt oder einem Widerruf keine Entgeltforderungen sind, erweitert § 357 Abs. 1 S. 2 BGB den Anwendungsbereich von § 286 Abs. 3 BGB auch auf diese Ansprüche.

---

78 ABl v. 8.8.2000, L 200, 35.

C. Der Anspruch aus Verzug § 2

Hinweis 126
Aufgrund der Übergangsvorschrift in Art. 229 § 5 S. 1 EGBGB gilt § 286 Abs. 3 BGB nur für Forderungen aus Schuldverhältnissen, die nach dem 1.1.2000 begründet wurden. Für frühere Verpflichtungen gilt noch § 284 Abs. 3 BGB a.F.

Dem Schuldner muss eine Rechnung oder eine gleichwertige Zahlungsaufstellung zugegangen sein. Dabei ist streitig, ob diese die Forderung differenziert aufschlüsseln muss[79] oder ob es genügt, dass der Gesamtbetrag im Sinne einer Pauschalrechnung genannt wird.[80] Im Ergebnis wird es allein darauf anzukommen haben, dass der Schuldner das geforderte Entgelt nachvollziehen kann. Als Zahlungsaufstellung reicht auch ein Auszug aus einem (Kunden-)Konto oder ein Anschreiben mit einer Forderungsaufstellung bzw. eine Fälligkeitsmitteilung unter Nennung der fälligen Forderung. 127

Wie bereits zu § 286 Abs. 1 und 2 BGB dargestellt, kommt es bei einer Zuvielforderung allein darauf an, ob der Schuldner den tatsächlich geschuldeten Betrag für sich hinreichend bestimmen und den Fehler des Gläubigers erkennen kann.[81] Fordert der Gläubiger zu wenig, so lässt dies den Verzugseintritt nach § 286 Abs. 3 BGB unberührt. Die Verzugsfolgen beschränken sich allerdings auf die Teilleistung. 128

Mangels ausdrücklicher Regelung, kann die Schriftform der Rechnung oder der Zahlungsaufstellung nicht verlangt werden, § 126 BGB, so dass auch eine nicht unterschriebene Rechnung, ein Fax oder eine E-Mail ausreichend ist. Ob auch eine fernmündliche oder persönliche Information ausreicht,[82] erscheint als ein eher theoretisches Problem. Nach der Verkehrsauffassung wird unter Rechnung oder Zahlungsaufstellung wohl eher eine irgendwie geartete Perpetuierung verstanden werden. 129

Die Rechnung bzw. die Zahlungsaufforderung muss dem Schuldner allerdings auch tatsächlich zugehen. Als rechtsgeschäftsähnliche Handlung kommen hier wieder die §§ 130–132 BGB zur Anwendung. 130

---

79 So AnwK-BGB/*Schulte-Nölke*, § 286 Rn 49; *Fabis*, ZIP 2000, 867.
80 *Staudinger/Löwisch* (2004), § 286 Rn 98.
81 Vgl. hierzu die Ausführungen in § 2 Rn 58, 102.
82 *Staudinger/Löwisch* (2004), § 286 Rn 99.

131 *Hinweis*
Wenn der Zeitpunkt des Zugangs der Rechnung oder Zahlungsaufstellung unsicher ist, kommt der Kunde, der nicht Verbraucher ist, nach § 286 Abs. 3 S. 2 BGB spätestens 30 Tage nach Fälligkeit und Empfang der vertraglichen Lieferung oder Leistung in Verzug. Diese Erleichterung für den Gläubiger gilt aber ausdrücklich nicht, wenn es sich bei dem Schuldner um einen Verbraucher handelt, so dass hier der bereits dargestellten Problematik des Zugangs[83] ein besonderes Augenmerk zu schenken ist.

132 Handelt es sich um eine Entgeltforderung, so muss diese zunächst fällig sein. Allerdings ist nicht erforderlich, dass die Fälligkeit schon im Zeitpunkt des Zugangs der Rechnung oder Zahlungsaufstellung vorliegt. Da § 286 Abs. 3 BGB sowohl den Zugang der Rechnung bzw. Zahlungsaufstellung als auch die Fälligkeit verlangt, beginnt allerdings die 30-Tagefrist erst mit dem späteren der beiden Ereignisse zu laufen.

133 Sind die vorstehenden Voraussetzungen erfüllt, so kommt der Schuldner 30 Tage später in Verzug. Die Berechnung der Frist erfolgt nach § 187 Abs. 1 BGB, so dass der Tag der Fälligkeit oder des Zugangs nicht mitgerechnet wird und die Frist mit dem Ablauf des darauf folgenden 30. Tages endet. Handelt es sich hierbei um einen Samstag, einen Sonntag oder einen Feiertag,[84] so verschiebt sich der Fristablauf nach § 193 BGB auf den nächsten Werktag.

Hinweis
Bei einer Überweisung der Forderung im Wege des bargeldlosen Zahlungsverkehrs muss beachtet werden, dass der Eintritt des Verzuges nur gehindert wird, wenn dem Gläubiger der Betrag so rechtzeitig gutgeschrieben wird, dass er zum Ablauf der Frist hierüber frei verfügen kann.[85] Eine spätere Gutschrift führt anderenfalls zum Verzugseintritt. An einem Verschulden scheitert der Verzugseintritt nur dann, wenn der Schuldner zum Zeitpunkt der Zahlungsanweisung mit einer an Sicherheit grenzenden Wahrscheinlichkeit davon ausgehen konnte, dass die Zahlung

---

83 Siehe oben § 2 Rn 82.
84 Entscheidend sind die Feiertage am Erfüllungsort. Siehe hierzu www.feiertage.net.
85 EuGH v. 3.4.2008 – C-306/06 = ZIP 2008, 732 = WM 2008, 678.

rechtzeitig beim Gläubiger eingeht und diesem zur Verfügung steht. Dabei wird der Schuldner insbesondere die Überweisungsfristen nach § 676a Abs. 2 BGB zu beachten haben.

Ist der Schuldner Verbraucher im Sinne des § 13 BGB, so genügen die vorstehenden Voraussetzungen allerdings noch nicht, damit der Schuldner in Verzug gerät. Soweit der Schuldner „Verbraucher" ist, also eine Person, die das Rechtsgeschäft nicht in Ausübung ihrer gewerblichen oder selbständigen Tätigkeit abschließt, muss die Forderung nicht nur zu dem bezeichneten Zeitpunkt fällig sein, sondern er muss auch auf die Folgen des Verzugseintrittes sowie den Beginn hingewiesen werden. 134

Beispiel 135
Der Gläubiger G hat seine Handwerkerleistung bei einem Verbraucher am 1. April erbracht. Am 1. April übersendet er dem Schuldner auch seine Rechnung, die diesem am gleichen Tage zugeht. Weitere Zusätze enthält die Rechnung nicht. Nach § 286 Abs. 3 BGB kommt der Schuldner spätestens 30 Tage nach Zugang der Rechnung in Verzug, demnach also am 2. Mai. Hier fehlt es allerdings an einem Hinweis auf die Folgen des Verzugseintrittes und den Verzugsbeginn, so dass der Schuldner nur durch eine gesonderte Mahnung in Verzug kommen kann. Wäre dagegen die Handwerkerleistung in den Firmenräumlichkeiten des Unternehmers U erbracht worden, wäre der Verzug am 2. Mai eingetreten.

Der Hinweis muss nicht die einzelnen Folgen des Verzuges darlegen, sondern die Folgen von § 286 Abs. 3 BGB, d.h. den Umstand, dass mit Ablauf der 30-Tagefrist der Verzug eintritt. Allerdings ist der Gläubiger auch nicht gehindert auf die weiteren Folgen des Verzuges hinzuweisen. 136

Formulierungsbeispiel 137
So könnte ein Hinweis etwa lauten: „Ich weise Sie darauf hin, dass Sie mit der Zahlung der Forderung 30 Tage nach dem ▬▬▬ und dem Zugang dieser Rechnung in Verzug geraten, wenn diese nicht spätestens bis zu diesem Zeitpunkt ausgeglichen ist. Danach haben Sie auf jeden Fall die Verzugszinsen in Höhe von zumindest 5 Prozentpunkten über dem jeweiligen Basiszinssatz und mögliche Kosten des Forderungsinkasso zu tragen. Ein weiterer, von Ihnen zu ersetzender Schaden ist nicht ausgeschlossen".

138 Nach dem Wortlaut von § 286 Abs. 3 BGB muss der Verbraucher auf die Rechtsfolge des Verzuges „besonders" hingewiesen werden. Hierunter ist zu verstehen, dass der Hinweis einerseits in der Rechnung oder Zahlungsaufstellung selbst enthalten sein muss und andererseits der Hinweis deutlich hervorgehoben wird, was durch eine größere oder fettere Schrift ebenso erfolgen kann, wie durch ein Unterstreichen oder ein hervorheben in einem besonders auffälligen Kasten. Insgesamt muss der Hinweis so gestaltet sein, dass Anlass besteht, diesen wahrzunehmen.

VIII. Verschulden

139 Der Schuldner kommt wegen seiner verspäteten Leistung nach § 286 Abs. 4 BGB nicht in Verzug, wenn er die Leistungsverzögerung nicht zu vertreten hat. Der Verzugseintritt ist also verschuldensabhängig.

140 *Hinweis*
Zu vertreten hat der Schuldner allerdings eine Leistungsverzögerung dann, wenn er hierfür eine Garantie übernommen hat. Insoweit ist es letztlich möglich, dass § 286 Abs. 4 BGB vertraglich abbedungen wird.[86]

141 Durch die Formulierung des § 286 Abs. 4 BGB ist klargestellt, dass es sich um eine dem Schuldner günstige Tatsache handelt, für die er entsprechend darlegungs- und beweispflichtig ist. Hat der Gläubiger also die Fälligkeit der Forderung, die Nichtleistung des Schuldners trotz der fortbestehenden Möglichkeit der Leistung, die Mahnung oder deren Entbehrlichkeit und den Verzugsschaden dargelegt und im Bestreitensfall auch nachgewiesen, so muss der Schuldner nachweisen, dass ihn daran kein Verschulden trifft.

142 § 286 Abs. 4 BGB ist eingebettet in die allgemeinen Vorschriften, so dass sich das Verschulden an den §§ 276 bis 278 BGB zu messen hat. Nach § 276 BGB hat der Schuldner Vorsatz und Fahrlässigkeit zu vertreten, wobei § 278 BGB diese Haftung auf Erfüllungsgehilfen erweitert.

143 Bei den hier maßgeblichen Geldforderungen sind wenige Fälle denkbar, in denen ein Anspruch aus Verzug an dem fehlenden Verschulden des Schuldners scheitert. Zunächst hat der Schuldner die mangelnde Liquidität grund-

---

[86] *Staudinger/Löwisch* (2004), § 286 Rn 130.

sätzlich zu vertreten.[87] Erkrankungen oder vergleichbare Hindernisse sind nur dann von dem Schuldner nicht zu vertreten, wenn er auch nicht in der Lage war, einen Dritten mit der Leistung zu betrauen, etwa eine Überweisungsvollmacht zu erteilen.

Als ein das Verschulden ausschließendes Leistungshindernis kann es sich darstellen, wenn der ursprüngliche Gläubiger die Forderung an den neuen Gläubiger abtritt, dem Schuldner dann aber nur den Namen, nicht aber auch die Anschrift bzw. Kontodaten des neuen Gläubigers mitteilt. Der Schuldner ist nicht verpflichtet, hier Nachforschungen anzustellen.[88] **144**

Rechtsunkenntnis lässt das Verschulden grundsätzlich nicht entfallen, soweit sie darauf beruht, dass der Schuldner die maßgeblichen Rechtsvorschriften oder gar den Vertragsinhalt nicht kennt. Die Kenntnis dieser Grundlagen gehört nach der Verkehrsauffassung zur Sorgfalt einer am Rechtsverkehr teilnehmenden Person. Die rechtliche Unkenntnis muss der Schuldner durch die Hinzuziehung eines Rechtskundigen ausgleichen. Dabei muss sich der Schuldner eine falsche Rechtsauskunft über § 278 BGB zurechnen lassen. Er ist dann auf Rückgriffsansprüche gegen den Rechtsberater zu verweisen. **145**

Inwieweit dagegen eine rechtliche Ungewissheit über die Auslegung einer Norm oder das Verständnis einer höchstrichterlichen oder – in Ermangelung einer solchen – einer obergerichtlichen Rechtsprechung das Verschulden entfallen lässt, ist hoch umstritten und kann im Rahmen der vorliegenden Darstellung nicht abschließend erörtert werden.[89] **146**

IX. Der Verzugsschaden

1. Einleitung

Mit der Schuldrechtsreform hat der Gesetzgeber weitgehend darauf verzichtet eine eigene Regelung über den Verzugsschaden zu treffen, wie sie früher in §§ 286–290 BGB a.F. enthalten waren. Der Verzug stellt vielmehr eine Pflichtverletzung im Sinne des § 280 Abs. 1 S. 1 BGB dar, so dass der Gläu- **147**

---

87 BGH WM 1982, 399.
88 *Staudinger/Löwisch* (2004), § 283 Rn 138.
89 Siehe hierzu umfassend *Staudinger/Löwisch* (2004), § 283 Rn 152.

biger Ersatz des hierdurch entstehenden Schadens verlangen kann. Einzig für die Verzinsungspflicht trifft § 288 BGB eine eigenständige Regelung.[90]

148 § 280 Abs. 1 S. 2 BGB, wonach eine Pflichtverletzung nicht begründet wird, wenn der Schuldner die Pflichtverletzung nicht zu vertreten hat, kommt wegen § 286 Abs. 4 BGB insoweit keine eigenständige Bedeutung zu.

149 Der Schadensersatzanspruch nach §§ 286, 280 BGB lässt den Hauptanspruch unberührt und tritt neben diesen, so dass der Schuldner weiter auch zur Erfüllung der ursprünglichen Forderung verpflichtet bleibt.

150 Art und Umfang des Schadensersatzanspruches ergeben sich aus den §§ 249 ff. BGB. Dabei sind vorliegend nur die Aspekte zu betrachten, die sich auf die Erfüllung einer Geldforderung beziehen.

2. Die notwendige Kausalität zwischen Verzug und Schaden

151 In der Praxis wird immer wieder übersehen, dass der Schuldner nur den Schaden zu ersetzen hat, der adäquat-kausal auf den Verzug zurückgeht. An der Kausalität kann es für Rechtsanwaltskosten fehlen, wenn der Rechtsanwalt vor dem Verzugseintritt mit der außergerichtlichen Beitreibung der Forderung beauftragt wird. Der Rechtsanwalt erhält dann eine Geschäftsgebühr nach Nr. 2300 VV RVG. Mahnt der Rechtsanwalt die Forderung sodann und bewirkt er erst mit dieser Mahnung den Verzug des Schuldners, erhält der Rechtsanwalt auch dann keine höhere Vergütung, wenn es zu weiteren Mahnungen kommt. Insoweit geht der Anfall der Geschäftsgebühr nicht auf den Verzugseintritt zurück und die Rechtsanwaltskosten sind nicht erstattungsfähig.[91]

152 Nichts anderes gilt, wenn der Gläubiger ein Inkassounternehmen vor Verzugseintritt mit der außergerichtlichen Beitreibung beauftragt und hierbei ein Pauschalhonorar vereinbart wird. Etwas anderes gilt allerdings dann, wenn der Gläubiger mit dem Inkassounternehmen nach Einzeltätigkeiten abrechnet.

---

90 Dazu nachfolgend unter § 2 Rn 155.
91 BGH NJW 2008, 50 = FMP 2007, 55 = Grundeigentum 2007, 1692 = WM 2007, 2334.

C. Der Anspruch aus Verzug § 2

> *Beispiel* 153
> Hat der Gläubiger sein gesamtes Rechnungswesen ausgegliedert, so gehen die Inkassokosten insoweit adäquat-kausal auf den Verzugseintritt zurück, wie diese für Tätigkeiten nach Verzugseintritt vereinbart wurden. So ist die Gebühr für die Rechnungsstellung und die Erstmahnung nicht erstattungsfähig, sehr wohl aber nachfolgende schriftliche, fernmündliche oder persönliche Zahlungsaufforderungen. Ab welchen Zeitpunkt dies gilt, wird nachfolgend noch vertieft.

3. Schadensausgleich durch Geldersatz

Da eine Naturalrestitution im Sinne des § 249 Abs. 1 BGB bei Geldforderungen kaum denkbar ist, hat der Schuldner den eingetretenen Verzögerungsschaden regelmäßig in Form von Geldersatz nach § 251 Abs. 1 BGB auszugleichen. 154

Als Schadensposition kommen dabei grundsätzlich die Aufwendungen in Betracht, die der Gläubiger in Folge der Leistungsverzögerung hat machen müssen. Hierzu gehören 155
- Kreditkosten einschließlich der Kreditzinsen
- die Verzögerungszinsen nach § 288 BGB
Unabhängig von der Frage, ob der Gläubiger einen konkreten Zinsschaden erleidet, bestimmt § 288 Abs. 1 S. 1 BGB, dass eine Geldschuld während des Verzuges zu verzinsen ist. Der Verzugszinssatz beträgt dabei nach § 288 Abs. 1 S. 2 BGB 5 Prozentpunkte über dem jeweiligen Basiszinssatz.[92] Handelt es sich allerdings um ein Rechtsgeschäft, an dem ein Verbraucher nicht beteiligt ist, so können als Verzugszinsen 8 Prozentpunkte über dem jeweiligen Basiszinssatz verlangt werden. Von besonderer Bedeutung ist, dass der Gläubiger nach § 288 Abs. 3 BGB aus einem anderen Rechtsgrund höhere Zinsen verlangen kann und nach § 288 Abs. 4 BGB die Geltendmachung eines weiteren Schadens nicht ausgeschlossen ist. Dies wird in der Praxis seit der Schaffung der Neuregelung mit der Schuldrechtsreform zum Schaden des Gläubigers zunehmend außer Acht gelassen.

---

92 Vgl. hierzu jeweils die Januar- und Juliausgabe von Forderungsmanagement professionell oder auch die Internetseite www.basiszinssatz.de oder www.bundesbank.de → Basiszinssatz.

> *Beispiel*
> Der Gläubiger hat vom Schuldner, einem Verbraucher, 7.500 EUR zu beanspruchen. Der Gläubiger hat seinerseits einen Kredit weit über der Forderung in Anspruch genommen, den er mit 12,3 % zu verzinsen hat, den er auch jederzeit zurückführen könnte.
> Hätte der Schuldner rechtzeitig gezahlt, hätte der Kläger 12,3 % Zinsen aus einem Betrag von 7.500 EUR erspart, wenn er den Kredit unmittelbar hätte zurückführen können. Erhält er jetzt nur 5 Prozentpunkte über dem Basiszinssatz, im Juni 2007 also 5 + 3,32 % = 8,32 %, so verbliebe bei ihm ein Schaden von 3,98 % Zinsen. Gleichzeitig darf aber nicht übersehen werden, dass der Basiszinssatz sich nach § 247 Abs. 1 BGB jeweils zum 1.1. und 1.7. eines Jahres verändert, so dass nicht ausgeschlossen ist, dass der Verzugszins nach § 288 Abs. 1 S. 2 oder Abs. 2 BGB auch einmal den konkreten Zinsschaden übersteigt.
> Dieser Situation muss der Rechtsdienstleister durch eine entsprechende Antragsstellung Rechnung tragen, d.h. im Beispielsfall muss er beantragen, „den Beklagten zu verurteilen, an den Kläger 7.500 EUR zuzüglich Zinsen in Höhe von 12,3 %, mindestens jedoch 5 Prozentpunkte über dem jeweiligen Basiszinssatz seit dem ▓▓▓ zu zahlen."

- entgangener Gewinn, etwa aus einer sonst besser als mit dem Verzugszinssatz nach § 288 verzinsten Geldanlage

156
Hinweis
Auch die verzögerte Erfüllung einer Geldschuld kann einen entgangenen Gewinn begründen, wenn sich etwa ein Geschäft zerschlägt, weil die Geldmittel nicht zur Finanzierung dieses Geschäftes zur Verfügung standen.[93] Dies gilt auch bei einem Spekulationsgeschäft, wenn der Gläubiger den Gewinn auch hätte tatsächlich realisieren können.[94]

- Mahn- und Rechtsverfolgungskosten, wozu insbesondere die Gerichtsgebühren, Rechtsanwaltsgebühren sowie die Inkassokosten zu zählen sind. Eingeschlossen sind dabei die Auslagen des Rechtsdienstleisters.

---

93 *Staudinger/Löwisch* (2004), § 286 Rn 190.
94 BGH NJW 2002, 2553 = BGHReport 2002, 590 = ZIP 2002, 895.

C. Der Anspruch aus Verzug § 2

Es ist für die begründete Ersatzpflicht unerheblich, ob der Schuldner mit dem konkreten Verzugsschaden dem Grunde oder der Höhe nach gerechnet hat.[95]

157

Der Gläubiger muss die Geldentschädigung jeweils konkret berechnen. Auch dies wird in der Praxis immer wieder übersehen. Der Anspruch ist also nicht nur zu bezeichnen, („Es sind Inkassokosten in Höhe von 306,43 EUR entstanden."), sondern konkret zu begründen.

158

Beispiel
„Es sind Inkassokosten in Höhe von 306,43 EUR entstanden. Aufgrund der vertraglichen Vereinbarung zwischen dem Gläubiger und dem Schuldner ist für jede Mahnung eine Gebühr von 37,50 EUR angefallen. Der Schuldner wurde insoweit in verschiedenen Eskalationsstufen am ▩, am ▩ und am ▩ angemahnt, d.h. insgesamt drei Mal, so dass sich Inkassogebühren von 112,50 EUR ergeben haben. Sodann war eine Vergütung von 50 EUR für die fernmündliche Kontaktaufnahme einschließlich der Rufnummernermittlung und von 75 EUR für die persönliche Kontaktaufnahme einschließlich der Aufenthaltsermittlung vereinbart. Der Schuldner wurde am ▩ angerufen und zur Zahlung aufgefordert. Dabei wurden verschiedene Ratenzahlungsmöglichkeiten erörtert. Nachdem der Schuldner seine in diesem Gespräch gemachten Zusagen nicht eingehalten hat, wurde er am ▩ persönlich aufgesucht, um ihn erneut zur Zahlung zu bewegen, möglichst eine Teilzahlung in Empfang zu nehmen und sich ein Bild von seinen wirtschaftlichen Verhältnissen zu machen, um die Realisierung der Forderung nach Titulierung absehen zu können. Insoweit sind weitere 50 EUR + 75 EUR = 125 EUR an Inkassogebühren angefallen. Hinzu kam die Auslagenpauschale, die der Gläubiger mit dem Inkassounternehmen in entsprechender Anwendung von Nr. 7000 VV RVG vereinbart hat, von 20 EUR, so dass insgesamt Inkassokosten in Höhe von 257,50 EUR netto angefallen sind, die mit 19 % Mehrwertsteuer den geforderten Betrag von 306,43 EUR ausmachen."

159

---

95 BGH NJW 2001, 3114 = MDR 2001, 1293 = WM 2001, 2012 = BGHReport 2001, 862.

160 *Hinweis*
Es soll zugestanden werden, dass damit die Begründung des Verzugsschadens als Nebenforderung aufwendiger sein kann, als die Begründung der Hauptforderung. Gleichwohl darf nicht übersehen werden, dass eine Vielzahl von Gerichten einen solchen dezidierten Vortrag jedenfalls im streitigen Erkenntnisverfahren, d.h. nach Abgabe der Sache vom Mahngericht an das Streitgericht, schon für die Schlüssigkeit der Forderung verlangen. Es kommt also für die aufgezeigte Darlegungslast nicht darauf an, ob der Schuldner die Inkassokosten bestreitet. Eine nicht schlüssig vorgetragene Forderung muss der Schuldner nicht bestreiten,[96] da diese schon aus Rechtsgründen nicht zum Erfolg der Klage führen kann. Auf diesen Umstand muss das Gericht nach § 139 ZPO den Gläubiger nicht hinweisen, da die richterliche Hinweispflicht bei Nebenforderungen nicht besteht. Dieser Zusammenhang ist auch der Grund dafür, warum Inkassokosten häufig auch dann nicht zuerkannt werden, wenn der Schuldner säumig geblieben ist.

4. Verzugsschaden und Abtretung

161 Tritt der Gläubiger die Forderung ab, so tritt nach § 398 S. 2 BGB der neue Gläubiger (Zessionar) mit dem Vertragsabschluss an die Stelle des alten Gläubigers, so dass für den weiteren Verzugseintritt ebenso wie für die Bestimmung des Verzugsschadens allein auf den neuen Gläubiger abzustellen ist.[97]

162 Anders verhält es sich allerdings dann, wenn die Forderung lediglich zur Sicherung oder zur Einziehung abgetreten wurde. In diesem Fall ist die abgetretene Forderung wirtschaftlich noch dem Altgläubiger (Zedenten) zuzurechnen, so dass allein auf dessen Verhältnisse zur Berechnung des Verzugsschadens abzustellen ist. Der BGH konstruiert diese § 398 S. 2 BGB widersprechende Folge über die Anwendung der Grundsätze der Drittschadensliquidation.[98]

---

96 *Zöller/Greger*, ZPO, 26. Aufl., Vor § 253 Rn 23.
97 BGH NJW-RR 1992, 219 = ZIP 1991, 1436 = MDR 1992, 127.
98 BGH NJW 1995, 1282 = MDR 1995, 457 = ZIP 1995, 469 = BGHZ 128, 371.

C. Der Anspruch aus Verzug § 2

Die Frage, welche Rechtsfolgen eine Forderungsabtretung in der Form des Forderungskaufes nach dem Verzugseintritt für die Berechnung des Verzugsschadens, insbesondere auch der Inkassokosten hat, soll gesondert untersucht werden.[99] 163

5. Inkassokosten als Verzugsschaden

Nach § 280 Abs. 1 BGB kann der Gläubiger von dem Schuldner Schadensersatz verlangen, wenn der Schuldner eine Pflicht aus dem Schuldverhältnis schuldhaft verletzt hat. Der Schuldnerverzug stellt eine solche Pflichtverletzung dar. 164

Es wird in der **Literatur** nicht ernsthaft in Zweifel gezogen, dass der Schuldner dem Gläubiger den durch den Verzug adäquat-kausal entstandenen Schaden zu ersetzen hat und hierzu auch die Inkassokosten gehören.[100] *Löwisch* hat völlig zu Recht festgestellt, dass zu diesem Schaden an sich auch die Kosten gehören, die dem Gläubiger erwachsen, weil er mit der Einziehung seiner Forderungen bei dem in Verzug geratenen Schuldner ein Inkassounternehmen beauftragt. Angesichts des unser Schadensersatzrecht beherrschenden Grundsatzes der Totalreparation nach § 249 S. 1 BGB lasse sich dies nicht bezweifeln.[101] 165

Auch die **höchstrichterliche und obergerichtliche Rechtsprechung** erkennt die Inkassokosten dem Grunde nach als ersatzfähigen Verzugsschaden an. So hat der BGH schon mit seinem erst jüngst veröffentlichten Urteil vom 24.5.1967 – VIII ZR 278/64[102] anerkannt, dass Inkassokosten als Verzugskosten anzusehen sind. War dies lange die einzige Entscheidung des BGH, die sich mit der Erstattungsfähigkeit von Inkassokosten auseinandergesetzt hat, hat er die grundsätzliche Erstattungsfähigkeit in einem Urteil vom 29.6.2005 noch einmal ausdrücklich bestätigt. Wörtlich heißt es dort: 166

---

99 Dazu nachfolgend § 2 Rn 586.
100 Vgl. aktuell etwa *Stöber*, AGS 2008, 53.
101 *Löwisch*, Inkassokosten als Verzugsschaden, NJW 1986, 1725; *Seitz*, Inkasso-Handbuch, 3. Aufl., Kap. 25 Rn 624; *Palandt/Heinrichs*, BGB, 67. Aufl., § 286 Rn 49.
102 Soweit die Inkassokosten betroffen sind, wurde die Entscheidung erstmals in FMP 2008, 67 im Wortlaut veröffentlicht.

> *"Der Senat hat in einer Entscheidung vom 24. Mai 1967 (VIII ZR 278/64), unter II) die einem Gläubiger durch den Auftrag zur Einziehung einer Forderung bei einem Inkassounternehmen entstandenen Kosten als möglichen Verzugsschaden angesehen, der grundsätzlich gemäß § 286 BGB zu ersetzen ist, und lediglich unter dem Gesichtspunkt der Schadensminderungspflicht des Gläubigers nach § 254 Abs. 2 BGB die Frage aufgeworfen, ob der Gläubiger eine Erfolglosigkeit der Bemühungen des Inkassounternehmens voraussehen konnte."*

167 Es ist nicht zu erkennen, dass dies in der obergerichtlichen Rechtsprechung in Zweifel gezogen wird. Im Gegenteil werden auch hier die Inkassokosten dem Grunde nach als ersatzfähiger Verzugsschaden angesehen.[103] Auch die – nahezu unübersehbare – Instanzrechtsprechung insbesondere der Amtsgerichte zieht dies nicht mehr in Zweifel.[104]

168 Vor diesem Hintergrund sind Entscheidungen, die die Inkassokosten schon dem Grunde nach als nicht erstattungsfähigen Schaden ansehen[105] verfehlt und nicht haltbar.[106]

169 Von der Frage nach der grundsätzlichen Einordnung von Inkassokosten als Verzugsschaden sind zwei andere Fragen zu unterscheiden.
- Zum einen ist zu beantworten, ab wann ein Schaden bei dem Gläubiger eintritt. Wie nachfolgend darzulegen sein wird, ist dies erst dann der Fall, wenn die Grenze der nach der Verkehrsauffassung erforderlichen Eigenobliegenheiten überschritten sind.
- Zum anderen stellt sich die Frage, welche Kosten zu erstatten sind, wenn nach der ursprünglichen Einschaltung eines Inkassounternehmens auch

---

103 OLG Frankfurt v. 30.6.1985 – 12 U 109/82; OLG Hamburg v. 22.10.1985 – 9 U 114/85; OLG Hamm JurBüro 1984, 1534; OLG Koblenz v. 29.3.1984 – 9 U 499/83; OLG Saarbrücken v. 13.7.1984 – 4 U 196/82; OLG München NJW 1975, 832.
104 Beispielhaft aus der neueren Rechtsprechung: AG Altötting JurBüro 2007, 262; AG Arnsberg NJW-RR 2007, 1254; AG Bremen JurBüro 2007, 490; AG Delmenhorst JurBüro 2007, 536; LG Erfurt v. 16.11.2006 – 3 O. 102/06.
105 AG Bochum JurBüro 2007, 91.
106 Missverständlich insoweit LG Köln v. 9.8.2006 – 28 O. 437/05 wo einerseits ausgesprochen wird, dass Inkassokosten „grundsätzlich" nicht erstattungsfähig seien, andererseits darauf abgestellt wird, dass dies „jedenfalls dann" der Fall sei, wenn vorgerichtlich bereits sachliche Einwendungen gegen die Forderung erhoben wurden. Letzteres ist aber eine Frage der Schadensminderungspflicht (dazu unter Rn 334) und nicht der grundsätzlichen Erstattungsfähigkeit von Inkassokosten.

noch die Einschaltung eines Rechtsanwaltes erforderlich wird. Dies ist eine Frage der nachfolgend noch zu behandelnden Schadensminderungspflicht. Dabei wird zu zeigen sein, dass sich durch die Neuregelung des Rechtsberatungsrechtes hier wesentliche Änderungen ergeben.

6. Die Eigenobliegenheiten des Gläubigers

a) Grundsätzliche Erwägungen

Ist der Verzug eingetreten, ist der Schuldner nach den vorstehenden Ausführungen zum Ersatz des Verzugsschadens nach den §§ 280, 286 BGB verpflichtet. **170**

Entfaltet der Gläubiger nach diesem Zeitpunkt weitere vorgerichtliche Inkassotätigkeiten, d.h. kommt es zu weiteren Mahnungen, zu Ermittlungen zum Aufenthalt und Vermögen des Schuldners oder gar zu einem Besuch des Außendienstes, so stellt sich die Frage, ob der Gläubiger die damit verbundenen Kosten der Schadensbearbeitung als Eigenkosten ersetzt verlangen oder aber ob er einen Dritten mit der Erbringung dieser Leistungen beauftragen kann und dann einen Anspruch auf Ersatz der dadurch entstandenen Kosten hat. **171**

Die erste der beiden Fragen, d.h. ob der Gläubiger seine Eigenkosten ersetzt verlangen kann, wird unter Verweis auf eine Entscheidung des Bundesgerichtshofes vom 9.3.1976[107] weitgehend verneint. Dabei wird die Entscheidung meist formelhaft zitiert, ohne dass sich mit den tragenden Erwägungen auseinandergesetzt wird. Schon der Leitsatz der Entscheidung deutet nämlich an, dass die Annahme eines generellen Ausschlusses der Möglichkeit einer Kostenerstattung nicht hinreichend differenziert genug ist. Dort heißt es nämlich: **172**

> „Für eigenen Zeitaufwand bei der außergerichtlichen Abwicklung des Schadenersatzanspruchs kann der Geschädigte, ***jedenfalls soweit dabei der übliche Rahmen nicht überschritten wird****,*[108] vom Schädiger keinen Ersatz verlangen."

---

107 BGH NJW 1976, 1256 = MDR 1976, 831 = BB 1976, 1378, 1387 = VersR 1976, 857 = BGHZ 66, 112.
108 Hervorhebung vom Verfasser.

§ 2 Rechtliche Grundlagen

173 Es stellt sich also schon nach der Entscheidung des BGH die Frage, was denn der „übliche Rahmen" bei der Abwicklung eines Schadensersatzanspruches ist, d.h. was von einem Gläubiger nach Verzugseintritt noch verlangt werden kann.[109]

174 Für die Beurteilung der weiteren Fragen ist es wesentlich, den Sachverhalt und die tragenden Erwägungen des BGH zur Kenntnis zu nehmen. Gegenstand der Entscheidung war ein Schadensersatzanspruch aus unerlaubter Handlung, nämlich aus der Beschädigung von Autobahnanlagen durch ein Verkehrsunfallereignis. Anspruchsgrundlage waren nicht die §§ 280, 286 bzw. zum damaligen Zeitpunkt noch §§ 284, 286 BGB, sondern § 823 BGB und die §§ 7 ff. StVG. Der Klägerin oblag die Verwaltung der betroffenen Autobahnen. Weil es immer wieder zu vergleichbaren Verkehrsunfällen und damit Beschädigungen der Autobahnanlagen gekommen ist, hat die Klägerin besondere Sachbearbeiter und Schreibkräfte allein für die Abwicklung dieser Schadensfälle beschäftigt. Als weitere Schadensersatzposition hat die Klägerin von den Schädigern die Erstattung der anteiligen Verwaltungskosten verlangt und dabei den durchschnittlichen Aufwand an Personal- und Sachkosten je Schadensfall ihrem Begehren zugrunde gelegt. Das Landgericht hatte der Klage stattgegeben, während das Oberlandesgericht die Klage mit Ausnahme eines Betrages für nachgewiesene Portokosten und sonstige bare Auslagen abgewiesen hat. Die Revision der Klägerin hat der Bundesgerichtshof zurückgewiesen. Da die Beklagte keine Anschlussberufung eingelegt hat, blieb außer Streit, dass die tatsächlich entstandenen Auslagen zu ersetzen waren.

175 Der BGH stellt zunächst fest, dass der Grundsatz gelte, dass bei einem Schaden, den ein Privatmann erleide, regelmäßig kein Anspruch für den Ersatz des Zeitaufwandes bestehe, der ihm durch die außergerichtliche Tätigkeit zur Wahrung seines Entschädigungsanspruches erwachse. Dies sei in der Rechtsprechung und Literatur bis dahin schon für den prozessualen Kostenerstattungsanspruch nach § 91 ZPO anerkannt gewesen. Der BGH betont dann, dass dieser Grundsatz aber nicht aus der prozessualen Situation seine Rechtfertigung ziehe, sondern aus dem Umstand, dass der Verkehr diese

---

[109] In dieser Weise schon differenzierend *Schmidt*, Zum Ersatz von Zeitaufwand für die Tätigkeit von Behördenpersonal bei der Abwicklung von Schadensersatzansprüchen, NJW 1976, 1932.

Mühewaltung bei der Rechtswahrung zum eigenen Pflichtenkreis der Partei rechne. Anders stelle es sich nur dar, wenn der Aufwand für die Rechtswahrnehmung sich als Folgeschaden oder als Schadensbeseitigung darstelle. Auch könne es im Einzelfall zu einer weitergehenden Kostenhaftung kommen, etwa wenn sich die Belastung über viele Jahre hinziehe und den Geschädigten gar in seiner wirtschaftlichen Existenz gefährde. Anders sei es auch, wenn die eigene Mühewaltung der Schadensbehebung diene.[110] Eine andere Betrachtungsweise sei auch nicht deshalb geboten, weil es bei dem Geschädigten nicht nur im Einzelfall zu einer Schädigung komme, sondern in einer Vielzahl von Fällen. Aus Sicht des Schädigers stelle sich die Sachlage nicht anders dar, als wenn eine Einzelperson einmal geschädigt worden wäre. Es sei nicht gerechtfertigt, ihn mehr zu belasten, nur weil der Geschädigte sich solchen Schadens in einer Mehrzahl von Fällen ausgesetzt sehe.

> *Hinweis*
> Schon an dieser Stelle sei erstmals darauf hingewiesen, dass bei einem Anspruch aus unerlaubter Handlung weder gesetzlich noch vertraglich genau definiert ist, welche Eigenobliegenheiten der Geschädigte hat. Dies verhält sich bei einem vertraglichen Leistungsanspruch anders. Hier ist vertraglich und gesetzlich definiert, dass der Gläubiger mit Erbringung der Leistung und – in der Regel – der Rechnungsstellung seine Leistungspflichten erfüllt hat. Sodann ist gesetzlich bestimmt, dass es zur Inverzugsetzung noch einer Mahnung des Gläubigers bedarf. Wer höhere Eigenobliegenheiten verlangt, muss die Rechtsquelle hierfür benennen. Es ist auch kaum anzunehmen, dass die maßgeblichen Verkehrskreise erwarten, dass der Gläubiger größere Anstrengungen unternimmt.

Der BGH verweist zugleich aber auch auf seine Entscheidung vom 10.3.1972,[111] die die GEMA, die Verwertungsgesellschaft für Urheberrechte auf dem Gebiet der Musik, betraf. Diese hat als pauschalierten Schadensersatz bei nicht oder unzutreffend angemeldeten Veranstaltungen den doppelten Tarifsatz erhoben. Dies hat der BGH mit dem Argument gebilligt, dass die GEMA zur Feststellung von Urheberrechtsverletzungen einen aufwändigen und kostspieligen Überwachungsapparat unterhalten müsse. Die

---

110 Hier meint der BGH etwa die Eigenreparatur einer beschädigten Sache.
111 BGHZ 59, 286 = NJW 1973, 96 = MDR 1973, 204 = GRUR 1973, 379.

allgemeinen und ohne Bezug zum konkreten Schadensfall getroffenen Vorkehrungen zur Verhinderung von Rechtsverletzungen müssten in der Regel zwar von demjenigen getragen werden, der sie zu seinem Schutze freiwillig auf sich nehme. Diese Aufwendungen könnten im Allgemeinen schon deswegen nicht in die Schadensberechnung eingestellt werden, weil sich der auf die einzelne Rechtsverletzung entfallende Anteil der aufgewandten Kosten nicht ermitteln lässt. Bei Musikdarbietungen sei allerdings zu beachten, dass die gleichzeitig an den unterschiedlichsten und zum Teil entlegensten Orten stattfinden, so dass eine Aufdeckung von Urheberrechtsverletzungen durch die einzelnen Urheber praktisch nicht möglich ist. Nur durch die Einrichtung einer besonderen Überwachungsorganisation und unter entsprechend hohem finanziellen Aufwand kann verhindert werden, dass der Urheberrechtsschutz in diesem Bereich nicht weitgehend leer laufe. Auch müsse derjenige, der das Urheberrecht verletze, schlechter gestellt werden als derjenige, der sich rechtstreu verhalte.

177 Diese Entscheidung des BGH von 1976 ist von *Schmidt* besprochen worden.[112] Er hat zunächst darauf hingewiesen, dass sich der BGH nicht mit der Frage auseinandergesetzt hat, was tatsächlich zum Pflichtenkreis des Gläubigers gehört. Er kritisiert dann, dass der BGH nicht berücksichtigt habe, dass bei einem Privaten der Aufwand an Freizeit zur Schadensregulierung keinen Vermögenswert habe, dies aber bei einem Unternehmen oder einer Behörde anders zu beurteilen sei. Damit setzte sich der BGH nicht auseinander. Letztlich weist er auf den Wertungswiderspruch hin, dem Geschädigten zu gestatten, nach Verzugseintritt einen Rechtsanwalt zu beauftragen und dessen Kosten durch den schädigenden Schuldner ersetzen zu lassen, nicht aber die Eigenaufwendungen des Gläubigers als ersatzfähig anzusehen. Auch er kommt dann zu dem Ergebnis, das sich die gesamte Problematik vermeiden ließe, wenn man allein auf die Art und die Höhe der Aufwendungen für die Rechtsverfolgung abstelle und nicht darauf, durch wessen Arbeit (Rechtsanwalt, Schadensabteilung, Geschädigter selbst) sie entstanden sind. Der BGH hat bisher noch keine Gelegenheit gefunden, sich mit diesen Einwänden gegen seine Entscheidung auseinanderzusetzen.

---

112 BGH NJW 1976, 1256 m. Anm. *Schmidt*, NJW 1976, 1932.

C. Der Anspruch aus Verzug § 2

Folgt man der Entscheidung des BGH aus dem Jahre 1976, so verlangt sie eine Auseinandersetzung mit der Frage, welche Obliegenheiten einem Gläubiger quasi als nachvertragliche Pflicht beim Forderungsinkasso noch obliegen und welche Tätigkeiten sich ausgehend hiervon als überobligatorische Leistungen darstellen. Dabei wird auch zu klären sein, was die Verkehrsauffassung dem Gläubiger an Obliegenheiten zurechnet. 178

Ob der Gläubiger für die überobligatorischen Leistungen einen Ersatz vom Schädiger fordern kann, ist dabei nicht Gegenstand des vorliegenden Werkes. 179

> *Hinweis* 180
> Allerdings soll in aller Kürze darauf hingewiesen werden, dass die Auffassung gut vertretbar erscheint, dass aufgrund der nach ihrem Wortlaut eindeutigen Regelung in §§ 280, 286 BGB alle Aufwendungen nach dem Verzugseintritt grundsätzlich erstattungsfähig sind. Die Problematik liegt in der Bestimmung des Schadens der Höhe nach, da nur der konkret entstandene Schaden nach § 249 BGB zu ersetzen ist und eine Pauschalierung in der gesetzlichen Regelung nicht angelegt ist. Der Gläubiger wird sein Forderungsmanagement in der Regel aber in einer Hand führen, d.h. von einer Abteilung sowohl die obligatorischen als auch die überobligatorischen Leistungen erbringen lassen, ohne dass sich dies zeitlich und vom sachlichen Aufwand nachvollziehen lässt. Die Problematik liegt also nicht in dem grundsätzlichen Anerkenntnis der Erstattungsfähigkeit, sondern in der konkreten Schadensberechnung. Hier wäre allerdings denkbar, dass auch im Schadensrecht auf durchschnittliche oder übliche Bearbeitungskosten abgestellt wird. Dies ist im vertraglichen Bereich durchaus üblich. So ist in vielen Allgemeinen Geschäftsbedingungen vorgesehen, dass bei einer Mahnung eine Mahngebühr anfällt.

Nicht erörtert werden soll an dieser Stelle auch, ob der Schuldner dem Gläubiger für den Fall, dass man ihm auch für seine eigenen überobligatorische Anstrengungen dann nur den tatsächlichen Eigenaufwand (Personal- und Sachkosten) erstattet oder ob er die (konkreten oder fiktiven) Kosten erstattet verlangen kann, die bei einem fremden Inkassounternehmen oder einem Rechtsanwalt entstanden wären. Für jede dieser Auffassungen ließen sich hinreichende Argumente finden, wobei die Rechtsprechung im Kern der konkreten Schadensabrechnung den Vorzug gibt. 181

182 Es soll hier vielmehr die Auffassung vertreten werden, dass der Gläubiger grundsätzlich berechtigt ist, das weitere Forderungsinkasso von einem Dritten als Dienstleister erbringen zu lassen, soweit er nur die ihm obliegenden Anstrengungen erbracht hat, und in diesem Falle auch grundsätzlich die ihm dadurch entstandenen Kosten vom Schuldner – unter Berücksichtigung der noch zu erörternden Schadensminderungspflicht – erstattet verlangen kann. Zu den Eigenobliegenheiten gehört dabei nach der hier vertretenen Auffassung die Rechnungstellung, die den Verzug begründende Mahnung und ein gleichzeitiger oder nachfolgender Hinweis, dass bei Nichtzahlung die Einschaltung eines Rechtsdienstleisters erfolgt.

183 Es handelt sich dabei nicht um einen neuen Ansatz des Verfassers. Vielmehr wurden diese Aspekte im Nachgang zur Entscheidung des Bundesgerichtshofes von 1976 vielfach aufgeworfen, ohne dass dies aber in der aktuellen Diskussion um die Erstattungsfähigkeit von Inkassokosten noch hinreichende Berücksichtigung findet.

184 *Hinweis*
Insbesondere die Rechtsprechung zeigt hier aufgrund eines allerdings häufig auch unzureichenden Sachvortrages eine zu undifferenzierte Sichtweise. Dabei soll hier nicht vergessen werden, dass es sich bei den Inkassokosten um Nebenforderungen handelt, bei denen von allen Beteiligten versucht wird, den Prüfungs- und Begründungsaufwand möglichst gering zu halten. Dies spiegelt sich auch im Prozessrecht wider, wo § 139 Abs. 2 S. 1 ZPO die Nebenforderungen ausdrücklich von der Hinweispflicht des Gerichtes ausnimmt.

185 Nachfolgend soll zunächst der Diskussionsstand zur Abgrenzung der Eigenobliegenheiten des Gläubigers von überobligatorischen Tätigkeiten wiedergegeben werden, bevor der Versuch unternommen wird, die Grundsätze der Entscheidung des BGH an der heutigen Verkehrsauffassung zu messen, wie es der Bundesgerichtshof selbst gefordert hat.

186 Die allgemeine, jedenfalls aber ganz überwiegende und herrschende Meinung in Rechtsprechung und Literatur geht davon aus, dass der Gläubiger die Kosten der **üblichen** eigenen Tätigkeit selbst zu tragen hat, d.h. insoweit kein Ersatzanspruch gegen den Schuldner besteht.[113] Die Frage ist, wann diese Eigenbemühungen enden.

b) Auffassungen in der Literatur

Zunächst ist festzustellen, dass in der Literatur als weitgehend anerkannt gelten kann, dass es keine grundsätzliche Verpflichtung des Gläubigers gibt, das Forderungsinkasso insgesamt selbst zu betreiben soweit er hierzu rechtlich und tatsächlich in der Lage ist. 187

Rudloff[114] ist der Auffassung, dass als Eigenbemühungen des Gläubigers lediglich die verzugsbegründende Mahnung nach § 286 Abs. 1 BGB[115] erwartet werden kann. Soweit diese nach § 286 Abs. 2 BGB[116] entbehrlich sei, könne allenfalls noch eine erste Zahlungsaufforderung erwartet werden. Leiste der Schuldner trotz Mahnung bzw. Zahlungsaufforderung durch den Gläubiger nicht, so sei kein Grund ersichtlich, warum der Gläubiger sich nicht der erstattungsfähigen Hilfe eines Rechtsanwaltes oder Inkassounternehmens bedienen dürfe. 188

Jäckle[117] zeigt sich hier zurückhaltender und kritischer. *Jäckle* geht davon aus, dass etwa die reine Auslagerung einer Mahnabteilung auf ein rechtlich selbständiges aber vom Gläubiger beherrschtes Inkassounternehmen noch nicht dazu führt, dass die bei dem ausgelagerten Inkassounternehmen entstandenen Inkassokosten vom Schuldner zu erstatten sind, weil der Gläubiger diese Aufgaben auch selbst erledigen hätte können. Mit der Auslagerung werde ein künstlicher Schadensposten mit der Folge einer Umgehung des vom BGH aufgestellten Grundsatzes geschaffen, dass die üblichen persönlichen Bemühungen zur Realisierung einer Forderung zum eigenen Pflichtenkreis des Gläubigers gehören.[118] Anderenfalls würde auch eine nicht gerechtfertigte Besserstellung im Verhältnis zu Privatpersonen und kleineren 189

---

113 BGH NJW 1961, 729; BGH NJW 1969, 1109.
114 *Rudloff*, Ausgewählte Rechtsfragen der Inkassounternehmen, S. 82 und S. 100.
115 Die Regelung war früher in § 284 Abs. 1 BGB enthalten und ist mit der Schuldrechtsreform zum 1.1.2002 in § 286 Abs. 1 BGB aufgegangen.
116 Die Regelung war früher in § 284 Abs. 2 BGB enthalten und ist mit der Schuldrechtsreform zum 1.1.2002 in § 286 Abs. 2 BGB aufgegangen.
117 *Jäckle*, Effektivität und Erstattungsfähigkeit der Kosten eines Inkassounternehmens, BB 1993, 2463, 2465 und 2466
118 Zur Problematik des Konzerninkassos siehe unten § 2 Rn 574.

Betrieben vorliegen, deren Aufwand in Form der Aufopferung von Freizeit mangels eigener Mahnabteilung als Teil der Gemeinkosten nicht als aussonderungsfähiger und damit abgrenzbarer Schadensposten darstellbar sei. Ein wichtiges und durch eine entsprechende Beweisführung zu erhärtendes Indiz für eine derartige „Auslagerung" liege vor, wenn das Inkassounternehmen nur für einen begrenzten Personenkreis als Kunden – gemeint sind wohl die verbundenen Unternehmen – tätig ist.[119] Insoweit geht *Jäckle* also davon aus, dass der Gläubiger grundsätzlich eine Mahnabteilung unterhalten muss. Es sei allerdings anzuerkennen, dass die zumutbaren Eigenbemühungen in den Fällen ihre Grenze finden, in denen das Inkassounternehmen ausnahmsweise eine über das übliche Vorgehen der Mahnabteilung eines Großunternehmens hinausgehende Tätigkeit entfaltet bzw. das Inkassounternehmen nach allgemeinen Grundsätzen einen Anwalt hätte einschalten dürfen, dessen Kosten als Verzugsschaden oder prozessual zu ersetzen gewesen wären. *Jäckle* wird danach im Wesentlichen zu den gleichen Erkenntnissen kommen müssen wie *Rudloff*. Zwar zieht *Jäckle* unter Berufung auf *Wilhelm*[120] in Zweifel, dass Inkassounternehmen mehr tun als Mahnabteilungen von Großunternehmen.[121] Allerdings wird eine Gläubigerin, auch ein Großunternehmen, nach den allgemeinen Grundsätzen – wie noch zu zeigen sein wird – nach Eintritt des Verzuges, jedenfalls aber nach einer weiteren Zahlungsaufforderung ohne Rückäußerung des Schuldners berechtigt sein, einen Anwalt mit der Durchsetzung der Forderung zu beauftragen.

190 *Rieble*[122] stellt ebenfalls auf den Begriff der gebotenen und üblichen Eigenbemühungen ab, die grundsätzlich nicht erstattungsfähig seien. Dies könne auch nicht dadurch umgangen werden, dass der Gläubiger diese Eigenbemühungen auf Dritte übertrage. Der Schadensersatzanspruch sei aus § 249 Abs. 2 S. 1 BGB auf die zur Wiederherstellung des geschuldeten Zustandes **erforderlichen** Geldmittel beschränkt. Der Gläubiger dürfe also „keine Fremdkosten verursachen, wo er selbst umsonst hätte tätig werden müssen. Die Kosten für gebotene und übliche Eigenbemühungen kann der Gläubiger

---

119 *Jäckle*, a.a.O., S. 2465 in Fn 48.
120 *Wilhelm*, Ersatz von Bearbeitungskosten im Schadensfall, WM 1988, 281.
121 *Jäckle*, a.a.O., S. 2466 Fn 53.
122 *Rieble*, Außergerichtliches Inkasso im Wettbewerb zwischen Anwälten und Inkassounternehmen, DB 1995, 195, 200 unter III. 2. bb.

nicht dem Schuldner aufbürden, indem er Dritte beauftragt." Allein in diesem Sinne versteht *Rieble* auch die Entscheidung des BGH vom 9.3.1976.[123] Der BGH sei allein dem Versuch entgegengetreten, die Kosten üblicher Eigenbemühungen dem Schuldner aufzubürden. Im Ergebnis geht *Rieble* dann davon aus, dass die Anforderungen an die Eigenbemühungen des Gläubigers nicht überspannt werden dürften. Nach der den Verzug auslösenden Mahnung könne man vom Gläubiger „*allenfalls*" noch eine weitere Mahnung erwarten, die „*– mit Hinblick auf die Warnobliegenheit des § 254 Abs. 2 S. 1 BGB – noch die Androhung der Abgabe an Anwalt oder Inkassobüro enthalten muss.*" Weitere Anforderungen seien nicht zu stellen. Für weitere Anstrengungen schulde der Schuldner Ersatz aus dem Gesichtspunkt des Verzuges. Ob die weiteren Leistungen dann von einer eigenen Mahn- oder Inkassoabteilung der Gläubigerin erbracht würden oder im Wege der Fremdvergabe „ausgelagert" würden, sei eine „*schadensrechtlich nicht zu präjudizierende Unternehmerentscheidung*". Zusammengefasst kommt also auch er zu dem Ergebnis, dass überobligatorische Anstrengungen des Gläubigers aus schadensrechtlichen Gründen nicht dem Schuldner zugute kommen.

Löwisch[124] differenziert bei den Anforderungen an die Eigenbemühungen des Gläubigers nach dessen Stellung im Geschäftsleben. Von einem Kleinunternehmer könne in der Regel nur die verzugsbegründende Mahnung und eine weitere Zahlungsaufforderung verlangt werden. Bei Großunternehmen werde man „*weitere Maßnahmen, insbesondere die Androhung der Einleitung gerichtlicher Schritte oder der Übergabe der Einziehung an ein Inkassounternehmen*" verlangen müssen. In diesem Sinne ist auch die Kommentierung im BGB-Kommentar von *Staudinger* gestaltet.[125]

191

> *Hinweis*
> Im Hinblick darauf, dass sich mit einer weiteren Zahlungsaufforderung nach der verzugsbegründenden Mahnung die Androhung der Übergabe der Forderung zur Einziehung an ein Inkassounternehmen oder einen Rechtsanwalt bzw. die Androhung der Einleitung gerichtlicher Schritte verbinden lässt, dürfte in der Differenzierung keine wirkliche weitere

192

---

123 BGH v. 9.3.1976 – VI ZR 98/75 = NJW 1976, 1256.
124 *Löwisch*, Inkassokosten als Verzugsschaden, NJW 1986, 1725, 1726.
125 *Staudinger/Löwisch* (2004), § 286 Rn 45.

> Hürde liegen, insbesondere aber auch kein inhaltlicher Unterschied in der Bewertung gegenüber *Rudloff* und *Rieble*.

193 Nicht ganz eindeutig erscheinen die Darstellungen im gängigen BGB-Kommentar der gerichtlichen Praxis, dem *Palandt*.[126] Einerseits wird ausgeführt, dass sich Umfang und Inhalt des Anspruches auf Ersatz des Verzugsschadens nach den §§ 249 ff. BGB richten und danach der Gläubiger so zu stellen ist, wie er bei rechtzeitiger Leistung des Schuldners stehen würde.[127] Dies wird dann weiter konkretisiert, dass die Kosten von Mahnschreiben zu ersetzen sind, wenn die Mahnung nach Eintritt des Verzuges erfolgt und eine zweckentsprechende Maßnahme der Rechtsverfolgung darstellt.[128] Entsprechend der vorstehend dargestellten Literaturstimmen wird dies dann auch von den obligatorischen Eigenbemühungen abgegrenzt, wenn festgestellt wird, dass die Kosten der den Verzug begründenden Erstmahnung nicht ersetzt verlangt werden können.[129] Andererseits wird dann aber ohne nähere Begründung dargelegt, dass der Zeitaufwand des Gläubigers für Mahnschreiben und Besuche beim Rechtsanwalt (Freizeiteinbuße) nicht erstattungsfähig seien. Während in der 66. Auflage[130] eine Ersatzpflicht von Inkassokosten grundsätzlich auch dann abgelehnt wurde, wenn ein zum Konzern gehörendes ausgegliedertes Unternehmen das Inkasso übernommen hat, ist diese Auffassung nun in der 67. Auflage aus dem Jahre 2008 differenzierter gestaltet. Danach sollen die Inkassokosten eines konzerneigenen Unternehmens dann nicht erstattungsfähig sein, wenn das konzerneigene Inkassounternehmen Leistungen erbringt, die zum eigenen Pflichtenkreis des Geschädigten gehören. Als Beispiele werden dann die Erstmahnung sowie „die Bearbeitung und Abwicklung von Schadensfällen, die zum eigenen Pflichtenkreis des Gläubigers gehören" angeführt.

194 Auch außerhalb des reinen Inkassorechtes ist die Frage des Schadensersatzes für den Einsatz der eigenen Arbeitskraft bereits problematisiert worden. Dieser Blick über den Tellerrand hinaus mag erlaubt sein, um Anregungen aufzunehmen, was zum eigenen Pflichtenkreis des Geschädigten gehört.

---

126 *Palandt*, BGB, 67. Aufl.
127 *Palandt/Heinrichs*, BGB, 66. Aufl., § 286 Rn 45.
128 *Palandt/Heinrichs*, BGB, 66. Aufl., § 286 Rn 47.
129 *Palandt/Heinrichs*, BGB, 66. Aufl., § 286 Rn 48.
130 *Palandt/Heinrichs*, BGB, 66. Aufl., § 286 Rn 49.

195 So hat *Weimar*[131] die Behandlung der eigenen Arbeitskraft im Schadensersatzrecht untersucht. Er zieht danach das abschließende Fazit:

> *„Die geleistete Eigenarbeit ist ihrem sach- und arbeitsspezifischen Wert nach zu bemessen und in diesem Rahmen schadensrechtlich auszugleichen, wenn und soweit im übrigen die Voraussetzungen eines materiellrechtlichen Schadensersatzanspruchs erfüllt sind. Es darf dem Schuldner nicht der – kostensparende – Umstand zugute kommen, dass der Gläubiger, anstatt fremde Hilfe in Anspruch zu nehmen, selbst oder unter Mithilfe seiner Familienangehörigen tätig geworden ist."*

196 Unter den Beispielen für einen materiell-rechtlichen Schadensersatzanspruch nennt er auch ausdrücklich den Verzug.[132]

c) Auffassungen in der Rechtsprechung

197 Diese Auffassungen in der Literatur finden auch in der höchstrichterlichen Rechtsprechung ihren Widerhall. So hat der Bundesgerichtshof[133] bereits 1969 festgestellt, dass „in der Regel niemand gehalten ist – auch nicht unter dem Gesichtspunkt der Schadensminderungspflicht – derartige Arbeiten, soweit sie Dritten übertragen werden können, selbst auszuführen; wenn diese Arbeiten Dritten übertragen werden, sind die dafür entstehenden Kosten auch zurechenbare Folge der Sachbeschädigung." Der BGH hat in diesem Urteil also nicht darauf abgestellt, ob die Notwendigkeit besteht, die Aufgabe auf einen Dritten zu übertragen, weil der Gläubiger selbst in der Lage wäre, diese Aufgabe wahrzunehmen oder sich jedenfalls eine entsprechende Kompetenz zu verschaffen. Der BGH hat es vielmehr als ausreichend angesehen, dass die Möglichkeit besteht, die Aufgabe auf einen Dritten zu übertragen.

198 In der BGH-Rechtsprechung ist daher bereits angelegt, dass jenseits der nach der Verkehrsanschauung zumutbaren Eigenaufwendungen ein Ersatzanspruch bestehen kann. Diesen Aspekt greift der BGH dann auch in seiner

---

131 *Weimar*, Der Einsatz der eigenen Arbeitskraft im Schadensersatzrecht, NJW 1989, 3246; siehe auch schon *Weimar*, MDR 1957, 401.
132 *Weimar*, a.a.O., Rn 61.
133 BGH NJW 1969, 1109.

viel zitierten Entscheidung von 1976[134] auf, wenn er dort formuliert, dass der Geschädigte für den eigenen Zeitaufwand bei der Schadensabwicklung keinen Ersatz verlangen kann, *„jedenfalls soweit dabei der übliche Rahmen nicht überschritten wird".*

199 Ein Urteil, welches auf den ersten Blick allerdings eher gegen die Erstattungsfähigkeit der überobligatorischen Eigenleistungen spricht, hat der VII. Senat des BGH am 20.12.1979 erlassen.[135] Hier hatte eine Privatärztliche Verrechnungsstelle zunächst für einen Arzt über dessen Honorarforderung die Rechnung erstellt und den Betrag geltend gemacht. Nachdem die Forderung wegen behaupteter mangelhafter ärztlicher Leistung bestritten wurde, hat der Arzt diese an die Privatärztliche Verrechnungsstelle abgetreten, die den Anspruch neben Mahnkosten des Arztes und den eigenen „Verwaltungskosten aus Verzug" nun im eigenen Namen gerichtlich weiterfolgt hat. Hier hat der BGH die Ausgangsentscheidung aus prozessualen Gründen aufgehoben und an das OLG zurückverwiesen, um dort die sachliche Berechtigung der Honorarforderung zu prüfen. Wegen der Mahnkosten des Rechtsanwaltes hat er die Klage abgewiesen, weil diese nicht mit abgetreten waren. Wegen der „Verwaltungskosten aus Verzug" hat der BGH die Klage mit der Begründung abgewiesen, *„es handelt sich um Kosten, die nach der Abtretung der Honorarforderung bei der Klägerin entstanden sind. Für den eigenen Aufwand an Zeit und Arbeit bei der Einziehung einer Forderung kann kein Ersatz verlangt werden (BGHZ 66, 112 ff.). Das gilt auch für den Inkassozessionar."*

200 Diese auf den ersten Blick im negativen Sinne klare Entscheidung, relativiert sich allerdings durch den Bezug auf die Entscheidung „BGHZ 66, 112 ff.". Bei dieser Entscheidung handelt es sich nämlich um die Entscheidung des VI. Senates des BGH vom 9.3.1976, die bereits zuvor behandelt wurde. Aus dieser Entscheidung lässt sich also nur ableiten, dass der VII. Senat des BGH die Bearbeitung von sachlichen Einwendungen gegen die Leistung des Gläubigers und die darauf gestützte Leistungsverweigerung des Schuldners als eine nach der Verkehrsauffassung übliche eigene Mühewaltung des Gläubigers ansieht. Dem wird nicht zu widersprechen sein. Die-

---

134 BGH v. 9.3.1976 – VI ZR 98/75 = NJW 1976, 1256 = BGHZ 66, 112 = MDR 1976, 831 = BB 1976, 1387.
135 BGH v. 20.12.1979 – VII ZR 306/78 = NJW 1980, 991 = MDR 1980, 392.

C. Der Anspruch aus Verzug § 2

ser Fall ist aber von der bei Inkassounternehmen üblichen Konstellation zu unterscheiden, dass der Schuldner keine sachlichen Einwendungen erhebt und schlicht nicht zahlt, d.h. sich als zunächst nur zahlungsunwillig darstellt.

Es soll nicht verschwiegen und als weiterer beachtlicher Ansatz fokussiert werden, dass die Rechtsprechung darüber hinaus Ansatzpunkte zeigt, dass die Arbeitskraft oder der Zeitaufwand als schadensrechtlicher Anknüpfungspunkt für den Ersatzanspruch zunehmend in Betracht gezogen werden kann. Die nachfolgenden Beispielsfälle sollen dabei nur als Ansatzpunkte dienen, um zu zeigen, dass im Schadensersatzrecht nicht etwa generell davon ausgegangen werden kann, dass eigene Bemühungen nicht honoriert werden. 201

- Macht ein Rechtsanwalt eigene Forderungen gerichtlich geltend und vertritt er sich hierbei selbst, so erhält er die gesetzlichen Gebühren eines Rechtsanwaltes,[136] d.h. einschließlich Gewinnanteilen etc. 202
- Bei der Reparatur in der eigenen Werkstatt hat der BGH schon 1961 entschieden:[137]

  „Lässt bei Beschädigung einer Sache der Geschädigte die Sache im eigenen Betrieb reparieren, so kann zwar sein Anspruch gegen den Schädiger auf Zahlung des hierfür erforderlichen Geldbetrages (§ 249 Satz 2 BGB) neben dem eigentlichen Lohn- und Materialaufwand auch anteilige Gemeinkosten umfassen, wie sie, wenn die Reparatur in einem fremden Betrieb ausgeführt wird, dessen Unternehmer bei seiner Werklohnforderung – außer dem Unternehmergewinn – ebenfalls einkalkuliert: Generalaufwand für Einrichtung des Betriebes, Abschreibungen, Verzinsung des Betriebskapitals, allgemeine Geschäftsunkosten, Verwaltungsaufwand."

- Im allgemeinen Haftpflichtrecht wird dem Geschädigten eine „Allgemeine Schadenspauschale" in Höhe von zumeist 25 EUR zugebilligt, selbst wenn er unmittelbar einen Rechtsanwalt mit seiner Interessenwahrnehmung beauftragt hat.
- Ebenfalls im allgemeinen Haftpflichtrecht wird bei Privaten ein Nutzungsausfallschaden zugebilligt, wenn der Geschädigte eine Sache nicht

---
136 BAG DB 1995, 835.
137 BGH v. 3.2.1961 – VI ZR 178/59 = NJW 1961, 729 = VersR 1961, 358 = MDR 1961, 403 = BB 1961, 309.

nutzen kann und damit den nicht geldwerten Nutzungsvorteil verliert. Im gewerblichen Bereich ist insoweit der Ersatz von Vorhaltekosten anerkannt.

d) Folgerungen für die Praxis

203 Mit dem Bundesgerichtshof ist also nach der derzeitigen Auffassung darauf abzustellen, welche Obliegenheiten den Gläubiger nach der Verkehrsauffassung entschädigungslos treffen. Die Rechtsentwicklung, vor allem aber auch das Wirtschaftsverhalten nach der Entscheidung des BGH von 1976 sprechen dafür, dass jedenfalls heute grundsätzlich von einer Erstattungsfähigkeit von Inkassokosten ausgegangen werden muss, soweit der Gläubiger nach der Rechnungsstellung den Verzugseintritt hergestellt hat und dabei dem Schuldner verdeutlicht wurde, dass bei einer fortgesetzten Nichtleistung die Hilfe eines Dritten in Anspruch genommen wird, was weitere Kosten verursacht.

204 Bei den hier zu betrachtenden Fällen darf nicht übersehen werden, dass es nicht etwa zu einer den Schaden verursachenden unerlaubten Handlung gekommen ist, wie es der Entscheidung des Bundesgerichtshofes von 1976 zugrunde lag, sondern dass der Schuldner einer vertraglichen Leistungspflicht nicht nachgekommen ist. Insoweit ist aber nicht nur die vertragliche Leistungspflicht des Schuldners bestimmt, sondern zugleich auch die vertragliche Leistungspflicht des Gläubigers.

205 Mangels anderer vertraglicher Abreden muss der Gläubiger die Rechnung für seine Leistung erstellen, um deren Fälligkeit im Sinne des § 271 BGB herzustellen.[138] Das Gesetz erweitert dann über die §§ 280, 286 BGB die eigenen Obliegenheiten des Gläubigers, indem es ihm auferlegt, den Verzugseintritt herzustellen, was für den Regelfall bedeutet, dass er eine weitere Mahnung aussprechen muss, um die Schadensersatzpflicht des Schuldners zu aktivieren. Für weitergehende Obliegenheiten fehlt es an einer gesetzlichen Grundlage.

206 Denkbar wäre, über den Aspekt der Schadensminderungspflicht nach § 254 BGB zu verlangen, dass der Gläubiger – jedenfalls in den Fällen, in denen er über entsprechende personelle und sachliche Ressourcen verfügt –, die

---

138 Zur Fälligkeit siehe oben § 2 Rn 41.

weitere Schadensabwicklung zu übernehmen hat. Die Schadensminderungspflicht lässt aber nicht etwa den Schadensersatzanspruch dem Grunde nach entfallen, sondern begrenzt den Schadensersatzanspruch allein auf das zur Schadensbeseitigung notwendige Maß. § 254 BGB kann also auch nur zu dem Ergebnis führen, dass die Aufwendungen des Gläubigers für die über die Herstellung des Verzugseintritts hinausgehende Forderungsbeitreibung ersetzt werden und nicht die Aufwendungen für die Einschaltung eines Rechtsanwaltes oder eines Inkassounternehmens. Eine solche Einwendung des Schuldners setzt aber, um erfolgreich Beachtung zu finden, voraus, dass festgestellt werden kann, dass die notwendigen Ressourcen beim Gläubiger tatsächlich vorhanden sind und dass der Gläubiger in der Lage ist, die notwendigen Tätigkeiten auch tatsächlich kostengünstiger als ein Inkassounternehmen oder ein Rechtsanwalt durchzuführen. Nach den allgemeinen Regeln trägt hierfür der Schuldner die Darlegungs- und Beweislast.

Auch aus § 242 BGB lässt sich keine weitergehende Handlungspflicht des Gläubigers ableiten. Nach Treu und Glauben kann der Schuldner von dem Gläubiger im Regelfall nicht verlangen, dass dieser weitergehende Maßnahmen, wie weitere Mahnungen oder die schriftliche, fernmündliche oder persönliche Ermittlung des Aufenthaltes und des Vermögens des Schuldners selbst veranlasst oder jedenfalls zunächst auf die Beauftragung eines Inkassounternehmens oder eines Rechtsanwaltes verzichtet. Die Anwendung des Grundsatzes von Treu und Glauben setzt nämlich voraus, dass sich der Schuldner seinerseits vertragstreu verhalten hat. Dies ist aber gerade nicht der Fall, da er ja seiner vertraglichen Leistungspflicht nicht nachgekommen ist. Denkbar wäre deshalb eine weitergehende Handlungs- oder Unterlassungspflicht des Gläubigers nur dann, wenn der Schuldner ihm von sich aus nachweist, dass er aufgrund von Umständen, die nach der Begründung der Leistungspflicht eingetreten sind,[139] derzeit nicht zahlungsfähig ist und sich verpflichtet, diesen Nachweis in regelmäßige Abschnitten zu wiederholen. Tatsächlich ist aber feststellbar, dass Schuldner vielfach bewusst

207

---

139 Hat schon bei der Leistungsbegründung keine Zahlungsfähigkeit oder -willigkeit bestanden, so lag ein Eingehungsbetrug vor, der den Gläubiger nach der Titulierung der Forderung nach § 823 Abs. 2 BGB, § 263 StGB als eine auch aus vorsätzlich unerlaubter Handlung stammenden Forderung nach § 850f Abs. 2 ZPO zu einer weitergehenden Pfändung berechtigt. Dem Schuldner ist dann bei der Pfändung von Arbeitseinkommen nur der notwendige Unterhalt zu belassen, nicht aber die weitergehenden Pfändungsfreibeträge des § 850c ZPO.

eine Verzögerung der Zahlung betreiben und den Gläubiger so als Station einer Zwischenfinanzierung nutzen. Kommt es dann zur Einschaltung eines Rechtsdienstleisters wird wegen den nun anfallenden Rechtsverfolgungskosten häufig gezahlt. Die weitere vorgerichtliche Ansprache des Schuldners durch den Rechtsdienstleister liegt dabei auch im wohlverstandenen Interesse des Schuldners, weil sie ihm Gelegenheit gibt, die noch höheren Rechtsverfolgungskosten einer gerichtlichen Titulierung und nachfolgenden zwangsweisen Beitreibung der Forderung zu vermeiden.

208 Es bleibt dann die letzte Frage, ob sich aus der Verkehrsauffassung eine weitergehende Obliegenheit für den Gläubiger ergibt. Da es an einer ausdrücklichen normativen Regelung fehlt, die die Verkehrsauffassung als Anknüpfungspunkt sieht, bleibt insoweit nur ein Abstellen auf das Gewohnheitsrecht. Das Gewohnheitsrecht kann grundsätzlich normative Kraft entfalten. Ein bestimmtes Verhalten in allen oder bestimmten Verkehrskreisen erfährt eine gewohnheitsrechtliche Ausprägung, wenn eine lang dauernde Übung vorliegt, die durch die Rechtsüberzeugung der beteiligten Verkehrskreise getragen wird.[140] Anders als im Recht der unerlaubten Handlung, lässt sich für das Vertragsrecht eine solche gewohnheitsrechtliche Übung nicht feststellen.

209 Der Schuldner ist sich aufgrund der vertraglichen Abreden grundsätzlich bewusst, dass er eine Leistungspflicht hat. Durch die im Rahmen der vertraglichen und gesetzlichen Regelungen als Teil der Eigenobliegenheiten des Gläubigers notwendige Mahnung wird dieses Bewusstsein nochmals aktualisiert. Leistet er gleichwohl nicht, kann er nicht damit rechnen, dass der Gläubiger untätig bleibt. Aufgrund des Verzugseintritts wäre der Gläubiger ohne weitere Mahnung berechtigt, Klage zu erheben. Im Sinne des § 93 ZPO hat der Schuldner durch den Verzugseintritt hierzu Anlass gegeben. Es dürfte allgemein anerkannt sein und hat seine prozessuale Ausprägung in § 91 Abs. 2 S. 1 ZPO gefunden, dass sich der Gläubiger bei einer gerichtlichen Auseinandersetzung anwaltlicher Hilfe bedienen darf und die dadurch veranlassten Kosten als notwendige Kosten des Rechtsstreites im Falle des Obsiegens erstattungsfähig sind. Weiß der Schuldner um diese Möglichkeit,

---

140 BVerfG v. 18.2.1970 – 1 BvR 226/69 (Robenstreit) = NJW 1970, 851 = AnwBl. 1970, 170; dem folgt der BGH in ständiger Rechtsprechung, vgl. etwa aus neuerer Zeit BGH v. 27.2.2007 – XI ZR 195/05 = NJW 2007, 2106 = MDR 2007, 786.

so schließt dies die Annahme eines gewohnheitsrechtlichen Rechtssatzes aus, dass der Gläubiger selbst weitere außergerichtliche Anstrengungen ohne Kostenerstattungsanspruch unternehmen muss.

Es kann auch nicht davon ausgegangen werden, dass es der Überzeugung der beteiligten Rechtskreise bei vertraglichen Beziehungen entspricht, dass die durch die Nichtleistung eines einzelnen Schuldners verursachten weiteren Kosten des Forderungseinzuges zunächst durch den Gläubiger getragen werden. Der im Rechtsverkehr regelmäßig tätige Gläubiger, d.h. insbesondere die gewerblich oder freiberuflich tätige natürliche und juristische Person, wird diese Kosten nicht aus ihrem Gewinn begleichen, sondern sie – ebenso wie den Wareneinkauf – als Rechnungsposten bei der Preiskalkulation betrachten. Die Kosten müssen – soweit eine Erstattung verweigert wird – dann auf die allgemeinen Verbraucherpreise umgelegt werden, d.h. sie sind von all denen zu tragen, die ihrer Leistungspflicht vertragsgemäß nachkommen. Es kann kaum davon ausgegangen werden, dass eine solche Sichtweise keiner allgemeinen Anerkennung unterliegt. Vielmehr wird es den allgemeinen Vorstellungen entsprechen, dass dem Verursacherprinzip entsprechend der Schuldner diese allein durch sein Sonderverhalten geprägten Kosten zu tragen hat. Es kann allein angenommen werden, dass die Verkehrsauffassung einen Hinweis darauf erwarten würde, dass bei einer fortgesetzten Nichtleistung die Inanspruchnahme eines Inkassounternehmens oder eines Rechtsanwaltes erfolgt und hieraus weitere Kosten resultieren. 210

Die Rechtswirklichkeit betont insoweit den Verbraucherschutz, der zwar bei der Begründung der Forderung, nicht aber bei der Beitreibung einer unter Beachtung des Schuldnerschutzes begründeten Forderung mit dem Schuldnerschutz gleichgesetzt werden kann. Es entspricht allein dem Verbraucherschutz, die übliche Rechnungsstellung und die zum Verzug führende Mahnung dem Aufgabenbereich des Gläubigers zuzuordnen und damit über die allgemeinen Preise zu erstatten. Dort wo diese Grenze aber überschritten wird, ist das Verursacherprinzip zur Geltung zu bringen, d.h. die entstehenden Mehraufwendungen aufgrund der weiter notwendigen Inkassomaßnahmen hat derjenige zu tragen, der nach Rechnungsstellung, Fälligkeit und Mahnung ohne sachlichen Grund nicht zahlt. Dieser Gedanke dürfte seine Rechtfertigung auch in einer stärkeren Betonung des Verbraucherschutzes aus dem europäischen Recht finden. Dieser verstärkte Schutz hat mit der 211

Umsetzung der Verbrauchsgüterrichtlinie mit der Schuldrechtsreform auch im deutschen Recht seinen Platz gefunden. Echter Verbraucherschutz kann nur bedeuten, den ehrlichen Verbraucher vor der Umlage der durch den – zumindest zunächst – zahlungsunwilligen Verbraucher verursachten weiteren Kosten zu schützen. Dies ist nur möglich, wenn dem Gläubiger ein entsprechender Schadensersatzanspruch wegen seines überobligatorischen Einsatzes zugebilligt wird.

212 In diesem Zusammenhang vermag eine Differenzierung zwischen Privatpersonen, Kleinunternehmen und Großunternehmen nicht zu überzeugen.[141] Nicht nur unter wettbewerbsrechtlichen Gründen erscheint eine solche Ansicht nicht sachgerecht. Gegen eine solche Differenzierung sprechen mehrere Gesichtspunkte.

213 Zum einen ist eine klare Grenzziehung zwischen Klein- und Großunternehmen kaum zu ziehen. Insbesondere der Schuldner wird kaum beurteilen können, wann das eine und wann das andere Unternehmen vorliegt. Hieraus ergibt sich eine erhebliche Rechtsunsicherheit, wann Inkassokosten geschuldet sind und wann nicht.

214 Zum anderen ist eine solche Ungleichbehandlung nicht gerechtfertigt. Der BGH hat in einer Entscheidung vom 28.2.1969[142] ausgeführt:

„Der Verkehr rechnet eine Mühewaltung, wie bei Feststellung der Ursachen und bei der Abwicklung eines Schadensfalles, mag er auch durch einen Dritten herbeigeführt sein, zum eigenen Pflichtenkreis des Geschädigten. Es ist nicht einzusehen, dass größere Unternehmen oder Behörden nur deshalb, weil sie gezwungen sind, als ihren verlängerten Arm eigenes Personal für ihre Verwaltung zu halten, besser gestellt werden müssen."

215 Dieses Argument muss auch umgekehrt gelten. Es ist nicht einzusehen, dass größere Unternehmen bei der Bestimmung dessen, was an eigener Mühewaltung erwartet werden kann, strengeren oder weiteren Anforderungen unterliegen sollen als ein Kleinunternehmen.

---

141 *Löwisch*, NJW 1986, 1725, 1726; *Rieble*, DB 1995, 195, 200.
142 BGH v. 28.2.1969 – II ZR 154/67 = NJW 1969, 1109.

C. Der Anspruch aus Verzug § 2

Unterlägen größere Unternehmen hier weitergehenden Anforderungen so würde dies auch zu einer Wettbewerbsverzerrung führen. Größere Unternehmen wären dann mit einem weiteren Kostenfaktor belastet, der ihre Dienstleistungen oder Waren gegenüber kleineren Unternehmen teurer und damit weniger wettbewerbsfähig machen würde. **216**

Es fehlt für eine solche Ungleichbehandlung auch an einem rechtlichen Anknüpfungspunkt. Die Schadensminderungspflicht kann hier nicht herangezogen werden, weil sie gleichermaßen für alle am Rechtsverkehr beteiligten Personen gilt. **217**

Es ist eine unternehmerische Entscheidung, welche Aufgaben ein Unternehmer selbst wahrnimmt und als Teil seines Kerngeschäftes ansieht. Auch wenn dies nicht zwingend zu der Erkenntnis führt, dass dann der Schuldner die aus einer unternehmerischen Entscheidung fließenden Kosten zu tragen hat, so ist es doch bestimmend, für den hier betroffenen Untersuchungsgegenstand, ob nach der Verkehrsauffassung und damit quasi gewohnheitsrechtlich anerkannt ist, dass der Gläubiger das gesamte Forderungsinkasso selbst betreibt. **218**

Beispiel **219**
Es würde beispielsweise niemand eine rechtliche Verpflichtung eines Kaufmanns, dessen Waren auch über das Internet bestellt werden können, annehmen, die Waren auch selbst zum Käufer zu liefern und die so entstandenen Kosten tragen zu müssen. Es würde aber auch niemand beanstanden, wenn der Kaufmann dies – als besonderen Service – leistet.

Es darf auch nicht übersehen werden, dass sich die wirtschaftlichen Verhältnisse seit der Entscheidung des Bundesgerichtshofes aus dem Jahre 1976 maßgeblich verändert haben. Spätestens mit den großen Streiks im Jahre 1984 in der Metallindustrie hat sich in der Betriebs- und Volkswirtschaft eine arbeitsteilige Betriebsorganisation durchgesetzt, die mit dem Begriff des Outsourcings umschrieben wird. Einerseits haben Unternehmen überprüft, welche abtrennbaren Unternehmensteile wirklich wirtschaftlich arbeiten. Dabei erfolgt nicht selten eine Konzentration auf das eigentliche Kerngeschäft. Dies ist für die Unternehmen im zunehmend globalisierten Markt auch erforderlich, um erfolgreich arbeiten zu können. Gleichzeitig haben sich eigenständige Unternehmen, insbesondere im Dienstleistungssektor ge- **220** bildet, die aufgrund ihrer Spezialisierung und ihrer Größe effektiver und flexibler genau die Aufgaben erledigen können, die nicht mehr zum Kerngeschäft des Gläubigers gehören. Dieses Wirtschaftsverhalten findet allgemeine Anerkennung, so dass nach der heutigen Verkehrsauffassung vom Gläubiger selbst als Eigenleistung nur noch die verzugsbegründenden Handlungen erwartet werden.

e) Europarechtliche Aspekte

221 Bisher keinen hinreichenden Eingang in die Rechtsprechung und Literatur haben Aspekte des europäischen Rechtes gefunden. Lediglich in Großkommentaren zum BGB finden sich hier erste Ansätze. So bestimmt die Zahlungsverzugsrichtlinie[143] in Art. 3 Abs. 1 lit. e:

„Der Gläubiger hat gegenüber dem Schuldner Anspruch auf angemessenen Ersatz aller durch den Zahlungsverzug des Schuldners bedingten Beitreibungskosten, es sei denn, dass der Schuldner für den Zahlungsverzug nicht verantwortlich ist. Bei diesen Beitreibungskosten sind die Grundsätze der Transparenz und der Verhältnismäßigkeit im Hinblick auf den betreffenden Schuldbetrag zu beachten. Die Mitgliedstaaten können unter Wahrung der genannten Grundsätze einen Höchstbetrag für die Beitreibungskosten für unterschiedliche Schuldhöhen festlegen."

222 Der nationale Gesetzgeber hat mit der Schuldrechtsreform zum 1.1.2002 darauf verzichtet, diese Bestimmung zum Anlass zu nehmen, die Verzugsvorschriften zu ändern. Gleichwohl müssen die Verzugsvorschriften nunmehr richtlinienkonform ausgelegt werden.

223 So betont *Ernst*,[144] dass *„die bisherigen Rechtsprechungsgrundsätze zur Ersatzfähigkeit von Rechtsverfolgungskosten – ... – und insbesondere diesbezügliche Einschränkungen sich also darauf überprüfen lassen müssen, ob sie mit der Richtlinie vereinbar sind. Fraglich sind insoweit die Einschränkungen hinsichtlich der Nichtentschädigung für eigene Bemühungen des*

---

143 Richtlinie 2000/35 EG des Europäischen Parlamentes und des Rates vom 29.6.2000 zur Bekämpfung von Zahlungsverzug im Geschäftsverkehr, Amtsblatt der Europäischen Gemeinschaften 2000, L 200, 35 v. 8.8.2000.
144 MüKo-BGB/*Ernst*, § 286 Rn 976.

Gläubigers, der Kosten eines Inkassobüros und ihrer Deckelung durch die Sätze des RVG."

Andererseits führt *Unberath*[145] aus, der eigene Aufwand sei auch bei richtlinienkonformer Auslegung nicht zu erstatten, weil es an der erforderlichen Transparenz fehle. 224

Die Auffassung von *Unberath* scheint allerdings angreifbar, weil es zunächst dem Gläubiger obliegt, die bei ihm entstandenen Kosten transparent zu machen. Dies ist eine Frage des Einzelfalles. Dazu gibt der Gesetzgeber für die Schadenshöhe in § 287 ZPO die Möglichkeit der gerichtlichen Schätzung. Ungeachtet dessen sind die Kosten jedenfalls dann transparent, wenn der Gläubiger ein Inkassounternehmen beauftragt, da er die Transparenz über die von dem Inkassounternehmen in Rechnung gestellte Vergütung herstellen kann. 225

Auch an anderer Stelle wird darauf hingewiesen, dass die Frage der richtlinienkonformen Auslegung von § 286 BGB noch Eingang in die Rechtsprechung finden muss.[146] So führt etwa *Heinrichs*[147] aus: *„Ob nach dem Inkrafttreten der Richtlinie an dem Grundsatz festgehalten werden kann, dass dem Gläubiger für den Zeitaufwand zur Durchsetzung seines Anspruchs kein Schadensersatz zusteht, kann der Rechtsprechung überlassen bleiben; soweit es dabei um Forderungen geht, die in den persönlichen und sachlichen Anwendungsbereich der Richtlinie fallen, wird dabei gemäß Art. 234 EGV der EuGH zu beteiligen sein."* 226

f) Die Erstattungsfähigkeit von Auslagen

Unstreitig steht dem Gläubiger dem Grunde nach schon heute aus Verzug ein Ersatzanspruch für seine Auslagen, etwa Porto, Telefonkosten, Kosten einer Einwohnermeldeamtsanfrage etc. zu. Nichts anderes kann gelten, wenn der Gläubiger ein Inkassounternehmen beauftragt. 227

---

145 *Unberath*, in: Bamberger/Roth, Kommentar zum Bürgerlichen Gesetzbuch, Online-Kommentar, 8. Edition, Stand: 1.1.2008, § 286, Rn 75.
146 Siehe hierzu auch einerseits *Heinrichs*, BB 2001, 157 und andererseits AnwK-BGB/*Schulte-Nölke*, § 286 Rn 20 und *Gsell*, ZIP 2000, 1861.
147 *Heinrichs*, BB 2001, 157, 164.

§ 2 Rechtliche Grundlagen

228 Problematisch ist allerdings, ob der Gläubiger oder Inkassounternehmen insoweit auch einen Anspruch auf Erstattung von Auslagenpauschalen haben. Während sich für den Rechtsanwalt hier in Nr. 7002 VV RVG eine pauschalierende Regelung findet, wonach der Rechtsanwalt 20 % der angefallenen Gebühr, höchstens jedoch 20 EUR als Auslagenpauschale erhalten kann, fehlt es an einer solchen Regelung im materiellen Recht.

229 Allerdings kann nicht in Zweifel gezogen werden, dass dem Grunde nach ein erstattungsfähiger Aufwand für Schreibmaterialien, Büromaterial, Telefonate usw. entsteht, so dass es sachgerecht erscheint, diese in entsprechender Anwendung der prozessualen Regelung des § 287 ZPO zu schätzen. Im Sinne einer Parallelität der Rechtsdienstleister kann die Übertragung von Nr. 7002 VV RVG zu einem angemessenen Ergebnis führen. Unbenommen hiervon bleibt der Nachweis der tatsächlichen Auslagen.

g) Zusammenfassung

230 Es erscheint mit guten Gründen vertretbar, dass sich die Verkehrsauffassung seit 1976, d.h. in immerhin 30 Jahren, zur Frage, welche entschädigungslosen Handlungen von einem Gläubiger im Forderungsinkasso erwartet werden können, geändert hat. So ist heute Outsourcing ein Merkmal des modernen Wirtschaftslebens. Servicegesellschaften jeder Art bilden einen eigenständigen und wichtigen Sektor in der Dienstleistungsgesellschaft. Der Schuldner kann heute angesichts der Beherrschung des Rechtsbesorgungsmarktes durch Rechtsanwälte und Inkassounternehmen nicht mehr davon ausgehen, dass über die den Verzug begründende Mahnung hinaus noch weitere Maßnahmen vom Gläubiger selbst ausgeführt werden.

231 Zusammengefasst bleibt damit festzuhalten, dass der Gläubiger bei einer Forderung aus einer Vertragsbeziehung aufgrund der vertraglichen und gesetzlichen Regelungen als Teil der ihm entschädigungslos obliegenden Eigenobliegenheiten verpflichtet ist, die ihm gebührende Leistung unter den dafür vorgesehenen Regeln fällig zu stellen und dann die Voraussetzungen des Verzuges durch eine entsprechende Mahnung zu schaffen. Dabei hat der Gläubiger darauf hinzuweisen, dass er bei der fortgesetzten Nichtleistung ein Inkassounternehmen oder einen Rechtsanwalt mit dem weiteren Forderungseinzug beauftragt.

C. Der Anspruch aus Verzug § 2

Als Ausfluss der Schadensminderungspflicht erscheint es dann vertretbar, dem Gläubiger auch dann eine Mahnung mit dem Hinweis auf die beabsichtigte Beauftragung eines Inkassounternehmens abzuverlangen, wenn die Mahnung als Voraussetzung des Verzuges nach § 286 Abs. 2 oder Abs. 3 BGB entbehrlich ist.

232

Formulierungsbeispiel
Herrn
Herbert Mustermann
Erlenweg 1
10117 Berlin

Sehr geehrter Herr Mustermann,

auf unsere Rechnung vom ▓▓▓, Rechnungsnummer ▓▓▓ über ▓▓▓ EUR konnten wir bis heute keinen Zahlungseingang feststellen. Der Rechnung lag unsere Lieferung /Dienstleistung vom ▓▓▓ gemäß dem Lieferschein vom ▓▓▓ zugrunde. Die Rechnung war am ▓▓▓ fällig.
Wir erlauben uns daher höflich, an den Ausgleich des Gesamtbetrages von ▓▓▓ zu erinnern. Wir bitten um Verständnis, dass wir auf einem Zahlungsausgleich bis zum ▓▓▓ bestehen müssen, da auch wir verpflichtet sind, unsere Personal- und Sachkosten bei Fälligkeit auszugleichen.
Nach fruchtlosem Fristablauf sehen wir uns gezwungen, ein Inkassounternehmen mit dem weiteren Forderungseinzug zu beauftragen. Die dadurch verursachten Kosten sind im Interesse aller Kunden aus dem Gesichtspunkt des Verzuges nach den §§ 280, 286 BGB von Ihnen zu tragen.
Sollten Sie den Rechnungsbetrag inzwischen ausgeglichen haben, so betrachten Sie dieses Schreiben als gegenstandslos.

Freundliche Grüße

233

Hat der Gläubiger in dieser Weise den Verzug herbeigeführt und den Schuldner auf die Folgen der Nichtzahlung in Form der Beauftragung eines Inkassounternehmens mit dem weiteren Forderungsinkasso hingewiesen, so steht ihm dem Grunde nach ein Anspruch auf Ersatz der Inkassokosten als Verzugsschaden nach §§ 280, 286 BGB zu.

234

7. Die Wahl zwischen Rechtsanwalt und Inkassounternehmen

235 Soweit der Gläubiger seinen zuvor beschriebenen Obliegenheiten Rechnung getragen hat und damit grundsätzlich berechtigt ist, einen Dritten mit dem weiteren Forderungsinkasso zu beauftragen und die dadurch verursachten Kosten bei dem Schuldner zu liquidieren, kommt es seit dem 1.7.2008 grundsätzlich nicht darauf an, ob er ein Inkassounternehmen oder einen Rechtsanwalt mit der weiteren Wahrnehmung seiner Interessen beauftragt. In beiden Fällen kann er die durch das weitere vorgerichtliche Forderungsinkasso entstandenen Kosten von dem Schuldner in voller Höhe verlangen. Maßgeblich ist insoweit allein, dass der Gesetzgeber dem Gläubiger nach § 1 BRAO den Rechtsanwalt und nach § 2 Abs. 2 RDG das Inkassounternehmen als berechtigte Rechtsdienstleister für die Forderungseinziehung zur Verfügung stellt.

236 Soweit ersichtlich wird nicht ernsthaft bestritten, dass der Gläubiger ohne Gefährdung seines Erstattungsanspruches dem Grunde nach die freie Wahl zwischen der Beauftragung eines Inkassounternehmens und einem Rechtsanwalt jedenfalls dann hat, wenn erwartet werden kann, dass der Schuldner auf entsprechende Bemühungen einer außergerichtlichen Regelung zustimmt und die Forderung dann im Wege der Ratenzahlung oder sonst vergleichsweise anerkennt und ausgleicht oder ein kostengünstiges notarielles Schuldanerkenntnis abgibt.

237 *Hinweis*
Dabei wird in der gewerblichen Wirtschaft regelmäßig die Auffassung vertreten, dass die Inkassounternehmen aufgrund ihres intensiven Informationsmanagements am Besten in der Lage sind, den Schuldner sachgerecht anzusprechen und so einen möglichst weitgehenden und optimierten Forderungseinzug unter Berücksichtigung der Leistungsfähigkeit des Schuldners zu gewährleisten und aufgrund ihres – aus der Erkenntnis des so am erfolgreichsten zu gestaltenden Forderungsinkassos gewachsenen – Selbstverständnisses als Vermittler zwischen Gläubiger und Schuldner zugleich aber auch die Geschäftsbeziehung zwischen diesen beiden Beteiligten aufrecht erhalten bleiben kann. Ein spät oder unregelmäßig zahlender Kunde ist vielen Unternehmen noch immer lieber, als überhaupt kein Kunde.

C. Der Anspruch aus Verzug § 2

Bestritten war die freie Wahl des Rechtsdienstleisters in der Vergangenheit für die Fälle, in denen der Gläubiger aufgrund sachlicher Einwendungen oder der bekannten Zahlungsunfähigkeit des Schuldners davon ausgehen musste, die Forderung zumindest im gerichtlichen Mahnverfahren titulieren zu müssen.

238

Hinweis
Hier war schon für die Vergangenheit darauf hinzuweisen, dass unerheblich bleibt, ob es tatsächlich zu einem Mahnverfahren oder einem unmittelbaren oder anschließenden streitigen Verfahren gekommen ist. Im Zeitpunkt der zu treffenden Wahl zwischen dem Rechtsanwalt oder dem Inkassounternehmen als Rechtsdienstleister handelt es sich um eine Prognose, so dass immer darauf abzustellen ist, ob der Gläubiger im Zeitpunkt der Beauftragung des Inkassounternehmens erwarten durfte, dass die außergerichtliche Tätigkeit des Inkassounternehmens zum Erfolg führt. Es ist also auf die Richtigkeit der Prognoseentscheidung unter Berücksichtigung aller maßgeblichen Faktoren im Zeitpunkt der Beauftragung abzustellen und nicht auf die tatsächliche Entwicklung. Dies wurde in der Rechtsprechung der Instanzgerichte nicht immer hinreichend beachtet, ohne dass die Entscheidung – mangels Erreichen der Berufungssumme – korrigiert werden konnte.

239

Gegen die freie Wahl des Rechtsdienstleisters wurde also in der Vergangenheit eingewandt, dass Inkassounternehmen zur Titulierung der Forderung aufgrund des insoweit beschränkten Umfangs der nach Art. 1 § 1 RBerG erteilten Erlaubnis nicht berechtigt seien, so dass in diesen Fällen immer – auch noch – die Beauftragung eines Rechtsanwaltes notwendig geworden sei. Dies führe zu einer unberechtigten Mehrbelastung des Schuldners mit den Inkassokosten neben den Rechtsanwaltskosten, so dass allein die Beauftragung eines Rechtsanwaltes sachgerecht sei. Die freie Wahl sei insoweit eingeschränkt. Als rechtlicher Anknüpfungspunkt für diese Auffassung wurde die Schadenminderungspflicht nach § 254 Abs. 2 BGB herangezogen.

240

Hinweis
Diese Argumentation vermochte allerdings schon in der Vergangenheit nicht gänzlich zu überzeugen, da es vielfach zu vorgerichtlichen (Teil-)Zahlungen aufgrund der vorgerichtlichen Bemühungen des Inkassounter-

241

§ 2 Rechtliche Grundlagen

nehmens gekommen ist, was für die spätere Titulierung zu einer Absenkung des Streitwertes geführt und damit die Kosten für den Schuldner gesenkt hat. Dazu darf nicht übersehen werden, dass sehr wohl eine Titulierung durch das Inkassounternehmen möglich war, soweit dieses den Schuldner bewegen konnte, ein notarielles Schuldanerkenntnis mit der Unterwerfung unter die sofortige Zwangsvollstreckung wegen der darin begründeten Verbindlichkeiten abzugeben. Bei dem notariellen Schuldanerkenntnis handelt es sich um einen Vollstreckungstitel nach § 794 Abs. 1 Nr. 5 ZPO.

242 Ungeachtet der Frage, ob die dargestellte Argumentation überzeugt oder nicht, war jedenfalls schon seit dem in Krafttreten des Rechtsanwaltsvergütungsgesetzes eine mehr differenzierende Betrachtung angezeigt. Seit dem 1.7.2004 wurde die dem Rechtsanwalt zustehende Geschäftsgebühr nämlich nicht mehr in voller Höhe auf die nachfolgenden Verfahrensgebühren angerechnet. Vielmehr wurde die Anrechnung auf die Hälfte der Geschäftsgebühr, höchstens eine 0,75-Gebühr beschränkt. In Höhe des dem Rechtsanwalt wirtschaftlich verbleibenden Teils der Geschäftsgebühr stellt der Anfall der Inkassokosten für den vorgerichtlichen Forderungseinzug also seit dem 1.7.2004 in keinem Fall mehr ein Verstoß gegen die Schadensminderungspflicht nach § 254 Abs. 2 BGB dar, so dass diese Inkassokosten grundsätzlich zu erstatten sind. Kosten in dieser Höhe entstehen unabhängig von der Wahl des Rechtsanwaltes oder des Inkassounternehmens als Rechtsdienstleister für den Forderungseinzug.

243 Seit dem 1.7.2008 kann diese Argumentation nun bei nach der Prognoseentscheidung dem Grunde und der Höhe nach unstreitigen Forderungen überhaupt nicht mehr zur Beschränkung der freien Wahl des Rechtsdienstleisters herangezogen werden, da Inkassounternehmen nach § 79 Abs. 2 Nr. 4 ZPO nun auch berechtigt sind, Forderungen im Mahnverfahren zu titulieren. Neben der Titulierung durch ein notarielles Schuldanerkenntnis steht den Inkassounternehmen damit eine zweite Form der Titulierung zur Verfügung.

244 Auch in den Fällen, in denen nicht ausgeschlossen werden kann, dass zumindest ein Mahnverfahren zur Titulierung der Forderung erforderlich – aber auch ausreichend ist –, um die Voraussetzungen für die zwangsweise Durch-

C. Der Anspruch aus Verzug § 2

setzung der Forderung zu schaffen, besteht nun also die freie Wahl zwischen dem Rechtsdienstleister, weil den Inkassounternehmen seit dem 1.7.2008 die Durchführung des gerichtlichen Mahnverfahrens nach § 79 Abs. 2 Nr. 4 ZPO ausdrücklich erlaubt ist.

> *Hinweis*
> Nichts anderes ergibt sich, wenn nicht ausgeschlossen werden kann, dass sich der Schuldner in die Insolvenz flüchtet, da mit Art. 9 des Gesetzes zur Neuregelung des Rechtsberatungsgesetzes mit Wirkung zum 1.7.2008 auch § 174 Abs. 1 InsO um einen Satz 2 ergänzt wurde. Danach sind auch registrierte Personen, die Inkassodienstleistungen erbringen, zur Vertretung des Gläubigers im Verfahren zur Feststellung von Forderungen im Insolvenzverfahren, insbesondere zur Anmeldung einer Forderung zur Insolvenztabelle befugt.

Ebenso steht den Inkassounternehmen aufgrund von § 79 Abs. 2 Nr. 4 ZPO nun auch der gesamte Bereich der Mobiliarzwangsvollstreckung, d.h. neben der Fahrnisvollstreckung durch den Gerichtsvollzieher auch die gesamte Forderungsvollstreckung als Tätigkeitsfeld offen. **245**

Im Ergebnis ist das Inkassounternehmen also seit dem 1.7.2008 in der Lage, das gesamte Spektrum der notwendigen Rechtsdienstleistungen bei unstreitigen Forderungen zu erbringen, ohne dass es der Einschaltung eines Rechtsanwaltes bedarf. Die Fälle, in denen eine doppelte Kostenlast des Schuldners in Betracht kommt, werden deshalb drastisch sinken. **246**

Es gibt seit der Neuregelung des Rechtsberatungsrechtes für das vorgerichtliche Inkasso, die Durchführung des gerichtlichen Mahnverfahrens und die Mobilarzwangsvollstreckung, also keine sachliche Begründung mehr für die Annahme, dass der Gläubiger nach Verzugseintritt zwar einen Rechtsanwalt mit der Geltendmachung der Forderung beauftragen darf und dessen Kosten in jedem Fall vom Schuldner zu tragen sind,[148] nicht aber ein Inkassounternehmen soll beauftragen dürfen, ohne den Erstattungsanspruch zu verlieren. Beiden Berufsgruppen ist die Rechtsberatung im vorgerichtlichen Forderungsinkasso bei sachlich unstreitigen Forderungen gleichermaßen übertragen. **247**

---

148 St. Rspr. seit BGHZ 30, 156; *Palandt/Heinrichs*, BGB, 66. Aufl., § 286 Rn 47 und § 246 Rn 39.

248 Etwas anderes gilt unter dem Gesichtspunkt der Schadensminderungspflicht nur dann, wenn der Schuldner bereits **vor der Beauftragung des Inkassounternehmens** sachliche Einwendungen gegen die Berechtigung der Forderung geltend gemacht hat, so dass zu erwarten ist, dass die Forderung nur im Wege eines gerichtlichen Erkenntnisverfahrens durchgesetzt werden kann.

249 *Hinweis*
Diese Problematik berührt allerdings unter Berücksichtigung des Umstandes, dass auch dem Rechtsanwalt nach den Regelungen des Rechtsanwaltsvergütungsgesetzes ein Teil seiner außergerichtlichen Gebühren, d.h. der Geschäftsgebühr wirtschaftlich[149] verbleibt, allein die Frage nach der Höhe der vom Schuldner zu erstattenden Inkassokosten. Auch in diesem Fall sind die entstandenen Inkassokosten bis zur fiktiven Höhe des bei einem Rechtsanwalt nicht anrechenbaren Teils der Geschäftsgebühr erstattungsfähig. Soweit sich Inkassounternehmen in der Praxis auf die Beitreibung unstreitiger Forderungen spezialisiert haben, dürften diese Fälle weiter abnehmen. Diese Problematik wird unter dem Aspekt der Schadensminderungspflicht nach § 254 BGB vertiefend abzuhandeln sein.[150]

250 Die Frage nach der freien Wahl des Rechtsdienstleisters im Zeitpunkt der notwendigen Beauftragung beantwortet sich unter dem Blickwinkel der späteren Erstattungsfähigkeit der Inkassokosten **dem Grunde nach** also wie folgt:
- Erhebt der Schuldner keine sachlichen Einwendungen gegen die Forderung, kann der Gläubiger sowohl ein Inkassounternehmen als auch einen Rechtsanwalt mit dem Forderungsinkasso beauftragen. Die jeweiligen Kosten sind von dem Schuldner dem Grunde nach zu erstatten. Die Höhe richtet sich nach dem Auftragsumfang und der Beachtung von § 254 BGB.

---

149 Nach der rechtlichen Konstruktion verbleibt ihm die Geschäftsgebühr in Gänze. Er muss sich diese lediglich auf die nachfolgende Verfahrensgebühr im Mahnverfahren oder im streitigen Verfahren anrechnen lassen, so dass sich rein rechtlich die Verfahrensgebühren, nicht aber die Geschäftsgebühr vermindern.
150 Hierzu unten § 2 Rn 334.

C. Der Anspruch aus Verzug § 2

Hinweis 251
Eine besondere Problematik ergibt sich seit dem 1.7.2008 bei der Titulierung im gerichtlichen Mahnverfahren. Insoweit kann der Rechtsanwalt wesentlich teurer sein als das Inkassounternehmen.[151] Die Schadensminderungspflicht kann es deshalb gebieten, ein Inkassounternehmen und gerade nicht den Rechtsanwalt einzuschalten.

- Ist der Schuldner voraussichtlich derzeit zahlungsunfähig, zugleich aber zu erwarten, dass er die Forderung mittels eines vollstreckbaren notariellen Schuldanerkenntnisses oder im gerichtlichen Mahnverfahren ohne Widerspruch bzw. Einspruch titulieren lässt, verbleibt es ebenfalls bei der freien Wahl des Rechtsdienstleisters.

Hinweis 252
Die Praxis zeigt eine signifikante Zahl von im Mahnverfahren eingelegten Widersprüchen und Einsprüchen, die zurückgenommen werden, sobald das Streitgericht dem Schuldner die Anhängigkeit der Sache anzeigt. Dies ist ein klares Indiz dafür, dass der Widerspruch oder Einspruch in diesen Fällen nur genutzt wird, um weitere Zeit zu gewinnen. Ungeachtet des Umstandes, dass es ohnehin auf den Zeitpunkt der Prognoseentscheidung, d.h. die Auftragserteilung und nicht auf die spätere Entwicklung ankommt, spricht dieser Verfahrensablauf argumentativ nicht gegen die freie Wahl des Rechtsdienstleisters. Da Inkassounternehmen nach der beschlossenen Fassung[152] des § 79 Abs. 2 Nr. 4 ZPO auch die Abgabe an das Streitgericht beantragen können, ist auch in dieser Konstellation zu erwarten, dass der Schuldner die Titulierung im Mahnverfahren lediglich zeitlich verzögert, ihr aber nicht entgegentritt. Dabei muss weiter berücksichtigt werden, dass Inkassounternehmen nach der Einlegung eines Widerspruchs bzw. Einspruchs regelmäßig versuchen mit dem Schuldner persönlich, d.h. fernmündlich oder durch einen Außendienstmitarbeiter in Kontakt zu treten. Wird dann eine Vereinbarung über Ratenzahlungen getroffen,

---

151 Zur kostenrechtlichen Problematik im Mahnverfahren siehe die nachfolgenden Ausführungen zu Rn 405.
152 Im Referentenentwurf zur Neuregelung des Rechtsberatungsgesetzes war noch vorgesehen, den Inkassounternehmen die Möglichkeit zu versagen, den Antrag auf Abgabe an das Streitgericht zu stellen.

wird der Widerspruch bzw. Einspruch zurückgenommen, ohne dass es der Einschaltung eines Rechtsanwaltes bedarf. Dies liegt durchaus auch im Interesse der Inkassounternehmen.

- Soweit der Schuldner ernsthafte Einwendungen gegen die Berechtigung der Forderung erhebt, so dass anzunehmen ist, dass sie nur in einem streitigen gerichtlichen Erkenntnisverfahren festgestellt werden kann, muss nach der bis heute vorherrschenden Auffassung grundsätzlich sofort der Rechtsanwalt gewählt werden.

253

Hinweis
Dies ist eine Vorgabe der bisherigen Rechtsprechung, die sich wohl kaum ändern wird, an den praktischen Bedürfnissen eines modernen Wirtschaftslebens allerdings vorbeigeht. In der Praxis wird übersehen, dass der Rechtsanwalt mehr Gebühren mit einer schnellen Titulierung verdient,[153] und deshalb nicht auszuschließen ist, dass er kein Interesse an einer außergerichtlichen Einigung oder auch nur dem Versuch hierzu hat. Nach der Titulierung ist der Schuldner dann häufig nicht mehr freiwillig leistungsbereit oder leistungsfähig, weil die Gesamtforderung nun nicht selten die ursprüngliche Hauptforderung mehr oder minder deutlich übersteigt. Die Pfändungsschutzbestimmungen lassen eine Zwangsvollstreckung dann meist erfolglos enden. In diesem Fall ist weder dem Gläubiger geholfen, der den Forderungsausfall zu beklagen hat, noch dem Schuldner, der sich nicht von seinen Verbindlichkeiten befreien kann und deshalb immer wieder der Belastung eines Vollstreckungsverfahrens ausgesetzt ist.
Dies ist bei einem Inkassounternehmen anders. Hier geht das Bemühen dahin, den Schuldner möglichst lange kreditwürdig und damit zahlungsfähig sowie zahlungswillig zu halten, um eine möglichst weitgehende Realisierung der Hauptforderung und der Kosten zu erreichen. Dies liegt zum einen darin begründet, dass das nach Aufwand vergütete Inkassounternehmen auch in diesem Fall seine Gebühren erhält. Durch eine möglicherweise vereinbarte Erfolgsvergütung oder Erfolgs-

---

153 Hier erhält er eine 1,3-Verfahrens- und eine 1,2-Terminsgebühr sowie – wirtschaftlich betrachtet – eine nicht anrechenbare Geschäftsgebühr von 0,65, insgesamt also 3,15 Anwaltsgebühren. Bei einer außergerichtlichen Einigung erhält er dagegen nur die 1,3-Geschäftsgebühr und eine 1,5-Einigungsgebühr, d.h. insgesamt nur 2,8-Anwaltsgebühren.

provision hat es dazu auch ein wirtschaftliches Interesse an einem möglichst umfassenden Forderungsausgleich. Genau dies will auch der Gläubiger mit der Erfolgsprovision erreichen. Ein solches Ergebnis liegt im Interesse einer leistungsfähigen Wirtschaft und der pünktlich leistenden Verbraucher, die die umgelegten Kosten der Forderungsausfälle anderenfalls zu tragen haben.

Vor dem Hintergrund der bereits dargestellten Entscheidungen des Bundesverfassungsgerichtes von 2002 und 2004 erscheint es sachgerechter auch in diesen Fällen die Beauftragung des Inkassounternehmens nur dann kostenrechtlich zu sanktionieren, wenn es ausgeschlossen erscheint – also nicht nahe liegend möglich ist –, dass der Schuldner ohne ein streitiges Erkenntnisverfahren die Forderung ausgleicht. Den Inkassounternehmen ist es nämlich sehr wohl erlaubt, Einwendungen des Schuldners gegen die Berechtigung der Forderung vorgerichtlich auszuräumen. 254

Beispiel 255
Der Schuldner hat auf die Rechnung mit Zahlungsaufforderung und die anschließende Mahnung des Gläubigers mit der Androhung der Beauftragung eines Inkassounternehmens nur in der Weise reagiert, dass er mitgeteilt hat, die gelieferte Ware, eine Hifi-Anlage mit einem Mehrboxensystem im Wert von 900 EUR, sei nicht mangelfrei. Die Aufforderung des Gläubigers, den vermeintlichen Mangel näher zu beschreiben, lässt der Schuldner unberücksichtigt. Daraufhin beauftragt der Gläubiger ein Inkassounternehmen, welches mit dem Schuldner fernmündlich Kontakt aufnimmt. Nunmehr schildert der Schuldner den Mangel, dass nicht alle Boxen gleichzeitig die Beschallung aufnehmen. Zugleich macht er geltend, zur Zahlung der Gesamtforderung derzeit nicht in der Lage zu sein, weshalb er auf die Aufforderungen des Gläubigers nicht reagiert habe. In Abstimmung mit dem Gläubiger zeigt das Inkassounternehmen dem Schuldner auf, dass nicht etwa ein Mangel, sondern ein Bedienungsfehler bei der Verkabelung vorliegt, der behoben wird. Daraufhin einigt sich das Inkassounternehmen mit dem Schuldner auf eine Ratenzahlung wegen seiner Zahlungsschwierigkeiten. Der Schuldner zahlt die ersten vier Raten. Sodann stellt er seine Zahlungen ein und reagiert nicht mehr. Gegen den Mahnbescheid legt er ohne nähere Begründung Widerspruch ein, so

dass das Verfahren an das Streitgericht abgegeben wird, bei dem sich für den Gläubiger ein Rechtsanwalt bestellt, der neben der Hauptforderung auch vorgerichtliche Inkassokosten geltend macht. Der Schuldner bleibt im anberaumten Termin zur mündlichen Verhandlung säumig. Es gibt in dieser Konstellation keinen Grund die Erstattungsfähigkeit der Inkassokosten deshalb zu verneinen, weil der Schuldner vorgerichtlich Einwendungen erhoben hat, bei denen nicht ausgeschlossen werden konnte, dass eine streitige Auseinandersetzung erforderlich ist. Allein die Tatsache, dass der Schuldner – zu beseitigende – Einwendungen gegen die Berechtigung der Forderung erhebt, rechtfertigt nicht, den Gläubiger einseitig an den Rechtsanwalt als Rechtsdienstleister zu verweisen. Entscheidend ist vielmehr, ob die Einwendungen der Form oder dem Inhalt nach so erhoben wurden, dass ernsthaft nicht damit gerechnet werden konnte, dass das Inkassounternehmen solche Einwendungen vorgerichtlich ausräumen kann.

8. Stellungnahme zu einzelnen Argumentationslinien in der Rechtsprechung

256 Nachfolgend sollen einzelne Argumentationslinien der Amtsgerichte nachgezeichnet werden, die die Erstattungsfähigkeit der Inkassokosten schon dem Grunde nach verneinen. Die Entscheidungen der Amtsgerichte sollen dann auf ihre Überzeugungskraft untersucht werden. Im Sinne der Lesbarkeit der Ausführungen und des für die Praxis schnellen Rückgriffs auf die verschiedenen Argumente in der juristischen Auseinandersetzung werden Wiederholungen in den Ausführungen bewusst in Kauf genommen.

a) Grundsätzlich keine Erstattungsfähigkeit der Inkassokosten

257 Nur noch vereinzelt wird die Auffassung vertreten, Inkassokosten seien grundsätzlich nicht als Verzugsschaden erstattungsfähig. Dies gelte auch für deren Erstattung in Höhe der fiktiven vorgerichtlichen Anwaltskosten. Teilweise wird diese Auffassung schon nicht begründet. Zum Teil wird ausgeführt, dass die Tätigkeit eines Inkassounternehmens mit der eines Anwaltes nicht vergleichbar sei[154] oder die Wahl eines Inkassounternehmens des-

---

154 AG Soest v. 15.8.2007 – 13 C 206/07.

halb nicht sachgerecht sei, weil eine Durchsetzung der Forderung gegen den Schuldner nur im Wege der Zwangsvollstreckung möglich sei.[155]

Diese Auffassung ist heute nicht mehr vertretbar. Der BGH hat schon in seinem Urteil vom 24.5.1967 – VIII ZR 278/64, welches mit dem Abschnitt (II.), der sich mit den Inkassokosten befasst, allerdings nicht veröffentlicht war,[156] ausgeführt, dass die Inkassokosten grundsätzlich als Verzugsschaden in Betracht kommen: **258**

Der BGH im Wortlaut:[157] **259**

„Auch die Forderung des Klägers auf Zahlung von Bearbeitungsgebühren und Mahnspesen des Vereins C. ist nicht zur Entscheidung reif. Es ist zwar denkbar, dass der Kläger auch dann, wenn die Forderung von 14.000 DM begründet ist, diese Spesen und Gebühren nicht beanspruchen kann. Der Senat kann jedoch die endgültige Entscheidung noch nicht treffen. **Die einem Gläubiger durch den Auftrag zur Einziehung einer Forderung bei einem Inkassobüro entstehenden Kosten können sich als ein Verzugsschaden darstellen, der nach § 286 BGB zu ersetzen ist. Der Verzug ist grundsätzlich die adäquate Ursache der Kosten, weil der im Verzug befindliche Schuldner mit Beitreibungskosten rechnen muss.**[158] *Hier hat sich die Beanspruchung eines Inkassobüros aber als erfolglos herausgestellt. In einem solchen Fall fragt es sich, ob der Gläubiger die Erfolglosigkeit voraussehen konnte und zur Abwendung des durch die Inanspruchnahme eines Inkassobüros erwachsenden Schadens von einer solchen Beauftragung nach § 254 Abs. 2 BGB hätte absehen müssen (Siegert, Betr. 1965, 1767). Das Berufungsgericht wird daher gegebenenfalls zu prüfen haben, ob der Kläger nicht etwa nach dem Verhalten der Beklagten damit rechnen musste, sie werde ernstlich einwenden, dass der Vertrag vom 23.2.1962 unverbindlich sei, und er werde in jedem Fall den Klageweg beschreiten müssen."*

---

155 AG Senftenberg v. 11.6.2007 – 21 C 186/07.
156 Dieser Mangel ist nunmehr behoben. Die Veröffentlichung wurde in FMP 2008, 67 nachgeholt.
157 Da diese Entscheidung im Abschnitt II bisher nicht in großer Breite veröffentlicht wurde, obgleich sich hierauf vielfach berufen wird, soll sie hier im Wortlaut wiedergegeben werden.
158 Hervorhebung durch den Autor.

260 Diese Auffassung hat der Senat erst in jüngster Zeit ausdrücklich bestätigt,[159] wenn er unter Bezugnahme auf die soeben zitierte Entscheidung ausführt:

„Der Senat hat in einer Entscheidung vom 24.5.1967 (VIII ZR 278/64, unter II) die einem Gläubiger durch den Auftrag zur Einziehung einer Forderung bei einem Inkassobüro entstandenen Kosten als möglichen Verzugsschaden angesehen, der grundsätzlich gemäß § 286 BGB zu ersetzen ist, und lediglich unter dem Gesichtspunkt der Schadensminderungspflicht des Gläubigers nach § 254 Abs. 2 BGB die Frage aufgeworfen, ob der Gläubiger eine Erfolglosigkeit der Bemühungen des Inkassobüros voraussehen konnte."

261 Der Bundesgerichtshof hat also gerade nicht darauf abgestellt, dass es Unterschiede in der Sachbearbeitung durch einen Rechtsanwalt oder ein Inkassobüro gibt, sondern er hat alleine unter dem Blickwinkel der Schadensminderungspflicht nach § 254 Abs. 2 BGB die Frage aufgeworfen, ob der Gläubiger erkennen musste, dass eine Beauftragung sowohl des Inkassounternehmens als auch später des Rechtsanwaltes erforderlich werden würde, so dass eine doppelte Kostenlast absehbar gewesen wäre.

262 In den genannten Entscheidungen der Amtsgerichte ist aber genau diese Frage nicht aufgeworfen worden, was zu dem Ergebnis führt, dass diese Entscheidungen im Widerspruch zur höchstrichterlichen Rechtsprechung stehen. Damit ist – angesichts des regelmäßig 600 EUR nicht übersteigenden Streitwertes – nach § 511 Abs. 4 ZPO grundsätzlich die Berufung zuzulassen, wenn die Erstattungsfähigkeit der Inkassokosten schon dem Grunde nach grundsätzlich verneint wird.

263 *Hinweis*

Auch wenn ein Antrag auf Zulassung der Berufung nicht erforderlich ist, sollte der Gläubiger einen solchen Antrag grundsätzlich stellen. Wird dieser nicht beschieden oder die Nichtzulassung nicht begründet, kann hiergegen mit dem Antrag auf Ergänzung des Urteils nach § 321 ZPO oder der Anhörungsrüge nach § 321a ZPO reagiert werden. Wird auch hierauf nicht reagiert, bleibt dem Gläubiger dann nur die Verfassungsbeschwerde mit dem Hinweis, dass die Entscheidung willkürlich ist.

---

[159] BGH NJW 2005, 2991 = ZZP 119, 211 = VuR 2006, 446.

b) Mangelnde Vergleichbarkeit der Tätigkeiten

Ungeachtet des Umstandes, dass der BGH die grundsätzliche Erstattungsfähigkeit von Inkassokosten bereits angenommen hat, ist auch das Argument, dass die Tätigkeit von Inkassounternehmen und Rechtsanwälten nicht vergleichbar sei, rechtlich und tatsächlich unzutreffend, soweit dies die Erbringung der Rechtsdienstleistung im engeren Sinne betrifft, d.h. die Frage, ob Inkassounternehmen in gleicher Weise zur Einziehung der Forderung sachkundig sind, wie Rechtsanwälte. 264

Aufgrund der Inkassozulassung sind Inkassounternehmen schon bisher in gleicher Weise wie Rechtsanwälte in der Lage sachgerechte Rechtsberatung durchzuführen. Ihnen standen im vorgerichtlichen Forderungsinkasso schon bis zum 30.6.2008 die gleichen legalen Mittel zur Verfügung wie den Rechtsanwälten. Wie schon im ersten Teil dargelegt wurde, setzen Inkassounternehmen dabei neben den Rechtskenntnissen auch psychologische und sozialwissenschaftliche Erkenntnisse ein, die ihre Mahnungen häufig erfolgreicher erscheinen lässt, als Mahnungen von Rechtsanwälten. Auch nutzen Inkassounternehmen mehr als Rechtsanwälte die Möglichkeiten der telefonischen und persönlichen Mahnung und Kontaktaufnahmen, kommen so häufiger zu Ratenzahlungsvereinbarungen und sind deshalb vorgerichtlich weit erfolgreicher als Rechtsanwälte. 265

Auch diese Frage ist aber letztlich durch die Rechtsprechung des Bundesverfassungsgerichtes bereits abschließend beantwortet und damit Zweifeln der Instanzrechtsprechung entzogen. Das Bundesverfassungsgericht hat mit seinen bereits darstellten[160] Entscheidungen vom 20.2.2002[161] sowie vom 14.8.2004[162] unmissverständlich klar gestellt, dass Personen, die nicht Rechtsanwälte sind, die aber aufgrund ausdrücklicher Erlaubnis zur geschäftsmäßigen Inkassotätigkeit berechtigt sind, nach Inhalt und Systematik des Rechtsberatungsgesetzes für diesen Teilbereich auch zur geschäftsmäßigen Rechtsberatung und Rechtsbesorgung berechtigt sind. Diese Befugnisse sind mit der Neuregelung des Rechtsberatungsrechtes durch den Gesetzgeber nicht nur bestätigt, sondern mit der Erweiterung der Befugnisse in § 79 Abs. 2 Nr. 4 ZPO und § 174 Abs. 1 S. 2 InsO sogar erweitert worden. 266

---

160 Vgl. hierzu die Ausführungen unter § 1 Rn 8.
161 BVerfG NJW 2002, 1190 = AnwBl. 2002, 425.
162 NJW-RR 2004, 1570 = InVo 2005, 61.

c) Außergerichtliches Forderungsinkasso als Gläubigerobliegenheit

267 Unter Hinweis auf die schon angesprochene Entscheidung des Bundesgerichtshofes vom 9.3.1976[163] argumentiert das AG Bochum,[164] dass es zum eigenen Pflichtenkreis eines Gläubigers gehört *„sich um die Verwirklichung seiner Rechte selbst zu kümmern"* und erst dann, wenn er *„angesichts der tatsächlichen und rechtlichen Schwierigkeiten der Angelegenheit nach seinen persönlichen Fähigkeiten nicht mehr in der Lage ist, seine Rechte sachgerecht selbst wahrzunehmen"*, berechtigt ist, die Kosten der Einschaltung einer fachkundigen dritten Person als zur Rechtsverfolgung erforderlichen Aufwand geltend zu machen. In eine ähnliche Richtung argumentiert das AG Wiesbaden.[165] Das Versenden von Mahnungen stelle eine einfache kaufmännische Tätigkeit dar, die zum Pflichtenkreis des Gläubigers gehöre.

268 Dies vermag nicht zu überzeugen. Die Ausgangslage des AG Bochum ist schon unzutreffend, wenn es seine Aussage als Ausfluss eines tragenden Grundsatzes des Schadensersatzrechtes darstellt, wonach der Gläubiger/Geschädigte einen Ersatz für den üblichen Aufwand an Zeit und Mühe bei der Forderungsrealisierung selbst dann nicht ersetzt verlangen kann, wenn er eigens hierfür eine mit besonderen Personal- und Sachmitteln ausgestattete Abteilung unterhält.

269 Die Amtsgerichte Bochum und Wiesbaden übersehen dabei zunächst, dass der BGH allein die Frage entschieden hat, ob die in seinem Fall Geschädigte einer unerlaubten Handlung, d.h. außerhalb des Vertragsrechtes, die Eigenkosten für Personal- und Sachaufwand ersetzt verlangen kann. Dies hat der BGH verneint. Die Frage, ob die Geschädigte ungeachtet des vorhandenen eigenen Personals statt der eigenen Schadenssachbearbeitung auch einen Rechtsanwalt oder ein Inkassounternehmen hätte beauftragen können, war weder Gegenstand der Entscheidung des BGH noch hat er sich zu dieser Frage geäußert.

270 Sodann übersehen die genannten Gerichte den Umstand, dass in der Entscheidung des Bundesgerichtshofes von 1976 in der Hauptsache ein Anspruch des Geschädigten aus § 823 BGB sowie straßenverkehrsrechtlichen

---

163 BGHZ 66, 112 = NJW 1976, 1256 = VersR 1976, 857 = MDR 1976, 831 = BB 1976, 1378.
164 AG Bochum JurBüro 2007, 91; dazu *Grüter*, JurBüro 2007, 92.
165 AG Wiesbaden v. 25.6.2007 (Hinweisbeschluss) und 19.7.2007 (Teil-VU) – 93 C 3020/07(25).

Haftungsvorschriften geltend gemacht wurde. Für diese Normen ist durch den Gesetzgeber nicht geklärt, welche Obliegenheiten der Gläubiger im Hinblick auf die Beseitigung des Schadens zu erfüllen hat. Dies verhält sich aber anders, wenn der Gläubiger in der Hauptsache einen vertraglichen Anspruch hat. In diesem Fall bestimmen sich seine Obliegenheiten nach den vertraglichen Vereinbarungen und ergänzenden gesetzlichen Regelungen. Der Gläubiger muss danach seine Leistung in der Weise erbringen, dass die vom Schuldner zu erbringende Gegenleistung fällig ist. Soweit vertraglich vorgesehen, muss er sodann ggf. noch eine Abrechnung vorlegen. Damit sind die sich aus dem Vertragsverhältnis ergebenden Eigenobliegenheiten des Gläubigers vollständig umschrieben. Diese Obliegenheiten erweitern die §§ 280, 286 BGB, wenn sie einen Schadensersatzanspruch nur unter den dort genannten Voraussetzungen gewähren. Insoweit verlangt das Gesetz einem Gläubiger mehr ab, als die vertraglichen Vereinbarungen es tun. Wer eine darüber hinausgehende Obliegenheit des Gläubigers manifestieren will, muss dafür den rechtlichen Anknüpfungspunkt nennen. Zu denken wäre einerseits an Treu und Glauben nach § 242 BGB. Kommt der Schuldner wider seinen vertraglichen Verpflichtungen aber der eigenen Leistungspflicht nicht nach, kann er vom Gläubiger kaum nach Treu und Glauben verlangen, dass dieser Beitreibungsmaßnahmen selbst vornimmt und die dafür erforderlichen personellen und sachlichen Aufwendungen trägt.

> *Hinweis* **271**
> Etwas anderes ist nur dann zu begründen, wenn der Schuldner im Sinne einer Bringschuld seine Vermögensverhältnisse vollständig und richtig offenbart und zugleich einen Regulierungsvorschlag unterbreitet.

Auch die Schadensminderungspflicht aus § 254 Abs. 2 BGB taugt hier als **272** Argument nicht, da dem Gläubiger weder die rechtlichen noch die tatsächlichen Kenntnisse und Möglichkeiten zur Verfügung stehen, mit denen ein Rechtsanwalt oder ein Inkassounternehmen arbeiten kann. Das moderne Forderungsmanagement besteht eben nicht allein in der schriftlichen Mahnung des Schuldners, sondern ist weitaus differenzierter zu betrachten.

Die Praxis des Schadensrechtes kennt die vom AG Bochum formulierte These, **273** dass das vorgerichtliche Inkasso zu den Obliegenheiten des Gläubigers gehöre, auch gerade nicht als tragende Säule. Dagegen spricht schon, dass der Gesetzgeber für den Rechtsanwalt in Nr. 2300 VV RVG eine Geschäftsgebühr für die vorgerichtliche Tätigkeit vorgesehen hat, die ohne jede Diskussion auch für das Forderungsinkasso gewährt wird. Auch sieht § 91 Abs. 2 S. 1 ZPO vor, dass die Gebühren und Auslagen eines Rechtsanwaltes in allen Prozessen zu erstatten sind, soweit diese notwendig waren. Die Notwendigkeit der Einschaltung eines Rechtsanwaltes im vorgerichtlichen Inkasso wird aber nicht mit dem Argument in Frage gestellt, dass die von dem Rechtsanwalt entfaltete Tätigkeit zu den Eigenobliegenheiten des Gläubigers gehört. Darauf aufbauend schneidet dann § 91 Abs. 2 ZPO lediglich Einwendungen zur Höhe der Rechtsanwaltsgebühren ab. Zugleich lässt sich der Regelung entnehmen, dass gerade nicht die Frage aufgeworfen wird, ob der Gläubiger sich in einem Prozess nicht nur rechtlich, § 78 Abs. 1 ZPO, sondern auch rein tatsächlich hätte selbst vertreten können, so dass ihm die Erstattung seiner Rechtsanwaltskosten verweigert wird, wenn es sich nicht um einen Anwaltsprozess handelt. In dem für die Praxis überaus wichtigen Verkehrsunfallrecht ist etwa auch allgemein anerkannt, dass die Kosten eines Rechtsanwaltes als adäquater Sachfolgeschaden vom Schädiger zu ersetzen sind.[166] Dies gilt grundsätzlich auch dann, wenn die Sach- und Rechtslage eindeutig ist, weil dies häufig erst nach einer Prüfung durch einen Rechtsdienstleister feststellbar ist. Auch der Leihe weiß häufig nicht welche Ansprüche ihm insgesamt zustehen.

274 Ist der Gläubiger aber grundsätzlich berechtigt einen Rechtsanwalt mit der Wahrnehmung seiner Interessen zu beauftragen, so gilt dies zunächst in gleicher Weise für die Beauftragung eines Inkassounternehmens. Der Rechtsanwalt erbringt wie das Inkassounternehmen eine Rechtsdienstleistung, ohne dass es – zumindest seit dem Inkrafttreten der Neuregelungen zum Rechtsberatungsrecht zum 1.7.2008 – eine gesetzliche Differenzierung zwischen diesen beiden Berufsgruppen als Dienstleister gibt.

275 Abzustellen ist allein darauf, ob und inwieweit Inkassounternehmen nach den gesetzlichen Regelungen berechtigt sind, die von dem Gläubiger geforderte entsprechende Rechtsdienstleistung zu erbringen. Sind sie hierzu berechtigt, ist der Gläubiger grundsätzlich frei, statt eines Rechtsanwaltes ein

---

[166] *Palandt/Heinrichs*, BGB, 67. Aufl., § 249 Rn 21 m.w.N.; *van Bühren*, Unfallregulierung, 5. Aufl., S. 137.

Inkassounternehmen zu beauftragen.[167] Die dadurch veranlassten Kosten sind dann als Verzugsschaden grundsätzlich ersatzfähig. Andernfalls würden im Ergebnis die in diesem Rahmen gleichfalls zur Beratung berechtigten (Inkasso-)Unternehmen ungerechtfertigt benachteiligt.[168] In diesem Spannungsfeld hat die Neuregelung des Rechtsberatungsrechtes mit § 79 Abs. 2 Nr. 4 ZPO und § 174 S. 2 InsO eine wesentliche Aufwertung der Inkassounternehmen gebracht.

> *Hinweis* 276
> Die Frage, in welchem Umfange Inkassokosten erstattungsfähig sind, wenn es dann gleichwohl noch zur Beauftragung eines Rechtsanwaltes kommt, liegt auf einer anderen Ebene. Dies ist dann eine Frage der Schadensminderungspflicht, die nachfolgend gesondert abzuhandeln ist.[169] Dies hängt maßgeblich von dem Umfang des erteilten Auftrages, dessen tatsächlicher Ausführung sowie der Verhaltensweise des Schuldners im Einzelfall ab.

9. Die Höhe der erstattungsfähigen Inkassokosten

a) Einleitung

Der Gläubiger hat gegen den Schuldner unter den vorstehend erläuterten Voraussetzungen nach §§ 286, 280 BGB einen Anspruch auf Ersatz des Verzugsschadens. Die Inkassokosten müssen sich also als Verzugsschaden dem Grunde und der Höhe nach darstellen, soweit deren Ersatz begehrt wird. 277

> *Hinweis* 278
> Es handelt sich also nicht etwa um einen gesetzlichen Vergütungsanspruch des Gläubigers oder des von ihm beauftragten Inkassounternehmens, der ohne nähere Herleitung und Begründung zu befriedigen ist. Insoweit können Inkassounternehmen im Erkenntnisverfahren mit der lapidaren Begründung: „Durch unsere Tätigkeit sind Inkassokosten in Höhe von   EUR entstanden, die der Schuldner zu ersetzen hat." nicht durchdringen. Da der Richter wegen des Charakters der Inkassokos-

---

167 So schon zum alten Rechtszustand unter dem Rechtsberatungsgesetzes AG Bremen JurBüro 2007, 490.
168 AG Bremen JurBüro 2007, 490.
169 Vgl. § 2 Rn 334.

§ 2   Rechtliche Grundlagen

ten als Nebenforderungen nach § 139 ZPO auf den unschlüssigen Vortrag nicht hinweisen muss, werden solche Klagen regelmäßig abgewiesen.

279   Die Geltendmachung und Zuerkennung eines Anspruches auf Ersatz von Inkassokosten setzt also voraus, dass vom Gläubiger im Rahmen einer streitigen Auseinandersetzung dargelegt wird, dass ihm ein Verzugsschaden entstanden ist, weil er tatsächlich Inkassokosten an das Inkassounternehmen gezahlt hat oder hierzu jedenfalls verpflichtet ist. Neben den Voraussetzungen des Verzuges als Grundlage der Erstattungsfähigkeit der Inkassokosten ist also darzustellen, welche Inkassokosten von dem Gläubiger tatsächlich geschuldet sind.

280   Der Gläubiger seinerseits kann dem Inkassounternehmen aus einer vertraglichen Abrede eine der Höhe nach bestimmte Vergütung schulden oder aber aufgrund der gesetzlichen Regelung in § 612 Abs. 2 BGB verpflichtet sein, die ortsübliche Vergütung zu entrichten.

281   *Hinweis*
Diese Feststellungen betreffen zunächst nur das Verhältnis des Inkassounternehmens zum Gläubiger und führen zu der Erkenntnis, welcher Schaden – berechtigt – auf Seiten des Gläubigers entstanden ist. Der Erstattungsanspruch des Gläubigers gegenüber dem Schuldner kann dann aber nach § 254 Abs. 2 BGB, d.h. durch die Schadensminderungspflicht des Gläubigers, beschränkt sein. Auf diesen Aspekt wird erst im nachfolgenden Kapitel[170] eingegangen.

282   In der gerichtlichen Praxis ist festzustellen, dass schon der Gläubiger nicht hinreichend zwischen der Frage unterscheidet, ob er eine vertragliche oder lediglich die ortsübliche Vergütung schuldet.

283   Sodann wird nicht selten die Frage der ortsüblichen Vergütung bereits mit deren Begrenzung aufgrund der Schadensminderungspflicht nach § 254 BGB vermischt, indem als ortsübliche Vergütung der vergleichbare Anspruch eines Rechtsanwaltes nach dem Rechtsanwaltsvergütungsgesetz schematisch herangezogen wird.

---

170   Vgl. hierzu die Ausführungen unter § 2 Rn 334.

Hinweis 284

Dieser rechtsdogmatisch nicht bedenklichen Verfahrensweise der Zusammenfassung zweier zu unterscheidender Rechtsprüfungen folgen auch die zentralen Mahngerichte, soweit sie sich frühzeitig darauf verständigt haben, vorgerichtliche Inkassokosten bis zu einer 1,5-Anwaltgebühr unbeanstandet zu lassen. Es darf aber nicht übersehen werden, dass es sich hierbei vor allem um eine pragmatische Lösung handelt. Neben einem beherrschbaren Programmieraufwand für eine automatisierte Schlüssigkeitsprüfung[171] soll damit ein schneller Erlass eines Mahnbescheides gesichert werden. Andererseits soll dem Schuldner gegenüber der Geltendmachung überzogener und damit unberechtigter Inkassokosten ein Mindestschutz gewährt werden. Sind höhere Inkassokosten angefallen, so hindert dies den Erlass des Mahnbescheides unter Berücksichtigung dieser Inkassokosten aber nicht, wenn gegenüber dem zentralen Mahngericht die höheren Inkassokosten auf die entsprechende Monierung begründet werden können.[172] Andererseits ist diese Anerkennung der Inkassokosten bis zur Höhe einer 1,5-Anwaltgebühr keine Garantie dafür, dass auch das Streitgericht nach einem Widerspruch oder Einspruch die Inkassokosten ohne Weiteres in dieser Höhe akzeptiert.[173] Vielmehr müssen die Inkassokosten hier ebenso wie der Hauptanspruch schlüssig begründet werden.

Die mittelbare Bemessung der Inkassokosten nach den vergleichbaren 285 Rechtsanwaltsgebühren ist in mehrfacher Hinsicht zu beanstanden. Formal betrachtet unterläuft sie zunächst die Regelung in Art. IX KostÄndG bzw. § 4 Abs. 1 EGRDG, weil sie die dort ausdrücklich ausgeschlossene Anwendung des Rechtsanwaltsvergütungsgesetzes auf Inkassounternehmen rein

---

171 *Salten*, ZRP 2007, 88, 90.
172 Insoweit darf nämlich nicht unbeachtet bleiben, dass Inkassounternehmen schon bei der vorgerichtlichen Informationsbeschaffung meist intensiver und tiefer arbeiten als Rechtsanwälte. Wird die 1,3-Geschäftsgebühr schon bei einem schriftlichen außergerichtlichen Mahnverfahren anerkannt, so muss mit dem Telefoninkasso dieser Rahmen sicher überschritten werden. Erst recht gilt dies beim Einsatz eines Außendienstmitarbeiters. Der Rechtsanwalt würde sich bei einem persönlichen Besuch bei dem Schuldner nicht auf eine 1,3-Verfahrensgebühr beschränken, sondern sicherlich eine 2,5-Geschäftsgebühr ansetzen. Würde er einen Mitarbeiter einsetzen, würde er dessen Kosten als konkrete Auslagen geltend machen oder aber ebenfalls die Höhe der Gebühr entsprechend gestalten.
173 Hierauf weist zu Recht auch *Salten*, ZRP 2007, 88, 89 hin.

faktisch doch herbeiführt. Sodann stellt sich die Frage nach der Ortsüblichkeit allein im Vergleich mit anderen Inkassounternehmen und nicht zu Rechtsanwälten. Gerade bei größeren Streitwerten ist durchaus vorstellbar, dass Inkassounternehmen eine Leistung günstiger als der Rechtsanwalt erbringen, der an die Bestimmungen des Rechtsanwaltsvergütungsgesetzes gebunden ist. Zum anderen muss die Ortsüblichkeit auch das Leistungsspektrum berücksichtigen. Beauftragt der Gläubiger neben der schriftlichen Mahnung des Schuldners auch das Telefoninkasso und/oder den Einsatz eines Außendienstes, so sind diese Tätigkeiten mit der anwaltlichen Geschäftsgebühr nicht fassbar. Wie noch zu zeigen sein wird,[174] greift auch die Schadensminderungspflicht dann jedenfalls nicht in dieser schematischen Anwendung. Auch unterbleibt damit die im Schadensrecht grundsätzlich geforderte konkrete Schadensfeststellung. Letztlich unterläuft die Heranziehung der anwaltlichen Gebührensätze als Faktor zur Bestimmung der zugleich ortsüblichen wie auch nach der Schadensminderungspflicht geschuldeten Erstattung der Inkassokosten den Vorrang der vertraglichen Vergütungsregelung.

286 Allein prozessökonomische Gründe könnten ein solches schematisches Vorgehen rechtfertigen. Mögen solche Gründe im außergerichtlichen Forderungsinkasso noch durchdringen, solange der Schuldner die Höhe der Inkassokosten als Verzugsschaden nicht bestreitet, läuft der Gläubiger in der tatsächlichen streitigen Auseinandersetzung um diese Kosten Gefahr, alleine deshalb zu unterliegen, weil er die Anforderungen an einen schlüssigen Vortrag nicht erfüllt.

287 Im Ergebnis ist also zunächst festzustellen, welcher Schaden tatsächlich entstanden ist. Einwendungen kann der Schuldner dabei nur insoweit geltend machen, wie zwischen Gläubiger und Inkassounternehmer keine oder eine ortsübliche Vergütung vereinbart wurde, indem er die geltend gemachten Inkassokosten als nicht ortsüblich angreift. Erst auf der zweiten Ebene ist dann nach der Schadensminderungspflicht zu fragen.

---

174 Vgl. nachfolgend § 2 Rn 324 ff.

b) Ersatz der mit dem Gläubiger vertraglich vereinbarten Inkassovergütung

288 Hat der Gläubiger mit dem Inkassounternehmer einen Vertrag geschlossen, so wird hierin regelmäßig auch eine Absprache über die konkret zu zahlende Inkassogebühr enthalten sein. Zwingend ist dies allerdings nicht, da § 612 Abs. 2 BGB anderenfalls die ortsübliche Vergütung für maßgeblich erklärt. § 612 Abs. 2 BGB ist auf den Inkassovertrag als Geschäftsbesorgungsvertrag mit Dienstleistungscharakter anwendbar. Zu unterscheiden ist dabei zwischen den Inkassogebühren und den Auslagen. Die Auslagen bedürfen einer besonderen Betrachtung.

289 Die vertraglichen Vergütungsmodelle sind sehr individuell gestaltet,[175] so dass hier nur ein erster Überblick zu den Grundmodellen gegeben werden kann.

290 Zum Teil wird eine **Abrechnung nach Einzeltätigkeiten** vorgenommen. Das Inkassounternehmen bietet etwa eine bestimmte Anzahl von schriftlichen Mahnungen, ein System der Informationsbeschaffung, Telefoninkasso mit einfacher oder mehrfacher Kontaktaufnahme und/oder einen oder mehrere Außendienstbesuche jeweils zu einer Gebührenpauschale an. Der Gläubiger wählt dann, mit welcher Intensität er das vorgerichtliche Inkasso betreiben will und entrichtet die entsprechenden Gebühren für die konkret durchgeführte Einzelmaßnahme.

291 Zum Teil bietet das Inkassounternehmen das gesamte Spektrum des außergerichtlichen Forderungsinkassos oder unterschiedliche Leistungspakte zu einem **Pauschalpreis** an. Dabei wird in einem ganz großen Umfang auf die Bestimmungen des RVG zurückgegriffen, d.h. die Vergütung richtet sich nach der vergleichbaren Vergütung eines Rechtsanwaltes ausgehend vom Streitwert und unabhängig vom tatsächlichen Aufwand. Es wird dann etwa vereinbart, dass das Inkassounternehmen eine 1,5-Gebühr aus dem Streitwert in Höhe der Forderung nebst Erstattung der tatsächlichen und pauschalen Auslagen und der Umsatzsteuer erhält. Der Vorteil des Gläubigers liegt

---

175 Mangels eines gesetzlichen Vergütungssystems würde eine Vereinbarung zwischen den Inkassounternehmen oder auch eine Empfehlung des Bundesverbandes Deutscher Inkassounternehmen kartellrechtlichen Bestimmungen (§§ 1–8, 15, 25 und 38 GWB) widersprechen, vgl. hierzu *Seitz*, Inkasso-Handbuch, 3. Aufl., Rn 244.

§ 2 Rechtliche Grundlagen

hier in dem Umstand, dass die ihn treffenden Kosten, von denen er nicht sicher sein kann, sie erstattet zu bekommen wenn es dem Schuldner an der hinreichenden Leistungsfähigkeit fehlt, überschaubar und klar kalkulierbar bleiben. Das Inkassounternehmen hat hier eine Mischkalkulation. Es profitiert, wenn der Schuldner nach wenigen Maßnahmen zahlt, und verliert, wenn es umfangreicher Bemühungen bedarf.

292 Die Schwierigkeit in schadensrechtlicher Hinsicht besteht in der Frage, ob der Gläubiger die gesamte Pauschalvergütung auch dann ersetzt verlangen kann, wenn nicht das gesamte beauftragte Spektrum der Inkassodienstleistungen zur Anwendung gebracht wurde.

293 *Beispiel*
Der Gläubiger beauftragt das Inkassounternehmen mit dem vorgerichtlichen Inkasso einer Forderung in Höhe von 2.000 EUR gegen Zahlung einer Inkassopauschale von 220 EUR. Die Inkassodienstleistung umfasst die laufende Informationsbeschaffung über den Aufenthalt und das Vermögen des Schuldners, vier schriftliche Mahnungen, das Telefoninkasso und einen Außendienstbesuch. Auf die schriftlichen Mahnungen reagiert der Schuldner nicht. Erst auf die fernmündliche Kontaktaufnahme schließt er eine Ratenzahlungsvereinbarung ab, die er dann auch erfüllt. Des Einsatzes eines Außendienstmitarbeiters bedarf es nicht mehr. Nach der vertraglichen Vereinbarung kann der Inkassounternehmer von dem Gläubiger gleichwohl 220 EUR verlangen. Der Gläubiger stellt sich nun die Frage, ob er diesen Betrag auch gänzlich vom Schuldner als Verzugsschaden verlangen kann.

294 Hier kommen zwei Lösungswege in Betracht:
- Denkbar ist, eine Aufteilung vorzunehmen, d.h. die tatsächlich erbrachten Leistungen ins Verhältnis zu den beauftragten Leistungen zu setzen und in entsprechender Weise die Pauschalvergütung aufzuteilen. Dies ist eine Verfahrensweise, die etwa im Bau- oder Architektenrecht anzutreffen ist, wenn nach einem Pauschalpreisvertrag nicht alle Leistungen erbracht werden. Hier müsste der Gläubiger dann nach den gleichen Kriterien im Prozess eine Aufteilung der Pauschalgebühr darlegen und den auf die erbrachte Inkassodienstleistung entfallenden Anteil geltend machen.

C. Der Anspruch aus Verzug § 2

■ Nach der hier vertretenen Auffassung muss der Schuldner allerdings die gesamte Inkassovergütung von 220 EUR als Verzugsschaden tragen, da dem Gläubiger in diesem Umfang ein tatsächlicher Schaden entstanden ist und der Schuldner durch den Verzug die Beauftragung des Inkassounternehmens veranlasst hat. Ungeachtet der Frage, ob in dem dargestellten Fall die Schadensminderungspflicht überhaupt eingewandt werden kann, kommt hierüber eine Begrenzung der Gebühr nicht in Betracht. Führt ein Rechtsanwalt tatsächlich das Telefoninkasso durch, so wird dies sicherlich nicht mit der 1,3-Regelgeschäftsgebühr abgerechnet. Vielmehr wird der Rechtsanwalt wegen des über die Regel hinausgreifenden Aufwandes eine höhere Gebühr im darüber hinaus gehenden Rahmen von 1,3 bis 2,5 ansetzen. Die Pauschalgebühr des Inkassounternehmens liegt hier mit 220 EUR unterhalb einer etwa gerechtfertigten und damit vergleichbaren 1,8-Geschäftsgebühr eines Rechtsanwaltes, die 239,40 EUR beträgt. Der Umstand, dass der Außendienst nicht mehr eingesetzt wurde, kommt dem Schuldner hier nicht zugute, ohne dass dies zu beanstanden ist. Einer Pauschalvergütung liegt die legitime Überlegung zugrunde, den Verwaltungsaufwand der Einzelerfassung zu ersparen und zugleich eine Mischkalkulation zu ermöglichen. Diese Überlegungen liegen auch dem Rechtsanwaltsvergütungsgesetz zugrunde. Auch hier erhält der Rechtsanwalt die gleiche 1,3-Geschäftsgebühr unabhängig von der Frage, ob der Schuldner auf die zweite oder erst auf die vierte schriftliche Mahnung zahlt. Eine Abweichung von diesen Grundsätzen der vollständigen Erstattungsfähigkeit käme allenfalls unter Beachtung von § 242 BGB dann in Betracht, wenn die Vergütung gänzlich außer Verhältnis zur erbrachten Leistung stehen würde.

Zum Teil wird vereinbart, dass das Inkassounternehmen keine unmittelbare Vergütung von dem Gläubiger erhält, sondern **der Gläubiger seinen Erstattungsanspruch gegen den Schuldner an das Inkassounternehmen abtritt**. In diesem Fall sind die Inkassokosten nach den Grundsätzen der Drittschadensliquidation zu bestimmen.[176] Entweder sind dann die abgetretenen Inkassokosten im Sinne der vorstehenden Modelle auch der Höhe nach vereinbart oder es sind die ortsüblichen Inkassokosten nach § 612 Abs. 2 BGB vom Gläubiger geschuldet. Die entsprechenden Beträge sind von dem Schuldner

295

---

176 Siehe oben § 2 Rn 162.

als Verzugsschaden grundsätzlich dem Gläubiger zu ersetzen. Statt der tatsächlichen Zahlung der Inkassokosten tritt der Gläubiger seinen Ersatzanspruch dann aber an das Inkassounternehmen ab, so dass das Inkassounternehmen das wirtschaftliche Risiko der Beitreibung dieser Kosten trägt.

296 *Hinweis*
Mit dieser Regelung ist die Vereinbarung verbunden, dass eingehende Zahlungen zunächst auf die Kosten und dann erst auf Zinsen und die Hauptforderung verrechnet werden. Auch hierbei handelt es sich um eine Verrechnung nach § 367 BGB und nicht etwa eine Aufrechnung nach § 387 BGB.

297 Dieses Vergütungsmodell setzt voraus, dass dem Inkassounternehmen die Forderungen in einem frühen Stadium übergeben werden, damit eine hinreichende Aussicht verbleibt, die entstandenen Kosten auch tatsächlich beitreiben zu können.

298 Möglich ist auch eine **Nichterfolgspauschale**. In diesem Fall betreibt der Inkassounternehmer bei gleichzeitiger Abtretung des Verzugsschadensersatzanspruches des Gläubigers gegen den Schuldner das Forderungsinkasso auf eigene Kosten. Er geht also in Vorleistung. Bleiben seine Bemühungen letztendlich aber erfolglos, erhält er von dem Gläubiger eine zuvor vereinbarte Nichterfolgspauschale – je nach Vereinbarung – zuzüglich oder einschließlich der entstandenen Auslagen. Die Abrechnung erfolgt dabei erst mit dem Abschluss der Gesamttätigkeit des Inkassounternehmers oder zuvor definierter Abschnitte.

299 Schlussendlich sind Modelle anzutreffen, in denen der Inkassounternehmer eine reine **Erfolgsvergütung** erhält, d.h. nur für den Fall, dass die Hauptforderung auch tatsächlich beigetrieben werden kann, erhält er auch eine Vergütung in Höhe eines zu bestimmenden Anteils von der Hauptforderung.

300 *Hinweis*
Dieses Modell birgt für den Inkassounternehmer ein erhebliches betriebswirtschaftliches Risiko, da er die Vergütung nur dann erhält, wenn ihm die erfolgreiche Beitreibung der Forderung gelingt. Dies ist auch, aber eben nicht nur von Faktoren abhängig, die er beeinflussen kann. Um im Rahmen einer Mischkalkulation hier betriebswirtschaftlich erfolgreich

arbeiten zu können, bestimmt sich die Höhe der Erfolgsvergütung auch danach, in welchem Stadium der Inkassounternehmer die Forderung erhält. Je später sie ihm zur Einziehung übergeben wird, umso höher ist die geschuldete Erfolgsvergütung.

Die Erstattung einer Erfolgsvergütung wirft schadensrechtlich besondere Probleme auf. Es entspricht der ganz überwiegenden Auffassung, dass der Schuldner grundsätzlich nicht zur Erstattung einer Erfolgsvergütung neben einer sonstigen Erstattungsvergütung verpflichtet ist.[177] Streitig ist die Frage dort, wo der Gläubiger lediglich eine Erfolgsvergütung erhält. Hier werden differenzierende Auffassungen vertreten.[178]

301

Die Frage nach der Erstattungsfähigkeit stellt sich insbesondere dann, wenn die Erfolgsvergütung statt einer bearbeitungsabhängigen Einzel- oder Pauschalvergütung geschuldet wird. In diesem Fall ersetzt nämlich die Erfolgsvergütung lediglich die ansonsten berechtigte Bearbeitungsvergütung. Die Bedeutung einer solchen Vereinbarung liegt lediglich darin, dass der Gläubiger das wirtschaftliche Risiko der Beitreibbarkeit der Hauptforderung auf das Inkassounternehmen überträgt. Wird die beigetriebene Hauptforderung um die Erfolgsvergütung geschmälert, so ist dem Gläubiger in dieser Höhe ein Schaden entstanden.

302

Beispiel
Der Schuldner zahlt eine Rechnung von 2.000 EUR nicht. Nach Verzugseintritt und einem entsprechendem Hinweis übergibt der Gläubiger den weiteren Forderungseinzug einem Inkassounternehmen gegen
a) Fall 1: Zahlung einer Pauschalvergütung von 200 EUR brutto inklusive Auslagenpauschale zuzüglich der konkret nachweisbaren Auslagen.
b) Fall 2: Zahlung einer Erfolgsprovision in Höhe von 10 % der Forderung.

303

Muss das gesamte beauftragte Leistungsspektrum des vorgerichtlichen Inkassos durchlaufen werden bis der Schuldner die Hauptforderung zahlt, so gibt es keinen Zweifel daran, dass der Schuldner die Inkassokosten im Fall

304

---

177 OLG Köln OLGZ 1972, 411; *Jäckle*, Die Erstattungsfähigkeit der Kosten eines Inkassobüros, Diss. 1978, S. 94; *Rieble*, DB 1995, 202; *Löwisch*, NJW 1986, 1726.
178 Vgl. etwa *Rudloff*, Ausgewählte Rechtsfragen der Inkassounternehmen, Diss. 1996, S. 88. Zuerkennend etwa LG Nürnberg-Fürth NJW 1959, 438 m. Anm. *Brangsch*.

§ 2 Rechtliche Grundlagen

a) erstatten muss, insgesamt also 2.200 EUR zu entrichten hat. Der Rechtsanwalt würde für die Forderungseinziehung unter Annahme einer 1,3-Geschäftsgebühr einen Betrag von 229,55 EUR erhalten, so dass eine Verminderung der Inkassokosten auch unter dem Gesichtspunkt der Schadensminderungspflicht nach § 254 Abs. 2 BGB nicht in Betracht kommt.

305 Es wäre nun nicht nachvollziehbar, dass der Gläubiger im zweiten Fall die Erfolgsprovision selbst, d.h. ohne Erstattungsanspruch gegen den Schuldner tragen müsste und der Schuldner letztlich wieder nur die Hauptforderung in Höhe von 2.000 EUR ausgleicht. Auch in diesem Fall ist dem Gläubiger ein Schaden von 200 EUR entstanden. Allein der Umstand, dass er eine pauschalierende Vergütung wählt und dabei das Realisierungsrisiko auf den Inkassounternehmer überträgt, kann nicht dazu führen, dass die Erstattungsfähigkeit dieses Schadens verloren geht.

306 *Hinweis*
Um Missverständnissen vorzubeugen, ist schon hier darauf hinzuweisen, dass der zweite Fall anders zu lösen ist, wenn die Erfolgsprovision 50 % betragen würde. In dieser Konstellation ist die Erfolgsprovision zwar ebenfalls dem Grunde nach erstattungsfähig. Der Höhe nach ist allerdings zu berücksichtigen, dass bei der Beauftragung eines Rechtsanwaltes lediglich Kosten in Höhe von 229,55 EUR angefallen wären. Obwohl der Gläubiger dann also an das Inkassounternehmen eine Erfolgsprovision von 1.000 EUR zahlen muss, kann er von dem Schuldner unter Beachtung von § 254 Abs. 2 BGB als Verzugsschaden lediglich 229,55 EUR erstattet verlangen (= 1,3-Geschäftsgebühr aus 2.000 EUR zzgl. Auslagenpauschale und Umsatzsteuer).

307 Im Ergebnis kann eine isolierte Erfolgsvergütung damit als Ersatz für eine Bearbeitungs- oder Pauschalgebühr erstattungsfähig sein, wobei der Erstattungsanspruch allein über die nachfolgend noch darzustellenden Voraussetzungen der Schadensminderungspflicht begrenzt werden muss. Die Erfolgsprovision kann mithin als isolierte Vergütungsart sehr wohl dem Grunde nach, nicht aber unbedingt und unbeschränkt der Höhe nach als Verzugsschaden angesehen werden.

308 Soweit ein Erfolgshonorar neben einer Bearbeitungs- oder Pauschalgebühr geschuldet wird, verhält sich die Situation nicht anders. Die verschiedenen

Vergütungsanteile sind zu einem Gesamtschaden zu addieren und dann wieder allein über die Voraussetzungen der Schadensminderungspflicht zu begrenzen. Dies lässt die Höhe des tatsächlich entstandenen Schadens allerdings unberührt.

Keine Bedenken bestehen, dass der Inkassounternehmer seine Gebühren im Verhältnis zum Gläubiger in Allgemeinen Geschäftsbedingungen regelt. Im Streitfall muss insoweit allein nachgewiesen werden, dass diese ordnungsgemäß in den Vertrag einbezogen wurden, § 305 Abs. 2 BGB. 309

Die Auslagenerstattung erfolgt über eine vertragliche Regelung oder nach §§ 675, 670 BGB. Erstattungsfähig sind dabei die Auslagen, die das Inkassounternehmen nach pflichtgemäßem Ermessen veranlassen durfte. 310

Welches konkrete Vergütungsmodell von dem Gläubiger und dem Inkassounternehmen gewählt wird, hängt von der Arbeitsmethode des Inkassounternehmers, der Höhe und der Zahl der zum Einzug übergebenen Forderungen, der Art der Forderungen und einer Reihe weiterer Faktoren ab. 311

c) Die ortsübliche Inkassovergütung

Ist eine vertragliche Vergütungsregelung nicht getroffen oder ist vereinbart, dass der Inkassounternehmer den Erstattungsanspruch des Gläubiger abgetreten erhält, so stellt sich über § 612 Abs. 2 BGB die Frage nach der ortsüblichen Vergütung. 312

Welche Vergütung für die Inkassotätigkeit als ortsüblich angesehen werden kann, muss im Einzelfall bestimmt oder ggf. im Prozess durch ein Sachverständigengutachten geklärt werden. Dies gilt sowohl für die Frage, ob ortsüblich eine Gesamtpauschale gezahlt wird oder die Einzeltätigkeiten konkret vergütet werden. Dabei kann durchaus auch eine Anlehnung an die anwaltlichen Gebühren nach dem RVG ortsüblich sein. Zwingend ist dies allerdings nicht. 313

> *Hinweis* 314
> Die Feststellung einer ortsüblichen Vergütung führt nicht nur zu einem erheblichen zeitlichen Aufwand, sondern auch zu erheblichen Kosten für die Erstellung des Gutachtens durch einen Sachverständigen. Aus diesem Grunde sollte in jedem Fall der Versuch unternommen werden, mit

dem Gläubiger eine konkrete Vergütung zu vermeiden. Dabei kann eine vertragliche Anlehnung an das Rechtsanwaltsvergütungsgesetz sachgerecht sein. Dies vermeidet den Streit um die Ortsüblichkeit.

315 Maßgeblich für die Bestimmung einer ortsüblichen Vergütung sind dabei allein die in einem regional zugänglichen Bereich vorhandenen Inkassounternehmen, nicht etwa alle mit dem Forderungsinkasso befassten Personen. Wollte man alle Personen erfassen, die sich professionell mit dem Forderungsinkasso befassen, so würde dies die Einbeziehung der Rechtsanwälte mit sich bringen. Aufgrund deren Zahl würde dies wiederum zwangsläufig zur Anwendung des Rechtsanwaltsvergütungsgesetzes als Grundlage der ortsüblichen Vergütung führen. Dies widerspricht aber Art. IX Abs. 2 KostÄndG bzw. § 4 Abs. 1 EGRDG, der die unmittelbare Anwendung des Rechtsanwaltsvergütungsgesetzes auf die Inkassounternehmen gerade ausschließt.

316 Aufgrund der Abhängigkeit der ortsüblichen Vergütung von den regionalen Verhältnissen können nachfolgend nur einige rechtliche und tatsächliche Hinweise gegeben werden, ohne dass eine abschließende Bestimmung der angemessenen Vergütung möglich ist.

317 Der BGH hatte sich in seiner Entscheidung vom 3.2.2005[179] mit den Kostenregelungen in AGB eines Inkassounternehmers auseinanderzusetzen. In diesem Zusammenhang hat er ebenso wie das in der Vorinstanz entscheidende OLG Hamm,[180] einen Stundensatz von 50 EUR unbeanstandet gelassen. Dies betrifft aber nur den Fall der Abrechnung nach Einzelleistungen.

318 *Hinweis*
Gerade bei kleinen Forderungen kann dies dazu führen, dass die Kosten schnell die Hauptforderung um ein Vielfaches übersteigen. Dies ist aber kein Grund, die Erstattung der Kosten zu verweigern, weil der Schuldner dies durch seine Nichtleistung und den daraus begründeten Verzug selbst zu vertreten hat. Anders als das auf eine Mischkalkulation angelegte Rechtsanwaltsvergütungsgesetz sieht dieses Modell der Vergütung nach dem tatsächlichen Aufwand eben gerade nicht vor, dass der Inkassounter-

---

179 BGH, Urt. v. 3.2.2008 – III ZR 268/04 = NJW-RR 2005, 642 = MDR 2005, 738 = InVo 2005, 331 = Vollstreckung effektiv 2005, 61.
180 OLG Hamm, Urt. v. 20.2.2004 – 25 U 131/03.

C. Der Anspruch aus Verzug § 2

nehmer bei geringen Forderungen unwirtschaftlich arbeitet – wie der Rechtsanwalt es tut – und dann bei hohen Forderungen eine erheblich über dem Aufwand liegende Vergütung erhält, wie es bei dem Rechtsanwalt der Fall ist. Eine Korrektur der Höhe der erstattungsfähigen Inkassokosten kann erst über § 254 Abs. 2 BGB erfolgen, was aber voraussetzt, dass die Schadensminderungspflicht auch tatsächlich zu beachten war. Dies ist nachfolgend darzustellen.[181]

Der tatsächliche Aufwand ist von dem Inkassounternehmer zu dokumentieren und im Verfahren über die Berechtigung der Inkassokosten sowohl im Verhältnis zum Gläubiger als Auftraggeber als auch im Verhältnis zum Schuldner im Erstattungsprozess vorzutragen, wenn die Einzelvergütung ortsüblich ist. 319

Hinweis 320
Dabei werden die Anforderungen von den Gerichten unterschiedlich hoch angesetzt.
- Zum Teil wird ein solcher Vortrag bereits als Teil der Schlüssigkeit des Anspruchs angesehen, muss also schon mit der Klageschrift vorgetragen werden.
- Andere halten einen solchen Vortrag erst dann für erforderlich, wenn der Schuldner die Angemessenheit der Inkassokosten bestreitet.
- Der Rechtsanwalt im Auftrage des Inkassounternehmens bzw. des Gläubigers sollte – allein dem Grundsatz des sichersten Weges folgend – den Aufwand schon mit der Klageschrift vortragen, jedenfalls aber um einen rechtlichen Hinweis nach § 139 ZPO bitten, ob ein solcher Vortrag für die Schlüssigkeit der Klage als erforderlich angesehen wird. Rein wirtschaftlich erscheint es allerdings sinnvoller, zunächst das Bestreiten abzuwarten, um nicht ohne Not Kalkulationsgrundlagen offen zu legen.
- Ggf. kann die ortsübliche Vergütung auch abstrakt dargelegt werden und ist dann mit der – im Bestreitensfall zu beweisenden – Tatsache zu verbinden, der Gläubiger habe eine höhere Vergütung gezahlt.

Der Inkassounternehmer muss also darauf achten, dass der Aufwand auch tatsächlich dokumentiert wird. Dies kann er etwa in der Weise bewerkstel- 321

---

181 Vgl. § 2 Rn 334 ff.

ligen, dass zur Akte ein Vorblatt oder zur elektronischen Akte eine entsprechende Tabelle angelegt wird.

322 *Beispiel*

Art der Tätigkeit	Zeitlicher Aufwand	Höhe des zeitlichen Aufwandes (Std x 50 EUR)	Art des sachlichen Aufwandes	Höhe des sachlichen Aufwandes	Mitarbeiter (Name)
Mahnung mit detaillierter Darstellung des Anspruchsgrundes und der Anspruchshöhe	1 Std.	50 EUR	Porto Schuldner Porto Abschrift Gl.	1,45 EUR 1,45 EUR	
2. Mahnung, maschinell	1/4 Std.	12,50 EUR	Porto Porto Abschrift Gl.	0,55 EUR 0,55 EUR	
Besprechung mit dem Schuldner und Abschluss eines Teilzahlungsvergleiches	1 ½ Std.	75 EUR			
Gesamt					

323 Zur Bestimmung der Ortsüblichkeit orientieren sich viele Gerichte allerdings auch an den Anwaltsgebühren und erkennen Inkassokosten in Höhe der 1,3-Gebühr innerhalb des Rahmens nach Ziffer 2300 VV RVG in der seit dem 1.7.2006 geltenden Fassung an. Dabei wird allerdings selten tatsächlich festgestellt, ob es sich dabei um die ortsüblichen Gebühren handelt, vielmehr erfolgt eine Vermischung der Begrifflichkeiten und der Rechtsprüfung und die Ortsüblichkeit wird „unter Berücksichtigung der Schadensminderungspflicht" festgestellt.

C. Der Anspruch aus Verzug § 2

Eine Inkassovergütung in Höhe einer vergleichbaren 1,3-Geschäftsgebühr eines Rechtsanwaltes haben etwa das LG Rostock,[182] das AG Bielefeld,[183] das AG Bremen,[184] das AG Eisenhüttenstadt,[185] das AG Flensburg,[186] das AG München,[187] das AG Varel[188] und das AG Wilhelmshaven[189] als ortsüblich anerkannt, um nur eine Auswahl zu nennen. 324

Die Mehrzahl der Gerichte geht wegen des optimierten Informationsmanagements der Inkassounternehmen darüber hinaus und erkennt – ebenfalls in Vermischung der Ortsüblichkeit und der Schadensminderungspflicht – eine 1,5-Gebühr an, so etwa das 325
- LG Cottbus v. 23.3.2005 – 4 O 68/05
- LG Dresden v. 26.10.2005 – 4 O. 3094/05
- LG Mainz v. 18.10.2005 – 10 HK.O 60/05
- LG Wiesbaden v. 1.7.2005 – 1 O. 80/05
- AG Altenkirchen v. 3.5.2004 – 70 C 59/04
- AG Biberach v. 1.3.2006 – 7 C 114/06
- AG Crailsheim v. 6.2.2008 – 3 C 440/07
- AG Deggendorf v. 27.5.2004 – 2 C 284/04
- AG Dessau v. 14.2.2008 – 4 C 926/07
- AG Essen v. 28.9.2007 – 23 C 291/07
- AG Forchheim v. 6.12.2007 – 71 C 233/07
- AG Gardelegen v. 13.10.2005 – 31 C 255/05
- AG Haldensleben v. 6.9.2005 – 17 C 214/05
- AG Halle/Saale v. 9.1.2008 – 105 C 4455/07
- AG Hamburg-Blankenese v. 3.5.2006 – 508 C 437/05
- AG Heilbad-Heiligenstadt v. 5.10.2007 – 2 C 297/06
- AG Idstein v. 13.11.2007 – 30 C 184/07
- AG Kaufbeuren v. 21.3.2006 – 4 C 1582/05
- AG Kempten v. 4.7.2007 – 1 C 515/07

---

182 Urt. v. 17.5.2005 – 5 O 49/05.
183 AG Bielefeld v. 23.1.2008 – 41 C 774/07.
184 Urt. v. 25.4.2007 – 23 C 0487/06.
185 Urt. v. 10.1.2005 – 6 C 316/04.
186 Urt. v. 5.11.2007 – 62 C 265/07.
187 Urt. v. 31.8.2007 – 163 C 11066/07.
188 Urt. v. 2.8.2005 – 5 C 257/05.
189 Urt. v. 18.7.2006 – 6 C 405/05.

- AG Leverkusen v. 22.6.2004 – 26 C 52/04
- AG Marl v. 23.1.2006 – 16 C 550/05
- AG Nordhausen v. 9.10.2006 – 22 C 640/06
- AG Offenbach v. 10.12.2007 – 380 C443/07
- AG Osterholz-Scharmbeck v. 9.3.2005 – 3 C 599/04
- AG Ravensburg v. 25.10.2005 – 9 C 983/05
- AG Sonthofen v. 14.2.2008 – 1 C 860/07
- AG Tostedt JurBüro 2004, 488
- AG Traunstein v. 2.7.2004 – 319 C 504/04
- AG Herborn JurBüro 2003, 647
- AG Bremen JurBüro 2003, 146.

326 In Einzelfällen wurde auch eine 1,8-Gebühr für angemessen erachtet.[190] Darüber hinaus gibt es je nach den tatsächlich geltend gemachten Inkassokosten und dem Umfang der tatsächlichen Inkassotätigkeit eine Vielzahl von Entscheidungen, die eine Gebühr von 0,65–1,5 der vollen Gebühr eines Rechtsanwaltes als Inkassokosten anerkannt haben.

327 *Hinweis*
Die Problematik der Betrachtung dieser Rechtsprechung besteht darin, dass die Tatbestände der Entscheidungen meist nicht wiedergeben, welche tatsächlichen Tätigkeiten beauftragt und von dem Inkassounternehmen ausgeführt wurden. Insoweit verbietet sich ein pauschaler Hinweis auf die zitierten Entscheidungen. In jedem Einzelfall ist der Umfang des Auftrages und der Tätigkeiten festzustellen, um dann zu beurteilen, welche Gebühr der Rechtsanwalt für eine solche Tätigkeit erheben könnte. Dabei kommt grundsätzlich der gesamte Rahmen der Geschäftsgebühr, d.h. eine 0,5–2,5-Gebühr in Betracht.

328 Soweit auf die Rechtsanwaltsgebühren als ortübliche Vergütung abgestellt wird, muss beachtet werden, dass der Rechtsanwalt außergerichtlich nicht nur die Geschäftsgebühr, sondern zusätzlich auch eine 1,5-Einigungsgebühr erlangen kann, wenn es zu einer gütlichen Einigung kommt. Entsprechendes muss dann für das Inkassounternehmen gelten, wenn zwischen Gläubiger und Inkassounternehmen eine Abrechnung nach dem RVG vereinbart wurde.

[190] AG Ahlen v. 21.5.2007 – 9 C 16/07.

C. Der Anspruch aus Verzug § 2

Grundsätzlich stellt auch die Vereinbarung einer Ratenzahlungsvereinbarung eine Einigung im Sinne der Nr. 1000 VV RVG dar. Dies hat der BGH schon für den weit engeren Begriff des Vergleiches im Sinne der Vergleichsgebühr nach § 23 BRAGO entschieden.[191] Dies gilt umso mehr als mit einem vorgerichtlichen Ratenzahlungsvergleich häufig weitere Regelungen, etwa zur Verjährung, zur Einräumung von Sicherheiten oder zur Abtretung von Herausgabe- und Auskunftsansprüchen getroffen werden,[192] um die Nachteile der frühzeitigen Titulierung auszugleichen.

329

d) Zahlung oder Freistellung?

Hat das Inkassounternehmen dem Gläubiger gegenüber die angefallenen Inkassokosten bereits abgerechnet und hat der Gläubiger die Rechnung auch bereits ausgeglichen, kann der Ersatzanspruch unmittelbar im Wege der zivilprozessualen Leistungsklage, d.h. Zahlungsklage verfolgt werden.

330

Hat das Inkassounternehmen seine Vergütung entweder noch gar nicht abgerechnet oder aber zwar abgerechnet, der Gläubiger diese aber noch nicht ausgeglichen, so besteht grundsätzlich lediglich ein Freistellungsanspruch gegenüber dem Schädiger, da es ja noch nicht zum Schadenseintritt gekommen ist.

331

Allerdings wird mit guten Argumenten[193] auch vertreten, dass der Gläubiger hier nicht auf den Freistellungsanspruch beschränkt ist, sondern gleichwohl unmittelbar Zahlungsklage erheben kann. Das Vermögen des Gläubigers ist nämlich bereits mit dem kommenden Zahlungsanspruch des Inkassounternehmens belastet, dem sich der Gläubiger nicht wird entziehen können. Die Praxis schließt sich für die Geltendmachung der anwaltlichen Geschäftsgebühr im Prozess dieser Auffassung zunehmend an. Für den Erstattungsanspruch auf die Inkassokosten kann nichts anderes gelten.

332

Hinweis
Dieser Problematik kann sonst in der Weise begegnet werden, dass der Gläubiger den Erstattungsanspruch an den Inkassounternehmer abtritt,

333

---

191 BGH v. 1.3.2005 – III ZB 54/04 = NJW-RR 2005, 1303 = MDR 2005, 897 = AGS 2005, 140 = DGVZ 2005, 93 = JurBüro 2005, 309 = Rpfleger 2005, 330.
192 Hierzu ausführlich *Goebel*, AnwaltFormulare Zwangsvollstreckung, 3. Aufl., § 1 Rn 114 ff.
193 *Ruess*, MDR 2005, 313, 317.

der zugleich den Gläubiger ermächtigt, die Inkassokosten in eigenem Namen auf Zahlung an das Inkassounternehmen geltend zu machen.

X. Die Schadensminderungspflicht

1. Einleitung

334 Soweit die vorbeschriebenen Anspruchsgrundlagen einen Schadensersatzanspruch dem Grunde nach ergeben und der entstandene Schaden in Form der Inkassokosten der Höhe nach feststeht, muss geprüft werden, ob die entstandenen Kosten als Verzugsschaden auch in voller Höhe vom Schuldner zu ersetzen sind. Hier ist die sich aus § 254 BGB ergebende Schadensminderungspflicht zu beachten.

335 Hat der Gläubiger es als Geschädigter unterlassen den Schaden zu mindern, so führt dies nach § 254 BGB zu einer Kürzung der Ersatzpflicht des Schuldners als Schädiger bezogen auf den tatsächlich entstandenen Schaden. Ein solcher Verstoß gegen die Schadensminderungspflicht ist gegeben, wenn der Gläubiger Maßnahmen unterlässt, die ein ordentlicher und verständiger Mensch zur Schadensabwendung oder Schadensminderung ergreifen würde.[194]

336 Auf das Forderungsmanagement übertragen kann die Schadensminderungspflicht in zwei Zusammenhängen besondere Bedeutung erlangen:

Zum einen entspricht es den in § 254 Abs. 2 S. 1 BGB niedergelegten Grundsätzen der Schadensminderungspflicht, dass der Geschädigte den Schuldner als Schädiger auf die Gefahr eines ungewöhnlich hohen Schadens hinweist. Sodann kann eine Verletzung der Schadensminderungspflicht in Betracht kommen, wenn der Gläubiger ein Inkassounternehmen mit der Wahrnehmung seiner Interessen beauftragt, obwohl ein Rechtsanwalt die Leistung kostengünstiger erbracht hätte oder im weiteren Verfahren neben der Einschaltung des Inkassounternehmens dann auch noch die Beauftragung eines Rechtsanwaltes erforderlich wird, so dass es – jedenfalls in den Teilbereichen sich überschneidender Vergütungsansprüche – zu einer Doppelbelastung des Schuldners kommen kann.

---

[194] BGH NJW 1952, 299; *Palandt/Heinrichs*, BGB, 67. Aufl., § 254 Rn 36.

Hinweis 337

Gerade in diesen Fällen wird häufig schematisch die Inkassovergütung verweigert, ohne dass die Grundlagen in tatsächlicher und rechtlicher Hinsicht einer Überprüfung unterzogen werden.[195] In einer Vielzahl von Fällen liegt dies daran, dass nicht beachtet wird, dass es wesentlich darauf ankommt, ob der Gläubiger **im Zeitpunkt der Beauftragung** des Inkassounternehmens bereits absehen konnte, dass die spätere Einschaltung eines Rechtsanwaltes erforderlich wird. Hier ist in der Praxis dem Gläubiger nicht selten der Vorwurf zu machen, dass er hierzu nicht spezifisch vorträgt, während die Gerichte zu häufig auf das tatsächliche Geschehen und nicht den Zeitpunkt der zu treffenden Prognoseentscheidung abstellen.

Dies kann allerdings auch umgekehrt gelten, d.h. der **Gläubiger kann gegen** 338
die Schadensminderungspflicht verstoßen, wenn er einen Rechtsanwalt beauftragt, obwohl ein Inkassounternehmen die Rechtsdienstleistung kostengünstiger erbringen kann.

Hinweis 339

Dies wird zukünftig häufiger der Fall sein, wenn die Titulierung im gerichtlichen Mahnverfahren gefordert ist, da die Inkassounternehmen lediglich eine Gebühr von 25 EUR bzw. eine Gesamtvergütung von 35,70 EUR erhalten, während der Rechtsanwalt die gesetzlichen Gebühren nach dem RVG erhält.[196]

2. Der Hinweis auf einen ungewöhnlich hohen Schaden

Nach § 254 Abs. 2 S. 1 BGB muss der Geschädigte (Gläubiger), den Schädiger (Schuldner) auf die Gefahr eines ungewöhnlich hohen Schadens hinweisen. 340

Wann ein ungewöhnlich hoher Schaden droht, ist nicht zuletzt von der Höhe 341
der Hauptforderung, des notwendigen Beitreibungsaufwandes und möglicher

---

195 Siehe zu den Grundlagen § 2 Rn 4, 5ff. und 31ff.
196 Überraschend ist, dass diese Problematik in aktuellen Werken zum anwaltlichen Vergütungsrecht, die sich rühmen die Neuregelung des Rechtsberatungsrechtes bereits zu berücksichtigen, nicht einmal angesprochen wird. Vgl. etwa *Scheungrab*, in Brieke/Teubel/Scheungrab, Münchner Anwaltshandbuch Vergütungsrecht, § 7 Rn 26ff.

weiterer Folgen der Nichtleistung abhängig. Der Schaden des Gläubigers durch die Nichtleistung des Schuldners kann weit über die möglichen Rechtsverfolgungskosten hinausgehen, etwa wenn dem Gläubiger durch die Nichtleistung Investitionsmittel entzogen werden, die er sich anderweitig nicht beschaffen kann, so dass ein Folgegeschäft nicht zustande kommt. Die Warnpflicht besteht nur, wenn der Gläubiger das Entstehen eines besonders hohen Schadens erkannt hat oder jedenfalls hätte erkennen können[197] und der Schuldner nicht selbst über entsprechende Erkenntnisse verfügte.

342 *Beispiel*
Entzieht sich der Schuldner dem Zugriff des Gläubigers, indem er umzieht, ohne seine Meldepflichten nachzukommen, so muss der Gläubiger ihn nicht darauf hinweisen, dass die Aufenthaltsermittlung mit erheblichen Kosten verbunden sein kann.

343 Ein ungewöhnlich hoher Schaden entsteht im Verhältnis zur Hauptforderung dann, wenn die Inkassokosten oder überhaupt die Rechtsverfolgungskosten die Hauptforderung erreichen oder übersteigen. Dies ist insbesondere bei kleinen Forderungen schnell der Fall.

344 Unter dem Blickwinkel von § 254 Abs. 2 S. 1 BGB ist deshalb zu fordern, dass der Gläubiger den Schuldner darauf hinweist, dass seine weitere Nichtleistung die Beauftragung eines Inkassounternehmens nach sich zieht, so dass er Kenntnis davon hat, dass der weitere Forderungseinzug extern erfolgt und damit auch weitere Kosten verursacht. Es kann dabei nicht gefordert werden, dass der Gläubiger auch auf die exakte Höhe der Kosten hinweist, da ihm diese zum Zeitpunkt des Hinweises regelmäßig nicht bekannt sein werden, da die Beauftragung des Inkassounternehmens noch nicht erfolgt ist.

345 Dem Schuldner steht nun die Möglichkeit offen, der Schadensersatzpflicht zu entgehen, indem er entweder leistet oder dem Gläubiger zumindest glaubhaft macht, dass er derzeit nicht leistungsfähig ist, so dass eine Stundungsvereinbarung getroffen werden kann. Reagiert der Schuldner nicht, können weitere Aktivitäten in Form von weiteren Hinweisen des Gläubigers auch über § 254 Abs. 2 S. 1 BGB nicht gefordert werden.

---

197 *Palandt/Heinrichs*, BGB, 67. Aufl., § 254 Rn 38.

Hinweis 346
Dabei muss einerseits auch beachtet werden, dass ab diesem Zeitpunkt auch Rechtskenntnisse des Gläubigers verlangt werden müssten, etwa zum Beginn, der Dauer und der abschließenden Berechnung der Verjährung der Forderung. Solche Rechtskenntnisse fehlen aber nicht selten. Andererseits würde die weitere Forderungsbeitreibung durch den Gläubiger Chancen der Forderungsrealisierung ungenutzt lassen. So wird aus der Praxis immer wieder berichtet, dass Schuldner die Frage, warum eine frühere Leistung nicht erfolgte, damit beantworten, dass sie sich gegenüber dem Gläubiger nicht getraut haben, ihre Zahlungsschwierigkeiten zu offenbaren. Erst dieses Eingeständnis schafft dann die Grundlage für eine Ratenzahlungsvereinbarung und in der Folge auch eine Fortsetzung der Geschäftsbeziehung.

3. Die Schadensminderungspflicht in Abhängigkeit vom erteilten Auftrag

Ein Verstoß gegen die Schadensminderungspflicht liegt vor, wenn der Gläubiger ein Inkassounternehmen beauftragt, obwohl ein Rechtsanwalt die gleiche Tätigkeit kostengünstiger entfaltet hätte oder wenn ein Inkassounternehmen beauftragt wird, obwohl von Anfang an zu erwarten war, dass eine streitige gerichtliche Auseinandersetzung zur Realisierung der Forderung und damit eine Doppelbeauftragung von Inkassounternehmen und Rechtsanwalt erforderlich wird. Umgekehrt liegt damit schon bisher kein Verstoß gegen die Schadensminderungspflicht vor, wenn der Gläubiger im Zeitpunkt der Beauftragung des Inkassounternehmens berechtigte Anhaltspunkte dafür hatte, dass der Schuldner die Zahlung nicht endgültig verweigern wird.[198] 347

Folge eines Verstoßes gegen die Schadensminderungspflicht ist allerdings nicht die gänzliche Versagung der geltend gemachten Inkassovergütung, sondern allein deren Beschränkung auf das notwendige Maß.[199] 348

Es obliegt grundsätzlich der Darlegungslast des Schuldners, mit dem Einwand eines Verstoßes gegen die Schadensminderungspflicht geltend zu machen, dass der Gläubiger einen Rechtsanwalt statt eines Inkassounterneh- 349

---

198 OLG München MDR 1988, 407; OLG Frankfurt NJW-RR 1990, 729.
199 AG Flensburg v. 5.11.2007 – 62 C 265/07.

mens habe beauftragen müssen, weil dessen Gebühren niedriger gewesen oder jedenfalls nicht Gebühren für den Rechtsanwalt und das Inkassounternehmen angefallen wären. Dabei beschränkt sich die Darlegungslast auf die Darstellung der den Verstoß gegen die Schadensminderungspflicht begründenden Tatsachen. Des ausdrücklichen Einwandes, der Gläubiger habe gegen die Schadensminderungspflicht verstoßen, bedarf es nicht.[200]

350 Der Einwand kann allerdings schon im Ansatz nur dann Erfolg haben, wenn es möglich erscheint, dass ein Rechtsanwalt den Auftrag, den das Inkassounternehmen bezüglich des außergerichtlichen Forderungseinzuges erhalten hat, in gleicher Weise erfüllen kann. Dies wird bei einem rein schriftlichen Forderungsinkasso durch das Inkassounternehmen ohne Weiteres der Fall sein. Schon hier können sich aber erste Differenzierungen ergeben, wenn der Aufenthalt des Schuldners unbekannt ist und Einwohnermelderegisterabfragen des Gläubigers bereits erfolglos waren.

351 *Hinweis*
Hier zeigt sich ein erster Unterschied in der tatsächlichen Berufsausübung zwischen dem Rechtsanwalt und dem Inkassounternehmen. Inkassounternehmen bieten in einem solchen Fall eine Vielzahl von Recherchemaßnahmen über eigene Datenbanken, kommerzielle Auskunfteien oder sonstige Maßnahmen, wie Außendienstkontrollen am vermeintlichen Wohnort oder umfängliche Suchen über elektronische Medien an. Rechtsanwälte verfügen hier regelmäßig weder über entsprechende eigene Informationen noch die wirtschaftlichen Verbindungen zu kommerziellen Auskunfteien, die eine wirtschaftliche Befriedigung des Informationsbedürfnisses des Gläubigers ermöglichen. Deshalb ist es sachgerecht, dass der Gläubiger sich hier für das Inkassounternehmen statt für den Rechtsanwalt entscheidet. Solche Unterschiede in der Arbeitsweise sind auch durchaus in der Rechtsprechung anerkannt.[201]

---

200 Vgl. § 2 Rn 395 und § 3 Rn 21.
201 So hat etwa das LG Münster in einer Entscheidung vom 11.6.1991 – 5 T 741/90 = JurBüro 1991, 1215 festgestellt: „Die Arbeitsweise eines Inkassobüros hat eine völlig andere Struktur als ein Anwaltsbüro, welches mit der Beitreibung einer titulierten Forderung beauftragt ist. Seine Entlohnung kann deswegen auch nicht unbedingt nach den Grundsätzen der Bundesrechtsanwaltsgebührenordnung bemessen werden. Es ist daher nicht zu beanstanden, wenn sich das Inkassobüro eigene Gebührensätze gibt, nach denen es abrechnet." Ebenso LG Kassel v. 7.1.1985 – 2 (6) T 515/84 = JurBüro 1985, 1270 = RBeistand 1985, 35.

Erwartet der Gläubiger insbesondere auch durch das Telefoninkasso, d.h. die 352
fernmündliche Kontaktaufnahme mit dem Schuldner, einen erfolgreichen
Forderungseinzug, ist fraglich, ob der Rechtsanwalt dieses Leistungsspektrum noch bietet, da Rechtsanwälte in der Regel nur schriftlich tätig werden.
Die Praxis zeigt, dass sich über die fernmündliche Kontaktaufnahme vielfach Ratenzahlungsvereinbarungen mit dem Schuldner erzielen lassen, die
mit hohen Quoten auch erfüllt werden. Dies setzt allerdings auch eine hinreichende Schulung und Erfahrung im Telefoninkasso voraus, um den Schuldner in der richtigen Art und Weise anzusprechen.

> *Hinweis* 353
> Die fernmündliche Ansprache ist dabei auch wichtig, wenn es zu Stockungen bei der Erfüllung der Ratenzahlungsvereinbarung kommt. Dabei
> bieten Inkassounternehmen diese Form der Kontaktaufnahme auch in den
> Abendstunden und am Samstag an, d.h. zu Zeiten in denen der Schuldner
> auch tatsächlich erreichbar ist.

Hier soll allerdings nicht übersehen werden, dass sich das Berufsbild in der 354
Praxis durchaus wandelt und zunehmend auch Rechtsanwälte sich nicht gehindert sehen, mit dem Schuldner den fernmündlichen Kontakt zu suchen.
Allerdings liegt dann die Geschäftsgebühr des Rechtsanwaltes regelmäßig
über einer 1,3-Geschäftsgebühr. Eröffnet wird dann der Rahmen von einer
1,5–2,5-Geschäftsgebühr. Würde der Rechtsanwalt während eines gerichtlichen Verfahrens mit dem Schuldner fernmündlichen Kontakt aufnehmen,
führte dies ebenfalls zu einer wesentlichen Erhöhung der Gebühr, weil er
dann die 1,2-Terminsgebühr erhielte. Im vorgerichtlichen Bereich ist dies
durch eine entsprechende Ausschöpfung des Rahmens der Geschäftsgebühr
zu berücksichtigen.

Dagegen wird eine Vergleichbarkeit des Tätigkeitsspektrums zwischen 355
Rechtsanwalt und Inkassounternehmen nicht mehr anzunehmen sein, wenn
der Gläubiger ausdrücklich auch den Einsatz eines Außendienstes und damit
die persönliche Kontaktaufnahme mit dem Schuldner fordert, um dessen
Aufenthalt und seine Vermögensverhältnisse vor Ort zu klären und ihn im
persönlichen Gespräch wenn nicht zum unmittelbaren Forderungsausgleich,
so doch zumindest zum Abschluss einer Ratenzahlungsvereinbarung zu bewegen.

356 *Jäckle*[202] hat dies schon im Jahre 1978 unter dem Aspekt der „atypischen Arbeitsweise" des Inkassobüros herausgearbeitet. Rechtstatsächliche Untersuchungen hätten zwar eine wesentliche Übereinstimmung der Tätigkeit von Rechtsanwalt und Inkassounternehmen gezeigt. Ausnahmsweise gebe es aber auch Inkassounternehmen die noch vor der notwendigen Erwirkung eines Vollstreckungstitels den Schuldner etwa an Lohnzahlungstagen persönlich aufsuchen, um Geld an Ort und Stelle zu kassieren. Der als Begründung für eine Kürzung des Erstattungsanspruchs heranzuziehende Gedanke der Vergleichbarkeit der Tätigkeiten sei dann fehl am Platz, da Anwälte ausschließlich schriftlich vorgingen. Dem ist zuzustimmen.

357 Zu Recht weist *Jäckle*[203] darauf hin, dass es nicht darauf ankommt, ob die besonderen Bemühungen auch erfolgreich waren. Abzustellen ist auf die Prognoseentscheidung, die der Gläubiger in dem Zeitpunkt zu treffen hat, in dem die Beauftragung erfolgen soll. Handelt es sich zu diesem Zeitpunkt um einen erfolgversprechenden und gerechtfertigten Versuch auf diese Weise einen außergerichtlichen Ausgleich der Forderung zu erreichen, so kann mangels Vergleichbarkeit schon im Ansatz kein Verstoß gegen die Schadensminderungspflicht vorliegen. Die Kosten des Inkassounternehmens sind in voller Höhe von dem Schuldner zu erstatten, auch wenn diese die Geschäftsgebühr eines Rechtsanwaltes übersteigen.

358 Die vorstehenden Aspekte werden auch *von Salten*[204] herausgearbeitet. Es könne nicht erwartet werden, dass Rechtsanwälte Tätigkeiten, die über schriftliche Mahnungen hinausgehen, noch mit einer 1,3-Geschäftsgebühr abrechnen. Vielmehr begründe ein solcher Aufwand, d.h. eine gesteigerte Informationsbeschaffung, das Telefoninkasso und erst Recht der Einsatz des Außendienstes einen erheblichen Umfang und auch eine besondere Schwierigkeit der Sache, da der Schuldner auf schriftliche Mahnungen nicht mit der Leistung reagiert, so dass die Begrenzung der Geschäftsgebühr auf eine 1,3-Gebühr nicht mehr gerechtfertigt ist und der Rahmen bis zu einer 2,5-Geschäftsgebühr eröffnet wird.

---

202 *Jäckle*, Die Erstattungsfähigkeit der Kosten eines Inkassobüros, Diss. 1978, S. 112/113.
203 *Jäckle*, a.a.O., S. 113.
204 ZRP 2007, 88.

Dann kann es aber keinen Verstoß gegen die Schadensminderungspflicht des Gläubigers darstellen, wenn er statt eines Rechtsanwaltes ein Inkassounternehmen mit dem Forderungseinzug unter Einschluss des Telefoninkasso beauftragt und dabei den vergleichenden Gebührenrahmen einer 2,5-Geschäftsgebühr des Rechtsanwaltes überschreitet oder gar den Einsatz eines Außendienstes wünscht. Im letzten Fall fehlt es an einer vergleichbaren Abrechnungsnorm im Rechtsanwaltsvergütungsgesetz, die geeignet wäre, den höheren Anspruch zu begrenzen. 359

Hinweis 360
Da die Rechtsanwälte über keinen Außendienst verfügen, bedurfte es auch keiner Kostennorm. Würde ein Rechtsanwalt ausnahmsweise einmal einen solchen Außendienst einsetzen, wäre an die Erstattung dieser Kosten als konkrete Auslagen zu denken. Umgekehrt bedeutet dies, dass über die Schadensminderungspflicht des § 254 Abs. 2 BGB die Inkassokosten allenfalls auf eine 1,3-Geschäftsgebühr, bei zusätzlichem Telefoninkasso auf eine 2,5-Geschäftsgebühr zuzüglich der tatsächlichen Kosten des Außendienstes beschränkt werden könnten.

Auch die Rechtsprechung stimmt diesem Ansatz zu. So hat etwa das OLG Bamberg schon 1994 ausgeführt, dass ein Gläubiger von seinem Schuldner Ersatz eines die Rechtsanwaltsvergütung übersteigenden Vergütungsteils eines Inkassounternehmens gemäß § 254 Abs. 2 BGB dann verlangen kann, wenn die von einem Anwalt zur Beitreibung von Forderungen im Rahmen seiner Standesrichtlinien üblicherweise gewählten Maßnahmen (vor allem Mahnungen, evtl. mit kurzen rechtlichen Hinweisen, und Klageandrohung) bei diesem Schuldner wahrscheinlich nicht erfolgreich wären und das Inkassounternehmen deshalb weitergehende, eine Klageerhebung voraussichtlich ersparende Maßnahme durchführt.[205] Diese Differenzierung entspricht der allgemeinen Auffassung und Erwartung, dass die Beauftragung eines Inkassounternehmens jedenfalls keine höheren Kosten verursacht als die Beauftragung eines Anwalts, und lässt den Inkassounternehmen gleichzeitig aber die Möglichkeit, für über die durchschnittliche Tätigkeit eines mit der Bei- 361

---

205 OLG Bamberg v. 13.10.1993 – 8 U 59/93 = NJW-RR 1994, 412.

treibung beauftragten Anwalts hinausgehende Aktivitäten zusätzliche Gebühren zu berechnen.[206]

4. Die gänzliche Verweigerung der Erstattung von Inkassokosten

362 Nur in wenigen Ausnahmefällen wird davon ausgegangen, dass Inkassokosten wegen eines Verstoßes gegen die Schadensminderungspflicht nicht erstattungsfähig seien.[207] Dies soll nach einer differenzierenden Ansicht jedenfalls dann gelten, wenn neben den Inkassokosten auch noch Rechtsanwaltskosten anfallen, wobei auch hier wieder Ausnahmefälle denkbar seien.[208]

363 Nach der strikten Auffassung, die die Erstattungsfähigkeit von Inkassokosten gänzlich verweigert, darf sich ein Gläubiger zu der Beitreibung einer Forderung nur derjenigen Mittel bedienen, die der Rechtsverfolgung zweckdienlich sind, wenn er die damit verbundenen Kosten mit Erfolg vom Schuldner ersetzt verlangen will. Er dürfe deshalb nur einen Rechtsanwalt, nicht aber ein Inkassounternehmen beauftragen, weil ein Inkassounternehmen nicht über Möglichkeiten verfüge, die gegenüber denjenigen des Gläubigers als erweitert angesehen werden könnten. Es habe keinerlei legale Machtmittel, die beizutreibende Forderung zu realisieren. Mehr als die Forderung anzumahnen, könne auch das Inkassounternehmen nicht tun. Das AG Zossen ist sogar der Auffassung, dass der Gläubiger selbst das gerichtliche Mahnverfahren betreiben müsse und anderenfalls selbst dann die Inkassokosten nicht ersetzt verlangen könne, wenn das Inkassounternehmen vorgerichtlich den Ausgleich der Hauptforderung hat erreichen können.[209]

364 Die Vertreter dieser Auffassung verkennen die tatsächliche Arbeitsweise von Inkassounternehmen. Zunächst ist zu beachten, dass nicht jeder Gläubiger über das entsprechend ausgebildete Personal und auch die notwendige technische Ausstattung verfügt, um ein professionelles Forderungsinkasso zu betreiben. Zum anderen verkürzt sich ein modernes Forderungsinkasso nicht allein auf das Mahnen von Forderungen.

---

206 OLG Bamberg v. 13.10.1993 – 8 U 59/93 = NJW-RR 1994, 412.
207 LG Cottbus v. 25.10.2004 – 10 T 36/04; AG Zossen v. 13.12.2006 – 2 C 229/06 = JurBüro 2007, 147.
208 OLG Dresden NJW-RR 1994, 1139 = DGVZ 1994, 167 = Rpfleger 1994, 260.
209 AG Zossen v. 13.12.2006 – 2 C 229/06 = JurBüro 2007, 147.

C. Der Anspruch aus Verzug § 2

So kann es erforderlich sein, Informationen über den Aufenthalt und das Vermögen des Schuldners zu beschaffen, um überhaupt in die Rechtsverfolgung eintreten und deren Erfolg abschätzen zu können. Dies gilt insbesondere dann, wenn Auskünfte öffentlicher Register, insbesondere des Einwohnermelderegisters keine Informationen erbracht haben. Gerade das umfassende Informationsmanagement von Inkassounternehmen und die sachgerechte Ansprache des Schuldners ermöglichen einen größeren Erfolg im vorgerichtlichen Forderungsinkasso, da es auf die Lebenssituation des Schuldners zugeschnittene Lösungen zur Begleichung der Schuld ermöglicht.

365

Hinweis

366

Die Ausbildung zu einem Call agent für das Forderungsinkasso dauert etwa ein halbes Jahr. Dann ist der Mitarbeiter in der Lage, mit dem Schuldner eine zielführende Kommunikation aufzubauen. Sodann lernt er mit jedem Telefonat und den hier gewonnenen Erfahrungen dazu. Aufgrund regelmäßiger Fortbildung und Trainingseinheiten in der Praxisanwendung werden die Erfahrungen und angewandten Techniken immer wieder auf den Prüfstand gestellt. Kaum ein Rechtsanwalt verfügt über Call agents oder auch nur sonstige Mitarbeiter, die im wesentlichen Telefoninkasso betreiben.

Es ist vielfach Ziel des Gläubigers, dass der Schuldner mit dem Inkassounternehmen Kontakt aufnimmt, um so einen Weg für den Forderungsausgleich zu suchen. Dies stabilisiert die zukünftige Geschäftsbeziehung. Die Vielzahl von Ratenzahlungsvereinbarungen spricht dafür, dass dies auch in der Praxis gelingt. Auch hierfür steht dem Gläubiger in der Regel kein Personal zur Verfügung. Dabei trägt die besondere Arbeitsweise von Inkassounternehmen nicht selten zum Erfolg bei, d.h. die sachgerechte Kombination aus schriftlicher, fernmündlicher[210] und persönlicher[211] Kontaktaufnahme. Dabei werden in allen drei Formen die besonderen Erfahrungen und Kenntnisse im Umgang mit Schuldnern, insbesondere auch psychologische Aspekte berücksichtigt.

367

---

210 Telefoninkasso.
211 Außendienst.

368 *Hinweis*
Es darf auch nicht übersehen werden, dass die Einschaltung eines Rechtsanwaltes gerade im B2B-Sektor[212] häufig zum unmittelbaren Abbruch der Geschäftsbeziehungen führt, während der Einsatz von Inkassounternehmen als marktüblicher angesehen wird, so dass eine zukünftige Fortsetzung oder Wiederaufnahme einer Geschäftsbeziehung möglich erscheint.

369 Die dargestellte Auffassung begründet auch nicht, weshalb der Gläubiger berechtigt sein soll, einen Rechtsanwalt mit dem **außergerichtlichen** Forderungsinkasso zu beauftragen, dessen Kosten dann voll ersatzfähig sind, nicht aber ein Inkassounternehmen.

370 Dem Rechtsanwalt stehen außergerichtlich keine Instrumentarien zu, die nicht ebenso dem Gläubiger zustehen, so dass es nach dieser Ansicht auch an einer Grundlage für die Erstattung einer anwaltlichen Geschäftsgebühr fehlen müsste. Da die Geschäftsgebühr nicht gänzlich auf die nachfolgenden Gebühren angerechnet wird, müsste dem Inkassounternehmen selbst nach dieser Auffassung unter Berücksichtigung der Schadensminderungspflicht zumindest der Teil der Gebühren zuerkannt werden, der bei einer unmittelbaren Beauftragung des Rechtsanwaltes für dessen vorgerichtliche Tätigkeit ohne Anrechnung zu erstatten wäre.

5. Inkassokosten neben Rechtsanwaltsgebühren

371 Eine Differenzierung in den Handlungsmöglichkeiten zeigt sich zwischen Gläubiger, Inkassounternehmen und Rechtsanwalt erst in dem Fall, in dem die Forderung mit gerichtlicher Hilfe tituliert werden muss. Hier ist dem Inkassounternehmen bisher eine Tätigkeit gänzlich untersagt gewesen.

372 Ein Verstoß gegen die Schadensminderungspflicht wird deshalb insbesondere in dem Fall problematisiert, in dem der vorgerichtliche Forderungseinzug eines Inkassounternehmens erfolglos geblieben ist und nach einem vom Rechtsanwalt durchgeführten Mahnverfahren auch noch ein streitiges gerichtliches Erkenntnisverfahren anhängig wird.

---

212 Business to Business.

Hinweis 373

Rückfragen bei den Inkassounternehmen führen immer wieder zu der Aussage, dass die Zahl dieser Verfahren im unteren einstelligen Prozentbereich aller von Inkassounternehmen bearbeiteten Forderungsmandaten liegt. Dies ist u.a. darauf zurückzuführen, dass Inkassounternehmen grundsätzlich auf den Einzug unstreitiger Forderungen konzentriert sind, was nicht ausschließt, dass sich im Laufe des Verfahrens auch einmal eine Forderung als streitig erweist.

Immer wieder ist die Situation anzutreffen, dass vom Schuldner zwar Einwendungen gegen die Forderung erhoben werden, so dass ein streitiges Erkenntnisverfahren eingeleitet werden muss. Hier zeigt sich dann aber schnell, dass die Einwendungen offensichtlich unbegründet sind und letztlich nur erhoben wurden, um Zeit zu gewinnen. Bei hoch belasteten Gerichten kann dieser Zeitgewinn schnell mehrere Monate, ein Jahr oder sogar mehr betragen. In diesen Fällen ist es nicht sachgerecht, dem Gläubiger als Verstoß gegen die Schadensminderungspflicht vorzuwerfen, er habe unmittelbar einen Rechtsanwalt beauftragen können. Aus Sicht des Gläubigers handelt es sich um eine unstreitige Forderung, so dass er erwarten konnte, dass die sachgerechte Ansprache durch das Inkassounternehmen zu einem zumindest ratenweisen oder teilweisen Forderungsausgleich führt oder aber sich die Forderung durch das Inkassounternehmen im Mahnverfahren titulieren lässt. 374

Gerade in dieser Konstellation werden die Gerichte auf die seit dem 1.7.2008 bestehende neue Rechtslage reagieren müssen.

a) Die bisherige Auffassung der herrschenden Meinung

Die ganz herrschende Auffassung hat unter Geltung der alten Rechtslage, d.h. dem Verbot der Tätigkeit eines Inkassounternehmens im gerichtlichen Verfahren, die Inkassokosten neben den Rechtsanwaltskosten dann als erstattungsfähig angesehen, wenn der Gläubiger die Erfolglosigkeit der außergerichtlichen Bemühungen des Inkassounternehmens nicht vorhersehen konnte.[213] 375

---

213 BGH NJW 2005, 2991 – Rn 36; AG Altötting v. 16.1.2007 – 1 C 662/06 = JurBüro 2007, 262.

376 Auch die obergerichtliche Rechtsprechung[214] hat die Erstattungsfähigkeit von Inkassokosten als Verzugsschaden unter dem Blickwinkel der Schadensminderungspflicht anerkannt, wenn der Gläubiger bei der Beauftragung des Inkassounternehmens davon ausgehen durfte, dass seine Forderung auch ohne Einschaltung von Rechtsanwalt und Gericht beitreibbar ist, weil

- der Schuldner die Forderung vorher nicht bestritten hat;

377 *Hinweis*
Bestritten ist die Forderung, wenn der Schuldner sachliche Einwände gegen den Grund oder die Höhe der Forderung geltend macht, etwa den Werklohn oder den Kaufpreis mit der Behauptung nicht zahlt, das Werk oder die Kaufsache sei mangelhaft. Unerheblich ist es, wenn der Schuldner sich erst nach der Beauftragung des Inkassounternehmens mit Einwänden gegen die Forderung meldet.[215]

- keine erkennbare Zahlungsunwilligkeit vorgelegen hat;

378 *Hinweis*
Erkennbare Zahlungsunwilligkeit liegt in diesem Sinne vor, wenn zu erwarten ist, dass der Schuldner ohne eine gerichtliche Titulierung den Anspruch nicht ausgleichen wird.

- keine erkennbare **dauerhafte** Zahlungsunfähigkeit vorgelegen hat.

379 *Hinweis*
Dieser Einschränkung lag die Überlegung zugrunde, dass die Beauftragung eines Inkassounternehmens dem Ziel dient, einen außergerichtlichen Forderungsausgleich zu erreichen. Dieses Ziel habe aber nicht erreicht werden können, wenn der Schuldner dauerhaft nicht zahlungsfähig war. In diesem Fall könne das Ziel nämlich allein darin bestehen, die Forderung zu titulieren, um eine Verjährung des Anspruchs in der Regelfrist des § 195 BGB (drei Jahre) oder einer noch kürzeren spe-

---

214 OLG Hamm NJW-RR 2006, 242; OLG Frankfurt v. 12.6.2002 – 25 U 207/01; OLG Dresden JurBüro 1996, 38; OLG Nürnberg JurBüro 1994, 280; OLG München JurBüro 1988, 1358; OLG Hamm MDR 1979, 579; OLG Koblenz JurBüro 1985, 295; OLG Bamberg JurBüro 1988, 72 und NJW-RR 1994, 412; OLG Frankfurt NJW-RR 1990, 729.
215 Vgl. etwa AG Bersenbrück v. 23.1.2007 – 11 C 975/07.

ziellen Verjährungszeit zu verhindern. Zumindest für die gerichtliche Titulierung sei aber die Einschaltung eines Rechtsanwaltes erforderlich gewesen. Diese Argumentationskette übersieht allerdings, dass in diesem Fall das Inkassounternehmen den Versuch unternommen hat, den Schuldner zu einem notariellen Schuldanerkenntnis mit der Unterwerfung unter die sofortige Zwangsvollstreckung zu bewegen. Die notwendige Unterstützungsleistung wurde dann durch das Inkassounternehmen geleistet. Dabei wird sogar von Fällen berichtet, in denen Außendienstmitarbeiter den Schuldner – auf dessen Wunsch – zum Notar begleiten. Insoweit konnte das Inkassounternehmen auch in diesen Fällen eine kostengünstige Titulierung in Form einer vollstreckbaren notariellen Urkunde im Sinne des § 794 Abs. 1 Nr. 5 ZPO erwirken.

380 Das OLG Hamm hat in einer Entscheidung vom 18.10.1978[216] zutreffend darauf hingewiesen, dass es mit § 254 Abs. 2 BGB nicht zu vereinbaren ist, dem Gläubiger das Risiko der Beauftragung eines Rechtsanwaltes auch dann aufzubürden, wenn er ohne Weiteres damit rechnen konnte, das Inkassounternehmen werde seine Forderung ohne Inanspruchnahme gerichtlicher Hilfe durchsetzen können.

381 Da es für die Frage der Schadensminderungspflicht auf den Zeitpunkt der Beauftragung des Inkassounternehmens ankommt,[217] d.h. auf eine Zukunftsprognose, ist die Entscheidung des OLG Dresden[218] verfehlt, die die Inkassokosten trotz des Vorliegens der genannten Voraussetzungen verweigern will, allein weil es nachfolgend doch noch zur Einschaltung eines Rechtsanwaltes kommt. Entscheidend ist, ob der Gläubiger von einer solchen Entwicklung ausgehen musste.

Hinweis
382 Prozessual ist zu beachten, dass die für die Prognoseentscheidung maßgeblichen Tatsachen im Einzelfall vom Gläubiger vorzutragen sind.

---

216 OLG Hamm MDR 1979, 579.
217 LG Wiesbaden v. 12.7.1988 – 4 T 363/88 = RBeistand 1989, 34.
218 OLG Dresden JurBüro 1994, 548.

383 Konnte der Gläubiger nach diesen Kriterien davon ausgehen, dass die Einschaltung eines Inkassounternehmens sachgerecht war, d.h. musste er mit der Notwendigkeit der Einschaltung eines Rechtsanwaltes nicht rechnen, so kann er die gesamten Inkassokosten, ggf. beschränkt auf die vergleichbare anwaltliche 1,3–2,5-Gebühr und daneben seinen vollen prozessualen Kostenerstattungsanspruch wegen der weiter entstandenen Rechtsanwaltskosten geltend machen.

384 *Hinweis*
Unter Geltung der Bundesrechtsanwaltsgebührenordnung wurde argumentiert, dass bei der sofortigen Beauftragung eines Rechtsanwaltes eine doppelte Inanspruchnahme des Schuldners durch die Beauftragung eines Inkassounternehmens für den außergerichtlichen Forderungseinzug und die dann doch notwendige Beauftragung eines Rechtsanwaltes für die Titulierung der Forderung ausgeschlossen sei. Diese Argumentation lässt sich unter Geltung des Rechtsanwaltsvergütungsgesetzes schon seit dem 1.7.2004 nicht mehr aufrechterhalten.

385 Während früher die Geschäftsgebühr voll auf die spätere Prozessgebühr angerechnet wurde (§ 118 Abs. 2 BRAGO), so dass eine doppelte Inanspruchnahme tatsächlich ausgeschlossen war, wird die Geschäftsgebühr nach dem RVG gemäß Nr. 3 Abs. 4 der Vorbemerkung zum 3. Teil des VV RVG nicht mehr voll auf die Verfahrensgebühr angerechnet. Dem folgend sind dem Gläubiger heute also die Inkassokosten zumindest in Höhe des bei unmittelbarer Beauftragung eines Rechtsanwaltes nicht anrechenbaren Teils der Geschäftsgebühr, d.h. zumindest in Höhe der Hälfte der Geschäftsgebühr, also einer 0,65-Gebühr zuzuerkennen.[219]

386 *Hinweis*
Da diese Kosten in jedem Fall anfallen, d.h. auch dann, wenn der Rechtsanwalt statt eines Inkassounternehmens zunächst nur mit dem außerge-

---

[219] Das AG Frankfurt hat mit Urteil vom 9.12.2005 – 30 C 3139/05 = JurBüro 2007, 91 seine früher entgegenstehende Rechtsprechung ausdrücklich aufgegeben. So ausdrücklich nunmehr auch das AG Neubrandenburg v. 30.5.2006 – 12 C 60/06 = JurBüro 2007, 319; AG Chemnitz v. 20.7.2005 – 19 C 2078/04; AG Hamburg-Harburg v. 11.5.2005 – 642 C 193/05; AG Detmold v. 15.11.2005 – 6 C 707/05 alle zitiert nach Wedel, JurBüro 2006, 181; ebenso AG Lübeck v. 30.1.2008 – 25 C 3041/07; AG Delmenhorst v. 3.8.2007 – 5B C 7071/07; AG Neubrandenburg JurBüro 2007, 319; AG Saarbrücken v. 1.2.2006 – 5 C 1022/05; AG Hagen JurBüro 2005, 472.

richtlichen Forderungsinkasso beauftragt wird, sind die Kosten nach der hier vertretenen Auffassung auch dann erstattungsfähig, wenn Anhaltspunkte dafür vorlagen, dass ggf. doch eine gerichtliche Titulierung erforderlich wird. Es sind durch die Beauftragung des Inkassounternehmens dann nämlich keine Mehrkosten entstanden.

Die Schadensminderungspflicht konsequent angewandt, führte die bisherige Auffassung dann zu dem Ergebnis, dass **allein bei einer unzutreffenden Prognoseentscheidung** des Gläubigers, er von dem Schuldner nach den §§ 286, 280 BGB nur diejenigen Kosten als Verzugsschaden in Form von Inkassokosten verlangen konnte, die ihm tatsächlich entstanden sind, jedoch nicht mehr als die fiktive Vergütung eines unmittelbar eingeschalteten Rechtsanwaltes. Zu erstatten ist also regelmäßig die Hälfte der 1,3-Geschäftsgebühr eines Anwaltes, mithin eine 0,65-Geschäftsgebühr, da der Anwalt – unmittelbar eingeschaltet – diese Gebühr – wirtschaftlich – für seine vorgerichtliche Tätigkeit ebenfalls hätte beanspruchen können. 387

b) Notwendige Modifikationen durch die Neuregelung des Rechtsberatungsrechtes

Die Rechtslage hat sich unter Berücksichtigung der anerkannten Kriterien der herrschenden Auffassung mit dem Gesetz zur Neuregelung des Rechtsberatungsrechtes und dem hiermit eingeführten § 79 Abs. 2 Nr. 4 ZPO zum 1.7.2008 geändert. Seit diesem Zeitpunkt steht den Inkassounternehmen auch das gerichtliche Mahnverfahren offen und damit eine Möglichkeit die Forderung für den Gläubiger zu titulieren. Zugleich ist den Inkassounternehmen auch das gesamte Spektrum der Mobiliarzwangsvollstreckung eröffnet worden, so dass eine Einschaltung eines Rechtsanwaltes nur noch dann erforderlich wird, wenn es infolge eines Widerspruches oder Einspruches des Schuldners im gerichtlichen Mahnverfahren zu einem streitigen gerichtlichen Erkenntnisverfahren kommt. 388

Hinweis 389
Wie bereits einleitend dargelegt, kann allein die Tatsache, dass es nach einem gerichtlichen Mahnverfahren auf einen Widerspruch oder Einspruch des Schuldners zu einem streitigen Erkenntnisverfahren kommt, nicht als Indiz dafür herangezogen werden, dass der Gläubiger eine unzutreffende Prognose angestellt hat. Soweit die Einwendungen des Schuld-

ners offensichtlich unbegründet sind und die Geltendmachung nur der Verfahrensverzögerung diente, können die durch dieses Verhalten provozierten Mehrkosten nicht dem Gläubiger angelastet werden.

390 Ein Verstoß gegen die Schadensminderungspflicht wird in Anlehnung an die bisher herrschende Rechtsprechung daher zukünftig nur noch dann anzunehmen sein, wenn der Gläubiger zum Zeitpunkt der Beauftragung des Inkassounternehmens davon ausgehen musste, dass er die Forderung aufgrund ernsthafter Einwendungen des Schuldners nur in einem zivilprozessualen Erkenntnisverfahren wird durchsetzen können.

391 Da die Titulierung der Forderung in einem gerichtlichen Mahnverfahren[220] nun auch dem Inkassounternehmen offen steht, muss der Gläubiger nur noch dann mit der Notwendigkeit der Einschaltung eines Rechtsanwaltes rechnen, wenn der Schuldner ernsthafte Einwendungen gegen die Forderung schon vor der Beauftragung des Inkassounternehmens geltend gemacht hat. Hat der Schuldner nicht oder jedenfalls nicht mit Einwendungen gegen die Berechtigung der Forderung reagiert, kann der Gläubiger erwarten, dass der Schuldner auch einer Titulierung im gerichtlichen Mahnverfahren nicht mehr entgegentritt.

392 Auf die Frage der erkennbaren Zahlungsunwilligkeit kommt es dagegen bei der Beauftragung eines Inkassounternehmens seit dem 1.7.2008 nicht mehr an. Die Zahlungsunwilligkeit des Schuldners kann den Zwang begründen, die Forderung zunächst titulieren zu lassen, um dann die Zwangsvollstreckung zu betreiben. Damit stellte sich die Beauftragung eines Inkassounternehmens früher als ein Verstoß gegen die Schadensminderungspflicht dar, da den Inkassounternehmen das Erste verboten und das Zweite nur eingeschränkt möglich war. Nachdem diese Barrieren gefallen sind, steht dieses Kriterium der Beauftragung des Inkassounternehmens nicht mehr entgegen. In den Fällen der fortgesetzten Zahlungsunwilligkeit zeigt sich nämlich, dass die Schuldner lediglich versuchen, das Verfahren durch – dann nicht eingehaltene – Zusagen und Vereinbarungen zu verzögern, der Titulierung im Mahnverfahren dann aber nicht entgegentreten, um nachfolgend in der

---

220 Im Übrigen aber unter Mitwirkung des Schuldners auch im Wege eines notariellen Schuldanerkenntnisses mit der Unterwerfung unter die sofortige Zwangsvollstreckung aus der Urkunde als Vollstreckungstitel nach § 795 Abs. 1 Nr. 5 ZPO.

Zwangsvollstreckung den Versuch zu unternehmen, sich dem Vollstreckungszugriff durch Aufenthaltswechsel und Vermögensverschleierungen zu entziehen.

Eine erkennbare dauerhafte Zahlungsunfähigkeit hindert die Beauftragung eines Inkassounternehmens unter dem Blickwinkel der Erstattungsfähigkeit der Inkassokosten zukünftig ebenfalls nicht mehr. Auch dieses Kriterium wurde als Indiz für die Notwendigkeit der späteren Einschaltung eines Rechtsanwaltes nur deshalb gesehen, weil das Inkassounternehmen die Forderung nicht titulieren konnte und eine außergerichtliche Befriedigung aufgrund der Zahlungsunfähigkeit vielleicht nicht ausgeschlossen[221] aber doch sehr unwahrscheinlich war. Die Titulierung war aber bei dauerhafter Zahlungsunfähigkeit des Schuldners erforderlich, um eine Verjährung zu verhindern. Nachdem dieses Hindernis durch § 79 Abs. 2 Nr. 4 ZPO n.F. behoben ist, stellt die dem Gläubiger bekannte dauerhafte Zahlungsunfähigkeit des Schuldners kein Indiz für die später notwendige Beauftragung eines Rechtsanwaltes mehr dar. 393

> *Hinweis* 394
> Ist der Schuldner in seiner Zahlungsfähigkeit erheblich eingeschränkt, reagieren Inkassounternehmen hierauf nicht selten damit, dass sie bei einer Ratenzahlung – auch bei Kleinstraten – einen Zinsstopp gewähren, der den Schuldner motivieren soll, sich um den Forderungsausgleich zu bemühen.

6. Prozessuale Fragen zur Beachtlichkeit der Schadensminderungspflicht

Die Gerichte haben zu beachten, dass es sich bei einem vermeintlichen Verstoß gegen die Schadensminderungspflicht nicht um einen unmittelbar von Amts wegen zu berücksichtigenden Einwand handelt. Erforderlich ist vielmehr, dass eine Partei, dies muss nicht zwingend der Schuldner als Schädiger sein, Tatsachen vorträgt, die einen Verstoß gegen die Schadensminderungspflicht begründen.[222] In diesem Sinne sind die vorgetragenen Tatsachen dann von Amts wegen zu berücksichtigen. Demgegenüber gibt 395

---

221 Immer wieder kommen auch nahestehende Personen für die Schulden auf.
222 MüKo-BGB/*Oetker*, 4. Aufl., § 254 Rn 143; BGH NJW 1991, 166.

es keine Amtsermittlungspflicht. Das Gericht ist also weder berechtigt noch verpflichtet, die entsprechenden Tatsachen bei den Parteien zu ermitteln.

396 Der Gläubiger muss mithin nicht vortragen, dass kein Verstoß gegen die Schadensminderungspflicht vorliegt.

397 *Hinweis*
Trägt er gleichwohl hierzu Tatsachen vor und ist das Gericht der Auffassung, dass sich aus diesen Tatsachen ein Verstoß gegen die Schadensminderungspflicht ergibt, ist dies allerdings auch bei einem Versäumnisurteil zu berücksichtigen.

398 Es obliegt der Darlegungs- und Beweislast des Schuldners als Ersatzpflichtigem, den Einwand eines Verstoßes gegen die Schadensminderungspflicht zu erheben, die den Verstoß begründenden Tatsachen zu benennen und im Bestreitensfall auch zu beweisen.[223] Dabei hat der Gläubiger nur eine Mitwirkungspflicht, d.h. er muss darlegen, welche Maßnahmen er unternommen hat, um den Schaden zu mindern oder warum sich dieser nicht vermeiden ließ.[224] Kommt der Gläubiger dieser Mitwirkungspflicht nicht nach, kann dies zur Anwendung der Grundsätze des Anscheinsbeweises oder sogar zu einer Beweislastumkehr führen.[225]

XI. Die Verjährung des Verzugsschadensanspruches

399 Der Anspruch auf Ersatz des Verzugsschadens stellt einen materiell-rechtlichen Anspruch dar, der nach § 194 BGB grundsätzlich der Verjährung unterliegt. Der Anspruch auf den Verzugsschaden verjährt nach § 195 BGB damit grundsätzlich nach drei Jahren, wobei die Verjährung nach § 199 BGB mit dem Schluss des Jahres beginnt, in dem der Anspruch entstanden ist und der Gläubiger von den den Anspruch begründenden Umständen und der Person des Schuldners Kenntnis erlangt oder ohne grobe Fahrlässigkeit hätte erlangen müssen.

400 Allerdings greift hier nicht allein die Regelverjährung nach § 195 BGB von drei Jahren. Vielmehr ist § 217 BGB als weitere Möglichkeit des Eintritts

---

[223] BGH NJW 2007, 1063; BGH NJW 1994, 3103;
[224] MüKo-BGB/*Oetker*, 4. Aufl., § 254 Rn 145.
[225] BGH NJW 1979, 2142.

C. Der Anspruch aus Verzug § 2

der Verjährung zu beachten. Danach verjährt mit dem Hauptanspruch auch der Anspruch auf die von ihm abhängenden Nebenleistungen. Dies gilt nach der ausdrücklichen gesetzlichen Regelung auch dann, wenn die Verjährung für den Nebenanspruch selbst noch nicht eingetreten ist. Der BGH geht in ständiger Rechtsprechung davon aus, dass auch der Verzugsschadensersatzanspruch zu den Nebenleistungen im Sinne des § 217 BGB gehört.[226]

401 Streitig war, ob der Anspruch auf den Verzugsschaden auch dann nach § 217 BGB verjährt, wenn allein die Verjährung des Hauptanspruches durch eine Maßnahme nach § 204 BGB gehemmt war oder nach § 212 BGB neu begonnen hat. Dies wurde in der Literatur[227] in Abgrenzung von einer Entscheidung des OLG Köln[228] teilweise abgelehnt. Das OLG hatte trotz der zwischenzeitlichen Titulierung des Hauptanspruches, den Verzugsschadensanspruch der ursprünglichen Verjährung des Hauptanspruches unterworfen und daraus abgeleitet den Eintritt der Verjährung angenommen. Obwohl also der Hauptanspruch aufgrund der Titulierung nun nach § 197 Abs. 1 Nr. 3 BGB erst nach 30 Jahren verjährt, wurde der Verzugsschadensersatzanspruch der hypothetischen Ausgangsverjährungsfrist unterworfen. Dem wurde entgegengehalten, dass damit die von § 217 BGB[229] gewollte Verbindung von Haupt- und Nebenanspruch aufgehoben werde. Deshalb spreche die Ratio der Vorschrift gegen das vom OLG Köln dokumentierte Verständnis.

402 Der BGH ist aber nun dem OLG Köln gefolgt und hat die Verjährung des Anspruchs auf den Verzugsschaden selbst für den Fall angenommen, dass die Bezifferung des Verzugsschadens erst nach der Verjährung des Hauptanspruches möglich ist.[230]

403 *Beispiel*
Der Gläubiger G hat einen Anspruch auf Rückzahlung eines Darlehens in Höhe von 7.000 EUR. Dieser verjährt in der Regelverjährung von drei Jahren nach § 195 BGB, die am 31.12. 2007 vollendet ist. Im Dezember

---

226 BGH MDR 2007, 595 = BGHReport 2007, 514; BGH MDR 1995, 140 = NJW 1995, 252 = BGHZ 128, 74; BGH NJW 1987, 3136
227 *Valcarcel*, Verjährung des Anspruchs auf Verzugsschaden, NJW 1995, 640.
228 OLG Köln NJW 1994, 2160; zustimmend *Staudinger/Peters* (1995), § 224 a.F. Rn 8, *Staudinger/ Löwisch* (2004), § 286 Rn 196.
229 Vor der Schuldrechtsreform § 224 BGB a.F.
230 BGH MDR 2007, 595 = BGHReport 2007, 514.

2007 erwirkt G deshalb einen Vollstreckungsbescheid. Die Inkassokosten wurden irrtümlich nicht mit tituliert. Im März 2008 verlangt der G nun die Inkassokosten für seine vorgerichtliche Tätigkeit. S beruft sich auf die Einrede der Verjährung. Obwohl der Anspruch aus dem Vollstreckungsbescheid nach § 197 Abs. 1 Nr. 3 BGB erst nach 30 Jahren verjährt, unterliegt der nicht titulierte Anspruch auf den Ersatz des Verzugsschadens weiterhin der hypothetischen Verjährung des Hauptanspruchs, mithin der Regelverjährung von drei Jahren, die am 31.12.2007 eingetreten ist. Damit greift die Verjährungseinrede des S durch.

404 *Hinweis*
Der Gläubiger kann dieser Folge entgehen, wenn er den Verzugsschadensersatzanspruch vor dem Eintritt der hypothetischen Verjährung des Hauptanspruches tituliert. Dem kommt insbesondere dann Bedeutung zu, wenn der Hauptanspruch aus irgendeinem Grunde nicht tituliert werden soll.

D. Der prozessuale Kostenerstattungsanspruch im Mahnverfahren

I. Einleitung

405 Mit der Neuregelung des Rechtsberatungsrechtes wurden die rechtlichen Möglichkeiten der Inkassounternehmen nicht unerheblich erweitert. Das Rechtsdienstleistungsgesetz beschränkt sich auf die Reglementierung der Erbringung von Rechtsdienstleistungen außerhalb gerichtlicher Verfahren. Die Frage, durch welche Person sich eine Partei oder ein Beteiligter in gerichtlichen Verfahren vertreten lassen kann, wird nunmehr konsequent in den Prozessordnungen geregelt.

406 Soweit hier von Bedeutung gibt der neu gefasste § 79 Abs. 2 Nr. 4 ZPO den Inkassounternehmen ab dem 1.7.2008 die Möglichkeit, den Gläubiger auch im gerichtlichen Mahnverfahren sowie in der gesamten Mobiliarzwangsvollstreckung[231] zu vertreten. Für das Mahnverfahren bedeutet dies, dass das In-

---

231 Zur Erstattung der Inkassokosten in der Zwangsvollstreckung siehe den nachfolgenden Abschnitt § 2 Rn 535.

D. Der prozessuale Kostenerstattungsanspruch im Mahnverfahren § 2

kassounternehmen zukünftig den Mahnantrag und je nach Verfahrensentwicklung auch den Antrag auf Erlass eines Vollstreckungsbescheides oder den Antrag auf Abgabe des Verfahrens an das Streitgericht stellen darf.[232] Erst die Anspruchsbegründung im streitigen Verfahren muss dann durch einen Rechtsanwalt oder außerhalb von Anwaltsprozessen durch den Gläubiger selbst erfolgen.

Schon im Gesetzgebungsverfahren wurde die Frage diskutiert, auf welcher Grundlage und in welcher Höhe die Inkassounternehmen für die nun mögliche Tätigkeit im gerichtlichen Mahnverfahren vergütet werden. Ohne Regelung hätte die Anwendung von § 91 ZPO im Raum gestanden, so dass den Inkassounternehmen hier ein prozessualer Kostenerstattungsanspruch zur Verfügung gestanden hätte. 407

Der ursprüngliche Referentenentwurf sowie der in den Deutschen Bundestag eingebrachte Gesetzesentwurf haben hierfür keine prozessuale Regelung vorgesehen, sondern die Inkassounternehmen auf die materiell-rechtliche Anspruchsgrundlage des Verzuges nach §§ 286, 280 BGB verweisen wollen.[233] Dies hat jedoch massive Kritik vor allem der gerichtlichen Praxis hervorgerufen, weil damit für ein Massenverfahren neue, in der Rechtsprechung zu klärende Streitfragen angelegt worden wären, die zu einer erheblichen Mehrbelastung der Gerichte hätten führen können. Auch die zentralen Mahngerichte haben Einwände erhoben, weil dann mangels Rechtsprechung über die Angemessenheit der Inkassokosten im Mahnverfahren eine automatisierte Plausibilitätskontrolle kaum möglich gewesen wäre, jedenfalls aber mit einer nicht unbeträchtlichen Zahl von zu bearbeitenden Monierungen zu rechnen gewesen wäre. 408

Vor diesem Hintergrund hat sich der Gesetzgeber entschieden, in § 4 Abs. 4 S. 3 EGRDG eine pauschale Vergütung für die Durchführung eines gerichtlichen Mahnverfahrens durch ein Inkassounternehmen einzuführen. Im ersten Änderungsentwurf war noch ein Betrag von 20 EUR vorgesehen, letzt- 409

---

232 Der im ersten Entwurf noch vorgesehene Ausschluss der Inkassounternehmen von der Stellung des Antrages auf Abgabe an das Streitgericht wurde im weiteren Gesetzgebungsverfahren aufgegeben. Grund dafür war, dass dieser Antrag im automatisierten Mahnverfahren weitgehend schon bei der Einreichung des Mahnantrages gestellt wird. Eine Beschränkung der Inkassounternehmen hätte deshalb die automatisierten Abläufe gestört.
233 BT-Drucks 16/3655 S. 195.

endlich wurde dann ein Betrag von 25 EUR aufgenommen. Dies entspricht dem Betrag, den der Rechtsanwalt bei Streitwerten bis 300 EUR allein für die Beantragung des Mahnbescheides netto und ohne Auslagen erhält.

410 Die Diskussionen in Fachkreisen haben schon vor dem Inkrafttreten des Gesetzes gezeigt, das die pauschale Honorierung nicht geeignet ist, Streitfragen zu vermeiden. Im Gegenteil werden durch die jetzige Regelung erhebliche Streitfragen aufgeworfen.

II. Der Regelungsinhalt von § 4 Abs. 4 EGRDG

1. Ein erster Problemaufriss

411 Nach § 4 Abs. 4 S. 2 RDG ist ihre Vergütung für die Vertretung im gerichtlichen Mahnverfahren *„bis zu einem Betrag von 25 EUR nach § 91 Abs. 1 der Zivilprozessordnung erstattungsfähig"*.

412 Die Vorschrift ist nicht nur von ihrem Wortlaut missglückt, sondern sie wirft neben einfachrechtlichen Fragen auch verfassungsrechtliche Probleme[234] unter dem Gesichtspunkt von Art. 12 (Berufsfreiheit) und Art. 3 GG (Gleichbehandlungsgrundsatz) auf.

a) Die anwaltliche Vergütung im Mahnverfahren

413 Ein wesentlicher Teil der Streitfragen beruht darauf, dass der Gesetzgeber das Betreiben des gerichtlichen Mahnverfahrens durch die Inkassounternehmen auf den ersten Blick nicht genauso vergütet, wie die Tätigkeit des Rechtsanwaltes. Während das Inkassounternehmen die pauschale Vergütung von 25 EUR erhalten soll, erhält der Rechtsanwalt seine Gebühren nach dem RVG. Um einen Vergleich durchführen zu können, ist es deshalb wesentlich, zunächst noch einmal aufzuarbeiten, welche Gebühren ein Rechtsanwalt im Mahnverfahren erhält.

---

234 Es wird abzuwarten bleiben, ob die Regelung einer solchen Überprüfung unterzogen wird. Je nach der Entwicklung der Rechtsprechung zu den nachfolgend aufgeworfenen Streitfragen kann ein solcher Anlass sowohl aufseiten der Inkassounternehmen als auch aufseiten der Rechtsanwälte bestehen.

D. Der prozessuale Kostenerstattungsanspruch im Mahnverfahren § 2

Hinweis 414
Wie später noch zu problematisieren sein wird, hinkt der Vergleich allerdings zum Teil. § 4 Abs. 4 S. 3 EGRDG regelt nur die Frage, welche Inkassovergütung der Gläubiger vom Schuldner erstattet verlangen kann und betrifft damit das Außenverhältnis. Damit bleibt die Frage unberührt, welche Vergütung das Inkassounternehmen tatsächlich vom Gläubiger erhält, auch wenn hier vieles dafür spricht, dass die Inkassounternehmen nur eine Vergütung in Höhe des erstattungsfähigen Betrages werden durchsetzen können. Genau umgekehrt ist es beim RVG. Das RVG regelt zunächst einmal nur, welche Gebühren der Rechtsanwalt von seinem Mandanten, d.h. dem Gläubiger verlangen kann. Damit lässt das RVG das Außenverhältnis unberührt und regelt nur das Innenverhältnis. Der Rechtsanwalt ist kraft Gesetzes gezwungen dem Gläubiger die Gebühren nach dem RVG in Rechnung zu stellen, so dass er im Innenverhältnis keine Probleme hat, den Anspruch auch durchzusetzen. Es wird später zu beantworten sein, ob der Gläubiger auch in dieser Höhe einen Erstattungsanspruch gegen den Schuldner gewinnt.

Für die Bestimmung der anwaltlichen Gebühren im Mahnverfahren sind verschiedene Fälle zu unterscheiden: 415

- Der Rechtsanwalt wird nur mit der Durchführung des gerichtlichen Mahnverfahrens beauftragt, welches dann auch mit dem Erlass eines Vollstreckungsbescheides endet (Fall 1).
- Der Rechtsanwalt war bereits vorgerichtlich mit der Forderungsbeitreibung beauftragt, die jedoch erfolglos geblieben ist, so dass sich das automatisierte gerichtliche Mahnverfahren anschließt, welches dann ebenfalls mit dem Erlass eines Vollstreckungsbescheides endet (Fall 2).
- Der Rechtsanwalt hat das gerichtliche Mahnverfahren betrieben. Dieses wird aber durch einen Widerspruch oder einen Einspruch in das streitige Verfahren überführt. Hier wird er ebenfalls tätig (Fall 3).

Im ersten Fall erhält der Rechtsanwalt nach den Bestimmungen des Rechtsanwaltsvergütungsgesetzes für das Betreiben des Mahnverfahrens eine streitwertabhängige 1,0-Verfahrensgebühr nach Nr. 3305 VV RVG sowie nach Nr. 3308 VV RVG eine weitere streitwertabhängige 0,5-Verfahrensgebühr für die Beantragung des Erlasses eines Vollstreckungsbescheides. Daneben erhält er den pauschalen Ersatz seiner Auslagen nach Nr. 7002 VV RVG in 416

Höhe von 20 % der Gebühren, höchstens jedoch 20 EUR sowie nach Nr. 7008 VV RVG die konkret anfallende Umsatzsteuer.

417 *Berechnungsbeispiele ausgehend vom Mindeststreitwert*[235]
Beim Mindeststreitwert, d.h. bei Forderungen bis 300 EUR erhält der Rechtsanwalt im ersten Fall der isolierten Beauftragung mit der Durchführung des gerichtlichen Mahnverfahrens 25 EUR netto für die Beantragung des Mahnbescheides und weitere 12,50 EUR für die Beantragung des Vollstreckungsbescheides, d.h. insgesamt Gebühren von 37,50 EUR. Hierauf kann er die pauschalen Auslagen nach Nr. 7002 VV RVG von 20 % der Gebühren, höchstens 20 EUR geltend machen, was einem weiteren Betrag von 7,50 EUR entspricht und zu einer Nettovergütung von 45 EUR führt. Hierauf ist dann noch die Umsatzsteuer nach Nr. 7008 VV RVG zu entrichten, was einem weiteren Betrag von 8,55 EUR entspricht und damit zur Abrechnung einer Bruttovergütung von 53,55 EUR berechtigt.
Diese Gebühr erhöht sich dann bei Forderungen zwischen 300 und 600 auf 96,39 EUR und bei Forderungen zwischen 600 EUR und 900 EUR auf 139,23 EUR. Es kommt dann zu einer kontinuierlichen Steigerung.
Im zweiten Fall erhält er grundsätzlich die gleichen Gebühren. Allerdings muss er sich auf die Verfahrensgebühr für den Antrag auf Erlass eines Mahnbescheides nach Nr. 3305 VV RVG eine außergerichtliche Geschäftsgebühr nach der Vorbemerkung 3 Abs. 4 VV RVG anrechnen lassen. Nach der Vorbemerkung 3 Abs. 4 VV RVG ist die Geschäftsgebühr zur Hälfte, höchstens jedoch mit 0,75 auf die Verfahrensgebühr anzurechnen. Ausgehend davon, dass der Rechtsanwalt für das schriftliche vorgerichtliche Forderungsinkasso eine 1,3-Geschäftsgebühr berechnet, ist also auf die 1,0-Verfahrensgebühr nach Nr. 3305 VV RVG eine 0,65-Geschäftsgebühr anzurechnen, so dass im Saldo eine 0,35-Gebühr verbleibt. Da die Anrechnung nur die Gebühr, nicht aber die Auslagenpauschale betrifft, ist die Auslagenpauschale für das gerichtliche Mahn-

---

235 Eine bundesweite Statistik zur Verteilung der Mahnverfahren auf die jeweiligen Streitwerte liegt nicht vor. Im Jahre 2007 haben in Baden-Württemberg etwa 45,2 % aller Verfahren einen Streitwert bis 300 EUR ausgewiesen und weitere 19,4 % einen Streitwert von 300,01 bis 600 EUR. Rund zwei Drittel aller Mahnverfahren bewegen sich also im niedrigen Streitwertbereich bis 600 EUR.

D. Der prozessuale Kostenerstattungsanspruch im Mahnverfahren § 2

verfahren weiterhin aus der vollen Mahngebühr zu berechnen. Dies ist bei Streitwerten bis 1.200 EUR erheblich, da die Auslagenpauschale bis zu diesem Streitwert den Deckelungsbetrag von 20 EUR nach Nr. 7002 VV RVG noch nicht erreicht hat. Bei einer zu titulierenden Forderung bis zu 300 EUR ergibt sich damit folgende Berechnung:

1,0-Verfahrengebühr nach Nr. 3305 VV RVG	25,00 EUR
zzgl. Auslagenpauschale Nr. 7002 VV RVG aus 25 EUR	5,00 EUR[236]
ergibt	30,00 EUR
hierauf anzurechnen 0,65-Geschäftsgebühr	./. 16,25 EUR
verbleiben	13,75 EUR
zzgl. 0,5-Verfahrensgebühr nach Nr. 3308 VV RVG	12,50 EUR
zzgl. Auslagenpauschale Nr. 7002 VV RVG aus 12,50 EUR	2,50 EUR
ergeben als Zwischensumme	28,75 EUR
zzgl. Umsatzsteuer	5,47 EUR
Insgesamt damit	34,22 EUR

Ebenso ist die – dann ggf. noch verbleibende – Verfahrensgebühr nach Nr. 3305 VV RVG, nicht aber die Verfahrensgebühr nach Nr. 3308 VV RVG für die Beantragung des Vollstreckungsbescheides, auf die 1,3-Verfahrensgebühr für ein späteres streitiges Verfahren anzurechnen. Dies entspricht dem dritten Beispielsfall. Bei einer zu titulierenden Forderung bis zu 300 EUR ergibt sich damit folgende Berechnung im dritten Fall:

1,0-Verfahrengebühr nach Nr. 3305 VV RVG	25,00 EUR
zzgl. Auslagenpauschale Nr. 7002 VV RVG aus 25,00 EUR	5,00 EUR
ergibt	30,00 EUR
zzgl. 0,5-Verfahrensgebühr nach Nr. 3308 VV RVG	12,50 EUR
zzgl. Auslagenpauschale Nr. 7002 VV RVG aus 12,50 EUR	2,50 EUR
ergeben als Zwischensumme	45,00 EUR
zzgl. Umsatzsteuer	8,55 EUR
Insgesamt damit	53,55 EUR

---

236 Die Anrechnung erfolgt nur auf die Verfahrensgebühr, ohne die Auslagenpauschale zu tangieren. Diese ist daher aus der Ausgangsgebühr und nicht aus der verminderten Verfahrensgebühr geschuldet.

> Diese Gebühren erlangt der Rechtsanwalt allein für das Mahnverfahren. Die nachfolgende 1,3-Verfahrensgebühr im Streitverfahren von 32,50 EUR vermindert sich dann allerdings um die 1,0-Verfahrensgebühr für das Mahnverfahren, so dass hier lediglich eine Gebühr von 7,50 EUR netto nach 3100 VV RVG anfällt. Da die Verfahrensgebühr für das Mahnverfahren nach Nr. 3305 VV RVG auf die Gebühr nach Nr. 3100 VV RVG anzurechnen ist, vermindert sich die Gebühr im streitigen Verfahren, nicht aber diejenige im Mahnverfahren.

418 Auch bei einer wirtschaftlichen Betrachtung ergibt sich keine niedrigere Vergütung für das Mahnverfahren, da der Rechtsanwalt aufgrund seiner Tätigkeiten im Mahnverfahren die Informationsbeschaffung und die rechtliche Vorprüfung der Forderung erspart, so dass seine Tätigkeit im nachfolgenden streitigen Verfahren sich auf die schriftliche Zusammenfassung der bereits für das Mahnverfahren erfolgten Prüfung der Forderung beschränkt.

b) Die Vergleichbarkeit der Vergütung von Rechtsanwalt und Inkassounternehmen

419 Die Vergleichbarkeit der Vergütung des Rechtsanwaltes einerseits und dem sich aus § 4 Abs. 4 EGRDG ergebenden Erstattungsanspruch ist nicht ohne Weiteres möglich. Dem stehen verschiedene Aspekte entgegen.

420 Das Rechtsanwaltsvergütungsgesetz bestimmt lediglich, welche Gebühren und Auslagen der Rechtsanwalt von seinem Auftraggeber, d.h. als Gläubiger des materiell-rechtlichen Anspruchs aus dem Anwaltsvertrag der Höhe nach verlangen kann. Die Transformation der vom Gläubiger an den Rechtsanwalt zu zahlenden Vergütung in den Erstattungsanspruch gegen den Schuldner erfolgt über § 91 ZPO. Danach hat die unterliegende Partei die Kosten des Rechtsstreites zu tragen, soweit die Kosten zur zweckentsprechenden Rechtsverfolgung notwendig waren. Nach § 92 Abs. 2 S. 1 ZPO sind die gesetzlichen Gebühren und Auslagen eines Rechtsanwaltes in allen Prozessen zu erstatten.

421 Die Regelung des § 4 Abs. 4 EGRDG i.V.m. § 91 ZPO betrifft dagegen unmittelbar das Außenverhältnis zwischen Gläubiger und Schuldner auf der Ebene des Erstattungsanspruches, während das Rechtsanwaltsvergütungsgesetz das Innenverhältnis zwischen dem Gläubiger und dem Rechtsanwalt

D. Der prozessuale Kostenerstattungsanspruch im Mahnverfahren § 2

als Rechtsdienstleister regelt. Die Funktion des Rechtsanwaltsvergütungsgesetzes übernimmt im Innenverhältnis zwischen dem Gläubiger und dem Inkassounternehmen als Rechtsdienstleister allein der Inkassovertrag.

Für den Rechtsanwalt wird sodann gebührenrechtlich zwischen den beiden Verfahrensakten des Mahnverfahrens, nämlich der Beantragung des Mahnbescheides und der – nicht in jedem Fall in Betracht kommenden – Beantragung des Vollstreckungsbescheides unterschieden. Für Inkassounternehmen fehlt es in § 4 Abs. 4 S. 3 EGRDG an einer solchen Differenzierung. 422

> *Hinweis* 423
> Unabhängig davon, ob das Inkassounternehmen einen Mahnbescheid beantragt, das Verfahren aber wegen eines Widerspruchs des Schuldners sofort an einen Rechtsanwalt abgibt oder es auch den Vollstreckungsbescheid noch beantragt, fällt also die gleiche Vergütung an. Angesichts des Umstandes, dass § 699 Abs. 1 ZPO die Überwachung der Antragsfrist sowie der möglichen Zahlungseingänge und deren Angabe und damit eine echte, vor allem auch haftungsrechtlich relevante Mehrtätigkeit erfordert, erscheint dies nicht sachgerecht. Dies gilt auch aus Sicht des Schuldners, der geltend machen könnte, dass das Inkassounternehmen die gleiche Vergütung erhält, obwohl sein Widerspruch zu einem Weniger an Aufwand geführt hat.

Zu beklagen ist insbesondere, dass sich die Gesetzesbegründung bzw. die Begründung des Rechtsausschusses des Deutschen Bundestages mit den möglichen Aspekten einer Differenzierung nicht auseinandergesetzt hat. 424

Unbeantwortet lässt der Gesetzgeber sowohl in der gesetzlichen Regelung selbst als auch in der Gesetzesbegründung die Frage nach der Anwendung der Schadensminderungspflicht, wenn der Gläubiger statt eines Inkassounternehmers einen Rechtsanwalt mit der Durchführung des gerichtlichen Mahnverfahrens beauftragt und dadurch – jedenfalls auf den ersten Blick und unter Berücksichtigung der dargestellten Berechnungsbeispiele[237] – höhere Rechtsverfolgungskosten entstehen. 425

Offen bleibt in § 4 Abs. 4 S. 3 EGRDG auch, ob der Inkassounternehmer eine Netto- oder eine Bruttogebühr in Höhe von 25 EUR erhält und ob inso- 426

---

237 § 2 Rn 417.

weit zusätzlich die tatsächlich entstandenen Auslagen oder eine Auslagenpauschale geschuldet sind. Für die anwaltliche Vergütung finden sich hier klare Regelungen in Nr. 7002, 7008 VV RVG.

427 Der Wortlaut des § 4 Abs. 4 S. 3 EGRDG lässt unterschiedliche Auslegungen für sein Verständnis zu, die sich im Hinblick auf die verfassungsrechtliche Problematik – wie nachfolgend zu zeigen sein wird – nach Ansicht des Autors auf eine verfassungskonforme Sichtweise reduzieren lassen, die aber wiederum praktische Schwierigkeiten aufwirft. Auch vor diesem Hintergrund ist ein Vergleich der letztlich anfallenden Gebühren und Auslagen für das gerichtliche Mahnverfahren im Sinne einer absoluten Rechtssicherheit derzeit noch nicht möglich.

428 Im Ergebnis erscheint es wünschenswert, dass der Gesetzgeber hier nachbessert und klare Verhältnisse schafft, indem er die maßgeblichen Regelungen für die Vergütung für die Erbringung von Rechtsdienstleistungen im gerichtlichen Mahnverfahren im Rechtsanwaltsvergütungsgesetz regelt und die dortige Normierung für andere Rechtsdienstleister in § 4 Abs. 4 EGRDG durch einen Verweis auf die Nr. 3305, 3308, 7002 und 7008 VV RVG für entsprechend anwendbar erklärt. Nur so vermeidet der Gesetzgeber eine erhebliche Belastung der Gerichte mit diesen Streitfragen. Die notwendige Zeit zur Klärung dieser Streitfragen im Rechtsmittelzug führt zu einer kaum vertretbaren Rechtsunsicherheit in Massenverfahren.

429 *Hinweis*
Dabei wird von der Frage, ob im automatisierten Mahnverfahren die Plausibilitätskontrolle bei 25 EUR oder bei 35,70 EUR angesetzt wird, abhängen, ob überhaupt eine höchstrichterliche Klärung erfolgen kann.[238]

430 Letztlich geht dies zu Lasten der Schuldner und der Gläubiger, die sich entsprechenden Kostenrisiken ausgesetzt sehen, aber auch der Rechtsanwälte und der Inkassounternehmen, denen eine hinreichend sichere betriebswirtschaftliche Kalkulationsgrundlage fehlt.

---

238 Hierzu nachfolgend noch in § 2 Rn 524.

2. Der Regelungsinhalt nach der gesetzgeberischen Motivation

Vom Gesetzgeber gewollt ist wohl eine Regelung, wonach das Inkassounternehmen unabhängig von der Höhe der Forderung eine pauschale Vergütung von 25 EUR für das gesamte Mahnverfahren erhält. Allerdings ist es nicht gelungen, dies im Wortlaut auch präzise darzustellen.

431

Es hätte nichts näher gelegen als zu formulieren: „Die Vergütung für die Vertretung im gerichtlichen Mahnverfahren beträgt 25 EUR zuzüglich einer Auslagenpauschale von 5 EUR sowie der gesetzlichen Umsatzsteuer. Sie ist nach § 91 Abs. 1 ZPO erstattungsfähig. Weiter gehende Ansprüche sind ausgeschlossen [*oder:* weiter gehende Ansprüche bleiben unberührt]". Hätte der Gesetzgeber dies nicht gewollt, hätte er formulieren sollen: „Die Vergütung für die Vertretung im gerichtlichen Mahnverfahren beträgt 25 EUR einschließlich der pauschalen Auslagen sowie der gesetzlichen Umsatzsteuer". Stattdessen hat der Gesetzgeber aber formuliert, dass die Vergütung für die Vertretung im gerichtlichen Mahnverfahren „bis zu einem Betrag von 25 EUR nach § 91 Abs. 1 der Zivilprozessordnung erstattungsfähig" ist.

432

Dies lässt im Verständnis der Norm mehrere Auslegungen zu:
- Der Gesetzgeber geht davon aus, dass es Fälle geben könnte, in denen für das Inkassounternehmen eine niedrigere Gebühr als 25 EUR anfällt („bis zu").

433

> *Hinweis*
>
> In Anlehnung an die Gebühren eines Rechtsanwaltes könnte dies dann der Fall sein, wenn das Inkassounternehmen für seine außergerichtliche Tätigkeit bereits Inkassokosten erhoben hat, die der Höhe einer vergleichbaren anwaltlichen Geschäftsgebühr entsprechen. Während der Rechtsanwalt sich die Geschäftsgebühr zur Hälfte anrechnen lassen muss und im Ergebnis nur eine 0,85-Verfahrensgebühr für das gesamte Mahnverfahren erhält,[239] fehlt es an einer entsprechenden Anrechnungsvorschrift für die Inkassounternehmen. Eine Anwendung von § 254 BGB könnte dann bei Forderungen bis zu 300 EUR eine Absenkung

434

---

239 Siehe hierzu die Berechnung unter § 2 Rn 417.

der Gebühr auf 21,25 EUR netto[240] (0,85[241] der Ausgangsgebühr von 25 EUR) gebieten. Ein solches Verständnis würde aber dem Zweck der Aufnahme der Regelung widersprechen, Auseinandersetzungen um die angemessene Gebühr und die Prüfung materiell-rechtlicher Fragen (§ 254 BGB) zu vermeiden. Dies gilt umso mehr, als im Mahnverfahren eine materiell-rechtliche Anspruchsprüfung nicht vorgesehen ist, § 692 Abs. 1 Nr. 2 ZPO.

435 ■ Der Gesetzgeber könnte aber dem Wortlaut nach auch nur eine Regelgebühr geschaffen haben, die im prozessualen Verfahren festgesetzt wird, während weiter gehende Kosten allein nach materiell-rechtlichen Vorschriften geschuldet sein können. „Bis zu einem Betrage von 25 EUR" werden die Kosten des Inkassounternehmens für das Betreiben des Mahnverfahrens ohne weitere Sachprüfung nach § 91 Abs. 1 ZPO festgesetzt. Soweit das Inkassounternehmen weiter gehende Kosten begehrt, ist ihm die prozessuale Erstattung nach § 91 Abs. 1 ZPO versperrt, ohne allerdings einen weiter gehenden materiell-rechtlichen Anspruch nach §§ 280, 286 BGB gegenüber dem Schuldner auszuschließen.
Gegen eine solche Auslegung spricht, dass ausweislich der Begründung zur Aufnahme dieser Regelung in § 4 Abs. 4 EGRDG eine deutliche Ermäßigung des Kostenaufwandes zur Erlangung eines Vollstreckungstitels durch eine „Deckelung der erstattungsfähigen Gerichtskosten von Inkassounternehmen" erreicht werden sollte.[242] Der Betrag sei ausgerichtet auf den geringen zusätzlichen Aufwand für die Beantragung des Mahn- und Vollstreckungsbescheids und entspreche etwa den gesetzlichen Anwaltsgebühren im unteren Streitwertbereich, der den Großteil der Inkassoverfahren ausmache. Dies nimmt einen Begründungsansatz aus dem ursprünglichen Gesetzentwurf der Bundesregierung auf. Danach hat die Bundesregierung die Tätigkeit der Inkassounternehmen im Mahnverfahren als die „weitgehend automatisierte Fortsetzung der außergerichtlichen

---

240 Zur Problematik von Netto- und Bruttobeträgen siehe unten § 2 Rn 490 ff.
241 Eine 1,0-Verfahrensgebühr für das Mahnverfahren unter Anrechnung der Hälfte der vorgerichtlichen Geschäftsgebühr von 0,65 führt zu einer 0,35-Verfahrensgebühr für die Beantragung des Mahnbescheides. Hinzu kommt eine 0,5-Verfahrensgebühr für die Beantragung des Vollstreckungsbescheides, so dass sich insgesamt eine 0,85-Gebühr ergibt.
242 BT-Drucks 16/6634 S. 116.

Inkassotätigkeit" angesehen, die weder eine erneute Forderungsprüfung noch zivilprozessuale Spezialerkenntnisse erfordere.[243] Dieser Absicht würde es widersprechen, neben dem prozessualen Kostenerstattungsanspruch auch noch einen materiell-rechtlichen Erstattungsanspruch zuzulassen.

Gegen ein solches Verständnis spricht außerdem die schon oben angesprochene Beschränkung des gerichtlichen Mahnverfahrens bei der Prüfung der materiell-rechtlichen Berechtigung eines Anspruches.

■ Im Ergebnis wird deshalb davon auszugehen sein, dass der Gesetzgeber für die Betreibung des gerichtlichen Mahnverfahrens eine Gebühr in Höhe von 25 EUR zugleich als Mindest- wie auch als Höchstgebühr zuerkennen wollte. Ein solches Verständnis lässt sich mit dem Anliegen des Gesetzgebers in Einklang bringen, einerseits eine Deckelung der Kosten des Rechtsdienstleisters im gerichtlichen Mahnverfahren herbeizuführen, andererseits die gerichtliche Praxis von der Prüfung materiell-rechtlicher Kostenerstattungsansprüche für das Betreiben des gerichtlichen Mahnverfahrens zu entlasten. 436

3. Die Differenzierung zwischen Inkassounternehmen und Rechtsanwalt

Wie dargestellt war es Wille des Gesetzgebers angesichts der zunehmenden Automatisierung des gerichtlichen Mahnverfahrens eine Deckelung der Kosten herbeizuführen. 437

Nachdem sowohl bei den zentralen Mahngerichten als auch bei den Rechtsdienstleistern eine elektronische Verarbeitung der Antragsunterlagen stattfindet und der Rechtsdienstleister ggf. sogar in der Lage ist, die notwendigen Informationen elektronisch aus der Buchhaltung des Mandanten (Gläubiger) zu erhalten, hat er insoweit einen verminderten Aufwand gegenüber der früheren Praxis unterstellt. Den damit weiter unterstellten verminderten Kostenaufwand auf der Seite der Gläubiger möchte er mit einer Deckelung der Kosten Rechnung tragen und an den Schuldner durch eine reduzierte Erstattungspflicht weitergeben. 438

---

243 BT-Drucks 16/3655 S. 195.

439 *Hinweis*
Zu beanstanden ist allerdings, dass der Gesetzgeber diese Grundannahme nicht durch rechtstatsächliche Untersuchungen unterlegt. So ist zwar ohne Zweifel eine zeitliche Straffung der Betreibung des gerichtlichen Mahnverfahrens durch die zunehmende Automatisierung festzustellen. Dies kann aber nicht zwingend mit einer erheblichen Kosteneinsparung gleichgesetzt werden, da Hard- und Software beschafft, gepflegt und fortentwickelt werden müssen, was in der Praxis mit einem ganz erheblichem Kostenaufwand verbunden ist.[244]

440 Viel wesentlicher ist aber, dass die Einleitung des gerichtlichen Verfahrens selbstverständlich auch eine rechtliche Prüfung der Berechtigung der Forderung voraussetzt, die auch die Automatisierung nicht entbehrlich macht. Insoweit ergeben sich ggf. sogar Haftungsrisiken für den Rechtsdienstleister.

441 Der formulierte Wille, die Kosten des gerichtlichen Mahnverfahrens zu deckeln, erklärt allerdings die zunächst in der gesetzlichen Konstruktion angelegte Differenzierung zwischen der Vergütung des Rechtsanwaltes und derjenigen der Inkassounternehmen nicht. Der Sachverhalt vermeintlicher Vorteile einer zunehmenden Automatisierung stellt sich für den Rechtsanwalt nicht anders dar als für ein Inkassounternehmen. Dies gilt umso mehr, wenn beide als Rechtsdienstleister bereits im vorgerichtlichen Inkasso tätig waren.

442 *Hinweis*
Salten[245] hat die gesetzliche Regelkonstruktion in einem Beitrag zum ursprünglichen Gesetzentwurf, der die Inkassounternehmen noch auf die Erstattung allein nach materiellem Recht verwiesen hat, auf den Punkt gebracht: „Dieser unverständliche Spagat des Gesetzgebers zwischen moderner und zeitgemäßer Legalisierung der Inkassotätigkeit unter Anerkennung der Qualifikation der Inkassodienstleister auch in den Bereichen Mahn- und Vollstreckungsverfahren und dem gleichzeitigen Festhalten an der ‚Ächtung' der Inkassodienstleister durch das ausdrückliche Ver-*

---

[244] Dies ist gerade in den Bundesländern bekannt. So hindert nicht etwa die Technik die schnellere Einführung von weiteren Möglichkeiten im elektronischen Rechtsverkehr, sondern die damit verbundenen erheblichen Kosten.
[245] ZRP 2007, 88, 90.

sagen eines angemessenen festsetzungsfähigen Honorars erscheint völlig inkonsequent". Auch wenn der Gesetzgeber auf diese Kritik insoweit reagiert hat, dass er eine festsetzungsfähige Vergütung dem Grunde nach eingeführt hat, bleibt die Kritik doch hinsichtlich der Angemessenheit dieser Vergütung aufrechtzuerhalten.

Eine Differenzierung lässt sich auf den ersten Blick insoweit nachvollziehen, wie der Rechtsanwalt nach der gesetzlichen Konstruktion sich seine vorgerichtliche Geschäftsgebühr auf die nachfolgende Verfahrensgebühr anrechnen lassen muss. Eine nähere Betrachtung lässt diese Sichtweise allerdings nicht mehr zu. 443

Die durch die Anrechnung der Geschäftsgebühr auf eine 0,35-Gebühr verminderte Verfahrensgebühr im Mahnverfahren erreicht schon bei Streitwerten bis 900 EUR die Höhe von netto 22,75 EUR und überschreitet bei Streitwerten von mehr als 900 EUR die den Inkassounternehmen nach § 4 Abs. 4 EGRDG zustehende Vergütung. So ergibt sich bei einem Streitwert von 901 EUR eine Gebühr von 29,75 EUR netto. Dabei bleibt in allen Streitwertrahmen noch unberücksichtigt, dass der Rechtsanwalt in jedem Fall auch noch eine weitere 0,5-Verfahrensgebühr für die Beantragung des Vollstreckungsbescheides erhält, die den „Nachteil" der Anrechnung schon im Bereich kleiner Forderungen ausgleicht. Wie vorstehend[246] gezeigt, erhält der Rechtsanwalt selbst unter Berücksichtigung der Anrechnung der vorgerichtlichen Geschäftsgebühr eine Gesamtvergütung von 34,22 EUR, d.h. 9,22 EUR oder 36,88 % mehr als das Inkassounternehmen. 444

Die vorstehenden Ausführungen zeigen, dass die in der gesetzlichen Regelung angelegte Gebührenstruktur bei der konkreten Berechnung im Einzelfall zu nicht gerechtfertigten Ungleichbehandlungen führt. Die nachfolgenden Ausführungen machen dies noch deutlicher. 445

Im vorgerichtlichen Inkasso gehört es zu den selbstverständlichen Pflichten eines Inkassounternehmens die Berechtigung der Forderung und deren Durchsetzbarkeit zu prüfen. Nur wenn dies geschieht, kann die These des Gesetzgebers, es handele sich für das gerichtliche Mahnverfahren allein um eine automatisierte Umsetzung bereits durchgeführter Prüfungen, zutreffen. 446

---

246 Berechnungsbeispiele Rn 417.

Es kann auch kein Zweifel geben, dass Inkassounternehmen über die hierfür erforderliche Sachkunde verfügen, da dies die schon nach dem Rechtsberatungsgesetz und auch in Zukunft durch § 11 RDG gesicherte Voraussetzung der Berufsausübung ist.

447 Insoweit unterscheiden sich die Pflichten der rechtlichen Prüfung der Forderung gegenüber den Pflichten eines Rechtsanwaltes nicht. Die entsprechenden Inkassokosten sind dann vom Schuldner aus Verzug nach §§ 280, 286 BGB zu ersetzen. Unter Berücksichtigung der Schadensminderungspflicht ist der Erstattungsanspruch aber auf denjenigen Rahmen beschränkt, den ein Anwalt für die Tätigkeit erhalten würde, wenn das beauftragte Tätigkeitsspektrum vergleichbar ist. Insoweit hat der Schuldner also nicht mehr zu ersetzen als eine vergleichbare 0,5–2,5-Geschäftsgebühr eines Rechtsanwaltes. Über § 254 Abs. 2 BGB wird also die Parallelität der Vergütung der Rechtsdienstleister trotz der formal nicht möglichen Vergütung der Inkassounternehmen nach dem RVG in Standardfällen hergestellt.

448 Während sich nunmehr der Rechtsanwalt die Hälfte, höchstens 0,75 seiner Geschäftsgebühr auf die 1,0-Verfahrensgebühr im Mahnverfahren anrechnen lassen muss, fehlt es in § 4 Abs. 4 EGRDG für die Inkassounternehmen an einer solchen Anrechnungsvorschrift. Wenn man also den Inkassounternehmen stets die höhere vorgerichtliche Geschäftsgebühr ungekürzt zugesteht, könnte dies ein zulässiges Differenzierungskriterium sein, um dem Rechtsanwalt die höhere Verfahrensgebühr im Ausgangspunkt zuzubilligen, ihn dann aber der Anrechung der Geschäftsgebühr zu unterwerfen. Wie bereits einleitend – theoretisch – erläutert, zeigen sich aber auch in konkreten Einzelfällen nicht zu rechtfertigende Verwerfungen. Schon im Rahmen des Mindeststreitwerts liegt die Vergütung des Rechtsanwaltes deutlich höher als die der Inkassounternehmen. Dies würde sich auch gravierend für den Schuldner auswirken.

449 *Beispiel*
Der Gläubiger hat gegen den Schuldner eine Forderung von 3.000 EUR. Hieraus entwickeln sich folgende Szenarien:
- Er beauftragt das Inkassounternehmen. Neben schriftlichen Mahnungen nimmt es mit dem Schuldner auch fernmündlich Kontakt auf. Hier sind vorgerichtlich zumindest Inkassokosten bis zur vergleich-

D. Der prozessuale Kostenerstattungsanspruch im Mahnverfahren § 2

baren 1,5-Geschäftsgebühr mit Auslagen in Höhe von 352,06 EUR als Verzugsschaden vom Schuldner zu ersetzen. Wird dann das Mahnverfahren durchgeführt, kommen weitere 25 EUR zuzüglich Auslagenpauschale und Umsatzsteuer, d.h. 35,70 EUR hinzu, so dass die Gesamtkosten für den Schuldner 387,76 EUR betragen. Will man die Gebühr in § 4 Abs. 4 S. 3 EGRDG als Komplettvergütung sehen, ermäßigen sich die Gesamtkosten sogar auf 377,06 EUR.

- Beauftragt er den Rechtsanwalt, so ergibt sich bei gleicher Tätigkeit zunächst außergerichtlich ebenfalls eine Forderung von 352,06 EUR. Da der Rechtsanwalt sich ebenfalls um die fernmündliche Kontaktaufnahme bemüht hat, darf er über die 1,3-Geschäftsgebühr hinausgehen. Für das gerichtliche Mahnverfahren erhält der Rechtsanwalt dann grundsätzlich eine 1,0-Verfahrensgebühr in Höhe von 189 EUR. Hierauf muss er sich aber die Hälfte der Geschäftsgebühr, höchsten 0,75 anrechnen lassen. Bei einer 1,5-Geschäftsgebühr in Höhe von 283,50 EUR muss er sich also 141,75 EUR anrechnen lassen, so dass noch 189 EUR − 141,75 EUR = 41,75 EUR netto verbleiben. Hinzu kommt die 0,5-Verfahrensgebühr für die Beantragung des Vollstreckungsbescheides, die bei einem Streitwert von 3.000 EUR weitere 94,50 EUR ausmacht. Die Gebühren im Mahnverfahren betragen also gleichwohl noch 136,25 EUR netto und liegen damit um 100,55 bzw. 111,25 EUR(!) höher als bei einem Inkassounternehmen. Insgesamt erhält der Rechtsanwalt dann 352,06 EUR + 41,75 EUR + 94,50 EUR = 488,31 EUR. Der Schuldner wird bei dieser Variante mit Mehrkosten von 100,55 bzw. 111,25 EUR belastet.

450 Da nach einer vorgerichtlichen Tätigkeit auch der Rechtsanwalt nur einen geringen automatisierten Aufwand zur Geltendmachung des Anspruchs im Mahnverfahren hat, lässt sich die Differenzierung sachlich also nicht erklären. Soweit der Rechtsanwalt die notwendigen Investitionen und die erforderliche Dauerbelastung zur vollständigen Nutzung der Vorteile der Automatisierung scheut, rechtfertigt dies nicht die Zurücksetzung des Inkassounternehmens. Als wesentliche Berufsausübungsregel bedürfte es aber einer solchen sachlichen Rechtfertigung.

451 Die Differenzierung lässt sich auch nicht dadurch rechtfertigen, dass der Rechtsanwalt sich seine im Mahnverfahren verdiente Verfahrensgebühr dann erneut in einem Streitverfahren auf die dort anfallende 1,3-Verfahrensgebühr anrechnen lassen muss. Er erhält in der Summe dann für das Mahnverfahren immer noch eine 25 EUR übersteigende Gebühr schon im Bereich der geringfügigen Forderungen.[247]

452 Aber auch rechtstatsächlich muss beachtet werden, dass es nur in einem geringen Teil der Mahnverfahren statt zum Erlass eines Vollstreckungsbescheides zum Übergang in das streitige Verfahren kommt. So sind etwa in Baden-Württemberg[248] im Jahre 2007 rund 610.000 Mahnverfahren[249] betrieben worden, von denen lediglich rund 78.000 ins streitige Verfahren übergegangen sind. Dies entspricht einem Anteil von 12,78 %. Bei der Bewertung dieser Zahlen müssen noch folgende – objektiv allerdings nicht zu quantifizierende – Aspekte beachtet werden:

- Rechtsanwälte haben bei Forderungen unter 600 bzw. 750 EUR aufgrund existierender Landesschlichtungsgesetze nach § 15a EGZPO das Mahnverfahren trotz erheblicher außergerichtlicher Einwendungen des Schuldners gewählt, um ein sonst erforderliches Schlichtungsverfahren nach den Vorgaben des § 15a EGZPO entbehrlich zu machen. Das Mahnverfahren entbindet insoweit von dem Schlichtungsverfahren, § 15a Abs. 2 Nr. 5 EGZPO.
- Aus der gerichtlichen Praxis ist bekannt, dass ein Teil der durch Widersprüche oder Einsprüche erreichten Abgaben an das Streitgericht allein der Verfahrensverzögerung dienen.
- Es ist nicht bekannt, ob in allen Fällen in denen eine Abgabe an das Streitgericht erfolgt ist, auch tatsächlich ein Rechtsanwalt für den Gläubiger das Mahnverfahren betrieben hat.
- Inkassounternehmen übernehmen grundsätzlich nur absehbar unstreitige Forderungen.

453 Ausgehend von den genannten Zahlen wird die dargelegte unterschiedliche kostenrechtliche Behandlung von Rechtsanwälten und Inkassounternehmen in der ganz überwiegenden Anzahl der Fälle, für das Land Baden-Württemberg

---

247 Hierzu das Berechnungsbeispiel zu Fall 3 unter Rn 417.
248 Bundesweites Zahlenmaterial ist hier nicht ohne Weiteres zugänglich.
249 Bundesweit wurden die meisten Mahnverfahren im Jahre 2003 mit rund 9,5 Mio. Verfahren gezählt. Sodann ist die Zahl über ca. 9 Mio. Verfahren 2004, auf 8,5 Mio. Verfahren 2005, etwa 7,9 Mio. Verfahren 2006 und rund 7,3 Mio. Verfahren 2007 gesunken.

in zumindest 88 % aller Fälle, manifestiert. Tatsächlich wird die Zahl noch deutlich höher liegen. Nach Auskunft des Bundesverbandes Deutscher Inkassounternehmen e.v. und großer Mitgliedsunternehmen liegen die Abgaben von Mahnverfahren an das Streitgericht bei von Inkassounternehmen betreuten Forderungseinzügen im niedrigen einstelligen Prozentbereich. Allein die Möglichkeit der weiteren Anrechnung, die nur in einer geringen Anzahl der Verfahren tatsächlich vorkommt, rechtfertigt die Ungleichbehandlung nicht.

Dafür, dass der Regelung gleichwohl ein solches Verständnis zugrunde liegt, spricht, dass die Begründung des Rechtsausschusses, die der abschließenden Beschlussfassung des Bundestages und des Bundesrates zugrunde lag, auf den „geringen zusätzlichen Aufwand" abstellt. 454

Ist der Aufwand – was noch nachzuweisen wäre – gering, so verbleibt es bei der Regelgebühr. Ist dieser Aufwand tatsächlich nicht gering, weil beispielsweise der Schuldner einen Teil der Forderung ausgeglichen hat, einen Teil der Forderung mit einem Widerspruch angreift und zu einem dritten Teil keine Aussagen trifft und damit verschiedene Handlungsoptionen gezogen werden müssen, so wäre dann auch eine höhere Vergütung sachlich gerechtfertigt, ohne dass der Gesetzgeber dem Rechnung trägt. Während bei einem Rechtsanwalt die Mischkalkulation der Gebühren nach dem RVG Bearbeitungsspitzen auffängt, fehlt es an einem System oder einer Ausnahmeregelung, die es den Inkassounternehmen ermöglicht, diese Bearbeitungsspitzen ebenfalls betriebswirtschaftlich auskömmlich zu bewältigen. 455

> *Hinweis* 456
> Dem mit der Regelung verfolgten Zweck wäre am besten Rechnung getragen worden, wenn der Gesetzgeber den Inkassounternehmen die gleiche gesetzliche Vergütung zugestanden hätte, wie einem Rechtsanwalt und zur Entlastung der Gerichte von Streitfragen in § 4 Abs. 4 S. 3 EGRDG eine entsprechende Verweisung auf die Bestimmungen der Nr. 3305, 3308, 7002, 7008 VV RVG aufgenommen hätte. Die Ermäßigung des Kostenaufwandes zur Erlangung eines Vollstreckungstitels bei einer vermutet unstreitigen Forderung[250] wäre dann durch eine Ermäßi-

---

250 Das Mahnverfahren wird – mit Ausnahme der Umgehung des Verfahrens nach § 15a EGZPO – regelmäßig nur dann gewählt, wenn davon ausgegangen wird, dass der Schuldner keinen Widerspruch einlegt, da es anderenfalls zu einer Verfahrensverzögerung kommt.

gung der Verfahrensgebühren etwa von 1,0 auf 0,8 für das Mahnverfahren und von 0,5 auf 0,3 für die Beantragung des Vollstreckungsbescheides möglich gewesen. Offensichtlich hat der Gesetzgeber hier aber die unmittelbare Auseinandersetzung mit der Rechtsanwaltschaft gescheut.

457 Angesichts des Umstandes, dass es sich um eine Berufsausübungsregelung handelt, die sich sachlich nicht rechtfertigen lässt, spricht vieles dafür,[251] dass die Neuregelung des § 4 Abs. 4 EGRDG isoliert betrachtet nicht nur gegen Art. 12 GG, sondern auch gegen Art. 3 GG verstößt, weil es für die Ungleichbehandlung an einer sachlichen Rechtfertigung fehlt. Der Bestand der Vorschrift kann daher nur gesichert werden, wenn im Gesamtsystem der Erstattungsvorschriften eine verfassungskonforme Auslegung bzw. Anwendung gelingt. Dies erscheint allein unter Anwendung von § 254 Abs. 2 BGB und der hieraus hergeleiteten allgemeinen Schadensminderungspflicht möglich.

4. Auswirkungen der Differenzierung aufgrund der Schadensminderungspflicht

458 Die Neuregelung in § 4 Abs. 4 EGRDG wird nach der hier vertretenen Auffassung nicht ohne Auswirkungen auf die Vergütung der Rechtsanwälte für die Betreibung des gerichtlichen Mahnverfahrens bleiben.

459 Unter Berücksichtigung der dem Rechtsanwalt zustehenden Gebühren sind die Kosten bei der isolierten Beauftragung eines Rechtsanwaltes mit der Titulierung einer Forderung im gerichtlichen Mahnverfahren durch Erlass eines Vollstreckungsbescheides in jedem Fall höher als die eines Inkassounternehmens. Nach § 13 Abs. 1 RVG beträgt die niedrigste Gebühr nämlich 25 EUR. Dazu erhält der Rechtsanwalt aber noch 12,50 EUR für die Beantragung des Vollstreckungsbescheides als niedrigste 0,5-Verfahrensgebühr nach Nr. 3308 VV RVG, insgesamt also mindestens 37,50 EUR. Hinzu kommen noch die Auslagenpauschale von 7,50 EUR und die Umsatzsteuer.[252]

---

251 Eine vertiefende und alle Facetten umfassende verfassungsrechtliche Würdigung ist im Rahmen einer solchen Ausarbeitung nicht möglich.
252 Vgl. die Berechnungsbeispiele unter Rn 417.

D. Der prozessuale Kostenerstattungsanspruch im Mahnverfahren § 2

Etwas anderes ergibt sich nur, wenn der Rechtsanwalt zuvor bereits mit dem außergerichtlichen Forderungseinzug beauftragt war und hier eine 0,5- bis 2,5-Geschäftsgebühr erhalten hat. Er muss sich dann die außergerichtliche Geschäftsgebühr zur Hälfte, höchstens mit einer 0,75-Gebühr, anrechen lassen. In diesem Fall erhält er eine 0,35-Verfahrensgebühr für die Beantragung des Mahnbescheides[253] sowie eine 0,5-Gebühr für die Beantragung des Vollstreckungsbescheides, insgesamt also 0,85-Verfahrensgebühren. Bei einem Streitwert bis 300 EUR entspricht dies einer Nettogebühr von 21,25 EUR, die die Gebühr nach § 4 Abs. 4 EGRDG von 25 EUR unterschreitet.[254] Allerdings kommen dann noch die Auslagenpauschale und die Umsatzsteuer hinzu, so dass sich ein Betrag von 34,22 EUR ergibt.

460

Schon bei einem Streitwert von 300 bis zu 600 EUR beträgt die 0,85-Nettogebühr für den Rechtsanwalt 28,25 EUR und übersteigt damit die in § 4 Abs. 4 S. 3 EGRDG vorgesehene Vergütung für ein Inkassounternehmen schon im Ausgangsbetrag, ohne dass es noch der Betrachtung der Auslagenpauschale und der Umsatzsteuer bedarf.

461

Verursacht die Beauftragung eines Rechtsanwaltes mit der Durchführung des gerichtlichen Mahnverfahrens für die konkret zu titulierende Forderung also voraussichtlich höhere Kosten als die Beauftragung eines Inkassounternehmens, so stellt sich unter dem Aspekt der Schadensminderungspflicht nach § 254 Abs. 2 BGB[255] die Frage, ob der Gläubiger nicht verpflichtet ist, statt des Rechtsanwaltes mit dem Betreiben des gerichtlichen Mahnverfahrens bzw. grundsätzlich auch mit dem vorgerichtlichen Forderungsinkasso, welches in ein gerichtliches Mahnverfahren münden kann, ein Inkassounternehmen zu beauftragen. Selbst wenn man eine solche Pflicht zur Beauftragung eines Inkassounternehmens verneint, stellt sich die Frage, ob der Gläu-

462

---

253 Die 1,0-Verfahrensgebühr nach Nr. 3305 VV RVG abzüglich der nach Vorbem. 3 Abs. 4 VV RVG anzurechnenden hälftigen Geschäftsgebühr, die in der Praxis weitgehend mit einer 1,3-Gebühr berechnet wird. Da er sich die Hälfte anrechnen lassen muss, sind von der 1,0-Gebühr 0,65 (1,3 geteilt durch 2) in Abzug zu bringen, so dass eine 0,35-Gebühr bleibt.
254 Dabei wird unterstellt, dass es sich um eine Nettogebühr handelt. Siehe hierzu die nachfolgenden Ausführungen unter Rn 490 ff. Wollte man hierin eine Gebühr inklusive Umsatzsteuer sehen, beträgt die vergleichbare Nettogebühr lediglich 21,01 EUR, so dass dann die Gebühr des Rechtsanwaltes in jedem Fall die Gebühr des Inkassounternehmens im gerichtlichen Mahnverfahren auch unter Berücksichtigung der Anrechnung übersteigen würde.
255 Siehe hierzu oben Rn 334 ff.

biger vom Schuldner – unabhängig von der Frage, wen er beauftragt – jedenfalls für das gerichtliche Mahnverfahren keine höhere Gebühr als 25 EUR zuzüglich Auslagenpauschale und Umsatzsteuer, d.h. 35,70 EUR erstattet verlangen kann.

463 Prozessuale Ausprägung des Grundsatzes der Schadensminderungspflicht ist § 91 Abs. 1 ZPO, wonach die zur zweckentsprechenden Rechtsverfolgung „notwendigen" Kosten des Rechtsstreites von der unterlegenen Partei zu tragen sind. Notwendig ist zunächst nur die Einschaltung eines Inkassounternehmens, da es das Mahnverfahren in gleicher Weise wie der Rechtsanwalt betreibt, jedoch schon vom Ausgangswert kostengünstiger ist. Notwendig sind nach der ab dem 1.7.2008 geltenden Rechtslage dann aber auch nur Kosten in Höhe von 25 EUR netto bzw. 35,70 EUR brutto entsprechend § 4 Abs. 4 S. 3 EGRDG. Die bisherige Problematik des Vergleiches der Inkassokosten mit den Gebühren und Auslagen eines Rechtsanwaltes kehrt sich mithin um.

464 Dies hat offenbar auch die Bundesregierung in ihrem ursprünglichen Gesetzentwurf so gesehen. Darin heißt es:[256]

„Da das Inkassounternehmen künftig zur Durchführung des Mahnverfahrens und zur Beantragung eines Vollstreckungsbescheids befugt ist, wird in der Regel die Beauftragung eines Rechtsanwalts für diese Tätigkeiten bei einem Schuldner, der nicht bereits außergerichtlich Einwendungen gegen die Forderung erhoben hat, nicht mehr erforderlich sein."

465 Formal wäre diese Folge zu vermeiden, wenn § 91 Abs. 2 S. 1 ZPO, wonach die gesetzlichen Gebühren und Auslagen des Rechtsanwaltes der obsiegenden Partei in allen Prozessen zu erstatten sind, in der Weise verstanden würde, dass damit § 254 Abs. 2 BGB verdrängt wird, d.h. § 91 Abs. 2 S. 1 ZPO lex specialis zu § 254 Abs. 2 BGB wäre.

466 Von diesem Verständnis geht – ohne weitere Auseinandersetzung mit der Problematik – auch der ursprüngliche Entwurfsverfasser aus, wenn es dort im Anschluss an die soeben zitierte Stelle heißt:

---

[256] BT-Drucks 16/3655 S. 195.

D. Der prozessuale Kostenerstattungsanspruch im Mahnverfahren § 2

"Wird dagegen gleichwohl ein Rechtsanwalt beauftragt, das gerichtliche Mahnverfahren zu betreiben, nachdem außergerichtlich ein Inkassounternehmen mit der Geltendmachung der Forderung beauftragt war, so sind zwar die Kosten des Rechtsanwalts nach § 91 Abs. 2 ZPO stets erstattungsfähig. In diesen Fällen wird aber künftig genau zu prüfen sein, ob die vorausgegangene, auf die außergerichtliche Durchsetzung der Forderung beschränkte Beauftragung eines Inkassounternehmens erforderlich war, und ob der Gläubiger mit ihr den günstigsten Weg der Rechtsverfolgung gewählt hat."

Ungeachtet des Umstandes, dass nach herrschender Rechtsprechung die vorgerichtlichen Inkassokosten allenfalls auf den wirtschaftlich nicht anrechenbaren Teil der Geschäftsgebühr zu reduzieren wären, wird auch nicht erläutert, vor welchem rechtlichen Hintergrund die Inkassokosten und nicht die später angefallenen Rechtsanwaltskosten in ihrer Erstattungsfähigkeit entfallen sollten. Dies würde bedeuten, dass § 91 ZPO eine Hierarchie zwischen den Inkassounternehmen und der Anwaltschaft begründet. Dies erscheint nur schwer begründbar. 467

Hinweis 468
Die in der Gesetzesbegründung angesprochene Berechtigung der Beauftragung eines Inkassounternehmens wird man etwa dazu annehmen müssen, wenn das Inkassounternehmen entsprechend dem Ziel des Gläubigers tatsächlich eine Teilzahlung hat erreichen können, d.h. die Bemühungen zumindest teilweise erfolgreich waren.

Bei dem Entwurfsstand vor Mai 2007 stand den Inkassounternehmen allerdings auch noch eine höhere Gebühr offen, da der ursprüngliche Gesetzentwurf ihnen nur die Berufung auf die prozessualen Kostenerstattungsvorschriften versagte und sie auf die materiell-rechtliche Kostenerstattung nach §§ 280, 286 BGB verwies. 469

Sicherlich wird sich die Anwaltschaft auf die Argumentation festlegen, dass § 91 Abs. 2 ZPO die Erstattungsfähigkeit ihrer vollen Gebühren in jedem Fall sichert. Eine solche Argumentation steht allerdings im Widerspruch zur Systematik von § 91 ZPO sowie dem Sinn der gesetzlichen Regelung in § 91 Abs. 2 ZPO und widerspricht letztlich auch dem Bemühen des Gesetz- 470 gebers um eine Deckelung der Kosten des gerichtlichen Mahnverfahrens für den Schuldner.

471 Versteht man die in § 4 Abs. 4 S. 3 EGRDG angesetzte Vergütung für Inkassounternehmen im gerichtlichen Mahnverfahren als Fest- oder Regelgebühr für Inkassounternehmen, so erscheint eine gänzliche Verdrängung von § 254 Abs. 2 BGB durch § 91 Abs. 2 ZPO sowohl aus Sicht des erstattungspflichtigen Schuldners wie aus dem Blickwinkel der Verfassungsrechte der betroffenen Berufsgruppen als zu weitgehend. Welche sachliche Rechtfertigung gibt es für eine Regelung, nach der der Schuldner Kosten der Rechtsverfolgung durch den Gläubiger tragen soll, die nicht erforderlich sind, nur weil die Kosten in der Vergütung eines Rechtsanwaltes bestehen? Mit welchem Recht sollen die Inkassounternehmen eine Vergütung von 25 EUR bzw. 35,70 EUR hinnehmen, während der Rechtsanwalt eine deutlich höhere Vergütung durchsetzen kann.

472 Der Sinn von § 91 Abs. 2 S. 1 ZPO liegt darin, die Erstattungsfähigkeit der Gebühren und Auslagen eines Rechtsanwaltes auch außerhalb von Anwaltsprozessen sicherzustellen und damit die Gerichte von der Beurteilung der Frage zu entlasten, ob der Kostenaufwand im Einzelfall der Höhe nach auch erforderlich war. Die gesetzliche Rechtfertigung liegt insoweit in der prozessökonomischen Vorgehensweise. Diese Rechtfertigung entfällt aber, wenn ab einem bestimmten Streitwert der Rechtsanwalt immer einen höheren Kostenaufwand auslöst als ein Inkassounternehmen. Dann ist die Einschaltung eines Rechtsanwaltes im Mahnverfahren nicht notwendig, sondern die des kostengünstigeren Inkassounternehmens ausreichend. Im Kern lässt § 91 Abs. 2 S. 1 ZPO die weitere Voraussetzung des § 91 Abs. 1 ZPO, dass die Beauftragung eines Rechtsanwaltes zur zweckentsprechenden Rechtsverfolgung angemessen und erforderlich ist, nicht entfallen.

473 Eine ähnliche Regelung zeigt sich in § 122 ZPO im Prozesskostenhilfeverfahren. In Anwaltsprozessen ist als Bestandteil der Gewährung von Prozesskostenhilfe immer ein Rechtsanwalt beizuordnen. Besteht dagegen kein Anwaltszwang – wie dies im Mahnverfahren der Fall ist – so muss zunächst geprüft werden, ob die Einschaltung eines Rechtsanwaltes überhaupt notwendig ist. Genauso ist unter Kostengesichtspunkten vom Gläubiger zu prüfen, ob die Einschaltung eines Rechtsanwaltes im Mahnverfahren notwendig ist oder ob ein Inkassounternehmen ein gleichwertiger und zugleich kostengünstigerer Partner für das Mahnverfahren ist.

Hinweis 474
Diese Form der notwendigen Vorprüfung des zu erwartenden Gesamtaufwandes ist auch in anderen Bereichen des Schadensersatzrechtes anerkannt. So wird etwa von dem Geschädigten eines Verkehrsunfallereignisses verlangt, dass er vor der Anmietung eines Mietwagens die Erforderlichkeit eines Unfallersatztarifes und möglicher Alternativen prüft.[257] Übertragen auf die hier zu beantwortende Konstellation muss der Gläubiger also zunächst im Sinne des § 91 Abs. 1 ZPO prüfen, ob die Einschaltung eines Rechtsanwaltes erforderlich ist. Dies wird nur noch dann der Fall sein, wenn mit einem streitigen Erkenntnisverfahren zu rechnen ist.

Im Ergebnis muss ein Gläubiger nach den aufgezeigten Berechnungen[258] 475 grundsätzlich also ein Inkassounternehmen mit der Durchführung des gerichtlichen Mahnverfahrens beauftragen, wenn er die Gefahr vermeiden will, später einen Teil der Rechtsanwaltsvergütung selber tragen zu müssen.

Hinweis 476
Etwas anderes könnte dann gelten, wenn der Rechtsanwalt die Titulierung im gerichtlichen Erkenntnisverfahren betreibt, d.h. das Mahnverfahren meidet. In diesem Fall stehen ihm die Verfahrensgebühr und die Terminsgebühr des gerichtlichen Erkenntnisverfahrens neben der außergerichtlichen Geschäftsgebühr zu, wobei er sich letztere zur Hälfte, jedoch höchstens mit einer 0,75-Gebühr auf die Verfahrensgebühr anrechnen lassen muss. Das gerichtliche Erkenntnisverfahren stellt gegenüber dem gerichtlichen Mahnverfahren ein Aliud dar, weil die Forderung nicht nur bezeichnet, sondern begründet wird, und sich der Gläubiger insoweit auch einer Schlüssigkeitskontrolle unterwirft. Hinzu kommt, dass der Gläubiger nicht sicher sein kann, dass der Schuldner der Forderung nicht mit dem Widerspruch gegen den Mahnbescheid oder dem Einspruch gegen den Vollstreckungsbescheid entgegentritt, so dass jedenfalls die Gefahr besteht, dass es zu einer zeitlichen Verzögerung der abschließenden

---
257 BGH v. 19.2.2008 – VI ZR 32/07 unter Hinweis auf die seit 2004 (BGH NJW 2005, 51) entwickelte neuere Rechtsprechung.
258 Siehe Rn 417.

gerichtlichen Entscheidung gegenüber der unmittelbaren Einleitung eines gerichtlichen Erkenntnisverfahrens kommt. Schon vor diesem Hintergrund scheidet eine Verweigerung der Kostenerstattung für das Erkenntnisverfahren mit dem Hinweis auf die Schadensminderungspflicht aus, da diese nur bei vergleichbaren Konstellationen zur Wahl des kostengünstigsten Weges zwingt. Darüber hinaus wird ein Verstoß gegen die Schadensminderungspflicht jedenfalls in all den Fällen ausscheiden, in denen der Rechtsanwalt im gerichtlichen Erkenntnisverfahren nicht nur den Zahlungsanspruch verfolgt, sondern weitergehende Ansprüche rechtshängig macht. Hier kommt beispielsweise die im Wege der objektiven Klagehäufung erhobene Feststellungsklage in Betracht, mit der festgestellt werden soll, dass der Zahlungsanspruch zumindest „auch" aus vorsätzlich unerlaubter Handlung begründet ist, was eine privilegierte Vollstreckung nach § 850f Abs. 2 ZPO erlaubt. Für einen solchen Anspruch steht das gerichtliche Mahnverfahren nämlich nicht zur Verfügung.[259] Eine Pflicht, für diesen Fall einerseits den Zahlungsanspruch im gerichtlichen Mahnverfahren zu verfolgen und den Feststellungsanspruch andererseits isoliert im gerichtlichen Erkenntnisverfahren geltend zu machen, wird sich § 254 Abs. 2 BGB kaum entnehmen lassen. Allerdings scheitert die Attraktivität eines solches Vorgehens dann, wenn das Vorgehen im gerichtlichen Erkenntnisverfahren von einem vorherigen Schlichtungsverfahren nach § 15a EGZPO abhängig ist. Soweit das entsprechende Bundesland, in dem das anzurufende Gericht liegt, ein entsprechendes Landesschlichtungsgesetz erlassen hat,[260] ist ein solches Schlichtungsverfahren bis zu einer Forderungshöhe von 750 EUR zwingend.

477 Folgt man der hier vertretenen Auffassung hat jedenfalls der Schuldner für das Betreiben des gerichtlichen Mahnverfahrens allenfalls eine Vergütung von 35,70 EUR (25 EUR zuzüglich Auslagenpauschale von 5 EUR und der

---

259 BGH NJW 2005, 1663 = InVo 2005, 236.
260 Bayern, Brandenburg, Hessen, Nordrhein-Westfalen, Saarland, Sachsen-Anhalt und Schleswig-Holstein haben entsprechende Landesschlichtungsgesetze im Sinne des § 15a EGZPO eingeführt. Dabei sind allerdings nur in Bayern (750 EUR), Nordrhein-Westfalen (600 EUR), dem Saarland (600 EUR), Sachsen-Anhalt (750 EUR) und Schleswig-Holstein (750 EUR) Streitwertgrenzen vorgegeben. Teilweise wird in den Bundesländern aber noch diskutiert, ob die Geltungsdauer der Gesetze verlängert werden soll. Rheinland-Pfalz bereitet derzeit den Erlass eines entsprechenden Gesetzes vor.

D. Der prozessuale Kostenerstattungsanspruch im Mahnverfahren § 2

Umsatzsteuer) dem Gläubiger zu erstatten. Dies gilt unabhängig davon, ob das Verfahren von dem Rechtsanwalt oder dem Inkassounternehmen betrieben wurde.

Verzichtet der Rechtsanwalt auf das Vorgehen im gerichtlichen Erkenntnisverfahren und wählt das Mahnverfahren, wird dann über die Anwendung der Schadensminderungspflicht nach § 254 Abs. 2 BGB im Verhältnis zum Schuldner eine Parallelität der zu erstattenden Vergütung des eingesetzten Rechtsdienstleisters hergestellt und zugleich eine verfassungskonforme Auslegung der Vorschrift des § 4 Abs. 4 S. 3 EGRDG möglich, da die Rechtsdienstleister jedenfalls im Erstattungsverhältnis gleich behandelt werden. 478

Sowohl der Rechtsanwalt als auch das Inkassounternehmen erbringen mit der Beauftragung zur Durchführung des gerichtlichen Mahnverfahrens gegenüber dem Gläubiger eine Rechtsdienstleistung, die sich weder in den rechtlichen Anforderungen noch in den tatsächlichen Möglichkeiten des Einsatzes rationalisierender automatischer Verarbeitungsformen unterscheidet: Die Forderung ist auf ihre materiell-rechtliche Berechtigung zu prüfen. Daneben ist zu untersuchen, ob das Mahnverfahren das geeignete Verfahren zur Titulierung der Forderung darstellt. Für die Tätigkeit im Mahnverfahren ist daher ein Gleichlauf zwischen Rechtsanwalt und Inkassounternehmen zu attestieren, der sich auch im Gebührenanfall wiederfinden muss. Soweit nach einer vorherigen außergerichtlichen Beauftragung der Gesetzgeber davon ausgeht, dass ein geringer zusätzlicher Aufwand für die Beantragung des Mahn- und Vollstreckungsbescheides entsteht, ist dieser Aufwand bei einem Rechtsanwalt nicht höher oder niedriger als bei einem Inkassounternehmen. Es kann nicht generell davon gesprochen werden, dass bei einer fortschreitenden Automatisierung strukturelle Unterschiede zwischen den beiden Berufsgruppen bestehen. Es bestehen keine rechtlichen oder tatsächlichen Hindernisse für einen Rechtsanwalt, auch Massenforderungen beizutreiben. Es lassen sich auch entsprechende Beispiele unter den Rechtsanwälten finden.[261] Es gibt deshalb keinen sachlichen Grund, zwischen der Vergütung eines Rechtsanwaltes im Mahnverfahren und der eines Inkassounternehmens zu unterscheiden. Wenn der Gesetzgeber beiden Berufs- 479

---

261 Es soll hier auf die spezielle Nennung von einzelnen Rechtsanwaltskanzleien verzichtet werden. Allerdings zeigt jede Internetsuchmaschine auf Eingabe der entsprechenden Schlüsselwörter eine Vielzahl von Angeboten.

gruppen die Tätigkeit im gerichtlichen Mahnverfahren eröffnet, weil er mit dem Bundesverfassungsgericht[262] davon ausgeht, dass mit der Zulassung als Inkassounternehmer und der nachzuweisenden Sachkunde[263] auch die Befähigung zur Erbringung der Rechtsdienstleistung in beiden Berufsgruppen vorhanden ist, spricht vieles dafür, dass es einen Verstoß gegen Art. 12, Art. 3 GG darstellt, wenn die Kosten einer Berufsgruppe durch eine gesetzliche Regelung gedeckelt werden, die der anderen Berufsgruppe dagegen im bisherigen höheren gesetzlichen Rahmen verbleiben.

480 Verfassungskonform ist danach jedoch ein Verständnis von § 4 Abs. 4 S. 3 EGRDG und § 91 Abs. 1 ZPO, wonach der Gläubiger die ihm für die Beauftragung eines Rechtsanwaltes oder eines Inkassounternehmens nach dem RVG bzw. den vertraglichen Vereinbarungen entstandenen Kosten nur in Höhe eines Betrages von 35,70 EUR vom Schuldner erstattet erhält. Die überschießenden Kosten muss er selbst tragen.

481 Während der Gläubiger mit dem Inkassounternehmen dann eine Vereinbarung treffen kann, ob und welche höheren, nicht erstattungsfähigen Kosten anfallen und hier etwa Erfolgskomponenten der späteren Realisierung der Forderung berücksichtigen kann, ist der Rechtsanwalt nach § 49b Abs. 1 BRAO gezwungen, die nach dem Rechtsanwaltsvergütungsgesetz und damit nach Nr. 3305 ff. VV RVG anfallenden Gebühren zu erheben. Er kann allenfalls in Höhe des weitergehenden Anspruchs nach § 4 Abs. 2 S. 2 RVG auf die unmittelbare Geltendmachung gegenüber dem Gläubiger verzichten und sich den weitergehenden Anspruch abtreten lassen. Damit wird die Tätigkeit des Rechtsanwaltes im gerichtlichen Mahnverfahren für den Gläubiger unattraktiv. Dies entspricht allerdings dem vom Gesetzgeber verfolgten Ziel, den Inkassounternehmen bei unstreitigen Forderungen das gerichtliche Mahnverfahren zu überlassen, um mit einer abgesenkten Vergütung zugleich die vom Schuldner zu erstattenden Kosten zu begrenzen.

482 *Hinweis*
Will man der hier vertretenen Auffassung nicht folgen, dass der Schuldner die Erstattung der Rechtsanwaltskosten auf den Betrag begrenzen kann, den er bei der Beauftragung eines Inkassounternehmens erlangt,

---

262 BVerfG v. 20.2.2002 – 1 BvR 423/99 u.a. – NJW 2002, 1190 = AnwBl. 2002, 425.
263 Jetzt §§ 10 ff. RDG.

D. Der prozessuale Kostenerstattungsanspruch im Mahnverfahren § 2

wird der Gesetzgeber sein Ziel der Deckelung der Kosten des gerichtlichen Mahnverfahrens für den Schuldner nicht erreichen können. Hierzu heißt es in der Begründung des letztlich von Bundestag und Bundesrat beschlossenen Beschlussvorschlages des Rechtsausschusses des Deutschen Bundestages: *„Außerdem kann die mit dem Gesetzentwurf intendierte deutliche Ermäßigung des Kostenaufwands zur Erlangung eines Vollstreckungstitels, wie erste Berechnungsbeispiele zeigen (vgl. Salten, ZRP 2007, 88) nur durch eine Deckelung der erstattungsfähigen Gerichtskosten von Inkassounternehmen erreicht werden."*[264]

In diesem Fall besteht die Gefahr, dass sich die Inkassounternehmen nicht auf das Betreiben des gerichtlichen Mahnverfahrens einlassen, sondern hiermit weiter den Rechtsanwalt beauftragen. Zugleich stellen sie dem Rechtsanwalt dann ihre – meist deutlich überlegenen – Möglichkeiten der automatisierten Bearbeitung als Dienstleister im Sinne des § 11 BDSG zur Verfügung. Die Vergütung für die Dienstleistung wird in vielen Fällen die nach § 4 Abs. 4 S. 3 EGRDG erzielbare Vergütung übersteigen. 483

5. Der Wechsel des Rechtsdienstleisters nach dem vorgerichtlichen Inkasso

Ein anderes wirtschaftliches Ergebnis wird sich nicht dadurch erzielen lassen, dass der Gläubiger zunächst ein Inkassounternehmen mit dem außergerichtlichen Inkasso beauftragt, um die höhere Effektivität und das breitere Leistungsspektrum[265] zu nutzen, um in den Fällen, in denen die Bemühungen des Inkassounternehmens dann doch erfolglos bleiben, das Verfahren zum Betreiben des gerichtlichen Mahnverfahrens an einen Rechtsanwalt abzugeben, d.h. die bis zum 1.7.2008 praktizierte Verfahrensweise beizubehalten. 484

In diesem Fall liegt nicht nur ein offensichtlicher Verstoß gegen die Schadensminderungspflicht nach § 254 Abs. 2 BGB vor, weil das Inkassounternehmen aufgrund von § 79 Abs. 2 Nr. 4 ZPO rechtlich in der Lage ist, das Mahnverfahren zu betreiben und dann lediglich die Gebühr von 35,70 EUR (25 EUR zuzüglich Auslagenpauschale und Umsatzsteuer) anfallen würde. 485

---

264 BT-Drucks 16/6634 S. 116.
265 Siehe hierzu § 1 Rn 38 ff.

Auch nach der hier vertretenen Auffassung kann die Verfahrensweise nicht zum gewollten wirtschaftlichen Ergebnis führen.

486 Nach der Auffassung des Gesetzgebers soll der Gläubiger in diesem Fall seinen vollen Erstattungsanspruch für das vorgerichtliche Inkasso durch das Inkassounternehmen verlieren, während der Rechtsanwalt für das Betreiben des gerichtlichen Mahnverfahrens seine vollen Gebühren nach dem RVG erhält. So heißt es in der Gesetzesbegründung:[266]

> *„Wird dagegen gleichwohl ein Rechtsanwalt beauftragt, das gerichtliche Mahnverfahren zu betreiben, nachdem außergerichtlich ein Inkassounternehmen mit der Geltendmachung der Forderung beauftragt war, so sind zwar die Kosten des Rechtsanwalts nach § 91 Abs. 2 ZPO stets erstattungsfähig. In diesen Fällen wird aber künftig genau zu prüfen sein, ob die vorausgegangene, auf die außergerichtliche Durchsetzung der Forderung beschränkte Beauftragung eines Inkassounternehmens erforderlich war, und ob der Gläubiger mit ihr den günstigsten Weg der Rechtsverfolgung gewählt hat."*

487 Gänzlich zu überzeugen vermag diese Ansicht allerdings nicht. Da der Gläubiger anderenfalls statt dem Inkassounternehmen den Rechtsanwalt mit dem vorgerichtlichen Inkasso hätte beauftragen können, wäre dadurch neben den beiden summierten 1,5-Verfahrensgebühren im gerichtlichen Mahnverfahren eine weitere, um die Hälfte, höchstens jedoch eine um 0,75-Gebühr verminderte Geschäftsgebühr angefallen. Jedenfalls in dieser Höhe liegt also kein Verstoß gegen die Schadensminderungspflicht nach § 254 Abs. 2 BGB vor, so dass nach diesem Modell die Inkassokosten bis zu dieser Höhe vom Schuldner zu erstatten sind.

488 Will man also der hier vertretenen Auffassung, dass auch die Rechtsanwaltsgebühren in ihrer Erstattungsfähigkeit gegenüber dem Schuldner gedeckelt werden, nicht folgen, so wird die zwangsläufige Konsequenz der Praxis sein, dass die Inkassounternehmen sich wie bisher auf den außergerichtlichen Forderungseinzug beschränken und hierfür die um die Hälfte, jedoch höchstens eine um 0,75-Gebühr verminderte Geschäftsgebühr berechtigt verlangen, während den Rechtsanwälten die Durchführung des gerichtlichen Mahnver-

---

266 BT-Drucks 16/3655 S. 195.

fahrens überlassen wird.[267] Zugleich wird das Mahnverfahren dann als Auftragsdatenverarbeitung im Sinne des § 11 BDSG den Anwälten für eine Vergütung angeboten, die diejenige des § 4 Abs. 4 S. 3 EGRDG übersteigt.

Nach der oben aufgezeigten, sich aus der Schadensminderungspflicht und den Anforderungen zu einem verfassungskonformen Verständnis von § 4 Abs. 4 EGRDG sich ergebenden Auslegung der Norm kann allerdings die Tätigkeit des Rechtsanwaltes gegenüber dem Schuldner keine höhere als die in § 4 Abs. 4 S. 3 EGRDG vorgesehene Gebühr als erstattungsfähig auslösen. Die überschießenden Gebühren, die der Rechtsanwalt nach § 49b Abs. 1 S. 1 BRAO erheben muss, müsste also in diesem Fall der Gläubiger bzw. in den Fällen des Forderungskaufes das Inkassounternehmen tragen. Sofern sich Teile der Praxis nach dem 1.7.2008 für eine solche Verfahrensweise entscheiden, ist sie mit nicht unerheblichen wirtschaftlichen Risiken verbunden.

489

6. Auslagenpauschale und Mehrwertsteuer

Soweit ein Inkassounternehmen zukünftig das Mahnverfahren betreibt, erhält es nach der gesetzlichen Regelung eine Vergütung von 25 EUR. Daran schließt sich die Frage an, ob es zusätzlich auch seine Auslagen pauschal ersetzt verlangen kann. In gleicher Weise stellt sich die Frage, ob es sich bei dem in § 4 Abs. 4 EGRDG genannten Betrag um einen Netto- oder einen Bruttobetrag handelt. Unter Berücksichtigung der pauschalen Auslagen ergibt sich eine Vergütung von 30 EUR; unter weiterer Berücksichtigung der Umsatzsteuer eine solche von 35,70 EUR.

490

Zu beiden Fragen fehlt es an einer ausdrücklichen Regelung in § 4 Abs. 4 EGRDG. Auch die Gesetzesbegründung, d.h. die Beschlussempfehlung des Rechtsausschusses des Deutschen Bundestages[268] gibt hierauf keine Antwort. Letztendlich wird auch dies die Rechtsprechung entscheiden müssen, wenn nicht der Gesetzgeber noch ein Einsehen hat und die Norm überarbeitet.

491

---

267 Dabei begegnet es keinen Bedenken, wenn der Rechtsanwalt sich bei der massenhaften Abwicklung von Mahnverfahren der Auftragsdatenverarbeitung durch einen Dienstleister unter Berücksichtigung der in § 11 Bundesdatenschutzgesetz normierten Anforderungen bedient.
268 BT-Drucks 16/6634 S. 116.

§ 2 Rechtliche Grundlagen

492 In der Sache wird in Fachdiskussionen teilweise darauf hingewiesen, dass es an einer den Nr. 7000 ff. VV RVG, die dem Rechtsanwalt einen entsprechenden Anspruch auf die Auslagen und in Nr. 7008 VV RVG auch auf die Umsatzsteuer geben, vergleichbaren Bestimmung für Inkassounternehmen fehle, so dass eine zusätzliche Erstattung von Auslagen und der Umsatzsteuer nicht in Betracht komme. Für eine fehlende Auslagenerstattung spreche, dass § 4 Abs. 4 S. 3 EGRDG von „Vergütung" und nicht von „Gebühr" spreche. Unter Vergütung sei aber die Summe aus Gebühren und Auslagen zu verstehen, was sich aus § 1 Abs. 1 S. 1 RVG ergebe. Dies vermag allerdings weder in der Begründung noch im Ergebnis zu überzeugen.

493 Den verwandten Begriff der Vergütung im Sinne des § 1 Abs. 1 S. 1 RVG als legal definiert anzusehen, ist dogmatisch nicht konsequent zu begründen. Art. IX Abs. 2 des Gesetzes zur Änderung und Ergänzung kostenrechtlicher Vorschriften sieht nämlich durch den Verweis auf Art. IX Abs. 1 S. 1 und 2 des Gesetzes ausdrücklich vor, dass das RVG für Inkassobüros nicht gilt. Eine selektive Übernahme des RVG als tragende Überlegung zur Verneinung eines Anspruches auf Erstattung von Auslagen und Umsatzsteuer erscheint deshalb nicht möglich. Dies gilt insbesondere für die Vertreter der Auffassung, dass wegen der Auslagenpauschale und der Umsatzsteuer kein Rückgriff auf den 7. Abschnitt des VV RVG möglich sei.

494 *Hinweis*
Zwar wurde Art. IX KostÄndG mit Art. 20 Nr. 7 des Gesetzes zur Neuregelung des Rechtsberatungsgesetzes mit Ablauf des 30.6.2008 aufgehoben. Hiermit ist allerdings keine sachliche Rechtsänderung verbunden. Vielmehr wurde die Regelung in § 4 Abs. 1 EGRDG übernommen, in dem hier geregelt wurde, für welche weiteren Rechtsdienstleister neben den Rechtsanwälten (§ 1 RVG) das RVG gilt. Damit ist im Umkehrschluss zugleich geregelt, dass es für die übrigen Rechtsdienstleister nicht gilt. Hierzu heißt es in der Gesetzesbegründung zu § 4 Abs. 1 EGRDG: „Keine Vergütungsregelung gibt es auch für Inkassounternehmen nach § 10 Abs. 1 S. 1 Nr. 1 RDG. Dies entspricht der bisherigen Rechtslage und dem vom Bundesverfassungsgericht anerkannten Berufsbild der Inkassounternehmen."[269]

---

[269] Vgl. hierzu BT-Drucks 16/3655 S. 80.

D. Der prozessuale Kostenerstattungsanspruch im Mahnverfahren § 2

Weder der Gesetzeswortlaut noch die Gesetzesbegründung lassen erkennen, dass der Gesetzgeber im Sinne der Einheit der Rechtsordnung hier von identischen Begrifflichkeiten ausgegangen ist. So wird auch in den viel älteren Bestimmungen des BGB der Begriff der Vergütung verwandt, etwa in § 612 BGB, ohne dass jeder Dienstleister eine „Gebühr" erhält. **495**

Es wäre bei einer bewussten Verwendung dieses Begriffes zu erwarten gewesen, dass angesichts des offensichtlichen Widerspruchs zu Art. IX Abs. 2 des KostÄndG bzw. § 4 Abs. 1 EGRDG, die Frage in der Gesetzesbegründung problematisiert worden wäre. Es kann auch nicht angenommen werden, dass der Gesetzgeber Art. IX Abs. 2 KostÄndG übersehen hat, weil dieser in Art. 20 Nr. 7 des Gesetzes zur Neuregelung des Rechtsberatungsgesetzes ausdrücklich Erwähnung findet. Es ist deshalb nicht ausgeschlossen, sondern sogar nahe liegend, dass es sich um einen redaktionellen Fehler handelt. Es ist nämlich kein sachlicher Grund ersichtlich, die Umsatzsteuer und die Auslagen nicht gesondert zu erstatten, sondern die Höhe der eigentlichen Gebühr in Abhängigkeit von der Höhe der Umsatzsteuer und der Auslagen zu bestimmen. Andererseits spricht für ein solches redaktionelles Versehen auch der Umstand, dass in der Begründung zu der erst im Gesetzgebungsverfahren eingefügten Regelung nicht durchgängig von „Vergütung" gesprochen wird, sondern zugleich von „Aufwand" und von „Deckelung der erstattungsfähigen Gerichtskosten der Inkassounternehmen".[270] Die bewusste Verwendung einer Legaldefinition hätte zu einer einheitlichen Verwendung in der Gesetzesbegründung führen müssen. **496**

In der Sache kann es keinen Zweifel geben, dass der berechtigte Vergütungsanspruch des Inkassounternehmers, die entstandenen Auslagen sowie die Umsatzsteuer bei einem nicht vorsteuerabzugsberechtigten Gläubiger bei einer rein materiell-rechtlichen Betrachtung als Verzugsschaden nach §§ 286, 280 BGB zu qualifizieren sind. Damit sind sie in ihrer Gesamtheit auch zu erstatten. Es ist nicht nachvollziehbar, weshalb dies nun im Rahmen eines prozessualen Kostenerstattungsanspruches, der letztlich eine gesetzliche Umsetzung des materiell-rechtlichen Verzugsschadensersatzanspruches zur Vermeidung von prozessualen Auseinandersetzungen darstellt, anders sein sollte. **497**

---

[270] BT-Drucks 16/6634 S. 116.

§ 2 Rechtliche Grundlagen

498 Es kann auch nicht im Streit stehen, dass dem Grunde nach auch bei der isolierten Betrachtung des Mahnverfahrens Auslagen bei dem Gläubiger oder bei dem Inkassounternehmen anfallen, da der Gläubiger die notwendigen Informationen dem Inkassounternehmen übermitteln und das Inkassounternehmen den Gläubiger über den Gang des Verfahrens unterrichten muss.

499 Die Erfassung der damit verbundenen Auslagen, insbesondere von Telefonkosten und Porti stellt einen erheblichen Aufwand dar, der in keinem Verhältnis zu der Größenordnung der Auslagen steht, weshalb eine grundsätzliche Pauschalierung sachgerecht erscheint.

500 In anderen Rechtsbereichen ist deshalb anerkannt, dass diese Auslagen mit Pauschalen abgegolten werden. So wird etwa bei Verkehrunfällen dem Geschädigten eine allgemeine Schadenspauschale – nach der Rechtsprechung zwischen 25 und 30 EUR – zuerkannt. Der BGH hat in seiner Entscheidung vom 10.12.2007 vorgerichtliche Mahnkosten in Höhe von 5 EUR pauschal anerkannt, da der Gläubiger den Schuldner nach Inverzugsetzung nochmals vorgerichtlich zur Begleichung seiner Forderung aufgefordert hat.[271] Das Amtsgericht Köln erkennt in ständiger Rechtsprechung Mahnkosten in Höhe von 3 EUR für ein vorgerichtliches Mahnschreiben des Gläubigers ohne nähere Darlegungen an.[272] Das AG Witten schätzt eine vorgerichtliche Mahnung des Gläubigers mit 6 EUR[273] nach § 287 ZPO und lässt insoweit auch eine Pauschale zu. Das AG Brandenburg a.d.H. hält einen Betrag von 2,50 EUR für ein Mahnschreiben für angemessen.[274] Ausgehend hiervon erscheint es sachgerecht, für das Mahnverfahren unter Heranziehung des nach Nr. 7002 VV RVG vom Gesetzgeber als angemessen angesehenen pauschalen Auslagenerstattungsanspruchs von 20 % der Vergütung, d.h. im unteren Streitwertbereich von 5 EUR bis höchstens 20 EUR auszugehen und im Übrigen einen konkreten Nachweis der entstandenen Auslagen zuzulassen.

501 Die Gesetzesbegründung spricht ebenfalls – wenn auch nicht eindeutig, dann aber doch in ihrer Ratio – für ein solches Ergebnis. So heißt es dort, dass die

---

271 BGH WM 2008, 255 = DB 2008, 345.
272 Vgl. zuletzt AG Köln v. 19.10.2007 – 145 C 69/07.
273 AG Witten v. 19.3.2007 – 2 C 271/06.
274 AG Brandenburg a.d.H. v. 25.1.2007 – 31 C 190/06 = NJW 2007, 2268.

D. Der prozessuale Kostenerstattungsanspruch im Mahnverfahren § 2

in § 4 Abs. 4 EGRDG eingeführte Vergütung etwa den anwaltlichen Gebühren im unteren Streitwertbereich entspreche, der den Großteil der Inkassoverfahren ausmache. Schon der Vergleich der Inkassovergütung mit den anwaltlichen Gebühren legt nahe, dass der Begriff der Vergütung nicht im Sinne der Summe von Gebühren und Auslagen verstanden werden kann. Der Gesetzgeber würde dann zwei nicht vergleichbare Sachverhalte miteinander vergleichen.

Die Annahme des Gesetzgebers, die Vergütung des Inkassounternehmens entspreche im unteren Streitwertbereich der anwaltlichen Gebühr, gilt nur, wenn die Umsatzsteuer und die Auslagen bei diesem Vergleich außer Betracht bleiben. Die anwaltliche 1,0-Verfahrensgebühr beträgt im Mahnverfahren bei Streitwerten bis 300 EUR nämlich ebenfalls 25 EUR. Hinzu kommt dann die Auslagenpauschale von 20 % der Gebühren nach Nr. 7002 VV RVG, d.h. weitere 5 EUR, so dass sich die Vergütung schon auf 30 EUR addiert, was zuzüglich Umsatzsteuer zu einer Gesamtvergütung von 35,70 EUR führt. Dieser Betrag liegt um 42 % höher als die in § 4 Abs. 4 EGRDG genannte Vergütung von 25 EUR, so dass nicht mehr davon gesprochen werden kann, dass im unteren Streitwertbereich eine im Wesentlichen gleiche Vergütung anfällt. 502

Dabei bleibt noch unberücksichtigt, dass der Rechtsanwalt zusätzlich noch eine 0,5-Verfahrensgebühr für die Beantragung des Vollstreckungsbescheides im unteren Streitwertbereich in Höhe von 12,50 EUR erhält, so dass sich für den Rechtsanwalt im unteren Streitwertbereich eine Vergütung von 25 EUR + 12,50 EUR = 37,50 EUR zuzüglich 20 % der Gebühren als Auslagen (7,50 EUR), d.h. ein Nettogebührenaufkommen von 45 EUR zuzüglich Umsatzsteuer, mithin eine Gesamtvergütung von 53,55 EUR ergibt. 503

Rechnet man in anderer Weise aus der Gebühr des § 4 Abs. 4 EGRDG von 25 EUR die Umsatzsteuer heraus, so ergibt sich lediglich noch ein Gebührenanspruch von 21,01 EUR. Wollte man daraus in Anlehnung an Nr. 7002 VV RVG noch eine Auslagenpauschale von 20 % (= 3,50 EUR) herausrechnen, so ergibt sich lediglich noch eine Nettogebühr von 17,51 EUR. Die Gebühr läge damit 7,49 EUR unter der anwaltlichen Nettovergütung allein für das Mahnverfahren und betrüge nicht einmal die Hälfte der Gesamtnettogebühren des Rechtsanwaltes für das gesamte Mahnverfahren. Ein solcher 504

Unterschied von rund 30 % im Vergleich zur Verfahrensgebühr im Mahnverfahren und rund 50 % im Vergleich zu den beiden anwaltlichen Verfahrensgebühren ist ebenfalls nicht mit der Feststellung vereinbar, dass die Vergütung der Inkassounternehmen dann der Vergütung des Rechtsanwaltes im unteren Streitwertbereich entspreche. Es würde eine eklatante Abweichung vorliegen. Ein sachlicher Grund, der diese unterschiedliche Behandlung rechtfertigt, ist nicht erkennbar.

505 Wer die Erstattungsfähigkeit einer Auslagenpauschale neben der in § 4 Abs. 4 EGRDG genannten Vergütung verneint, sieht sich der weiteren Problematik gegenüber, wie die Erstattungsfähigkeit konkreter Auslagen begründet werden soll. Die vorgeschlagene Auslagenpauschale deckt nicht in jedem Fall die tatsächlichen Auslagen, etwa wenn in Vorbereitung des Mahnantrages zunächst noch eine Aufenthaltsermittlung stattfinden oder die konkrete Bezeichnung des Schuldners und seine Vertretungsverhältnisse im Handelsregister ermittelt werden müssen. Wollte man all dies von der Vergütung nach § 4 Abs. 4 EGRDG umfasst sehen, weil der Begriff der Vergütung im rechtstechnischen Sinne verstanden werden müsse und deshalb Gebühren und Auslagen umfasse, so könnte dies zu dem kaum hinnehmbaren Ergebnis führen, dass das Inkassounternehmen keine Vergütung erhielte, weil alleine die tatsächlich angefallenen Auslagen den Betrag von 25 EUR übersteigen.

506 *Hinweis*
War das Inkassounternehmen bereits vorgerichtlich tätig, so ließe sich noch rechtfertigen, dass die genannten Auslagen der vorgerichtlichen Tätigkeit zuzuordnen sind und als Teil der dort anfallenden Inkassovergütung mit abgegolten werden. Dies ist aber nur eine Behelfskonstruktion, weil sich der Sachverhalt der Erstattungsfähigkeit nicht anders darstellen darf, wenn das Inkassounternehmen allein mit der Durchführung des gerichtlichen Mahnverfahrens betraut wird. Eine solche Differenzierung ist kaum zu begründen.

507 Eine sachliche Rechtfertigung dafür, dass die Höhe der Auslagen mitbestimmt, welche Vergütung der Inkassounternehmer letztlich für seine eigene Tätigkeit erhält, ist nicht erkennbar.

D. Der prozessuale Kostenerstattungsanspruch im Mahnverfahren § 2

Beispiel 508
Der Schuldner zahlt im Einzelhandel mit seiner EC-Karte den Rechnungsbetrag von 25 EUR. Der belastete Betrag wird mangels Kontodeckung dem Gläubiger aber nicht gutgeschrieben, sondern rückbelastet. Das Inkassounternehmen wird nun beauftragt unmittelbar das Mahnverfahren durchzuführen. Hierzu ist es erforderlich, über die Bank den Namen und die Anschrift des Schuldners zu ermitteln. Hierfür fällt eine Gebühr von 30 EUR an.

Eine Sichtweise, die dem Gläubiger im Beispielsfall die Auslagenerstattung 509 verweigert, würde dazu führen, dass der Gläubiger diese Kosten tragen müsste, obwohl §§ 280, 286 BGB einen Erstattungsanspruch gegenüber dem Schuldner begründet. Der prozessuale Kostenerstattungsanspruch des § 4 Abs. 4 EGRDG würde dann entweder eine Beschränkung des materiell-rechtlichen Verzugsschadensanspruches mit sich bringen oder man müsste dem Gläubiger neben dem prozessualen Kostenerstattungsanspruch auch noch den materiell-rechtlichen Kostenerstattungsanspruch als Ergänzung zuerkennen. Der Sinn prozessualer Kostenerstattungsansprüche liegt aber gerade darin, für typisierte Fälle einen grundsätzlichen Verzugsschadensersatzanspruch zur Entlastung der Gerichte in ein einfaches Verfahren zu führen, d.h. die berechtigten Erstattungsansprüche nicht in einem zivilprozessualen Erkenntnisverfahren klären zu lassen, sondern in einem einfacheren Kostenfestsetzungsverfahren nur feststellen zu lassen. Die Aufnahme der Vergütungsregelung in § 4 Abs. 4 S. 3 EGRDG im Gesetzgebungsverfahren wurde auch gerade damit begründet, die Gerichte entlasten zu wollen.

Die Verweigerung der Auslagenerstattung in diesem Fall bedeutet, dass der 510 Gläubiger die Auslagen dem Inkassounternehmen erstatten muss, gegen den Schuldner aber keinen Erstattungsanspruch hat, so dass sich im Ergebnis sein Hauptanspruch um die Auslagen vermindern würde. Obwohl der Gläubiger also einen Mehraufwand hat, erhält er für seine Primärleistung eine geringere Bezahlung. Welche Begründung soll dies rechtfertigen?

Dem kann insbesondere nicht entgegengehalten werden, dass das Inkassounternehmen die Auslagen nach § 4 Abs. 4 S. 3 EGRDG nicht erhalten könne, weshalb der Gläubiger keinen bleibenden Schaden erleide. Das Verhältnis des Gläubigers zum Inkassounternehmen bleibt von § 4 Abs. 4 S. 3 EGRDG nämlich unberührt. Im Verhältnis zum Inkassounternehmen wird der Gläubiger aber kaum durchsetzen können, dass es das volle Auslagenrisiko trägt, d.h. bei höheren Auslagen am Ende keine Vergütung erhält oder sogar ein wirtschaftlich nachteiliges Geschäft vollziehen muss. Warum die Auslagen bei der Beauftragung eines Rechtsanwaltes erstattungsfähig sein sollen, nicht aber bei der Beauftragung eines Inkassounternehmens lässt sich ebenso wenig erklären.

512 *Hinweis*
Ein anderes Ergebnis könnte nur in der Weise begründet werden, dass neben der Vergütung aus § 4 Abs. 4 S. 3 RDG die konkret nachweisbaren Auslagen nach §§ 675, 670 BGB erstattet werden. Dies ist offenbar der Weg, den die Koordinierungsstelle für das automatisierte Mahnverfahren und mit ihr die zentralen Mahngerichte gehen möchten. Hier soll eine Möglichkeit geschaffen werden, konkrete Auslagen, nicht aber eine Auslagenpauschale anzugeben. Dies ist zwar eine pragmatische Lösung für einen Teilbereich der Problematik, ohne dass sich dann aber die Frage konsequent beantworten lässt, warum dann nicht auch eine Auslagenpauschale geschuldet sein soll. Von der Berücksichtigung konkreter Auslagen spricht § 4 Abs. 4 S. 3 EGRDG ebenfalls nicht. Wenn es sich in diesem Sinne aber gerade nicht um eine abschließende Regelung handelt, spricht nichts dagegen mit der Kostenerstattung prozessual den Anspruch nach §§ 280, 286 BGB vollständig abzudecken, d.h. sowohl die pauschale Auslagenerstattung als auch den Ersatz der Umsatzsteuer zuzulassen.

513 Eine vergleichbare Vergütung des Rechtsanwaltes ergibt sich auch nicht, wenn man die Anrechnung der vorgerichtlichen Geschäftsgebühr des Rechtsanwaltes im unteren Streitwertbereich von bis zu 300 EUR in die Betrachtung mit einbezieht.

514 In diesem Fall erhält der Rechtsanwalt eine 0,35-Gebühr ausgehend von einer 1,0-Gebühr in Höhe von 25 EUR, d.h. insgesamt 8,75 EUR. Hinzu kommt dann eine 0,5-Verfahrensgebühr für die Beantragung des Vollstreckungsbescheides in Höhe von 12,50 EUR, so dass sich eine Nettogebühr von 21,25 EUR ergibt. Hierauf sind die Auslagen dann aber in voller Höhe, zumindest pauschal in Höhe von 7,50 EUR zu addieren, so dass sich eine Vergütung von 28,75 EUR netto ergibt. Ergänzt um die Umsatzsteuer erhält der Rechtsanwalt in diesem Fall also 34,22 EUR, d.h. eine höhere als die in § 4

D. Der prozessuale Kostenerstattungsanspruch im Mahnverfahren § 2

Abs. 4 EGRDG vorgesehene Vergütung des Inkassounternehmens. Auch in diesem Fall ist also eine „vergleichbare" Vergütung nicht mehr festzustellen.

Die geringste Differenz ergibt sich selbst im Anrechnungsfall für den Rechtsanwalt, wenn man die Gebühr des § 4 Abs. 4 S. 3 EGRDG als Nettogebühr zuzüglich Auslagen und Umsatzsteuer ansieht. In diesem Fall stehen sich bei einer Anrechnung der außergerichtlichen Vergütung ein Betrag von 34,22 EUR für den Rechtsanwalt und 35,70 EUR für das Inkassounternehmen gegenüber. Findet keine Anrechnung statt, erhält der Rechtsanwalt 53,55 EUR, das Inkassounternehmen weiterhin 35,70 EUR. 515

Ein anderes Verständnis würde dazu führen, dass das Inkassounternehmen versucht ist, seine Auslagen möglichst gering zu halten, um den Vergütungsanteil möglichst hoch zu halten. Ein solches gesetzliches Vergütungsmodell erscheint mit den Belangen einer geordneten Rechtspflege kaum vereinbar und insoweit auch nicht wünschenswert. 516

Nach der Begründung des Rechtsausschusses des Deutschen Bundestages soll mit der Gebühr des § 4 Abs. 4 S. 3 EGRDG der Aufwand des Inkassounternehmers im Sinne einer automatisierten Bearbeitung des gerichtlichen Mahnverfahrens abgegolten werden. Einer solchen Zielrichtung entspricht es nicht, die Gebühr variabel zu gestalten, d.h. in Abhängigkeit von der Höhe der Auslagen und der Umsatzsteuer eine höhere oder niedrigere Vergütung zu gewähren. Der Aufwand bleibt nämlich für den Inkassounternehmer, unabhängig von seinem Aufwand an Auslagen und auch unabhängig von der Höhe der Umsatzsteuer, der gleiche. 517

Berücksichtigt werden muss also, dass die Höhe der Umsatzsteuer von Gesichtspunkten bestimmt wird, die nicht in Zusammenhang mit dem Forderungsinkasso stehen, so dass die Vergütung des Inkassounternehmers bei einer Anhebung der Mehrwertsteuer sinken und bei einer Reduzierung der Mehrwertsteuer steigen würde, ohne dass auch hierfür ein sachlicher Grund erkennbar wäre. 518

Letztlich ist auf die bereits dargestellte verfassungsrechtliche Problematik zu verweisen. Eine Regelung, die dem Rechtsanwalt unabhängig von der Höhe seiner Auslagen und der Umsatzsteuer eine feste Vergütung zubilligt, dies aber einem Inkassounternehmer verweigert, lässt sich sachlich kaum rechtfertigen. 519

520 Die zentralen Mahngerichte scheinen die Streitfrage weitgehend entscheiden und damit ihre Kompetenzen im Mahnverfahren überschreiten zu wollen. Nach den bis zum Redaktionsschluss dieser Auflage vorliegenden Informationen soll das Inkassounternehmen im Mahnbescheidsantrag eine Vergütung von 25 EUR angeben können, ohne aufschlüsseln zu müssen, ob es sich um einen Brutto- oder einen Nettobetrag handelt. Insoweit könnte der vorsteuerabzugsberechtigte Gläubiger und mit ihm das von ihm beauftragte Inkassounternehmen profitieren. Es wird also wohl keine Plausibilitätskontrolle dahin eingeführt, dass bei einem vorsteuerabzugsberechtigten Gläubiger lediglich eine Vergütung von 21,01 EUR (25 EUR abzüglich der Umsatzsteuer) eingesetzt werden darf. Bis zu einer anderen höchstrichterlichen Entscheidung wird es deshalb keine Umsatzsteuerproblematik beim vorsteuerabzugsberechtigten Gläubiger geben. Der Inkassounternehmer kann seinem Mandanten, d.h. dem Gläubiger, dann für das Betreiben des Mahnverfahrens eine Gebühr von 25 EUR zuzüglich der Umsatzsteuer von 4,75 EUR, insgesamt also 29,75 EUR in Rechnung stellen, soweit er dies vertraglich so vereinbart. Aufgrund der Berechtigung zum Vorsteuerabzug kann der Gläubiger die an das Inkassounternehmen gezahlte Umsatzsteuer dann wieder in Abzug bringen, so dass er tatsächlich lediglich 25 EUR zahlt. Genau dieser Betrag ist dann auch vom Schuldner aufgrund der Titulierung zu zahlen. Der negative Effekt bleibt dann nur bei dem Fall, dass der Gläubiger nicht zum Abzug der Vorsteuer berechtigt ist. Diese Fälle sind durchaus nicht gering einzuschätzen, weil nicht unerhebliche Forderungen der Banken, Sparkassen und Versicherungen nicht dem Vorsteuerabzug unterliegen.

521 In beiden Fällen bleibt allerdings die Problematik der Auslagenerstattung. Soweit hier die Plausibilitätskontrolle bei einem Betrag von 25 EUR einsetzt, wirkt sie jedenfalls im praktischen Ergebnis streitentscheidend und geht damit über eine reine Plausibilitätsprüfung hinaus und wandelt sich zu einer im Mahnverfahren unzulässigen[275] Schlüssigkeitsprüfung. Der Rechtspfleger hat im Mahnverfahren nur die Zulässigkeit, nicht aber auch die

---

275 *Zöller/Vollkommer*, ZPO, 26. Aufl., Vor § 688 Rn 6; AG Breisach v. 9.4.1986 – B 977/85 = NJW-RR 1986, 936; AG Stuttgart v. 16.9.2005 – 04–0294035-0-9 = JurBüro 2006, 94 m. Anm. *Wedel*; *Martin*, Die Prüfungsbefugnis des Rechtspflegers im gerichtlichen Mahnverfahren am Beispiel der Geltendmachung von Inkassokosten, 1988, S. 153; AG Leipzig JurBüro 1996, 542 m. Anm. *Wedel*.

D. Der prozessuale Kostenerstattungsanspruch im Mahnverfahren § 2

Schlüssigkeit der Ansprüche zu prüfen. Darüber hinaus dürfen nur Forderungen zurückgewiesen werden, die offensichtlich unbegründet sind.

Angesichts der aufgeworfenen Streitfrage wird kaum von einem Missbrauchsfall auszugehen sein, wenn das Inkassounternehmen beim vorsteuerabzugsberechtigten Gläubiger einen Betrag von 30 EUR[276] bzw. beim nicht vorsteuerabzugsberechtigten Gläubiger einen Betrag von 35,70 EUR[277] geltend macht. Soweit der Schuldner diese Vergütung für unangemessen erachtet, steht es ihm frei Widerspruch einzulegen, so dass die Streitfrage schnell einer höchstrichterlichen Klärung zugeführt werden kann. 522

Eklatant tritt die Ungleichbehandlung mit den Rechtsanwälten zutage. Hier ist trotz der offenen Frage nach der Anwendung der Schadensminderungspflicht nach § 254 Abs. 2 BGB offenbar nicht beabsichtigt, eine entsprechende Plausibilitätsprüfung in Anwendung der Schadensminderungspflicht nach § 254 Abs. 2 BGB zu installieren. 523

Sollte es zu einer Plausibilitätskontrolle bei 25 EUR für die Inkassokosten kommen, wirft dies auch im Rechtsmittelzug Schwierigkeiten auf, die eine schnelle Entscheidung der Streitfragen durch den Bundesgerichtshof hindern. Soweit der Inkassounternehmer im Mahnbescheidsantrag neben den 25 EUR nämlich die pauschale Auslagenpauschale mit 5 EUR berücksichtigt und insoweit 30 EUR angibt, wird der Mahnantrag moniert. Es ist dann nicht zu erwarten, dass der Rechtspfleger auf eine entsprechende Darlegung die Auslagenpauschale berücksichtigen wird, da es sich um ein Masseverfahren handelt und im Rahmen der dann koordinierten abgestimmten Plausibilitätskontrolle festgelegt wurde, dass insgesamt nur der Betrag von 25 EUR akzeptiert wird. Wird deshalb der Mahnantrag in dieser Höhe zurückgewiesen, ergibt sich hiergegen die Erinnerung nach § 11 Abs. 2 RPflG, über die dann der Erinnerungsrichter bei dem zentralen Mahngericht zu entscheiden hat. Aufgrund der geringen Höhe der Auslagenpauschale ist die Entscheidung nach § 567 Abs. 2 ZPO grundsätzlich nicht beschwerdefähig, so dass nur gehofft werden kann, dass sich die Erinnerungsrichter den vorstehenden Argumenten gegenüber aufgeschlossen zeigen. Da kein Rechtsmittelweg zur Sicherung einer einheitlichen Handhabung zur Verfügung steht, steht zu- 524

---

276 25 EUR zzgl. der Auslagenpauschale von 20 %.
277 25 EUR zzgl. 20 % Auslagenpauschale von 5 EUR = 30 EUR zzgl. Umsatzsteuer von 5,70 EUR.

§ 2 Rechtliche Grundlagen

gleich zu befürchten, dass es an den zwölf zentralen Mahngerichten zu unterschiedlichen Handhabungen kommt. Dies wird dann ohne Zweifel einen Forderungstourismus auslösen. Hiervon profitieren aufgrund der steigenden Gerichtsgebühren die Bundesländer, die die Plausibilitätsprüfung bei 35,70 EUR angesiedelt haben.

525 Dagegen ist der Rechtsmittelweg zu einer Entscheidung des Bundesgerichtshofes bei einer erst über 35,70 EUR einsetzenden Plausibilitätsprüfung offen. Soweit der Schuldner gegen den Mahn- oder Vollstreckungsbescheid insgesamt oder beschränkt auf die Kosten Widerspruch einlegt, weil er der Auffassung ist, dass die Vergütung des Inkassounternehmens für den Vorsteuerabzugsberechtigten nur in Höhe von 21,01 EUR netto bzw. 25 EUR brutto angefallen ist, muss der Gläubiger unter Darlegung der hier aufgezeigten Argumente seinen Anspruch auf 30 EUR bzw. 35,70 EUR sachlich begründen. Er kann dabei die Klage auch um die Auslagenpauschale erhöhen, soweit er zunächst nur 25 EUR geltend gemacht hatte. Soweit der Gläubiger zwar in der Hauptsache obsiegt, wegen der Umsatzsteuer und/oder der Auslagenpauschale allerdings unterliegt, wird regelmäßig die Berufungssumme nach § 511 Abs. 2 Nr. 1 ZPO nicht erreicht sein. Für diesen Fall kann der Gläubiger aber die Zulassung der Berufung beantragen. Die Fortbildung des Rechts und die Herausbildung einer einheitlichen Rechtsprechung und Rechtspraxis wird die Zulassung der Berufung gebieten bis eine höchstrichterliche Entscheidung vorliegt. Unter den gleichen Voraussetzungen kann die Revision zum Bundesgerichtshof zugelassen werden. Schon im Sinne der Rechtssicherheit muss gehofft werden, dass dieser Schritt möglichst schnell beschritten wird.

526 Da der Gesetzgeber die aufgezeigte Differenzierung in der Gesetzesbegründung nicht angesprochen hat, zugleich die in § 4 Abs. 4 S. 3 EGRDG genannte Gebühr mit der anwaltlichen Gebühr im unteren Streitwertbereich vergleicht und in der Gesetzesbegründung des Rechtsausschusses mit unterschiedlichen Begrifflichkeiten arbeitet, muss zusammenfassend davon ausgegangen werden, dass es sich bei der Formulierung „Vergütung" in § 4 Abs. 4 EGRDG um ein gesetzgeberisches Versehen handelt und tatsächlich nur „Gebühr" gemeint war. Es wäre anderenfalls nicht verständlich, dass der Gesetzgeber zu den auf der Hand liegenden und skizzierten Problembereichen auch nicht nur ein Wort verliert.

D. Der prozessuale Kostenerstattungsanspruch im Mahnverfahren § 2

Nach allgemeinen schadensrechtlichen Kategorien können die Auslagen pauschaliert werden. Dabei erscheint jedenfalls im unteren Streitwertbereich neben dem Nachweis konkret entstandener Auslagen auch der Ersatz einer Auslagenpauschale in Höhe von bis zu 20 % der Gebühren, höchstens 20 EUR sachgerecht. Der Gesetzgeber hat diesen Betrag bei Rechtsanwälten für angemessen erachtet. Selbst wenn das Inkassounternehmen pro Fall höhere pauschale Auslagen zu verzeichnen hat, erscheint diese Begrenzung in Anwendung von § 254 Abs. 2 BGB sachgerecht. 527

Um eine befriedigende Klärung der Streitfragen bei gleichzeitiger Entlastung der Gerichte zu erreichen, sollte der Gesetzgeber hier klarstellend tätig werden. Anderenfalls wird die Rechtsprechung die Streitfragen auf Veranlassung des Schuldners oder aber des Gläubigers klären müssen. Der Gläubiger, der ein Inkassounternehmen als Rechtsdienstleister einsetzt, wird hierbei nur gewinnen können. 528

III. Die Folgen für die Praxis

Letztlich werden zunächst die Gerichte entscheiden müssen, in welchem Sinne § 4 Abs. 4 S. 3 EGRDG zu verstehen ist, soweit sich die Inkassounternehmen nicht mit der Vergütung von 25 EUR brutto je Fall begnügen und für diese Gebühren das Mahnverfahren betreiben. Hiervon ist nicht auszugehen. Auch werden die Schuldner höhere Kosten bei der Beauftragung eines Rechtsanwaltes im Mahnverfahren als 25 EUR kaum akzeptieren. Verschiedene Schuldnerberatungen haben hier schon Widerspruchsverfahren angekündigt. Beides wird für die Praxis aber abzuwarten bleiben. 529

Die Gerichte werden vor allem zu entscheiden haben, ob auch zukünftig das in der Vergangenheit praktizierte Modell der Übergabe der Forderung an den Rechtsanwalt zur Titulierung, nachdem die außergerichtlichen Bemühungen des Inkassounternehmens erfolglos waren, zulässig bleibt und welche Kosten in diesem Modell vom Schuldner zu erstatten sind. Bisher war dieses Modell unter Geltung des Rechtsberatungsgesetzes und der Beachtung der Schadensminderungspflicht nicht nur zulässig, sondern sogar rechtlich zwingend, soweit der Gläubiger einerseits die besondere Effektivität und das besondere Leistungsspektrum eines Inkassounternehmens in der vorgerichtlichen Forderungsbeitreibung nutzen wollte und andererseits deren 530 beschränkten rechtlichen Handlungsradius bei der Titulierung hinnehmen musste.

531 Nachdem es dem Gesetzgeber nicht gelungen ist, eine eindeutige und zwischen den verschiedenen Rechtsdienstleistern systematisch abgestimmte Vergütungsregelung zu treffen und unterschiedliche Modelle möglich erscheinen, werden sich diese auch in der Praxis wieder finden lassen. Im Ergebnis besteht dabei für alle Beteiligten bis zur gerichtlichen Klärung der Streitfragen ein erhebliches wirtschaftliches Risiko, dass der Gesetzgeber hätte vermeiden können.

532 Dagegen wird ein berufs- oder strafrechtliches Risiko zu verneinen sein. Für alle Modelle lassen sich vertretbare rechtliche Argumente anführen, so dass die Rechtsprechung das Verhältnis der angesprochenen Normen des § 4 Abs. 4 S. 3 RDG, des § 91 ZPO, des § 254 BGB und der Bestimmungen des Rechtsanwaltsvergütungsgesetzes für das Verhältnis des Rechtsdienstleisters zum Gläubiger einerseits und für das Erstattungsverhältnis zwischen dem Gläubiger und dem Schuldner andererseits wird klären müssen. Erst wenn dies geschehen ist und ggf. bestimmte Modelle verworfen wurden, wird man Fragen nach einem Verstoß gegen die berufsrechtlichen Regelungen eines ordentlichen Kaufmannes oder gar den Vorwurf des Gebührenbetruges im Einzelfall bezogen auf die Zukunft beantworten müssen.

533 Wenngleich immer wieder feststellbar ist, dass der Gesetzgeber die Klärung von Streitfragen der Rechtsprechung überlässt, geben die aufgeworfenen Fragen genug Anlass für eine Korrektur der gesetzlichen Regelung. Dabei wird der eingangs unterbreitete Vorschlag wiederholt, dass der Gesetzgeber die Gebühren für die Vertretung des Gläubigers im gerichtlichen Verfahren einheitlich nach den Bestimmungen des Rechtsanwaltsvergütungsgesetzes für alle Rechtsdienstleister durch eine Verweisung in § 4 Abs. 4 EGRDG auf die Nr. 3305, 3308, 7002 und 7008 VV RVG regelt und in diesem Umfange den prozessualen Erstattungsanspruch bestimmt.[278] Dies wäre ein maßgeblicher Beitrag zur Entlastung der Gerichte und zur Schaffung von Rechtssicherheit in einem Massengeschäft.

---

278 So auch *Salten*, ZRP 2007, 88, 91.

Soweit rechtstatsächliche Untersuchungen tatsächlich belegen, dass der Aufwand des heutigen automatisierten Mahnverfahrens unter Berücksichtigung der Kosten zur Anschaffung, Pflege und Fortschreibung der Hard- und Software geringer als bei Anlage des Gebührensystems sind, so kann dem durch eine Absenkung der Gebührentatbestände von einer 1,0-Verfahrensgebühr für das Mahnverfahren und einer 0,5-Verfahrensgebühr für das Verfahren zur Beantragung des Vollstreckungsbescheides Rechnung getragen werden. Dabei wird allerdings zu berücksichtigen sein, dass der Gesetzgeber hierfür beim Beschluss des Rechtsanwaltsvergütungsgesetzes und dessen Inkrafttreten zum 1.7.2004 ein solches Bedürfnis nicht gesehen hat. Denkbar ist auch, dass er nach einer entsprechenden Analyse der tatsächlichen Kosten unter Einschluss einer angemessenen Vergütung eine dynamisch anzupassende Festgebühr für das Betreiben des automatisierten gerichtlichen Mahnverfahrens für alle Rechtsdienstleister einführt.

534

E. Der prozessuale Kostenerstattungsanspruch in der Zwangsvollstreckung

Inkassounternehmen war bis zum 30.6.2008 eine Vertretung des Gläubigers in der Zwangsvollstreckung nicht gestattet, soweit es sich um gerichtliche Vollstreckungsmaßnahmen handelte. Damit waren Inkassounternehmen auf die Beauftragung des Gerichtsvollziehers zur Durchführung der Mobiliarzwangsvollstreckung in Form der Fahrnisvollstreckung[279] sowie des Offenbarungsverfahrens mit der Abnahme der eidesstattlichen Versicherung[280] beschränkt. Die Forderungsvollstreckung als zweiter Arm der Mobiliarzwangsvollstreckung war ihnen verschlossen. Dies hat sich nunmehr geändert. Den Inkassounternehmen ist es nach § 79 Abs. 2 Nr. 4 ZPO beginnend mit dem 1.7.2008 gestattet, den Gläubiger in der gesamten Mobiliarzwangsvollstreckung, d.h. nicht mehr nur in der Fahrnisvollstreckung nebst dem Offenbarungsverfahren, sondern nun auch in der Forderungsvollstreckung[281] zu vertreten. Dazu gehört nun auch die Beantragung des Haftbefehls im Offenbarungsverfahren nach den §§ 807, 899 ff. ZPO. Offen bleibt, ob als Teil der

535

---

279 Hierzu ausführlich *Goebel*, AnwaltFormulare Zwangsvollstreckung, 3. Aufl., § 4.
280 Hierzu ausführlich *Goebel*, AnwaltFormulare Zwangsvollstreckung, 3. Aufl., § 2.
281 Hierzu ausführlich *Goebel/Gottwald*, AnwaltFormulare Zwangsvollstreckung, 3. Aufl., § 5 (Grundlagen) und § 6 (ABC der Forderungsvollstreckung).

Mobiliarzwangsvollstreckung zukünftig auch ein Durchsuchungsbeschluss nach § 758a Abs. 1 ZPO oder ein Nacht- bzw. Sonn- und Feiertagsbeschluss nach § 758a Abs. 4 ZPO von Inkassounternehmen beantragt werden darf. Wenn dies schon ausdrücklich für den Haftbefehl gilt, sollte es für die weniger einschneidenden Beschlüsse nach § 758a ZPO möglich sein.

536 Ausgenommen sind jeweils Verfahrenshandlungen, die ein streitiges Verfahren einleiten oder die innerhalb eines streitigen Verfahrens vorzunehmen sind.

537 *Hinweis*
Damit ist es den Inkassounternehmen auch zukünftig verwehrt, eine Erinnerung nach § 766 ZPO oder eine sofortige Beschwerde nach den §§ 793, 567 ff. ZPO einzulegen und/oder das entsprechende Verfahren zu betreiben. Dies stellt keine überzeugende Grenzziehung dar. Wer die erforderliche theoretische und praktische Sachkunde für das Betreiben der Zwangsvollstreckung haben muss, um als Inkassodienstleister registriert zu werden, dem ist auch die notwendige Sachkunde zur sachgerechten Durchführung der Rechtsmittelverfahren zuzutrauen.[282]

538 War für die bisher erlaubte Tätigkeit der Inkassounternehmen in der Zwangsvollstreckung die Frage nach der Höhe und dem Verfahren der Kostenerstattung für die Inkassounternehmen lange streitig, hat schon Art. IX Abs. 2, Abs. 1 S. 3 KostÄndG für Klarheit gesorgt. Nach Abs. 1 S. 1 der Vorschrift gilt zunächst das Rechtsanwaltsvergütungsgesetz für die Vergütung von Personen, denen die Erlaubnis zur geschäftsmäßigen Besorgung fremder Rechtsangelegenheiten erteilt worden ist, sinngemäß. Diese Vorschrift gilt nach allgemeinem Verständnis des Art. IX Abs. 2 KostÄndG nicht für Inkassounternehmen.[283]

---

[282] Der Autor ist mehr als zehn Jahre Leiter einer Arbeitsgemeinschaft für das Zwangsvollstreckungsrecht für Rechtsreferendare und war mehrere Jahre Mitglied einer Spezialkammer für Beschwerdeverfahren. Aus den Erfahrungen beider Funktionen kann festgehalten werden, dass Rechtsanwälte aufgrund der nur fragmentarischen theoretischen Ausbildung im Zwangsvollstreckungsrecht in Studium und Referendarausbildung an dieser Stelle über keine größere Sachkunde als Inkassounternehmen verfügen.

[283] *Seitz*, Inkasso-Handbuch, 3. Aufl., Rn 846.

E. Der prozessuale Kostenerstattungsanspruch in der Zwangsvollstreckung § 2

539 Es entspricht allerdings einhelliger Rechtsprechung,[284] dass der Gläubiger vom Schuldner die Kosten eines Inkassobüros für das Betreiben von Zwangsvollstreckungsmaßnahmen erstattet verlangen kann, wenn die Inkassokosten die Kosten, die für die Einschaltung eines Rechtsanwaltes sonst erforderlich geworden wären, nicht übersteigen. Im Ergebnis können die Inkassokosten damit bis zur Höhe der entsprechenden Rechtsanwaltsgebühren als notwendige Kosten der Zwangsvollstreckung nach § 788 Abs. 1 ZPO vollstreckt und nach § 788 Abs. 2 ZPO auch festgesetzt werden, jedenfalls soweit dadurch entsprechende Rechtsanwaltskosten gespart wurden.[285]

540 Diese Rechtslage wird beibehalten und von – dem durch Art. 20 Nr. 7 des Gesetzes zur Neuregelung des Rechtsberatungsgesetzes zum 1.7.2008 aufgehobenen – Art. IX KostÄndG in § 4 Abs. 4 S. 1 EGRDG übernommen. Danach sind die notwendigen Kosten für die Vertretung eines Gläubigers durch eine Person, die Inkassodienstleistungen erbringt, d.h. eine nach § 10 Abs. 1 S. 1 Nr. 1 RDG registrierte Person, nach § 788 ZPO erstattungsfähig. Eine Einschränkung in den Absätzen des § 788 ZPO wird nicht vorgenommen, so dass auch die gerichtliche Festsetzung nach § 788 Abs. 2 ZPO i.V.m. §§ 104 ff. ZPO von den Inkassounternehmen betrieben werden können.

541 Auch hier kommt es für die Höhe wieder nicht zu einer unmittelbaren Anwendung des RVG. Vielmehr können Rechtsanwälte wie Inkassounternehmen die staatlichen Vollstreckungsorgane nur in gleicher Weise durch Anträge steuern. In der Zwangsvollstreckung im engeren Sinne unterscheiden sich die Tätigkeiten von Rechtsanwälten und Inkassounternehmen grundsätzlich nicht. Weil die Informationsbeschaffung im Allgemeinen mit der Verfahrensgebühr abgegolten ist, kann das Inkassounternehmen nicht mehr verlangen, als ein Rechtsanwalt erhalten würde.

542 Aus dieser Parallelität der Tätigkeiten ergibt sich nach § 254 Abs. 2 BGB, dass der Gläubiger in der Zwangsvollstreckung den aus Sicht des Schuldners kostengünstigsten Weg wählen muss. § 254 Abs. 2 BGB findet also auch bei

---

284 AG Villingen-Schwenningen v. 15.8.2006 – 4 M 3413/06 = JurBüro 2007, 90; LG Bremen v. 12.12.2001 – 2 T 804/01; LG Hamburg v. 15.1.1990 – 13 T 51/89; AG Duisburg v. 2.6.1998 – 24 M 820/98.
285 AG Villingen-Schwenningen JurBüro 2007, 90.

der Beurteilung der Frage, inwieweit die Kosten der Zwangsvollstreckung vom Schuldner zu erstatten sind, Anwendung.[286] Dies ist zugleich in § 788 Abs. 1 ZPO angelegt, der nur die „notwendigen" Kosten der Zwangsvollstreckung für erstattungsfähig erklärt. Der Rechtsanwalt kann in den hier maßgeblichen Verfahren der Mobiliarzwangsvollstreckung eine 0,3-Verfahrensgebühr nach Nr. 3309 VV RVG und eine 0,3-Terminsgebühr nach Nr. 3310 VV RVG erhalten. Die Terminsgebühr entsteht allerdings nur für die Teilnahme an einem gerichtlichen Termin oder einem Termin zur Abnahme der eidesstattlichen Versicherung. Der Ersatz pauschaler Auslagen ist in Anwendung von Nr. 7002 VV RVG auf 20 % der Gebühren, höchstens 20 EUR beschränkt. Daneben kommt nur die Erstattung von konkreten Auslagen nach §§ 675, 670 BGB in Betracht.

543 Die Erstattungsfähigkeit der Inkassokosten durch den Schuldner ist damit der Höhe nach auf die genannten vergleichbaren Gebühren eines Rechtsanwaltes beschränkt. Dabei muss beachtet werden, dass die Terminsgebühr bei Inkassounternehmen nur für die Teilnahme an einem Termin zur Abgabe der eidesstattlichen Versicherung anfallen kann. In diesem Rahmen können Inkassounternehmen also sowohl ihre Gebühren als auch ihre Auslagenerstattung nach § 788 Abs. 1 ZPO verlangen[287] und nach § 788 Abs. 2 ZPO auch festsetzen lassen.

544 *Hinweis*
Zur Vermeidung von Streitigkeiten über die Erstattungsfähigkeit von Inkassokosten, die zu einer Verzögerung der Vollstreckung führen können, kann es empfehlenswert sein, die entstandenen Inkassokosten nebst Auslagen nach §§ 788 Abs. 2 i.V.m. §§ 104 ff. ZPO festsetzen zu lassen.

545 Das LG Oldenburg[288] hat in einer aktuellen Entscheidung herausgearbeitet, dass es sich bei den Inkassokosten um notwendige Kosten der Zwangsvoll-

---

286 *Wedel*, JurBüro 2001, 345; *Baumbach/Lauterbach/Albers/Hartmann*, ZPO, 66. Aufl., § 788 Rn 4, 5, § 91 Rn 28, 29; OLG Düsseldorf JurBüro 1993, 605; *Johannsen*, DGVZ 1989, 6.
287 AG Dresden v. 12.12.2006 – 545 M 5281/06 = ZVI 2007, 130; LG Bremen v. 12.12.2001 – 2 T 804/01 = JurBüro 2002, 212; AG Duisburg v. 2.6.1998 – 24 M 820/98 = JurBüro 1998, 608; AG Homburg v. 12.9.1995 – M 313/95 = DGVZ 1996, 46; LG Münster v. 11.6.1991 – 5 T 741/90 = JurBüro 1991, 1215; LG Hamburg v. 15.1.1990 – 13 T 51/89 = JurBüro 1990, 1291; AG Tübingen v. 22.6.1988 – III M 61/88; LG Nürnberg-Fürth v. 11.5.1987 – 13 T 2745/87 = JurBüro 1987, 1258 = RBeistand 1987, 90.
288 OLG Oldenburg v. 5.7.2007 – 6 T 1091/06.

E. Der prozessuale Kostenerstattungsanspruch in der Zwangsvollstreckung § 2

streckung handelt, wenn ein Schuldner nach Zustellung des Vollstreckungstitels die Forderung nicht ausgleicht und der Gläubiger dann ein Inkassounternehmen mit der weiteren Beitreibung beauftragt.[289] Der Höhe nach seien die Inkassokosten auf die vergleichbare 0,3-Anwaltsgebühr beschränkt. Dabei hat das LG Oldenburg den Einwand zurückgewiesen, dass der Erstattungsfähigkeit entgegenstehe, dass das RVG für Inkassounternehmen keinen Gebührentatbestand vorsehe. § 788 ZPO beziehe sich nicht nur auf Kosten, für die ein Gebührentatbestand bestehe.

Aufgrund der dargestellten Systematik wurde einem Inkassounternehmen etwa die Erstattung gesonderter Kontoführungsgebühren verweigert.[290] Die Erstattung von Kontoführungsgebühren sei nicht konkret und im Einzelfall nachweisbar. Insoweit falle sie nicht unter §§ 675, 670 BGB. Der 7. Abschnitt des VV RVG biete ebenfalls keine Grundlage für die Erstattung solcher Kosten in der Zwangsvollstreckung. Anderer Auffassung war allerdings das Landgericht Nürnberg-Fürth[291] für den Fall, dass die Kontoführungsgebühren in einem angemessenen Verhältnis zur beizutreibenden Hauptforderung stehen. 546

Die Erstattung von Inkassokosten neben Rechtsanwaltskosten in der Zwangsvollstreckung wurde in der Vergangenheit weitgehend abgelehnt.[292] Dies ist grundsätzlich nicht zu beanstanden, weil sowohl der Rechtsanwalt als auch das Inkassounternehmen lediglich das staatliche Zwangsvollstreckungsorgan beauftragen konnten. Allerdings schließt dies im Einzelfall nicht aus, dass beide Kosten nebeneinander anfallen. 547

Zum einen ist der Fall zu berücksichtigen, dass das Inkassounternehmen erfolglos die Fahrnisvollstreckung mit einem kombinierten Mobiliarzwangsvollstreckungsversuch und der anschließenden Abnahme der eidesstattlichen Versicherung durchgeführt hat. Nachdem sich aus der eidesstattlichen Versicherung Hinweise auf Forderungen des Schuldners gegen Dritte ergaben, wurden dann von einem Rechtsanwalt im Wege der den Inkassounternehmen bisher verschlossenen Forderungspfändung die notwendigen Pfän- 548

---

289 Im Ergebnis ebenso AG Rendsburg v. 28.11.2007 – 4 M 1032/07.
290 AG Fürth v. 9.10.2007 – 1 M 6672/07 = DGVZ 2008, 47.
291 LG Nürnberg-Fürth v. 11.5.1987 – 13 T 2745/87 = JurBüro 1987, 1258 = RBeistand 1987, 90.
292 LG Kleve v. 7.2.1977 – 4 T 30/76 = DGVZ 1977, 92.

dungs- und Überweisungsbeschlüsse beantragt. In diesem Fall sind für die Fahrnisvollstreckung die Inkassokosten bis zur Höhe der vergleichbaren anwaltlichen Gebühr neben den Rechtsanwaltskosten für die Forderungsvollstreckung zu berücksichtigen. Wäre der Rechtsanwalt sofort mit beiden Vollstreckungsarten beauftragt worden, so wären die Kosten in gleicher Weise angefallen, da die Gebühren für jede Vollstreckungshandlung gesondert anfallen.[293] Es sind in der Gesamtschau durch die Berücksichtigung der Inkassokosten für den Schuldner keine höheren Kosten entstanden.

549 *Hinweis*
Diese Konstellation wird zumindest für die Tätigkeit der Inkassounternehmen in der Zwangsvollstreckung in Zukunft abnehmen, da den Inkassounternehmen mit § 79 Abs. 2 Nr. 4 ZPO nunmehr gestattet ist, die Mobiliarzwangsvollstreckung einschließlich des Offenbarungsverfahrens und der Beantragung des Haftbefehls im Offenbarungsverfahren selbst zu betreiben. Der Fall, dass das Inkassounternehmen die Informationsbeschaffung für die Vorbereitung der Forderungsvollstreckung leistet, dann aber einen Rechtsanwalt zur Beantragung des Pfändungs- und Überweisungsbeschlusses einschalten muss, wird also nicht mehr vorkommen. Damit vermindern sich auch die Fälle, in denen neben Rechtsanwaltskosten in der Zwangsvollstreckung auch Inkassokosten geltend gemacht werden müssen.

550 Zum anderen muss aber auch der Fall berücksichtigt werden, dass das Inkassounternehmen besondere Anstrengungen in der Informationsbeschaffung unternommen hat, um den Aufenthalt oder das Vermögen des Schuldners zu ermitteln. Gehen die Ermittlungsmaßnahmen über das hinaus, was einerseits der Gläubiger seinem Rechtsdienstleister an Informationen aus eigener Wahrnehmung zur Verfügung stellen kann und was andererseits die Möglichkeiten der Sachaufklärung in der Zwangsvollstreckung bieten, können diese Kosten in Form von besonderen Auslagen nach §§ 675, 670 BGB als notwendige Kosten der Zwangsvollstreckung Berücksichtigung finden. Voraussetzung ist, dass die Möglichkeiten der Sachaufklärung in der Zwangsvollstreckung erschöpft waren, d.h. die Auskunftsmöglichkeiten des Offen-

---

293 Zu den in der Zwangsvollstreckung anfallenden Kosten siehe *Goebel*, AnwaltFormulare Zwangsvollstreckung, 3. Aufl., § 15 Rn 68 ff.

barungsverfahrens nach §§ 807, 899 ff. ZPO sowie der Forderungspfändung nach § 836 Abs. 3 ZPO genutzt wurden, ohne dass sich hieraus Anhaltspunkte für ein verwertbares Vermögen ergeben haben.

> *Beispiel* 551
> Der Schuldner gibt im Verfahren zur Vorlage des Vermögensverzeichnisses und der Abgabe der eidesstattlichen Versicherung an, dass er lediglich zehn Stunden die Woche tätig sei und hierfür einen – nicht pfändbaren – Betrag von 400 EUR monatlich erhalte. Durch den Einsatz eines Außendienstmitarbeiters kann das Inkassounternehmen klären, dass der Schuldner tatsächlich vollschichtig im Betrieb seiner Lebensgefährtin arbeitet. Damit wird eine Lohnpfändung nach § 850h ZPO möglich.

Hier ist es nicht gerechtfertigt, lediglich die 0,3-Verfahrensgebühr des Rechtsanwaltes bzw. zukünftig in vergleichbarer Höhe die Inkassokosten für die Beantragung des Pfändungs- und Überweisungsbeschlusses zu berücksichtigen. Vielmehr sind die konkret auszuweisenden Kosten für den Einsatz des Außendienstes zusätzlich als Auslagen nach § 788 Abs. 1 ZPO, §§ 675, 670 BGB ersatzfähig, weil es sich um weitergehende, üblicherweise in der Zwangsvollstreckung nicht zu erwartende Maßnahmen der Informationsbeschaffung handelt.[294] Voraussetzung ist selbstverständlich, dass auch der Gläubiger diese Kosten den Inkassounternehmen grundsätzlich zu erstatten hat, d.h. ein entsprechender Verzugsschaden überhaupt entstanden ist. 552

F. Konzerninkasso und Inkassokosten

I. Problembeschreibung

Viele rechtlich selbständige Inkassounternehmen betreiben das Forderungsmanagement sowie das vorgerichtliche und das nachgerichtliche Inkasso im Kerngeschäft für verbundene Unternehmen im Sinne des § 15 Aktiengesetz (AktG). Es handelt sich um eine besondere Form des Outsourcings. Sie sichert, dass ein spezialisierter Unternehmensteil entsteht, der für eine hohe Effektivität der zu erledigenden Aufgabe sorgt, weil sich das Forderungsmanagement hier als Kerngeschäft darstellt, während es als integraler Teil des Kernunternehmens regelmäßig nur als notwendiger und belastender Kos- 553

---

[294] Vgl. hierzu auch OLG Bamberg NJW-RR 1994, 412.

tenfaktor wahrgenommen wird.[295] Durch den Zwang zum wirtschaftlichen Handeln wird die Kostenstruktur des Forderungsmanagements transparent. Zugleich besteht die Notwendigkeit die Kosten niedrig zu halten, damit ein positives Betriebsergebnis erzielt werden kann, was für eine wirtschaftlichere Erledigung der Gesamtaufgabe sorgt. Letztlich bietet diese Form des Forderungsmanagements die Möglichkeit, neben der Beitreibung der konzerneigenen Forderungen auch gänzlich wirtschaftlich fremde Forderungen mit einzutreiben, d.h. als Dienstleister am Markt aufzutreten und so durch die größere Masse der Forderungen betriebswirtschaftlich effektiver agieren zu können und zugleich neue Erwerbsmöglichkeiten zu eröffnen. Solche Organisationsformen sind insbesondere im Versandhandel, bei Auto- und Leasingunternehmen, bei Banken und Kreditkartenunternehmen sowie bei Versicherungen anzutreffen.

554 Für das bisher geltende Rechtsberatungsgesetz (RBerG) ist insoweit vertreten worden, dass es sich hinsichtlich der Erbringung von Rechtsdienstleistungen um jedenfalls wirtschaftlich eigene Forderungen des verbundenen Inkassounternehmens handelt, wenn das Inkassounternehmen in einen Vertragskonzern eingebunden ist. Dagegen wurde in anderen Konstellationen, etwa der Beherrschung von Inkassounternehmen und Gläubiger durch ein drittes Unternehmen oder bei reinen Gewinnabführungsverträgen angenommen, dass fremde Forderungen eingezogen werden.[296] Als Folge hiervon wird im ersten Fall keine Inkassoerlaubnis verlangt, im zweiten Fall sehr wohl.

555 *Hinweis*
In der Praxis verfügten auch konzerneigene Inkassounternehmen in der Vergangenheit über eine Inkassoerlaubnis bzw. über entsprechend Ausübungsberechtigte. Es ist davon auszugehen, dass sie zukünftig, d.h. unter Geltung des Rechtsdienstleistungsgesetzes als Erlaubnisinhaber und somit als registrierte natürliche oder juristische Personen am Markt tätig sein werden und über entsprechend qualifizierte Personen verfügen, die die theoretische und praktische Sachkunde im Sinne des § 11 RDG nach-

---

295 *Stahrenberg*, Zur Effektivität des externen Inkassos, in: Inkasso vor Gericht, Evangelische Akademie Bad Boll, 5/1998, S. 5.
296 *Caliebe*, in: *Seitz*, Inkasso-Handbuch, 3. Aufl., S. 874 ff.

F. Konzerninkasso und Inkassokosten § 2

gewiesen haben.[297] Dies hat seinen Grund in der Vergangenheit wie in der Zukunft darin, dass meist Mischformen vorliegen, d.h. nicht nur Forderungen der im Konzern verbundenen Unternehmen eingezogen werden, sondern auch Forderungen gänzlich fremder Unternehmen.

Das RBerG hat zum Konzerninkasso keine ausdrückliche Regelung enthalten. Auch liegen – soweit ersichtlich – keine Gerichtsentscheidungen zur berufsrechtlichen Behandlung des Konzerninkassos vor. Letztlich fehlt es auch an Rechtsprechung, die die Problematik des Konzerninkassos auf die Frage überträgt, ob beim Einzug wirtschaftlich nicht fremder Forderungen Inkassokosten als Verzugsschaden des Gläubigers beim Schuldner geltend gemacht werden können. **556**

Damit hat sich für die betroffenen Unternehmen in der Praxis die Frage gestellt, ob Inkassokosten als Verzugsschaden geltend gemacht werden können. Diese Frage stellt sich auch für die Zukunft. **557**

Hinweis **558**
In der Praxis zeigt sich hier ein uneinheitliches Bild. Vielfach werden Inkassokosten auch von konzerngebundenen Unternehmen bei der Einziehung wirtschaftlich eigener Forderungen aus dem Konzernverbund geltend gemacht, ohne dass dies von den Schuldnern zum Anlass genommen wird, außergerichtlich gegen den Anspruch auf Inkassokosten dem Grunde nach Einwendungen zu erheben. Auch Widersprüche im Mahnverfahren aus diesem Grunde sind kaum festzustellen. Teilweise wird auf die Geltendmachung solcher Kosten allerdings auch verzichtet.

Die Praxis zeigt für die Vergangenheit also fast keine streitigen Auseinandersetzungen, so dass es an Gerichtsentscheidungen zur Problematik fehlt. Dies liegt einerseits darin begründet, dass die Schuldner eine solche Auseinandersetzung nicht gesucht, sondern die Inkassokosten ausgeglichen haben oder andererseits im drohenden Streitfall die Gläubiger auf die Geltendmachung der Inkassokosten verzichtet haben, weil sie die zeitliche Verzögerung bei der Beitreibung der Hauptforderung durch eine Auseinan- **559**

---

297 Die theoretische Sachkunde kann in den Lehrgängen des Bundesverbandes Deutscher Inkassounternehmen e.V. erworben werden. Inhalt und Form dieser Inkassolehrgänge sind in § 11 RDG i.V.m. der Rechtsdienstleistungsverordnung geregelt. Dies gilt auch für die notwendige schriftliche und mündliche Prüfung an der u.a. ein Richter beteiligt sein muss.

560 dersetzung um die Inkassokosten als Nebenforderungen nicht in Kauf nehmen wollten.

Einzig das LG Hagen[298] hatte sich in einer besonderen Konstellation mit dieser Frage einmal zu beschäftigen. Dem lag aber ein besonderer Fall zugrunde, weil der Geschäftsführer des Mutterkonzerns zugleich der Geschäftsführer des Inkassounternehmens war. Das LG Hagen ist in dieser Konstellation von einem Formenmissbrauch ausgegangen. Insoweit wird diese Entscheidung als Sonderfall angesehen,[299] der nicht verallgemeinerungsfähig ist, insbesondere nicht die Einschätzung zulässt, „die Rechtsprechung" gehe davon aus, dass im Konzerninkasso eine Erstattung von Inkassokosten nicht in Betracht komme.

561 *Hinweis*
Bei einer zeitlichen Verzögerung müssen die Gläubiger immer auch das Risiko in Betracht ziehen, dass sich die Vermögenslage des Schuldners weiter verschlechtert und er in Insolvenz gerät.

562 Die Auseinandersetzung um die berufsrechtliche und die kostenrechtliche Behandlung des Konzerninkassos ist mithin allein in der Literatur geführt worden. Sie hat dort aber auch ihre Berechtigung und Bedeutung, da eine Vielzahl der von Inkassounternehmen beigetriebenen Forderungen im Hauptanspruch unstreitig sind, und deshalb im Wege von Vollstreckungsbescheiden oder Versäumnisurteilen tituliert werden. Mangels Rechtsprechung aufgrund einer streitigen Auseinandersetzung bedarf es insoweit einer Orientierungshilfe für die Praxis. Dies gilt für den Gläubiger, der einerseits nicht auf die berechtigte Erstattung tatsächlich entstandener und von dem Schuldner letztlich veranlasster Aufwendungen verzichten will, anderseits seines Images wegen aber auch nicht Gefahr laufen will, unberechtigte Inkassokosten geltend zu machen.

II. Die berufsrechtliche und kostenrechtliche Problematik

563 Vor dem Hintergrund, dass eine vertiefende Literatur zum neuen RDG noch nicht vorliegt, muss die Darstellung an der zunächst unter dem RBerG ge-

---

298 LG Hagen, Urt. v. 29.3.1978 – WM 1978, 1140.
299 *Seitz*, Inkasso-Handbuch, 3. Aufl., Rn 799.

führten Diskussion anknüpfen, um dann die sich durch das RDG ergebenden neuen Aspekte hier mit einzubinden.

564 *Michalski* hat in einem Aufsatz aus dem Jahre 1994[300] die Auffassung vertreten, dass das Inkasso durch ein konzernabhängiges Unternehmen ein Verstoß gegen Art. 1 § 1 RBerG darstelle. Diese Ausführungen hat er später wiederholt.[301] Für die gewerbsmäßige Einziehung fremder Forderungen sei eine Inkassoerlaubnis erforderlich. Der Einzug einer nicht fremden Forderung durch eine andere Person als den Forderungsinhaber (= konzerngebundenes Unternehmen) sei nicht erlaubnispflichtig, zugleich aber auch nicht erlaubnisfähig. Dies mündet in seiner Feststellung, dass *„bei mangelnder Identität von Gläubiger und Einziehendem dessen unternehmerische und nicht nur im Einzelfall ausgeübte Inkassotätigkeit dann verboten ist und damit auch keine Erlaubnis nach dem RBerG erteilt werden kann, wenn dafür die Voraussetzungen des Art. 1 § 1 RBerG nicht vorliegen."*[302] Genau dies sei aber bei konzerngebundenen Unternehmen der Fall, da diese gerade keine fremden Forderungen einziehen würden. Die Beurteilung, ob eine Forderung „fremd" sei, sei nämlich anhand des wirtschaftlichen Interesses und nicht aufgrund der Rechtsinhaberschaft zu entscheiden. Auch liege keine geschäftsmäßige Besorgung vor, da die Tätigkeit im Konzernverbund weisungsgebunden ausgeübt werde. Soweit gleichwohl eine Inkassoerlaubnis erteilt worden sei, erstrecke sich diese nicht auf die Einziehung der Forderungen der Konzernmutter.[303] Hieraus hat er abgeleitet, dass dem Gläubiger statt der Einschaltung eines konzernabhängigen IKU auch die Einrichtung einer Rechts- oder Mahnabteilung zumutbar sei, so dass die bei der Forderungseinziehung entstandenen Kosten nicht erforderlich und damit nicht ersatzfähig sind.[304] Nach seiner Auffassung stellt die Geltendmachung nicht erstattungsfähiger Inkassokosten einen strafrechtlich relevanten Tatbestand dar, *„so dass die dafür Verantwortlichen mit einem Ermittlungsverfahren wegen Betrugs rechnen müssen".*[305]

---

300 *Michalski*, Unzulässigkeit der Forderungseinziehung durch konzerngebundene Inkassounternehmen, ZIP 1994, 1501–1510.
301 *Michalski*, Unzulässigkeit der Forderungseinziehung durch konzerngebundene Inkassounternehmen, DB 1995, 2511.
302 *Michalski*, DB 1995, 2511.
303 *Michalski*, DB 1995, 2511, 2512.
304 *Michalski*, DB 1995, 2511, 2512.
305 *Michalski*, ZIP 1994, 1501, 1507.

Nach den Erkenntnissen des Autors ist es allerdings in der Praxis weder zu Ermittlungsverfahren noch zu Anklagen oder gar Verurteilungen gekommen.

565 Diesen Ausführungen hat *Caliebe*[306] aus berufsrechtlicher Sicht zu Recht widersprochen. Sie hat darauf hingewiesen, dass es inkonsequent ist, bezüglich der Erlaubnisfähigkeit für die Frage der Fremdheit der Forderung auf eine wirtschaftliche Fremdheit abzustellen und für die Frage nach der Erfüllung der Voraussetzungen des Art. 1 § 1 RBerG allein die mangelnde juristische Identität zum Maßstab zu erheben. Ein weiterer Bruch der Argumentation sei darin zu sehen, dass *Michalski* einerseits die Geschäftsmäßigkeit des Forderungseinzugs eines konzerngebundenen Unternehmens mangels Selbständigkeit verneine, gleichwohl aber diese Voraussetzung dann bei der Annahme eines Verstoßes gegen Art. 1 § 1 RBerG annehme. Voraussetzung der Erlaubnispflichtigkeit sei nämlich gerade das geschäftsmäßige Handeln. *Caliebe* selbst differenziert schon bei der Frage, wann eine fremde und wann eine wirtschaftlich eigene Forderung vorliegt. Hier komme es auf die Form der Verbundenheit an.[307] Schon *Caliebe* hat zu Recht darauf hingewiesen, dass die Frage, ob ein konzerngebundenes Unternehmen die Erstattung von Inkassokosten bei der Beitreibung von konzerneigenen Forderungen verlangen kann, von der berufsrechtlichen Frage der Erlaubnispflicht zu trennen sei.[308]

566 *Hinweis*
Die Ansicht von *Michalski* zur berufsrechtlichen Beurteilung des Konzerninkassos ist nunmehr durch das RDG und die hier in § 2 Abs. 3 Nr. 6 RDG getroffene Regelung überholt. Die rechtliche Unklarheit unter dem RBerG hat der Gesetzgeber – wie nachfolgend noch zu zeigen sein wird – dahin entschieden, dass es sich bei der Einziehung einer Forderung eines im Sinne des § 15 AktG verbundenen Unternehmens nicht um eine Rechtsdienstleistung handelt. Mangels Rechtsdienstleistung besteht auch keine Erlaubnispflichtigkeit. Aus der Systematik ergibt sich zugleich, dass diese Tätigkeit damit nicht etwa verboten ist, sondern erlaubnisfrei ausgeführt werden darf. Dies spricht die Gesetzesbegründung auch ausdrücklich aus.

---

306 *Caliebe*, in: *Seitz*, Inkasso-Handbuch, 3. Aufl., Rn 2097, 2106.
307 *Caliebe*, in: *Seitz*, Inkasso-Handbuch, 3. Aufl., Rn 2097, 2107.
308 *Caliebe*, in: *Seitz*, Inkasso-Handbuch, 3. Aufl., Rn 2097.

F. Konzerninkasso und Inkassokosten § 2

Die Problematik reduziert sich damit zukünftig auf die Frage, ob ein Gläubiger gezwungen ist – wie *Michalski* meint – statt eines verbundenen Inkassounternehmens eine eigene Mahn- und Inkassoabteilung zu unterhalten und in keinem Falle Inkassokosten verlangen kann. Hier bestehen unterschiedliche Auffassungen. Dazu später mehr.[309]

567

Die Ausführungen von *Michalski* betreffend die Erstattungsfähigkeit von Inkassokosten sind aber auch sonst nicht unwidersprochen geblieben. So hat schon *Rieble*[310] dargelegt, dass unabhängig von der äußeren Form, in der eine Inkassodienstleistung erbracht werde, d.h. ob dies durch den Gläubiger selbst geschehe, durch ein verbundenes Inkassounternehmen oder ein fremdes Inkassounternehmen oder letztlich durch einen Rechtsanwalt, für die Frage der Erstattungsfähigkeit darauf abzustellen sei, ob es sich um eine obligatorische Leistung handele oder eine überobligatorische Leistung. Im ersten Fall komme eine Erstattung nicht in Betracht, während im zweiten Fall Inkassokosten dem Grunde nach als Verzugsschaden geschuldet seien. Nur der Höhe nach sei zu differenzieren. Da der Gläubiger seinen Schaden konkret berechnen müsse, könne er bei einer Erledigung der überobligatorischen Leistung nicht eine marktübliche Inkassovergütung beanspruchen, da er dann auch den Gewinnanteil des Inkassounternehmens einstreiche. Hier sei nur ein Fix- und Gemeinkostenanteil geschuldet. Nichts anderes gelte dann für das verbundene Inkassounternehmen, soweit es allein Forderungen der verbundenen Unternehmen geltend mache. Anders sei es wieder dann zu beurteilen, wenn das konzerneigene Inkassounternehmen wirklich am Markt auftrete und dort seine Preise erwirtschafte. Er kommt zu dem zusammenfassenden Ergebnis: *„Es gibt de lege lata kein Verbot für Konzernunternehmen, ein konzernabhängiges Unternehmen mit dem Inkasso zu beauftragen und dessen Kosten dann qua Verzugsschaden abzurechnen."*

568

Auch andere vollziehen diese Grenzziehung nach. So formuliert *Jäckle*:[311] „Anzuerkennen ist jedoch, dass die zumutbaren Eigenbemühungen in den Fällen ihre Grenze finden, in denen das (vom Gläubiger beherrschte) Inkas-

569

---

309 Vgl. § 2 Rn 574 ff.
310 *Rieble*, Außergerichtliches Inkasso im Wettbewerb zwischen Anwälten und Inkassounternehmen, DB 1995, 195, 201.
311 *Jäckle*, Effektivität und Erstattungsfähigkeit der Kosten eines Inkassounternehmens, BB 1993, 2463, 2466 unter Ziffer IX.

sounternehmen ausnahmsweise eine über das übliche Vorgehen der Mahnabteilung eines Großunternehmens hinausgehende Tätigkeit entfaltet bzw. dieses nach allgemeinen Grundsätzen einen Anwalt hätte einschalten dürfen, dessen Kosten als Verzugsschaden oder prozessual zu ersetzen gewesen wären."

570 *Seitz*[312] stimmt *Michalski* für den Fall zu, dass es sich bei dem verbundenen Unternehmen um „*eine nur formal ausgegliederte Mahnabteilung*" handelt. Dabei diskutiert er sodann, wann von einer Identität zwischen IKU und Gläubiger auszugehen sei und nimmt insoweit zu der Verflechtungsrechtsprechung des BGH im Maklerrecht Stellung. Eine Differenzierung zwischen den obligatorischen und überobligatorischen Inkassoleistungen fehlt hier allerdings. Die Ausführungen vermögen deshalb in ihrem Ausgangspunkt schon nicht zu überzeugen, weil sie nicht von §§ 280, 286 BGB ausgehen. Die These, der Gläubiger könne grundsätzlich keine Inkassokosten erhalten, ist unzutreffend. Auch der Gläubiger selbst hat einen Anspruch auf Verzugsschadensersatz nach §§ 280, 286 BGB. Sein Problem liegt in der Darlegung des konkreten Schadens, wenn er die Inkassoleistung selbst erbringt und nicht durch einen Dritten erbringen lässt. Die verschiedenen Ebenen – Anspruchsgrund und Schaden – sind aber getrennt zu betrachten. So erhält etwa ein Rechtsanwalt, der sich in einem gerichtlichen Verfahren selbst vertritt, nach § 91 Abs. 2 S. 3 ZPO die Gebühren und Auslagen erstattet, die ein bevollmächtigter Rechtsanwalt erhalten hätte.[313] § 91 Abs. 2 S. 3 ZPO ist die verfahrensrechtliche Umsetzung des Schadensersatzanspruches nach §§ 280, 286 BGB. Weil der Rechtsanwalt auf die gesetzliche Gebührenordnung zurückgreifen kann, stellt sich bei ihm die Problematik der Schadensberechnung anders als bei anderen Gläubigern nicht. Auch zu allgemeinen schadensrechtlichen Kategorien ist anerkannt, dass die vom Geschädigten zur Schadensbeseitigung erbrachte Leistung dann ersatzfähig ist, wenn sie nach der Verkehrsanschauung einen Marktwert hat.[314] Vor diesem Hintergrund erhält etwa ein Kfz-Meister auch dann die im Sachverständigengutachten nach einem Verkehrsunfall ausgewiesenen Schadensbeseiti-

---

312 *Seitz*, Inkasso-Handbuch, 3. Aufl., Rn 799, 801.
313 Hierzu etwa BGH v. 2.5.2007 – XII ZB 156/06 = NJW 2007, 2257 = AGS 2007, 541.
314 BGH NJW 1996, 921 unter teilweiser Aufgabe seiner früheren Rechtsprechung; BGH NJW-RR 2001, 887; *Palandt/Heinrichs*, BGB, 67. Aufl., Vor § 249 Rn 37.

gungskosten einschließlich der Vergütung für die Arbeitsleistung, wenn er die Reparatur in der eigenen Werkstatt ausführt. Es wird abzuwarten bleiben, ob *Seitz* an seiner Auffassung auch in der angekündigten 4. Auflage des Inkasso-Handbuches festhält. Es ist zu erwarten, dass bei der zur Zeit vorbereiteten Neuauflage stärker zwischen der berufsrechtlichen und der kostenrechtlichen Problematik unterschieden wird und bei der kostenrechtlichen Problematik eine Differenzierung nach obligatorischen und überobligatorischen Leistungen stattfindet.

Rudloff[315] widerspricht *Michalski* ebenfalls. Er greift im Ergebnis die Argumentation von *Caliebe* auf und stellt dar, dass schon der Ansatz verfehlt sei, anzunehmen, dass die fehlende Erlaubnisfähigkeit der Einziehung wirtschaftlich nicht fremder Forderungen gleichzusetzen sei mit einem Verbot der Forderungseinziehung durch ein verbundenes Inkassounternehmen. *Rudloff* geht dann davon aus, dass dem Pflichtenkreis des Gläubigers als ihm zuzurechnende übliche Mühewaltung lediglich die verzugsbegründende Mahnung nach § 286 Abs. 1 BGB[316] zuzuordnen sei. Soweit diese überflüssig sei (§ 286 Abs. 2 BGB) sei allenfalls noch eine erste Zahlungsaufforderung zu verlangen.[317] Alle darüber hinausgehenden Leistungen seien als Verzugsschaden vom Schuldner zu tragen. Dies gelte unabhängig von der Frage, ob diese Leistungen von dem Gläubiger, dem verbundenen IKU oder einem fremden Inkassounternehmen erbracht würden. Auch hier wird also zwischen der berufsrechtlichen und der kostenrechtlichen Problematik differenziert.

571

Gewandelt hat sich inzwischen die Auffassung im **Standardkommentar zum BGB von Palandt**[318] in der Kommentierung von *Heinrichs* zu § 286 BGB.[319] Bis zur 66. Auflage wurde zu den Inkassokosten im Konzerninkasso ausgeführt: *„Keine ErsPfl. besteht aber, wenn ein zum Konzern gehörendes ausgegliedertes Untern. das Inkasso übernimmt (Michalski ZIP 94, 1501; DB 1995, 2511)."* Wie die vorstehenden Ausführungen zeigen, ist die Beru-

572

---

315 *Rudloff*, Ausgewählte Rechtsfragen der Inkassounternehmen, Diss. 1996, Europäische Hochschulschriften Bd. 2075, S. 100.
316 Vor dem 1.1.2002 noch in § 284 Abs. 1 S. 1 BGB geregelt.
317 Dieser Ansatz wird in § 2 Rn 574 ff. noch vertieft werden. Andere, etwa *Löwisch*, NJW 1986, 1726 wollen in den Anforderungen zwischen Klein- und Großunternehmen unterscheiden.
318 *Palandt*, BGB, 67. Aufl., § 286 Rn 49.
319 *Palandt/Heinrichs*, BGB, 66. Aufl., § 286 Rn 49.

fung auf *Michalski* in der Sache nicht gerechtfertigt gewesen. Vor diesem Hintergrund hat *Prof. Heinrichs* seine Kommentierung inzwischen geändert. In der 67. Auflage des Palandt heißt es nunmehr an gleicher Stelle: *„Aber keine ErsPfl., soweit das Inkassobüro, etwa ein konzerneigenes Inkasso-Untern, Leistungen erbringt, die wie die Erstmahnung oder die Bearbeitung u. Abwicklg. von SchadFällen zum eignen PflKreis des Geschädigten gehören."* Auch nach Palandt/*Heinrichs* bleibt es also unerheblich, in welcher Rechtsform das Inkasso betrieben wird. Entscheidend ist, ob die konkrete Inkassotätigkeit dem Pflichtenkreis des Gläubigers zuzuordnen ist, wozu unstreitig die Erstmahnung gehören dürfte, oder ob es sich um eine durch die nicht vertragsgemäße Nichtleistung des Schuldners veranlasste überobligatorische Leistung des Gläubigers handelt.

573 Als erstes Fazit lässt sich an dieser Stelle festhalten, dass bereits in den 90er Jahren diskutiert wurde, ob die bei konzernabhängigen Inkassounternehmen entstandenen Inkassokosten vom Schuldner unter den Voraussetzungen der Verzugshaftung zu erstatten sind und diese Frage in der Literatur unterschiedlich behandelt wurde. Die Auffassung, dass Konzerninkasso erlaubnispflichtig aber nicht erlaubnisfähig sei und deshalb auch keine erstattungsfähigen Inkassokosten entstünden, ist eine Einzelmeinung geblieben. Durchgesetzt hat sich vielmehr die Auffassung, wonach zwischen der berufsrechtlichen und der kostenrechtlichen Beurteilung des Sachverhaltes zu trennen ist. Berufsrechtlich ist schon unter dem RBerG nach der ganz herrschenden Auffassung von der Zulässigkeit des Konzerninkassos auszugehen gewesen. Mit der Regelung in § 2 Abs. 3 Nr. 6 RDG ist dies nun auch ausdrücklich gesetzlich so geregelt. Kostenrechtlich ist die Frage der Erstattungsfähigkeit in Abhängigkeit von der konkreten Inkassoleistung zu beurteilen.

III. Die kostenrechtliche Behandlung des Konzerninkassos

574 Die kostenrechtliche Betrachtung des Konzerninkassos ist zum Teil von der jeweiligen Sichtweise geprägt. Zum Teil wird als Zweck der Ausgliederung von Mahn- und Forderungsabteilungen allein das Streben nach einem rechtswidrigen Vermögensvorteil[320] bzw. dem künstlichen Schaffen von Schadens-

---

320 *Schüler*, Inkasso vor Gericht, S. 75.

F. Konzerninkasso und Inkassokosten § 2

positionen[321] gesehen. Eher den Gläubigern zugeneigte Autoren sehen darin eine betriebswirtschaftlich gebotene und rechtlich zulässige Rationalisierungsmaßnahme.[322]

Nach der hier vertretenen Auffassung kann es auf die Frage der Organisationsform des Forderungsinkassos nicht ankommen. Entscheidend ist, ob sich der Gläubiger einer ihm obliegenden und seiner Sphäre zuzuordnenden Tätigkeit im Forderungsmanagement entziehen will. Als Beispiele können hier etwa die Rechnungsstellung oder die Erstmahnung genannt werden. In diesem Fall kommt eine Erstattung der Kosten nicht in Betracht. Dies gilt unabhängig davon, ob der Gläubiger das Forderungsinkasso selbst durchführt, damit ein konzerngebundenes Inkassounternehmen, ein juristisch und wirtschaftlich fremdes Inkassounternehmen oder einen Rechtsanwalt beauftragt. Ist nach der heutigen Verkehrsanschauung[323] dagegen davon auszugehen, dass der Gläubiger nach Eintritt des Verzuges berechtigt ist, einen Dritten mit der Wahrnehmung seiner Interessen und damit dem weiteren Forderungsinkasso zu beauftragen, so besteht auch dem Grunde nach ein Anspruch auf die damit verbundenen Inkassokosten. Auch hier kann es rechtlich für den dem Grunde nach aus §§ 280, 286 BGB bestehenden Anspruch nicht von Belang sein, in welcher Form diese weitere – aus Sicht des Gläubigers überobligatorische – Tätigkeit erledigt wird.[324]

575

Anders ausgedrückt: Der Schuldner, der seiner vertraglichen Leistungspflicht nicht nachgekommen ist, hat gegenüber dem Gläubiger keinen Anspruch darauf, dass der Gläubiger seine ihm vertraglich nicht mehr obliegenden Leistungen in einer ganz bestimmten Art und Weise organisiert.

576

Es erscheint weder sachgerecht noch im Einklang mit den maßgeblichen Anspruchsgrundlagen der §§ 280, 286 BGB zu stehen, wenn hier mit Zumutbarkeitserwägungen argumentiert wird.

577

---

321 *Jäckle*, Inkasso vor Gericht, S. 39, 54; *ders.*, NJW 1986, 2693; *Michalski*, ZIP 1994, 1501.
322 *Werner*, Formen kartellfreier Kooperationen, DB 1986, 1809; *Rieble*, DB 1995, 195 und DB 1995, 2512.
323 Hierzu § 2 Rn 203 ff.
324 In diesem Sinne sind auch die Ausführungen bei *Palandt/Heinrichs*, BGB, 67. Aufl., § 286 Rn 49 zu verstehen.

578 Es kann dahinstehen, ob es dem Gläubiger zumutbar wäre, das Forderungsinkasso auch innerhalb des eigenen Unternehmens durchzuführen. Mit dieser Argumentation könnte angesichts der richterlichen Hinweispflichten in einer Vielzahl von Fällen dem Kläger oder dem Beklagten die kostenrechtliche Notwendigkeit der anwaltlichen Vertretung vor dem Amtsgericht außerhalb des von § 78 ZPO vorgesehenen Anwaltszwangs abgesprochen werden. Dies wird ernsthaft nicht vertreten. Für solche Zumutbarkeitserwägungen wird auch kein rechtlicher Ansatzpunkt genannt. Er ist auch nicht erkennbar.

579 Es ist auch nicht sachgerecht, dass der Gläubiger die durch das nicht vertragsgerechte Verhalten des Schuldners verursachten Kosten tragen soll, die entweder seinen Gewinn schmälern oder als kalkulatorische Kosten in die Preisgestaltung eingehen. Letzteres behindert ihn einerseits im Wettbewerb, insbesondere dann, wenn noch zwischen Groß- und Kleinunternehmen getrennt werden soll. Der größere Unternehmer hätte dann höhere Kosten als der kleinere Unternehmer. Neben der Frage, wo die Grenze zwischen Groß- und Kleinunternehmer zu ziehen ist, handelt es sich um einen unzulässigen Eingriff in den Wettbewerb. Soll die Erstattungsfähigkeit der Inkassokosten wirklich davon abhängen, ob der Schuldner das „Glück" hatte, seine Leistung bei einem Großunternehmen zu bestellen oder das „Pech", dies bei einem kleineren Unternehmen getan zu haben?

580 Eine Sichtweise, die im Konzerninkasso dem Gläubiger einen Erstattungsanspruch versagt, bedeutet aber andererseits auch, dass diejenigen Verbraucher, die ihre Leistungen vertragsgerecht erbringen, die Kosten der Forderungsbeitreibung zu tragen haben. Dies gilt heute schon für die Hauptforderungen und Kosten die letztlich durch den Unternehmer nicht einbringlich sind. In diesem Sinne stellt sich der vermeintliche „Schuldnerschutz" durch die Versagung der Erstattungsfähigkeit der Inkassokosten nicht etwa als Verbraucherschutz, sondern als genau das Gegenteil dar. Er belastet die leistungsbereiten Verbraucher.

581 Mit dem Konzerninkasso liegt auch kein Rechtsmissbrauch des Gläubigers vor, so dass über § 242 BGB ein nach §§ 280, 286 BGB begründeter Anspruch entfallen könnte. Ein solcher Rechtsmissbrauch setzt voraus, dass der Gläubiger eine eigentlich von ihm zu erledigende Aufgabe von einem Dritten erledigen lässt, allein um die Kosten dann bei dem Schuldner liqui-

dieren zu können. Da der Gläubiger aber in einem bestimmten Zeitpunkt nach allgemeiner Meinung berechtigt ist, einen Dritten einzuschalten, handelt es sich nicht mehr um eine „eigentlich vom Gläubiger zu erledigende Aufgabe". Die entscheidende Schnittstelle liegt also bei der Frage, was der Gläubiger als Teil seiner Hauptleistung als mit geschuldete Nebenleistung selbst an Inkassomaßnahmen erbringen muss. Nur insoweit muss der Schuldner vor einer nicht gerechtfertigten Kostenverlagerung geschützt werden. Jenseits dieser Schwelle besteht aus schadensrechtlicher Sicht kein Schutzbedürfnis des Schuldners als Schädiger.

Werden dem Schuldner die Kosten der überobligatorischen Anstrengungen des Gläubigers in Form von Inkassokosten auferlegt, so stellt dies auch keine unangemessene Benachteiligung des Schuldners dar. Diese Kostenverteilung entspricht dem in § 286 BGB angelegten Verursacherprinzip. Der Schuldner hat sich nicht vertragsgerecht verhalten und schuldet deshalb neben der Hauptleistung den Ersatz des aus seiner Pflichtverletzung folgenden Schadens. Damit hat er die Inkassokosten unabhängig von der Frage zu tragen, ob diese bei einem konzernverbundenen Inkassounternehmen im Sinne des § 15 AktG oder bei einem sonstigen Dritten als Dienstleister angefallen sind. 582

IV. Zusammenfassung

Zusammenfassend bleibt festzustellen, dass das Forderungsinkasso durch ein konzernverbundenes Unternehmen im Sinne des § 15 AktG nach § 2 Abs. 3 RDG keine Rechtsdienstleistung darstellt. Es ist ohne Erlaubnis zulässig. Etwas anders gilt erst dann, wenn auch rechtlich und wirtschaftlich fremde Forderungen beigetrieben werden. 583

In kostenrechtlicher Hinsicht ist das Konzerninkasso nicht anders zu behandeln wie das Inkasso durch ein rechtlich und wirtschaftlich unabhängiges Unternehmen oder einen Rechtsanwalt. Es macht also für die Frage nach der Erstattungsfähigkeit der Inkassokosten keinen Unterschied, ob der Gläubiger das Forderungsinkasso selbst betreibt, es durch ein konzerngebundenes Unternehmen, ein unabhängiges Inkassounternehmen oder einen Rechtsanwalt betreiben lässt. Es besteht zunächst in allen Fällen ein Anspruch auf die Inkassokosten dem Grunde nach, sofern zunächst das Gläubigerunternehmen den Verzug begründet und den Schuldner auf die nachfolgende Ein- 584 schaltung eines Inkassounternehmens oder eines Rechtsanwaltes bei fortgesetzter Nichtleistung hinweist. Auf den Punkt gebracht, nicht die Organisationsform des Forderungsinkasso beschreibt die Grenzen der Erstattungsfähigkeit, sondern die Frage nach der vorherigen Erfüllung der Eigenobliegenheiten des Gläubigers (Rechnung, Erstmahnung, ggf. Hinweis auf Einschaltung externer Rechtsdienstleister).

585 Der Höhe nach sieht sich der Anspruch den gleichen möglichen Einwendungen des Schuldners ausgesetzt wie die Forderungen sonstiger Inkassounternehmen auf Erstattung von Inkassokosten. Insoweit kann auf die obigen Ausführungen[325] verwiesen werden.

G. Forderungskauf und Inkassokosten

I. Die beiden Grundformen des Forderungskaufes

586 Inkassounternehmen ziehen nicht nur Forderungen für einen Gläubiger in dessen Namen oder aufgrund einer treuhänderischen Abtretung für den Gläubiger auf Rechnung und Risiko ein, sondern sie kaufen auch Forderungen, um diese dann im eigenen Namen beizutreiben. Es bedarf keiner näheren Erläuterungen, dass dies die Frage aufwirft, ob auch in diesem Fall die Kosten der Beitreibung vom Schuldner zu erstatten sind.

587 Dabei ist zunächst festzuhalten, dass zwei Grundformen des Forderungskaufes festzustellen sind.

588 Der Kernbereich des Forderungskaufes liegt im **Erwerb von notleidenden Forderungen**, d.h. von Forderungen bei denen der Gläubiger trotz der Rechnungsstellung und zumindest einer verzugsbegründenden, wenn nicht gar weiteren Mahnungen keine Befriedigung seiner Forderung erreichen konnte. Dabei hat die Praxis des Forderungskaufes sich früher sogar auf Forderungen beschränkt, die bereits tituliert und einmal „durchvollstreckt" waren. Erst in den letzten Jahren sind vermehrt auch jüngere Forderungen, d.h. notleidende nicht titulierte Forderungen und sogar Forderungen, bei denen noch kein Verzug vorlag,[326] Gegenstand von Forderungskaufverträgen geworden.

---

325 Vgl. § 2 Rn 277 ff.
326 Hier liegt schon eine große Nähe zum Factoring vor.

G. Forderungskauf und Inkassokosten § 2

Mit dem Kaufvertrag geht die Abtretung der Forderungen an das Inkassounternehmen einher. Anders als bei der treuhänderischen Abtretung liegt nun aber eine Vollabtretung vor, d.h. die weitere Beitreibung erfolgt auf das wirtschaftliche Risiko und die Rechnung des Inkassounternehmens als neuer Gläubigerin. Der Kaufpreis stellt sich in der Praxis als ein prozentualer Anteil am Nennwert der Forderung dar. Die konkrete Höhe ist davon abhängig, welche Beitreibungsmaßnahmen der ursprüngliche Gläubiger und Verkäufer bereits unternommen hat. Je größer diese Anstrengungen waren, umso niedriger ist der Kaufpreis. Dies wirft die zweite Frage auf, ob der Altgläubiger von dem Schuldner die Differenz zwischen dem Nennwert der Forderung und dem Kaufpreis der Forderung als weiteren Verzugsschaden verlangen kann.

589

Zunehmend wird der Handel mit Forderungen aber auch Teil der Unternehmensfinanzierung, insbesondere als Mittel zur Herstellung von Liquidität. In diesem Sektor werden Factoringverträge geschlossen, die unterschiedliche Ausgestaltungen zeigen. Kern dieser Geschäfte ist es, dass der Unternehmer seine zukünftigen Forderungen gegen Kunden im Wege der Globalzession auf das Inkasso- oder Finanzierungsunternehmen (Factor) überträgt. Wird eine Forderung begründet, so zahlt der Factor dem Gläubiger den Forderungsbetrag unmittelbar abzüglich seiner Provision aus, so dass der Gläubiger als Unternehmer schnelle Liquidität erlangt. Im Gegenzug übernimmt nun der Factor den Forderungseinzug. In Abhängigkeit von der Frage, ob der Unternehmer (Gläubiger) oder der Factor das Risiko des Forderungseinzuges trägt, handelt es sich schwerpunktmäßig um einen Darlehns- oder einen Kaufvertrag. Entsprechend dem jeweiligen Risiko bestimmt sich dann auch die Höhe der Provision des Factors.[327]

590

Unterschiedlichen Gestaltungen unterliegt dann auch die Frage, wie verfahren wird, wenn die im Factoring abgetretene Forderung notleidend wird, d.h. der Kunde als Schuldner seinen Verpflichtungen nicht nachkommt. Hier ist, insbesondere in der Variante des Darlehnsvertrages denkbar, dass eine Rückabtretung an den Unternehmer erfolgt, der dann das weitere Inkasso betreibt. Denkbar ist aber auch, dass der Factor auch in diesem Fall

591

---

327 In entsprechender Art und Weise arbeiten auch die Verrechnungsstellen für anwaltliche Forderungen oder Verrechnungsstellen für ärztliche oder zahnärztliche Forderungen.

die Beitreibung fortsetzt. Dann stellt sich auch die Frage nach dem Ersatz der Kosten, die nun nach dem Verzugseintritt entstehen.

592 Während also beim Forderungskauf durch das Inkassounternehmen der Verzug zum Zeitpunkt der Abtretung der Forderung schon vorliegt, steht beim Factoring nicht einmal fest, dass der Kunde (Schuldner) seine Verpflichtung nicht freiwillig erfüllt und die abgetretene Forderung auch notleidend wird.

II. Die Erstattungsfähigkeit von Inkassokosten beim Forderungskauf

593 Die Frage, ob die bei der Beitreibung notleidender Forderungen durch ein Inkassounternehmen entstandenen Kosten vom Schuldner zu ersetzen sind, ist bisher keiner vertiefenden Untersuchung unterzogen worden.

594 *Jäckle*[328] meint in zwei Absätzen, dass die Frage der Erstattungsfähigkeit von Inkassokosten hier nicht berührt sei. Dabei unterstellt er, dass es sich lediglich um Einzelfälle handelt. Auch handele es sich lediglich um ältere Forderungen, bei denen Vollstreckungsversuche ohne Erfolg geblieben sind, so dass der Gläubiger von ihrer Realisierung nicht mehr ausgehen könne. Es sei jedem Gläubiger unbenommen, so zu verfahren, wobei auch der Verkaufspreis seiner freien Wahl unterliege. Der Kaufpreis sei aber nicht als Aufwendung zu verstehen und stelle schon gar keinen Verzugsschaden dar.

595 Schon die Grundannahme von *Jäckle* stimmt mit der heutigen Verfahrensweise im modernen Wirtschaftsleben nicht mehr überein. Notleidende Forderungen werden in allen Zeitphasen des Inkassos, d.h. unmittelbar nach der verzugsbegründenden Mahnung bis hin zur titulierten und vollstreckten Forderung verkauft und nicht nur, wenn der Gläubiger selbst von einer Realisierung nicht mehr ausgeht. Insoweit haben die tatsächlichen Entwicklungen im modernen Wirtschaftsleben die Ausführungen von *Jäckle* überholt. Die jeweilige Realisierungschance für den Käufer drückt sich allein im Kaufpreis aus. Nicht selten werden auch ganze Forderungspakete verkauft, die Forderungen in allen Stadien beinhalten.

---

328 *Jäckle*, Die Erstattungsfähigkeit der Kosten eines Inkassobüros, 1978, S. 117.

G. Forderungskauf und Inkassokosten § 2

Dass der Kaufpreis für den Gläubiger keine erstattungsfähige Aufwendung darstellt, versteht sich von selbst. Insoweit erhält er ja eine wirtschaftliche Befriedigung auf seine Forderung. **596**

Die eigentliche Frage, ob sich aber die Differenz zwischen dem Kaufpreis und dem Nennwert der Forderung als ersatzfähiger Verzugsschaden darstellt, beantwortet *Jäckle* ebenso wenig wie die Frage, ob die für die Beitreibung der Forderung erforderlichen Aufwendungen bei dem Forderungskäufer als Verzugsschaden erstattungsfähig sind. **597**

Der Käufer erwirbt zunächst die gesamte Forderung und kann diese als neuer Rechtsinhaber auch in voller Höhe vom Schuldner verlangen und entsprechende Beitreibungsmaßnahmen veranlassen. Soweit ihm neben der Forderung auch der bisherige Verzugsschaden des Altgläubigers abgetreten wurde, kann der Forderungskäufer auch diesen Schaden geltend machen. Aufgrund des vorbestehenden Verzuges des Schuldners kann sodann der Forderungskäufer auch die Kosten seiner weiteren Bemühungen um die Forderungseintreibung als Verzugsschaden geltend machen. Dabei bleibt nach den vorstehenden Ausführungen unerheblich, ob er diese Bemühungen selbst leistet, ein konzernverbundenes oder ein unabhängiges Inkassounternehmen einschaltet oder die Forderung einem Rechtsanwalt zum Einzug übergibt. **598**

> *Hinweis* **599**
> Etwas anderes kann nur gelten, wenn die Forderung in einem Stadium verkauft wird, in dem der Altgläubiger seine Eigenobliegenheiten noch nicht erfüllt hat. In diesem Fall kommt eine Erstattung der weiteren Inkassokosten nur in Betracht, wenn der Neugläubiger diese Eigenobliegenheiten erfüllt.

Problematischer ist die Frage zu beantworten, ob dem Altgläubiger in Höhe der Differenz zwischen dem Kaufpreis und dem Nennwert der Forderung ein Schadensersatzanspruch zusteht. Die Konstruktion beim Forderungskauf kommt dabei der Vereinbarung einer vorweggenommenen Erfolgsprovision nahe, so dass es naheliegt, die hierzu entwickelten Grundsätze anzuwenden. Es darf aber nicht übersehen werden, dass sich die Forderung in ihrem vollen Nennwert noch gegen den Schuldner richtet und vom Neugläubiger in dieser Höhe auch beigetrieben werden kann. Um Doppelzahlungen zu ver- **600**

§ 2 Rechtliche Grundlagen

meiden, wird dem Altgläubiger daher ein Ersatzanspruch zu versagen sein. Es ist dessen wirtschaftliche Entscheidung, das Forderungsinkasso selbst zu betreiben oder die Forderung nicht nur rechtlich, sondern auch wirtschaftlich aus seinem Bestand zu befreien. Dem Neugläubiger stehen Ansprüche dagegen bis zur Höhe der unter Berücksichtigung der Schadensminderungspflicht anzuerkennenden Rechtsverfolgungskosten zu.

III. Die Erstattungsfähigkeit von Inkassokosten beim Factoring

601 Beim Factoring überträgt ein Unternehmen seine zukünftigen Forderungen an einen Dritten, eine Finanzierungsgesellschaft oder eben auch an ein dieses Geschäft (auch) betreibendes Inkassounternehmen. Dem Geschäft liegt regelmäßig eine Globalzession zugrunde.

602 Nach dem Entstehen der Forderung bei dem ursprünglichen Gläubiger zahlt das erwerbende Unternehmen (Factor) an den Gläubiger einen vertraglich zu vereinbarenden Teil des Nennwertes der Forderung. Dabei kann es sich einerseits um eine Form der Darlehnsgewährung handeln, d.h. das abtretende Unternehmen muss die Leistung zurückgewähren, wenn ein Forderungseinzug beim Schuldner nicht gelingt. Andererseits kommt auch ein Kaufvertrag zustande. In diesem Fall liegt der Kaufpreis niedriger, da das Inkassounternehmen dann das Risiko des Forderungseinzuges trägt. Der Sinn des Factorings liegt also darin, den Unternehmer schnell mit liquiden Mitteln zu versorgen.

603 Da der Factor jede Forderung erwirbt, gehen die Beteiligten zunächst davon aus, dass der Schuldner freiwillig bei Fälligkeit oder jedenfalls auf eine erste Mahnung leistet. In diesem Fall erbringt der Factor die sonst dem Gläubiger obliegenden Eigenleistungen, so dass eine Kostenerstattung nicht in Betracht kommt.

604 Kommt es allerdings nicht zur freiwilligen Leistung des Schuldners, so zieht der Factor nach Verzugseintritt die Forderung im eigenen Namen im Sinne des vorgerichtlichen Forderungsinkassos ein. Der Verzugsschaden entsteht nun beim Factor. Für den Ersatz von Inkassokosten ist es deshalb erforderlich, dass das Unternehmen nicht nur die Hauptforderung gegen den Schuldner an den Factor abtritt, sondern auch den Anspruch auf Ersatz des Ver-

zugsschadens. Für diesen Fall kann der Factor die ortsüblichen Inkassokosten als Verzugsschaden beanspruchen.[329]

Formulierungsbeispiel

605

Der BGH hatte sich in einem Urteil vom 29.6.2005 mit der Konstellation zu befassen, dass das Unternehmen als ursprünglicher Gläubiger Forderungen in einer nach § 138 BGB als sittenwidrig zu qualifizierenden Art und Weise erworben und dann auf das Inkassounternehmen als Factor übertragen hat. Dieses hat die Forderungen dann im gerichtlichen Mahnverfahren titulieren lassen und so Vollstreckungsbescheide erworben. Es stellte sich dann die Frage, ob die Vollstreckung nach § 826 BGB ebenfalls sittenwidrig sei. Dies hat der BGH verneint. Wenn die Forderungen aus den sittenwidrigen Warenbestellungen an ein Inkassounternehmen abgetreten werden, das reines Forderungsfactoring betreibt und keine Kenntnis davon hat, in welcher Weise die zugrunde liegenden Verträge beworben und abgeschlossen werden, so ist die Vollstreckung aus einem materiell-rechtlich unrichtigen Vollstreckungsbescheid über die (angebliche) Forderung aus einem kondizierbaren Schuldanerkenntnis, das der Käufer gegenüber dem Inkassobüro abgegeben hat, nicht nach § 826 BGB unzulässig, weil nicht davon ausgegangen werden kann, dass das Inkassobüro das Mahnverfahren bewusst missbraucht hat, um für einen ihm nicht zustehenden Anspruch einen Vollstreckungstitel zu erlangen.[330]

---

[329] Hiervon ging der BGH unproblematisch in seiner Entscheidung v. 29.6.2005 – VIII ZR 299/04 = NJW 2005, 2991 Rn 24, 30 aus, ohne dies auch nur weiter wegen des vorliegenden Falles des Factorings zu problematisieren.

[330] BGH v. 29.6.2005 – VIII ZR 299/04 = NJW 2005, 2991 = ZZP 119, 211 = VuR 2006, 446.

§ 3 Die gerichtliche Geltendmachung

A. Einleitung

Inkassokosten können und sollten[1] vom Gläubiger im vorgerichtlichen Forderungsinkasso als ein Teil der mit dem Schuldner zu treffenden (Teilzahlungs-)Vereinbarung berücksichtigt werden. Es handelt sich bei den so anerkannten Inkassokosten um einen vertraglichen Erstattungsanspruch und nicht mehr um einen reinen Schadensersatzanspruch.[2] Die Leistungen des Schuldners sind dann nach den maßgeblichen Regelungen des § 367 BGB auf diese Kosten mit zu verrechnen.

Soweit der Schuldner auf die Mahnansprachen im vorgerichtlichen Inkasso nicht reagiert und weder die Hauptforderung noch die Inkassokosten ausgleicht, müssen diese tituliert werden. Die Titulierung der Inkassokosten folgt dabei der Titulierung der Forderung im Hauptsacheverfahren.

Kommt eine Titulierung in Form eines notariellen Schuldanerkenntnisses mit der Unterwerfung unter die sofortige Zwangsvollstreckung aus der Urkunde als Vollstreckungstitel nach § 794 Abs. 1 Nr. 5 ZPO nicht in Betracht, kann die Titulierung im Mahnverfahren oder aber im streitigen Erkenntnisverfahren erfolgen.

B. Die Geltendmachung der Inkassokosten im Mahnverfahren

Für die Zukunft ist im Mahnverfahren hinsichtlich der Inkassokosten zu unterscheiden:
- Einerseits sind die Inkassokosten für den vorgerichtlichen Forderungseinzug mit seinem vertraglichen Anspruch oder dem aus §§ 280, 286 BGB folgenden Schadensersatzanspruch aus Verzug zu berücksichtigen.

---

1 Zur Vermeidung der sonst aus der entsprechenden Anwendung von § 98 ZPO folgenden Kostenaufhebung.
2 Vgl. die Ausführungen in § 2 Rn 5 ff.

§ 3 Die gerichtliche Geltendmachung

- Zum anderen sind die gesondert anfallenden Inkassokosten für das Betreiben des gerichtlichen Mahnverfahrens nach § 4 Abs. 4 S. 3 EGRDG zu berücksichtigen.

5   Für beide Angaben sieht sowohl der nur noch bis zum 1.12.2008 einsetzbare schriftliche Vordruck als auch der Mahnantrag im automatisierten gerichtlichen Mahnverfahren ein Datenfeld vor. In beiden Fällen unterliegt die Angabe einer automatisierten Plausibilitätskontrolle.

6   Die Inkassokosten für das Betreiben des gerichtlichen Mahnverfahrens sind nach § 4 Abs. 4 S. 3 EGRDG auf 35,70 EUR bzw. 25 EUR[3] begrenzt.

7   *Hinweis*
Nach den zum Zeitpunkt des Abschlusses dieses Werkes vorliegenden Informationen spricht mehr dafür, dass die Plausibilitätskontrolle bei 25 EUR als bei 35,70 EUR aufgesetzt wird. Darüber hinausgehende Beträge, etwa die Umsatzsteuer oder pauschale Auslagen werden dann zu Monierungen und Zurückweisungen führen. Bereits oben wurde darauf hingewiesen, dass hier eine Änderung der Praxis voraussichtlich nur in Rechtsmittelverfahren oder durch ein Einsehen des Gesetzgebers zu erreichen sein wird.[4] Nicht ausgeschlossen erscheint allerdings auch, dass die Bundesländer nicht einheitlich verfahren.

8   Hinsichtlich der vorgerichtlichen Inkassokosten akzeptieren die zentralen Mahngerichte regelmäßig die Angabe von Inkassokosten in Höhe einer vergleichbaren 1,5-Anwaltsgebühr zuzüglich einer Auslagenpauschale von 20 % der Gebühr, maximal 20 EUR sowie ggf. der Umsatzsteuer. Es soll sich dabei um eine „Plausibilitätsprüfung" handeln.

9   *Hinweis*
Es handelt sich tatsächlich um eine besondere Form der Schlüssigkeitsprüfung im Mahnverfahren. Es ist hoch umstritten, ob und in welchem Umfang eine solche Schlüssigkeitsprüfung im Mahnverfahren bezüglich der Inkassokosten zulässig ist, da es sich um einen materiell-rechtlichen und nicht einen prozessualen Kostenerstattungsanspruch handelt.[5] Die

---

3   Vgl. zu der Streitfrage die Ausführungen in § 2 Rn. 405 ff.
4   Vgl. hierzu die Ausführungen in § 2 Rn 524 ff.
5   Ausführlich zu dieser Problematik *Seitz*, Inkasso-Handbuch, 3. Aufl., Rn 931 ff.

C. Die Geltendmachung der Inkassokosten im streitigen Erkenntnisverfahren § 3

von den zentralen Mahngerichten automatisiert vorgesehene Grenze einer vergleichbaren 1,5-Anwaltsgebühr begegnet deshalb erheblichen Bedenken. Dogmatisch lässt sich die Zurückweisung des Mahnbescheidsantrages wegen überhöhter Inkassokosten nur begründen, wenn die Inkassokosten eine vorsätzliche sittenwidrige Schädigung des Schuldners im Sinne des § 826 BGB darstellen. In diesem Fall wäre nämlich auch ein Vollstreckungsbescheid, selbst wenn er rechtskräftig geworden ist, noch angreifbar. Unterhalb dieser Schwelle obliegt es allein dem Schuldner durch einen – ggf. auf die Inkassokosten beschränkten – Widerspruch die Höhe der Inkassokosten einer materiell-rechtlichen Überprüfung zuzuführen. Nachdem aber einerseits die Koordinierungsstelle für das automatisierte Mahnverfahren und mit ihr die zentralen Mahngerichte diese Grenze eingeführt haben und andererseits das über § 11 Abs. 2 RPflG eröffnete Erinnerungsverfahren angesichts der geringen Streitwerte von meist weniger als 200 EUR keinen hinreichenden Rechtsschutz verspricht,[6] soll diese Frage hier nicht weiter vertieft werden.

Übersteigen die Inkassokosten die bezeichnete Grenze, kommt es zu Monierungen. Das Inkassounternehmen muss in diesem Fall erläutern, aus welchem Grunde höhere Inkassokosten verlangt werden. Insoweit kann auf die materiellen Ausführungen in diesem Werk verwiesen werden, die einen höheren Anspruch begründen können. Dies gilt insbesondere dann, wenn im vorgerichtlichen Forderungseinzug auch ein Außendienst eingesetzt wurde. 10

Neben den vorgerichtlichen Inkassokosten können die konkreten Auslagen, insbesondere Aufenthaltsermittlungskosten, noch zusätzlich geltend gemacht werden. 11

C. Die Geltendmachung der Inkassokosten im streitigen Erkenntnisverfahren

Kommt es nach einem Mahnverfahren oder unmittelbar zu einem streitigen Erkenntnisverfahren, so müssen die Inkassokosten hier neben der Hauptforderung geltend gemacht werden. 12

---

6 Wegen § 567 Abs. 2 ZPO ist dann keine sofortige Beschwerde zum Landgericht und damit auch keine Zulassung der Rechtsbeschwerde zum Bundesgerichtshof nach § 574 ZPO möglich.

§ 3 Die gerichtliche Geltendmachung

13 Es handelt sich um eine einfache Zahlungsklage, d.h. eine prozessuale Leistungsklage. Der Kläger, d.h. der Gläubiger oder sein Rechtsnachfolger müssen die Verurteilung des Schuldners zur Zahlung der Hauptforderung nebst Zinsen sowie der Inkassokosten nebst Zinsen beantragen.

14 *Hinweis*
Hinsichtlich der Zinsen stehen dem Gläubiger zwei Varianten zur Verfügung. Zum einen kann er auf einen konkreten Zinsschaden abstellen, soweit er selbst Kredit in einer die Klageforderung übersteigenden Höhe in Anspruch nimmt, den er einerseits zu verzinsen hat und andererseits bei Zahlung zurückführen könnte. Zum anderen kann er bei einem Verbraucher nach § 286 Abs. 1 S. 2 BGB Zinsen in Höhe von 5 Prozentpunkten über dem jeweiligen Basiszinssatz verlangen. Bei einem gewerblichen Schuldner beträgt der Zinssatz nach § 286 Abs. 2 BGB sogar 8 Prozentpunkte über dem jeweiligen Basiszinssatz. Der Basiszinssatz wird jeweils zum 1.1. und 1.7. eines jeden Jahres von der Deutschen Bundesbank festgesetzt.[7]

15 *Formulierungsbeispiel*
1. Der Beklagte wird verurteilt an den Kläger ▬▬▬ EUR nebst Zinsen in Höhe von ▬▬▬ Prozent, mindestens jedoch 5 (8) Prozentpunkten über dem jeweiligen Basiszinssatz seit dem ▬▬▬ sowie ▬▬▬ EUR vorgerichtliche Mahnkosten und ferner ▬▬▬ EUR als Inkassokosten nebst Zinsen in Höhe von ▬▬▬ Prozent, mindestens jedoch 5 (8) Prozentpunkten über dem jeweiligen Basiszinssatz seit dem ▬▬▬ zu zahlen.
2. Der Beklagte trägt die Kosten des Rechtsstreites.

16 Die Inkassokosten stellen Nebenforderungen dar und bleiben deshalb bei der Bemessung des Streitwertes nach § 4 Abs. 1 ZPO außer Betracht.[8] Sie erhöhen insoweit also weder die Gerichtskosten noch die Gebühren des Rechtsanwaltes.

17 Um seinen Anspruch auf Ersatz der Inkassokosten mit Erfolg durchsetzen zu können, muss der Gläubiger als Kläger seinen Anspruch schlüssig begründen. Er hat die Darlegungs- und Beweislast. Es ist also zunächst darzulegen,

---

7 Der jeweils aktuelle Basiszinssatz kann auf der Internetseite der Deutschen Bundesbank eingesehen werden. Er wird auch jeweils im Januar- und Juliheft von FMP veröffentlicht.
8 *Schneider/Herget*, Streitwertkommentar, 12. Aufl., Rn 2942.

C. Die Geltendmachung der Inkassokosten im streitigen Erkenntnisverfahren § 3

ob die Inkassokosten als vertraglicher Anspruch oder aus Verzug nach §§ 280, 286 BGB geltend gemacht werden. Sodann sind entweder der Vertragsabschluss oder aber die Verzugsvoraussetzungen im Einzelnen darzulegen. Dabei ist besonderer Wert auf den Verzugsschaden zu legen, d.h. auf die Tatsache, welche Vergütung der Gläubiger dem Inkassounternehmer tatsächlich schuldet. Wegen der Einzelheiten kann auf die Ausführungen im materiellen Teil dieses Werkes verwiesen werden.

Auf die prozessualen Aspekte des Einwandes der Schadensminderungspflicht wurde bereits oben[9] hingewiesen. Bei dem vermeintlichen Verstoß gegen die Schadensminderungspflicht handelt es sich nicht um einen unmittelbar von Amts wegen zu berücksichtigenden Einwand. Erforderlich ist vielmehr, dass entweder der Kläger oder – meist – der Beklagte, Tatsachen vorträgt, die einen Verstoß gegen die Schadensminderungspflicht begründen.[10] In diesem Sinne sind die vorgetragenen Tatsachen dann von Amts wegen zu berücksichtigen. Demgegenüber gibt es keine Amtsermittlungspflicht. Das Gericht ist also weder berechtigt noch verpflichtet, die entsprechenden Tatsachen bei den Parteien zu ermitteln. 18

Der Gläubiger muss also auch nicht vortragen, dass kein Verstoß gegen die Schadensminderungspflicht vorliegt. Allerdings muss er hier besondere Sorgfalt walten lassen. Trägt er nämlich Tatsachen vor, die einen Verstoß gegen die Schadensminderungspflicht begründen, führen diese zur vollständigen oder teilweisen Abweisung des Anspruchs auf die Inkassokosten. Der Gläubiger muss seinen Vortrag deshalb besonders sorgfältig prüfen, soweit er zur Schadensminderungspflicht keine ausdrückliche Aussage trifft. 19

Alternativ kann er hiermit offensiv umgehen und unmittelbar darlegen, dass und warum ein Verstoß gegen die Schadensminderungspflicht nicht in Betracht kommt. In dieser Weise sollte er verfahren, wenn er neben den Inkassokosten auch Anwaltskosten geltend macht. Viele Gerichte gehen allein aufgrund dieser Konstellation davon aus, dass ein Verstoß gegen die Schadensminderungspflicht vorliegt. Es muss dann dargelegt werden, dass der Gläubiger im Zeitpunkt der Beauftragung des Inkassounternehmens davon ausgehen musste, dass es sich um eine unstreitige Forderung handelt, so 20

---

9 Vgl. § 2 Rn 334.
10 MüKo-BGB/*Oetker*, 4. Aufl., § 254 Rn 143; BGH NJW 1991, 166.

§ 3 Die gerichtliche Geltendmachung

dass die berechtigte Hoffnung bestand, dass das Inkassounternehmen diese vorgerichtlich betreibt oder jedenfalls im gerichtlichen Mahnverfahren titulieren und nachfolgend mit der Mobiliarzwangsvollstreckung erfolgreich durchsetzen kann.

21 Es obliegt ansonsten grundsätzlich der Darlegungs- und Beweislast des Schuldners als Ersatzpflichtigem, den Einwand eines Verstoßes gegen die Schadensminderungspflicht zu erheben und die den Verstoß begründenden Tatsachen zu benennen und im Bestreitensfall auch zu beweisen.[11] Dabei hat der Gläubiger nur eine Mitwirkungspflicht, d.h. er muss darlegen, welche Maßnahmen er unternommen hat, um den Schaden zu mindern, oder warum sich dieser nicht vermeiden ließ.[12] Kommt der Gläubiger dieser Mitwirkungspflicht nicht nach, kann dies zur Anwendung der Grundsätze des Anscheinsbeweises oder sogar zu einer Beweislastumkehr führen.[13]

22 In prozessualer Hinsicht ist zu beachten, dass der Gläubiger bei der Begründung seines Anspruches mehr Sorgfalt walten lassen muss als bei der Begründung der Hauptforderung. Während nämlich das Gericht bei Bedenken gegen die Schlüssigkeit des Hauptanspruches nach § 139 Abs. 1–3 ZPO gehalten ist, den Gläubiger auf seine Bedenken hinzuweisen, gilt dies nach § 139 Abs. 2 ZPO dann nicht, wenn es sich nur um eine Nebenforderung handelt.

23 *Hinweis*
Der in der Praxis häufig anzutreffende – einzige – Satz der Begründung der Inkassokosten: „Neben der Hauptforderung hat der Schuldner die Inkassokosten in Höhe von   EUR zuzüglich Zinsen in der beantragten Höhe seit dem   zu tragen" reicht nicht aus, um die Inkassokosten schlüssig zu begründen. Es darf dann nicht überraschen, wenn die Klage insoweit abgewiesen wird.

---

11 BGH NJW 2007, 1063; BGH NJW 1994, 3103.
12 MüKo-BGB/*Oetker*, 4. Aufl., § 254 Rn 145.
13 BGH NJW 1979, 2142.

D. Rechtsmittel

Wird die Klage allein wegen der Inkassokosten abgewiesen, steht der Gläubiger häufig vor dem Problem, dass die Entscheidung aus sich heraus nicht rechtsmittelfähig ist. Nach § 511 Abs. 2 Nr. 1 ZPO setzt die Statthaftigkeit der Berufung nämlich grundsätzlich voraus, dass der Wert der Beschwer 600 EUR übersteigt, d.h. mindestens 600,01 EUR beträgt. Meist liegen die geltend gemachten Inkassokosten allerdings unter diesem Betrag. 24

Der Gläubiger kann die Berufung dann nur noch nach § 511 Abs. 2 Nr. 2 ZPO erheben, wenn diese zugelassen wurde. Die Zulassungsgründe sind zwingend in § 511 Abs. 4 ZPO normiert. Danach ist die Berufung zuzulassen, wenn die Rechtssache grundsätzliche Bedeutung hat oder die Fortbildung des Rechts oder die Sicherung einer einheitlichen Rechtsprechung eine Entscheidung des Berufungsgerichtes erfordert. 25

Es bestehen keine Bedenken, allen Streitfragen rund um § 4 Abs. 4 EGRDG grundsätzliche Bedeutung zuzumessen. Dies gilt vor allem vor dem Hintergrund, dass jede Streitfrage eine Vielzahl von Verfahren betrifft und die Entscheidung dieser Streitfragen durch die Rechtsmittelgerichte der Rechtssicherheit und Planungssicherheit und letztlich auch der Entlastung der Gerichte dienen. 26

Wie im Rahmen des Werkes dargestellt, stellen sich viele Streitfragen unter Berücksichtigung der Neuregelung des Rechtsberatungsrechtes zum 1.7.2008 auch gänzlich neu. Damit dienen Entscheidungen der Rechtsmittelgerichte sowohl der Fortbildung des Rechts als auch der Sicherung einer einheitlichen Rechtsprechung. 27

§ 4 Arbeitshilfen

A. Checkliste: Erstattungsfähigkeit von Inkassokosten

- Liegt eine vertragliche Vereinbarung zur Übernahme der Inkassokosten vor? 1
- Wenn ja: Die Inkassokosten sind zu ersetzen, es sei denn, der Schuldner greift die vertragliche Grundlage an.
  - Anfechtung?
  - sittenwidrige Vergütung, § 138 BGB?
- Wenn nein: nächste Prüfungsstufe
- Liegt Verzug vor?
- Fälligkeit
- Nichtleistung trotz Fälligkeit
- Mahnung oder Entbehrlichkeit der Mahnung
- Verschulden
- Hinweis auf die Beauftragung eines Inkassounternehmens bei Nichtleistung
- Sind Inkassokosten als Verzugsschaden ersatzfähig?
- Welche Inkassokosten sind aufgrund des Vertrages zwischen Gläubiger und Inkassounternehmen angefallen?
- Soweit keine vertragliche Vereinbarung zur Höhe der Inkassokosten vorliegt: Sind die geltend gemachten Inkassokosten ortsüblich?
- Hätten die beauftragten und ausgeführten Leistungen auch von einem Rechtsanwalt ausgeführt werden können und liegt ein Verstoß gegen die Schadensminderungspflicht vor?
  - Wenn nein: Inkassokosten sind in voller Höhe erstattungsfähig
  - Wenn ja: Welche Gebühr hätte einem Rechtsanwalt für das vorgerichtliche Inkasso zugestanden?

  Informationsbeschaffung und schriftliche
  Mahnungen: 1,3-Geschäftsgebühr
  Wie vor zzgl. Telefoninkasso: 1,3–2,5 Geschäftsgebühr
  Wie vor einschließlich Außendienst: 2,5-Geschäftsgebühr

  Aufgrund der Schadensminderungspflicht nach § 254 Abs. 2 BGB erhält der Gläubiger lediglich die Inkassokosten bis zur Höhe der vergleichbaren Rechtsanwaltsgebühren.

§ 4 Arbeitshilfen

B. Checkliste: Die Höhe des Basiszinssatzes

2 Um den Verlust berechtigter Zinsen und zeitaufwändige Zwischenverfügungen zu vermeiden, ist es erforderlich, dass der Gläubiger im gesamten Forderungsmanagement, d. h. von der Rechnungsstellung über die Mahnung bis zur späteren Geltendmachung der Haupt-, Neben- und Kostenforderungen darauf achtet, dass die vom Basiszins abhängigen Zinsansprüche zutreffend und bestimmt bezeichnet sind.

Für die Höhe des Verzugszinses ist entscheidend, ob es sich bei dem Schuldner um einen Verbraucher im Sinne des § 13 BGB oder einen Unternehmer im Sinne des § 14 BGB handelt:
- Bei einem Verbraucher beträgt der gesetzliche Verzugszins nach § 288 Abs. 1 S. 2 BGB 5 Prozentpunkte über dem jeweiligen Basiszinssatz.
- Bei einem Unternehmer als Schuldner beträgt der gesetzliche Verzugszins dagegen nach § 288 Abs. 2 BGB 8 Prozentpunkte über dem jeweiligen Basiszinssatz.

Die nachfolgende Tabelle zeigt die Basiszinssätze seit deren Einführung und die Auswirkungen auf den Verbraucher- und den Unternehmerzinssatz. Der Basiszinssatz wurde zum 1.1.2008 auf zuletzt 3,32 % angehoben. Zum 1.7.2008 erfolgte eine weitere Anpassung, die zum Zeitpunkt der Drucklegung dieses Werkes jedoch noch nicht bekannt war.

Datum	Basiszinssatz	Verzugszins Verbraucher	Verzugszins Handelsgeschäft
01.09. – 31.12.01	3,62 %	8,62 %	8,62 %
01.01. – 30.06.02	2,57 %	7,57 %	10,57 %
01.07. – 31.12.02	2,47 %	7,47 %	10,47 %
01.01. – 30.06.03	1,97 %	6,97 %	9,97 %
01.07. – 31.12.03	1,22 %	6,22 %	9,22 %
01.01. – 30.06.04	1,14 %	6,14 %	9,14 %
01.07. – 31.12.04	1,13 %	6,13 %	9,13 %
01.01. – 30.06.05	1,21 %	6,21 %	9,21 %
01.07. – 31.12.05	1,17 %	6,17 %	9,17 %
01.01. – 30.06.06	1,37 %	6,37 %	9,37 %
01.07. – 31.12.06	1,95 %	6,95 %	9,95 %
01.01. – 30.06.07	2,70 %	7,70 %	10,70 %

B. Checkliste: Die Höhe des Basiszinssatzes § 4

Datum	Basiszinssatz	Verzugszins Verbraucher	Verzugszins Handelsgeschäft
01.07. – 31.12.07	3,19 %	8,19 %	11,19 %
01.01. – 30.06.08	3,32 %	8,32 %	11,32 %
01.07. – 31.12.08	inkassokosten.com		

In der Praxis wird nicht immer beachtet, dass der Gläubiger auch selbst Verbindlichkeiten gegenüber Dritten haben kann, die er zu verzinsen hat, etwa ein Bankdarlehn. Aufgrund des sich ständig ändernden Basiszinssatzes kann der Zinssatz, den der Gläubiger an eine Bank zu zahlen hat dann höher oder niedriger als der Basiszinssatz sein. Soweit eine Forderung einmal in die Langzeitüberwachung genommen wird, kann die Entwicklung der Zinsen kaum seriös vorhergesagt werden. Wäre der Gläubiger beim Forderungsausgleich durch den Schuldner in der Lage seine Schulden in gleicher Höhe zurückzuzahlen, so entsteht ihm in Höhe der vom ihm geschuldeten Zinsen ein Schaden. Um das Optimale für den Gläubiger an Zinsen zu erlösen, sollte sowohl der tatsächlich gezahlte Zinssatz als auch der gesetzliche Verzugszinssatz nach § 288 ZPO bei einem Zinsantrag berücksichtigt werden

Beispiel
Der Gläubiger, ein Kfz-Händler, nimmt ein Bankdarlehn über 100.000 EUR in Anspruch, welches er mit 10 % p.a. zu verzinsen hat. Diesen Kredit kann er jederzeit in beliebiger Höhe zurückführen. Zugleich hat der Gläubiger gegen den Schuldner aus einem Kaufvertrag über ein Kfz eine Forderung in Höhe von 25.000 EUR, mit deren Rückzahlung sich der Schuldner, bei dem es sich um einen Verbraucher handelt, seit dem 15.8.2007 in Verzug befindet.
Der optimierte Klageantrag lautet dann:
„Der Beklagte wird verurteilt, an den Kläger 25.000 EUR nebst Zinsen in Höhe von 10 %, mindestens jedoch 5 Prozentpunkten über dem jeweiligen Basiszinssatz seit dem 15.8.2007 zu zahlen."
Da der Basiszinssatz vom 15.8.2007 bis zum 31.12.2007. bei einem Verbraucher 3,19 % betragen hat, ergibt sich ein gesetzlicher Verzugszins nach § 288 Abs. 1 S. 2 BGB von 8,19 %, so dass der Kläger nach dem Klageantrag den höheren Zinssatz von 10 % und damit 1,81 % mehr erhält als bei einem Antrag allein in Höhe des gesetzlichen Zinssatzes.

§ 4 Arbeitshilfen

Schon bei der geringen Zeitspanne erhält der Gläubiger 172,32 EUR jährlich an höheren Zinsen.

Hinweis
Zur Aktualisierung in der Zukunft findet sich die Tabelle auf der Internetseite zum Buch: www.inkassokosten.com. Ebenfalls zu finden ist die Tabelle auf der Seite der Deutschen Bundesbank www.bundesbank.de hinter dem rechts zu findenden und anzuklickenden Button Basiszinssatz.

C. Muster: Klagebegründung für Inkassokosten mit unterschiedlichen Alternativen

3 ▼

In Sachen

▓▓▓ ./. ▓▓▓

I.
Begründung Hauptforderung

II.
Zur Begründung der geltend gemachten Inkassokosten wird Folgendes vorgetragen:

1.
Der Schuldner hat ausweislich des Teilzahlungsvergleiches vom ▓▓▓ in Ziffer ▓▓▓ die bereits entstandenen Inkassokosten sowie die durch den Teilzahlungsvergleich verursachten Kosten in Höhe eines Betrages von ▓▓▓ EUR übernommen. Es handelt sich hierbei um einen eigenständigen vertraglichen Leistungsanspruch.

Weder hat der Schuldner Gründe vorgetragen, noch hat das Gericht auf von Amts wegen zu berücksichtigende Gesichtspunkte hingewiesen, die einem vertraglichen Leistungsanspruch entgegenstehen.

Da es sich um einen eigenständigen vertraglichen Anspruch handelt, kommt der Problematik, ob und in welcher Höhe Inkassokosten als Schadensersatz einer Begrenzung nach § 254 Abs. 2 BGB unterliegen (Schadensminderungspflicht) keine eigenständige Bedeutung zu. § 254 Abs. 2 ist außerhalb von Schadensersatzansprüchen nicht anwendbar.

Dem Unterzeichner ist nicht eine einzige gerichtliche Entscheidung bekannt, die die vertraglich vereinbarte Kostenübernahme von Amts wegen unberücksichtigt

C. Muster: Klagebegründung für Inkassokosten § 4

lässt, ohne dass im Einzelfall eine Konstellation vorliegt, die es dem Schuldner gestattet sich nachträglich wieder von seiner Leistungsverpflichtung zu lösen.

Sollte das Gericht hiervon abweichen wollen und dies gar in ständiger Rechtsprechung, ist es zur Sicherung einer einheitlichen Rechtsprechung ebenso wie aus rechtsgrundsätzlicher Bedeutung der Sache erforderlich, eine Entscheidung des Berufungsgerichtes herbeizuführen. Die Voraussetzungen des § 511 Abs. 2 Nr. 2 ZPO liegen insoweit vor. Aus diesem Grunde wird ausdrücklich beantragt,

die Berufung zuzulassen, soweit das Gericht an seiner Rechtsauffassung festhält.

2.

Selbst wenn von dem vertraglichen Anspruch auf Erstattung der Inkassokosten abgesehen wird, besteht vorliegend ein Anspruch auf Erstattung der Inkassokosten nach § 286 BGB.

2.1.

Der BGH hat in seiner Entscheidung vom 29.6.2005 (NJW 2005, 2991, 2994) unter Bezugnahme auf seine Entscheidung vom 24.5.1967 (VIII ZR 278/64 = Forderungsmanagement professionell 2008, 67 = *Goebel*, Inkassokosten, 2008, § 2 Rn 166) die Erstattungsfähigkeit von Inkassokosten unter dem Gesichtspunkt des Verzuges ausdrücklich anerkannt. Dem sind die Obergerichte gefolgt, soweit sie einen entsprechenden Anspruch nicht schon zuvor dem Grunde nach aus § 286 BGB begründet haben (OLG Hamm NJW-RR 2006, 242; OLG Frankfurt v. 12.6.2002 – 25 U 207/01; OLG Dresden JurBüro 1996, 38; OLG Nürnberg JurBüro 1994, 280; OLG München JurBüro 1988, 1358; OLG Hamm MDR 1979, 579; OLG Koblenz JurBüro 1985, 295; OLG Bamberg JurBüro 1988, 72).

Soweit das Amtsgericht ▓▓▓▓ gemäß dem gerichtlichen Hinweis vom ▓▓▓▓ in ständiger Rechtsprechung in Vergangenheit und Zukunft abweichen möchte, stellt dies eine Frage rechtsgrundsätzlicher Bedeutung dar, so dass die Berufung nach § 511 Abs. 2 Nr. 2, Abs. 4 ZPO zwingend zuzulassen ist. Angesichts der zitierten Entscheidungen des BGH und der Obergerichte besteht hier kein Ermessensspielraum. Es liegt auf der Hand, dass eine Entscheidung des Berufungsgerichtes hier ebenfalls zur Sicherung einer einheitlichen Rechtsprechung erforderlich ist.

Der Beklagte hat sich bei Beauftragung des Inkassounternehmens auch in Verzug befunden. Ein Schuldner befindet sich in Verzug, wenn die Forderung fällig war *und* der Schuldner auf eine Mahnung nach Fälligkeit nicht leistet *oder* eine solche Mahnung nach § 286 Abs. 2 BGB entbehrlich war, weil für die Leistung eine Zeit nach dem Kalender bestimmt ist, der Leistung ein Ereignis vorauszugehen hat und eine angemessene Zeit für die Leistung in der Weise bestimmt ist, dass sie sich von dem Ereignis an nach dem Kalender berechnen lässt, der Schuldner seine Leistung ernsthaft und endgültig verweigert hat oder aus besonderen Gründen unter Abwägung der beiderseitigen Interessen der sofortige Eintritt des Verzuges gerechtfertigt ist.

§ 4 Arbeitshilfen

Die Forderung des Gläubigers war seit dem ▓▓▓ fällig, was sich aus ▓▓▓ ergibt.
- Er wurde unmittelbar vom dem Gläubiger mit Schreiben vom ▓▓▓ gemahnt, so dass er sich ab diesem Zeitpunkt in Verzug befunden hat. Zugleich wurde der Schuldner darauf hingewiesen, dass seine Nichtzahlung innerhalb der ihm bis zum ▓▓▓ gesetzten Zahlungsfrist die Abgabe des weiteren Forderungseinzuges an ein Inkassounternehmen zur Folge hat. Gleichwohl hat der Schuldner keine Zahlung geleistet.
  Beweis: Schreiben vom ▓▓▓, anliegend in beglaubigter Abschrift
- Eine Mahnung war vorliegend entbehrlich, weil ▓▓▓, so dass sich der Schuldner seit dem ▓▓▓ in Verzug befunden hat. Gleichwohl wurde der Schuldner mit Schreiben vom ▓▓▓ seitens des Gläubigers als Teil seiner Eigenobliegenheiten darauf hingewiesen, dass der weitere Forderungseinzug an ein Inkassounternehmen übergeben wird, wenn die Zahlung nicht innerhalb einer erneut gesetzten Frist bis zum ▓▓▓ erfolgt. Eine Zahlung ist gleichwohl nicht erfolgt.

Erst hierauf folgend, nämlich am ▓▓▓ wurde das Inkassounternehmen beauftragt.
Beweis: Zeugnis ▓▓▓
Schriftlicher Auftrag vom ▓▓▓

Der Schuldner hat bis zu diesem Zeitpunkt keine sachlichen Einwendungen gegen die Forderung erhoben, so dass davon auszugehen war, dass die Forderung im vorgerichtlichen Mahnwesen beigetrieben, jedenfalls aber im Mahnverfahren durch das dazu nach § 79 Abs. 2 Nr. 4 ZPO ermächtigte Inkassounternehmen tituliert und nachfolgend im Wege der ebenfalls von dem Inkassounternehmen nach § 79 Abs. 2 Nr. 4 ZPO berechtigt durchzuführenden Mobiliarzwangsvollstreckung durchgesetzt werden konnte.

2.2.
Von der Frage der grundsätzlichen Erstattungsfähigkeit von Inkassokosten nach § 286 BGB (siehe hierzu Palandt/*Heinrichs*, BGB, 67. Auflage, § 286 BGB Rn 49 mit umfangreichen Nachweisen) und Rechtsprechung (BGH v. 24. Mai 1967 – VIII ZR 278/64, st. Rspr. vgl. nur BGH NJW 2005, 2991, 2994), ist die Frage zu unterscheiden, *in welcher Höhe* die Inkassokosten unter dem Gesichtspunkt der sich aus § 254 Abs. 2 BGB ergebenden Schadensminderungspflicht des Gläubigers zu erstatten sind. Da es sich hier – anders als beim vertraglichen Leistungsanspruch – um einen Schadensersatzanspruch handelt, ist § 254 Abs. 2 BGB zur Anwendung zu bringen.

Der BGH hat auch hierzu in seiner bereits zitierten Entscheidung vom 29.6.2005 (NJW 2005, 2991, 2994) unter Bezugnahme auf seine Entscheidung vom 24.5.1967 (VIII ZR 278/64) den rechtlichen Rahmen abgesteckt. Danach darf eine gänzliche Erstattungsfähigkeit nur verneint werden, wenn der Gläubiger die Erfolglosigkeit der Bemühungen des Inkassounternehmens voraussehen konnte.

C. Muster: Klagebegründung für Inkassokosten § 4

Dies war vorliegend nicht absehbar, weil
- der Schuldner vorgerichtlich keine ernsthaften sachlichen Einwendungen gegen die geltend gemachte Hauptforderung vorgetragen hat;
- unerheblich bleibt, ob der Schuldner bei der Beauftragung des Inkassounternehmens zahlungsunwillig oder zahlungsunfähig war. Für beide Fälle konnte jedenfalls erwartet werden, dass dem Inkassounternehmen die Titulierung der Forderung im gerichtlichen Mahnverfahren und die anschließende Durchsetzung der Forderung im Wege der Mobiliarzwangsvollstreckung gelingen würde. Seit dem 1.7.2008, d.h. einem vor der Beauftragung des Inkassounternehmens liegenden Zeitraum, ist das Inkassounternehmen nach § 79 Abs. 2 Nr. 4 ZPO berechtigt, den Gläubiger auch in diesen Verfahren zu vertreten.
-

Prozessual ist zunächst darauf hinzuweisen, dass der Schuldner darzulegen und notfalls zu beweisen hat, dass ein Verstoß gegen die Schadensminderungspflicht vorliegt, indem er die entsprechenden Anknüpfungstatsachen vorträgt. An einem solchen Vortrag fehlt es vorliegend.

In der Sache selbst bestand bis zum Inkrafttreten des Gesetzes zur Neuregelung des Rechtsberatungsrechtes in Rechtsprechung und Literatur Einigkeit darüber, dass in der Beauftragung eines Inkassounternehmens kein Verstoß gegen die Schadensminderungspflicht vorliegt, wenn der Schuldner die Forderung vorher nicht bestritten hat sowie keine erkennbare Zahlungsunwilligkeit und dauerhafte Zahlungsunfähigkeit vorgelegen hat. (OLG Hamm NJW-RR 2006, 242; OLG Frankfurt v. 12.6.2002 – 25 U 207/01; OLG Dresden JurBüro 1996, 38; OLG Nürnberg JurBüro 1994, 280; OLG München JurBüro 1988, 1358; OLG Hamm MDR 1979, 579; OLG Koblenz JurBüro 1985, 295; OLG Bamberg JurBüro 1988, 72). Bestritten ist die Forderung, wenn der Schuldner sachliche Einwände gegen den Grund oder die Höhe der Forderung geltend macht, etwa den Werklohn oder den Kaufpreis mit der Behauptung nicht zahlt, das Werk oder die Kaufsache sei mangelhaft. Erkennbare Zahlungsunwilligkeit liegt in diesem Sinne vor, wenn zu erwarten ist, dass der Schuldner ohne eine gerichtliche Titulierung den Anspruch nicht ausgleichen wird

Vorliegend sind diese Kriterien zum Zeitpunkt der Beauftragung des Inkassounternehmens gegeben gewesen. Der Beklagte und Schuldner hat zuvor keine sachlichen Einwände gegen die Forderung erhoben.

Dies zeigt auch die weitere Entwicklung des Verfahrens, da er bis heute gegen die Hauptforderung keine Einwände erhoben hat.

Es sind auch keine Anhaltspunkte erkennbar geworden, die zum allein maßgeblichen Zeitpunkt der Beauftragung des Inkassounternehmens die Auffassung gerechtfertigt hätten, der Beklagte und Schuldner werde die Forderung nur aufgrund einer gerichtlichen Titulierung zahlen. Dabei muss beachtet werden, dass Inkassounternehmen aufgrund ihrer personellen und sachlichen Ausstattung sowie ihrer breiten Erfahrung im Forderungsinkasso anders als der Gläubiger in der Lage

§ 4 Arbeitshilfen

sind, den wahren Grund für die Nichtzahlung zu ermitteln und hierauf sachgerecht, insbesondere durch einen auf die individuellen Verhältnisse von Gläubiger und Schuldner abgestimmten Ratenzahlungsvergleich, zu reagieren.

Auch im vorliegenden Fall hat sich gezeigt, dass der Schuldner grundsätzlich nicht zahlungsunwillig war, da er zunächst den Teilzahlungsvergleich vom ▓▓▓▓ abgeschlossen hat. Er hat sich lediglich nicht in der Lage gesehen den Forderungsbetrag mit einer Zahlung auszugleichen.

Ungeachtet dessen kommt es auf diesen Belang nach dem Inkrafttreten des Gesetzes zur Neuregelung des Rechtsberatungsrechtes nicht mehr an, weil Inkassounternehmen seit diesem Zeitpunkt nach § 79 Abs. 2 Nr. 4 ZPO n.F. berechtigt sind, auch die Titulierung einer sachlich nicht bestrittenen Forderung im gerichtlichen Mahnverfahren zu betreiben und ihnen nachfolgend nicht mehr nur die Fahrnisvollstreckung durch den Gerichtsvollzieher offen steht, sondern das gesamte Spektrum der Mobiliarzwangsvollstreckung, insbesondere also auch die gesamte Forderungsvollstreckung (hierzu *Goebel*, Inkassokosten, § 1 Rn 38 ff. und § 2 Rn 371, 388).

Der Schuldner war durch die Mahnung des Gläubigers vom ▓▓▓▓ hinreichend gewarnt. Er wurde ausdrücklich darauf hingewiesen, dass für den Fall der Nichtleistung ein Inkassounternehmen eingeschaltet wird. Gleichwohl hat er auf diese Mahnung nicht reagiert. Nachdem er erst am ▓▓▓▓ und damit nach der Beauftragung des Inkassounternehmens – unbegründete – sachliche Einwendungen erhoben hat, so dass eine Titulierung im streitigen Erkenntnisverfahren erforderlich wurde, hat er es selbst zu vertreten, dass neben den Inkassokosten auch noch Rechtsanwaltskosten anfallen. Der Schuldner hätte dies vermeiden können, wenn er auf die Mahnung des Gläubigers vom ▓▓▓▓ durch die Geltendmachung der jetzt erhobenen Einwendungen reagiert hätte. Das Versäumnis des Schuldners kann dem Gläubiger jetzt nicht als Verstoß gegen die Schadensminderungspflicht entgegengehalten werden.

2.3.

Sind danach die Inkassokosten grundsätzlich nach § 286 BGB zu erstatten, ohne dass dies dem Grunde nach gegen die Schadensminderungspflicht des § 254 Abs. 2 BGB verstößt, stellt sich letztlich noch die Frage, in welcher konkreten Höhe die Inkassokosten verlangt werden können.

Hier zeigt sich eine breite Kasuistik. Vom rechtlichen Ansatz her sind Inkassokosten in Höhe der tatsächlich zwischen Gläubiger und Inkassounternehmen vereinbarten Kosten als Schaden entstanden. Fehlt es an einer solchen Vereinbarung ist nach § 612 Abs. 2 BGB auf die ortsübliche Vergütung abzustellen.

[Alt. 1:] 2.3.1.

Zwischen dem Gläubiger und dem Inkassounternehmen war hier eine Einzelvergütung nach Tätigkeit wie folgt vereinbart:

C. Muster: Klagebegründung für Inkassokosten § 4

Informationsbeschaffung   EUR
Schriftliche Mahnung   EUR
Fernmündliche Kontaktaufnahme   EUR
Abschluss einer Ratenzahlungsvereinbarung   EUR
Besuch eines Außendienstmitarbeiters   EUR

Zugleich wurde vereinbart, dass Porti, Telefonkosten und allgemeine Bürokosten etc. pauschal mit 20 % der Gebührenforderung, höchstens 20 EUR vergütet werden. Weitere Auslagen in Form von Kostenerhebungen Dritter, wie etwa die Kosten einer Einwohnermeldeanfrage sollten zusätzlich konkret erstattet werden.

Beweis: Zeugnis
  Schriftlicher Vertrag vom

Tatsächlich wurden die aus der anliegenden Rechnung des Inkassounternehmens – deren Inhalt ich zum Gegenstand meines Vortrages mache – hervorgehenden Leistungen erbracht und mit   EUR brutto in Rechnung gestellt.

Beweis: Rechnung vom

Die Rechnung wurde auch tatsächlich am   ausgeglichen.

Beweis:

[Alt. 2:] 2.3.1.

Zwischen dem Gläubiger und dem Inkassounternehmen war hier eine Pauschalvergütung für das gesamte vorgerichtliche Inkasso in Höhe von   EUR vereinbart. Gegenstand der Vereinbarung waren folgende Inkassodienstleistungen: .

Zugleich wurde vereinbart, dass Porti, Telefonkosten und allgemeine Bürokosten etc. pauschal mit 20 % der Gebührenforderung, höchstens 20 EUR vergütet werden. Weitere Auslagen in Form von Kostenerhebungen Dritter, wie etwa die Kosten einer Einwohnermeldeanfrage sollten zusätzlich konkret erstattet werden.

Beweis: Zeugnis
  Schriftlicher Vertrag vom

Diese Vergütung ist in voller Höhe geschuldet, weil das gesamte beauftragte Leistungsspektrum auch tatsächlich eingesetzt wurde.

Beweis: Zeugnis

Soweit der Schuldner dies bestreiten sollte, bleibt ausdrücklich weitergehender Vortrag vorbehalten.

[Alt. 3:] 2.3.1.

Zwischen dem Gläubiger und dem Inkassounternehmen war vereinbart, dass die Vergütung in Höhe der vergleichbaren Vergütung eines Rechtsanwaltes geschul-

§ 4 Arbeitshilfen

det sein soll, d.h. die Bestimmungen des Rechtsanwaltsvergütungsgesetzes hinsichtlich der Gebühren und Auslagen Anwendung finden sollen.

Beweis: Zeugnis ▒
Schriftlicher Vertrag vom ▒

Es wurden sodann folgende Leistungen erbracht: ▒ .

Vor dem Hintergrund des beauftragten und durchgeführten Telefoninkassos nach einem umfänglichen schriftlichen Mahnverfahren, bei der notwendigen Ermittlung der Telefondaten des Schuldners und mehreren erfolglosen Versuchen, den Schuldner zu erreichen, ist wegen des Umfanges der Tätigkeit eine 1,8-Geschäftsgebühr angemessen. Eine solche Gebühr würde auch einem Rechtsanwalt angesichts der durchgeführten Maßnahmen zuerkannt.

Beweis: Richterliche Freischätzung nach § 287 ZPO
Einzuholende Stellungnahme der Rechtsanwaltskammer ▒

Ausgehend davon ergab sich hier ein Anspruch gemäß der in der Anlage beigefügten Rechnung des Inkassounternehmens vom ▒ in Höhe von ▒ EUR.

Beweis: Rechnung vom ▒

[Alt. 4:] 2.3.1.

- Zwischen dem Gläubiger und dem Inkassounternehmen wurde keine konkrete Gebührenvereinbarung getroffen, so dass sich die Vergütung nach § 612 Abs. 2 BGB gerichtet hat. Geschuldet war damit die ortsübliche Vergütung.
- Zwischen dem Gläubiger und dem Inkassounternehmen war vereinbart, dass das Inkassounternehmen den außergerichtlichen Forderungseinzug gegen Abtretung des Erstattungsanspruches des Gläubigers gegen den Schuldner übernimmt. Zugleich wurde der Gläubiger ermächtigt, die Einziehung im eigenen Namen und auf eigene Rechnung zu betreiben. Damit richtet sich die Vergütung nach § 612 Abs. 2 BGB, so dass die ortsübliche Vergütung geschuldet ist.

Die ortübliche Vergütung erfasst den angemessenen Ausgleich des personellen Aufwandes sowie die Erstattung der tatsächlichen sachlichen Aufwendungen.

- Der BGH hatte sich in seiner Entscheidung vom 3.2.2005 (III ZR 268/04 = NJW-RR 2005, 642 = MDR 2005, 738 = InVo 2005, 331 = Vollstreckung effektiv 2005, 61) mit den Kostenregelungen in den AGB eines Inkassounternehmers auseinanderzusetzen. In diesem Zusammenhang hat er ebenso wie das in der Vorinstanz entscheidende OLG Hamm (Urt. v. 20.2.2004 – 25 U 131/03) einen Stundensatz von 50 EUR unbeanstandet gelassen. Der personelle Aufwand soll entsprechend dieser Rechtsprechung mit 50 EUR je Stunde angesetzt werden.
- Der im konkreten Fall entstandene Aufwand ist bereits mit Schriftsatz vom ▒ mitgeteilt worden. Danach hat die Betreuung des Forderungseinzuges einen personellen Aufwand von ▒ Std. verursacht, was bei einem

C. Muster: Klagebegründung für Inkassokosten § 4

Stundensatz von 50 EUR zu einer Forderung von ▇▇▇▇ führt. An sachlichem Aufwand sind ▇▇▇▇ EUR entstanden. Sachliche Einwendungen hiergegen hat der Schuldner nicht erhoben.

Der tatsächliche sachliche Aufwand ergibt sich aus der nachfolgenden Übersicht.

Art der Tätigkeit	Zeitlicher Aufwand	Höhe des zeitlichen Aufwandes (Std x 50 EUR)	Art des sachlichen Aufwandes	Höhe des sachlichen Aufwandes	Mitarbeiter (Name)
Mahnung mit detaillierter Darstellung des Anspruchsgrundes und der Anspruchshöhe	1 Std.	50 EUR	Porto Schuldner	1,45 EUR	
			Porto Abschrift Gl.	1,45 EUR	
2. Mahnung, maschinell	1/4 Std.	12,50 EUR	Porto	0,55 EUR	
			Porto Abschrift Gl.	0,55 EUR	
Besprechung mit dem Schuldner und Abschluss eines Teilzahlungsvergleiches	1 ½ Std.	75 EUR			
Gesamt					

Der jeweils vermerkte Mitarbeiter des Inkassounternehmens wird hiermit als Zeuge, zu laden über das Inkassounternehmen ▇▇▇▇, für die Ausführung der Tätigkeit und den zeitlichen Umfang sowie die sächlichen Ausgaben benannt.

Danach ist eine Inkassovergütung in Höhe von ▇▇▇▇ geschuldet.

2.3.2.

Allerdings begrenzt die Rechtsprechung die erstattungsfähigen Inkassokosten in Anlehnung an die einem Rechtsanwalt bei dessen außergerichtlicher Beauftragung geschuldete Vergütung wiederum unter dem Blickwinkel der Schadensminderungspflicht nach § 254 Abs. 2 BGB.

2.3.2.1.

Zum Teil werden Inkassokosten in Höhe der 1,3-Gebühr innerhalb des Rahmens nach Nr. 2300 VV RVG in der seit dem 1.7.2006 geltenden Fassung angesetzt. Zu nennen sind hier aus der neueren Rechtsprechung
- LG Rostock v. 17.5.2005 – 5 O. 49/05
- AG Eisenhüttenstadt v. 10.1.2005 – 6 C 316/04

§ 4 Arbeitshilfen

Ausgehend von einer Forderung in Höhe von ▬▬▬ EUR wäre danach ein Betrag von ▬▬▬ EUR als erstattungsfähig anzuerkennen.

Im Vergleichswege ist der Kläger und Gläubiger bereit, die Erstattung der tatsächlich entstandenen Inkassokosten ihm gegenüber auf diesen Betrag zu beschränken und auf die weitergehende Forderung zu verzichten.

2.3.2.2.

Einige Gerichte gehen sogar darüber hinaus und erkennen eine 1,5-Gebühr nach dem RVG nebst pauschalen Auslagen und der Umsatzsteuer an, so etwa in der neueren Rechtsprechung:[1]
- LG Mainz v. 18.10.2005 – 10 HK.O 60/05
- LG Dresden v. 26.10.2005 – 4 O. 3094/05
- LG Wiesbaden v. 1.7.2005 – 1 O. 80/05
- LG Cottbus v. 23.3.2005 – 4 O 68/05
- AG Ravensburg v. 25.10.2005 – 9 C 983/05
- AG Haldensleben v. 6.9.2005 – 17 C 214/05
- AG Osterholz-Scharmbeck v. 9.3.2005 – 3 C 599/04
- AG Tostedt JurBüro 2004, 488
- AG Herborn JurBüro 2003, 647
- AG Bremen JurBüro 2003, 146.

Ausgehend von einer Forderung in Höhe von ▬▬▬ EUR wäre danach ein Betrag von ▬▬▬ EUR als erstattungsfähig anzuerkennen.

2.3.2.3.

Andere Gerichte gehen von der Erstattungsfähigkeit der gesamten Inkassokosten aus, wenn diese nicht außer Verhältnis zu den Kosten stehen, die im Falle der Beauftragung eines Rechtsanwaltes entstanden wären (AG Hamburg-Harburg JurBüro 2005, 544).

Ein Rechtsanwalt hätte vorliegend folgende Gebühren erhalten: ▬▬▬. Die geltend gemachten Inkassokosten stehen hierzu nicht außer Verhältnis, weil sie diese
- nicht überschreiten
- um nicht mehr als ▬▬▬ % abweichen und damit nicht außer Verhältnis zu den Rechtsanwaltsgebühren steht.

2.4.

Soweit teilweise die Ansicht vertreten wird, dass auch nach der Einführung des RVG Inkassokosten nicht erstattungsfähig sind, darf auf Folgendes hingewiesen werden:

---

1 Hier sollte der Gläubiger möglichst das Gericht aufführen, welches angerufen wurde, jedenfalls Gerichte in der räumlichen Nähe sowie zweitinstanzliche Entscheidungen. Hierzu kann auf die Auswahl in § 2 Rn 325 zurückgegriffen werden. Aktuelle Entscheidungen finden sich auch unter der Internetadresse www.inkassokosten.com.

C. Muster: Klagebegründung für Inkassokosten § 4

Vor Inkrafttreten des RVG wurde die Auffassung vertreten, dass es stets einen Verstoß gegen die Schadensminderungspflicht darstellte, ein Inkassounternehmen statt eines Rechtsanwaltes mit dem Forderungseinzug zu beauftragen, weil dann die Gefahr einer doppelten Inanspruchnahme bestünde. Dieser Argumentation ist mit dem RVG der Boden entzogen. Vielmehr ergibt sich hieraus eine grundsätzliche Erstattungsfähigkeit der Inkassokosten zumindest in Höhe der nicht anrechenbaren Geschäftsgebühr nach Nr. 2300 VV RVG.

Unter Geltung der BRAGO wurde hier argumentiert, dass bei der sofortigen Beauftragung eines Rechtsanwaltes eine doppelte Inanspruchnahme des Schuldners durch die Beauftragung eines Inkassounternehmens für den außergerichtlichen Forderungseinzug und die dann doch notwendige Beauftragung eines Rechtsanwaltes für die Titulierung der Forderung ausgeschlossen sei. Diese Argumentation lässt sich unter Geltung des RVG nicht mehr aufrechterhalten. Während früher die Geschäftsgebühr voll auf die spätere Prozessgebühr angerechnet wurde (§ 118 Abs. 2 BRAGO), so dass eine doppelte Inanspruchnahme durch den Rechtsanwalt ausgeschlossen war, bei der Beauftragung eines Inkassounternehmens aber in Betracht kam, wird die Geschäftsgebühr nach dem RVG gemäß Nr. 3 Abs. 4 der Vorbemerkung zum 3. Teil des VV RVG nicht mehr voll auf die Verfahrensgebühr angerechnet. D.h. auch wenn ein Rechtsanwalt zunächst mit dem außergerichtlichen Inkasso beauftragt wird, entsteht eine nicht anrechenbare Geschäftsgebühr nach Nr. 2300 VV RVG, die als Verzugsschaden von dem Schuldner zusätzlich zu den Verfahrenskosten zu zahlen ist, wenn es später zu einer gerichtlichen Auseinandersetzung kommt.

Diese Auffassung muss dem Gläubiger heute also die Inkassokosten zumindest in Höhe der bei unmittelbarer Beauftragung eines Rechtsanwaltes nicht anrechenbaren Teils der Geschäftsgebühr, d.h. zumindest in Höhe der Hälfte der Geschäftsgebühr, d.h. eine 0,65-Gebühr zuerkennen (so dementsprechend auch ausdrücklich nunmehr das AG Chemnitz v. 20.7. 2005 – 19 C 2078/04; AG Hamburg-Harburg v. 11.5.2005 – 642 C 193/05; AG Detmold v. 15.11.2005 6 C 707/05 alle zitiert nach *Wedel*, JurBüro 2006, 181; ebenso AG Saarbrücken, Urt. v. 1.2.2006 – 5 C 1022/05; AG Hagen JurBüro 2005, 472).

Da diese Kosten bei dem Rechtsanwalt in jedem Fall anfallen, d.h. auch dann, wenn der Rechtsanwalt statt eines Inkassounternehmens zunächst nur mit dem außergerichtlichen Forderungsinkasso beauftragt wird, sind die Kosten nach der hier vertretenen Auffassung auch dann erstattungsfähig, wenn Anhaltspunkte dafür vorlagen, dass ggf. doch eine gerichtliche Titulierung erforderlich wird. Es sind durch die Beauftragung des Inkassounternehmens dann nämlich keine Mehrkosten entstanden, so dass die Kosten unter dem Blickwinkel der Schadensminderungspflicht nach § 254 Abs. 2 BGB nicht zurückgewiesen werden können.

Gez. Rechtsanwalt

▲

Stichwortverzeichnis

Fette Zahlen bezeichnen die Kapitelnummern, magere Zahlen die Randnummern.

Abtretung *siehe auch* Forderungskauf
- Leistungshindernis, verschuldensausschließendes **2** 144
- treuhänderische **2** 586 ff.
- Verzugsschaden **2** 161 ff.
- Vollabtretung **2** 589 ff.

Additionsfehler 2 65
Akte, elektronische 2 321
Akteure, handelnde 1 13 ff.
- Einleitung **1** 13 ff.
- Gläubiger *siehe dort*
- Inkassounternehmen *siehe dort*
- Kernkompetenzen *siehe dort*
- Kostenerstattung *siehe dort*
- Rechtsanwalt *siehe dort*
- Tätigkeitsfeld Inkassounternehmen *siehe* Erlaubnis
- Unterschiede **1** 15 ff.

Allgemeine Geschäftsbedingungen 2 8, 309
- Inkassovertrag **2** 209
- Öffentliche Hand **2** 101
- Ratenzahlungsvereinbarung **2** 18 f.
- Regelungsgrenzen §§ 305 ff. BGB **2** 8
- Vereinbarung Kostenerstattung *siehe* Kostenerstattung
- Vergütung, ortsübliche **2** 317 f.

Anerkenntnis 2 90
Annahmeverzug 2 81
Anrechnung
- Auslagen **2** 515
- Geschäftsgebühr **2** 385 ff., 444, 448, 460
- Inkassogebühr **2** 434, 448

Anspruch aus Verzug *siehe* Verzug
Arbeitshilfen 4 1 ff.
- Basiszinssatz **4** M 2
- Erstattungsfähigkeit Inkassokosten **4** M 1

- Klagebegründung für Inkassokosten **4** M 3

Aspekte, europarechtliche 2 221 ff.
Aufrechnung 2 296
Auftrag 2 347 ff.
Aufwand
- des Gläubigers **2** 181
- tatsächlicher **2** 319 ff.

Auskunft *siehe* Informationsbeschaffung
Auslagen 2 288 ff.
- Anrechnung *siehe dort*
- Berufung **2** 525
- Beschwerde **2** 524
- Dienstleister als Verzugsschaden **2** 156
- Erinnerung nach § 11 Abs. 2 RPflG **2** 524
- Erstattungsfähigkeit **2** 227 ff.
- Inkassogebühren, vertraglich vereinbarte **2** 288 ff.
- konkrete **2** 505, 542
- Missbrauchsfall **2** 522
- Pauschale *siehe* Auslagenpauschale
- Plausibilitätskontrolle *siehe dort*
- Rechtsfolgen Verweigerung Erstattung **2** 509 ff.
- Rechtsmittel **2** 524 f.
- Revision **2** 525
- Ungleichbehandlung **2** 523
- Vergütung, unangemessene **2** 522
- vertraglich vereinbarte **2** 310

Auslagenpauschale 2 490 ff., 521 ff.
- Abgrenzung zur Erstattung konkreter Auslagen **2** 505
- Auswirkungen Differenzierung RA/Inkassounternehmen **2** 459
- Begriff Gebühr/Vergütung **2** 493 ff., 526

265

Stichwortverzeichnis

- Gesetzesbegründung **2** 501 ff.
- Mahnverfahren, isoliertes **2** 498
- Rechtsanwalt **2** 459
- Rechtsmittel **2** 524 f.
- Schadensminderungspflicht *siehe dort*
- Stand der Fachdiskussion **2** 492 ff.
- Zwangsvollstreckung **2** 542
Auslegung 2 146
  - richtlinienkonforme **2** 222 ff.
  - verfassungskonforme **2** 478 ff., 489
Außendienst 1 35, 54; **2** 355 ff.

Banken 2 520
Basiszinssatz 4 2
Bauarbeiten 2 98 f.
Berechnung
- Verzugsschaden *siehe* Schadensersatz

Berufung 2 525; **3** 25 ff.
Beschwerde 2 524, 537
Bestimmbarkeit, hinreichende 2 47, 58 ff., 65 f.
Bundesverband Deutscher Inkassounternehmen e.V. (BDIU) 1 19; **2** 453
Business to Business (B2B) 2 368

Call Agent 2 366

Darlegungs- und Beweislast
- Inkassokosten im gerichtlichen Verfahren **3** 17
- Leistungszeit kalendermäßig bestimmt **2** 104
- Mahnung **2** 82 f.
- Mahnung, Entbehrlichkeit **2** 104
- Schadensminderungspflicht **2** 298, 349 ff.; **3** 21 ff.
- Schuldner **2** 398; **3** 21 ff.
- Verschulden **2** 141

Darlehen 2 124, 590
Dienstleister 2 182 f.
Dienstleistungscharakter 2 288
Drittschadensliquidation 2 162, 295 ff.

Durchsuchungsbeschluss *siehe* Zwangsvollstreckung

EGRDG *siehe* Einführungsgesetz zum Rechtsdienstleistungsgesetz (EGRDG)
Eigenobliegenheit 2 171 ff., 267 ff., 599
- Abgrenzung nach der Literatur **2** 187 ff.
- Abgrenzung nach der Rechtsprechung **2** 197 ff.
- Abgrenzung zu überobligatorischen Tätigkeiten **2** 185 ff.
- Aspekte, europarechtliche **2** 221 ff.
- Auslagen *siehe dort*
- Auslegung, richtlinienkonforme **2** 222 ff.
- Beispielsfälle **2** 201 f.
- Differenzierung Privatperson/Kleinunternehmer/Großunternehmen **2** 212 ff.
- Eigenaufwand, tatsächlicher **2** 181
- Erstattung von Auslagen *siehe* Auslagen
- Folgerungen für die Praxis **2** 203 ff.
- Grundsätze **2** 173 ff.
- Handlung, unerlaubte **2** 174 ff.
- Kosten, fiktive **2** 181
- Kosten, konkrete **2** 181
- Leistung, überobligatorische **2** 178 f.
- Nutzungsausfallschaden **2** 202
- Personalaufwand **2** 181
- Pflicht, nachvertragliche **2** 178
- Pflichtenkreis des Geschädigten **2** 194
- Rahmen, üblicher **2** 173
- Rechtswirklichkeit **2** 211 ff.
- Sachkosten **2** 181
- Schadensersatz, konkreter **2** 180
- Schadensersatz, pauschalierter **2** 176 f., 202
- Schadensminderungspflicht *siehe dort*
- Tätigkeit, überobligatorische **2** 178 f.
- Treu und Glauben **2** 206
- Verbraucherschutz **2** 211 ff.

266

Stichwortverzeichnis

- Verkehrsauffassung **2** 203 ff.
- Zahlungsverzugsrichtlinie, Europäische *siehe dort*
- Zeitaufwand, eigener **2** 172, 194, 201
- Zusammenfassung **2** 230 ff.

Einführungsgesetz zum Rechtsdienstleistungsgesetz (EGRDG) 1 11
Einheit der Rechtsordnung 2 495
Einigung, gütliche 2 10 ff.
Einschreiben 2 85
Einspruch 2 252, 389
Einwendung
- Erstattung Inkassokosten **2** 238 ff.
- Kostenerstattung, Höhe **2** 287
- sachliche **2** 238 ff., 248 ff., 374
- Schadensminderungspflicht *siehe dort*

Erfolgshonorar 1 44 f.; **2** 253, 299 ff., 307 f.
Erfolgsprovision *siehe* Erfolgshonorar
Erfüllungsverzögerung *siehe* Verzug
Erinnerung 2 524, 537
Erkenntnisverfahren *siehe* Geltendmachung, gerichtliche
Erlaubnis 1 7 ff.; **2** 245 f., 535 ff.
- Einleitung Insolvenzverfahren **1** 7
- Erlaubnisvorbehalt **1** 7
- Fahrnisvollstreckung **2** 245
- Forderungseinziehung, außergerichtliche **1** 8
- Forderungsinkasso **1** 7
- Forderungsvollstreckung **2** 245
- Gerichtsvollzieherauftrag **1** 10
- Geschäftsgegenstand **1** 8
- Insolvenzverfahren **1** 18
- Mahnverfahren, gerichtliches **1** 7, 18
- Mobiliarzwangsvollstreckung *siehe dort*
- Problem der Kostenerstattung *siehe* Kostenerstattung
- Rechtsberatung **1** 8
- Rechtsbesorgung **1** 8
- Rechtsdienstleistung **1** 7 f.
- Sachkunde, theoretische/praktische **1** 7
- Schuldnerschutz *siehe dort*
- Tätigkeit, gerichtliche **1** 7
- Verbraucherschutz *siehe* Schuldnerschutz
- Zwangsvollstreckung **1** 10; **2** 535 ff.

Ermittlungsmaßnahme *siehe* Informationsbeschaffung
Europäische Zahlungsverzugsrichtlinie *siehe* Zahlungsverzugsrichtlinie, Europäische

Factoring 2 590
- Factor, Provision **2** 590
- Kostenerstattung **2** 601 ff., M 605

Fahrnisvollstreckung 2 245, 535, 549
Fälligkeit 2 41 ff.
- Bestimmbarkeit, hinreichende **2** 47
- Bestimmung, gesetzliche **2** 46
- Bestimmungsrecht, einseitiges **2** 98 f.
- Ereignisabhängigkeit **2** 102 ff.
- Grundsatz **2** 42
- Höhe, unbestimmte/Zeit, bestimmte **2** 51 f.
- Leistung, zukünftig fällige **2** 73
- Leistungszeit kalendermäßig bestimmt **2** 74, 92 ff.
- Rechnungsstellung **2** 45, 205
- Rechtsanwaltsvergütung **2** 46
- Regelung, vertragliche **2** 43 f., 48 ff.
- Stundung **2** 48 ff.
- Verbindung mit Mahnung **2** 80
- Verzugsschaden **2** 50
- Verzugszinsen **2** 49 f.
- Vorrang vertraglicher Regelung **2** 43 f.
- Zahlungsaufschub **2** 50
- Zeit, bestimmte/Höhe, unbestimmte **2** 51 f.

Feiertags-, Sonntags- und Nachtbeschluss *siehe* Zwangsvollstreckung
Festgebühr *siehe* Pauschalhonorar
Festsetzung 2 544
Forderung
- Aufstellung, bezifferte **2** 58 ff., M 60, 127

267

Stichwortverzeichnis

- Ausfall **2** 253
- Factoring *siehe dort*
- Falschmahnung **2** 58
- Inkasso *siehe dort*
- Kauf/Erwerb *siehe* Forderungskauf
- Kleinforderung **1** 22 ff.
- Pfändung *siehe* Zwangsvollstreckung
- Schlüssigkeit **2** 160
- unbestrittene, Schadensminderungspflicht **2** 376
- Vollstreckung *siehe* Zwangsvollstreckung
- Zuvielmahnung **2** 58, 63 ff., 102, 128
- Zuwenigmahnung **2** 70 f.

Forderungsinkasso *siehe* Inkasso
Forderungskauf 2 586 ff.
- Abtretung, treuhänderische **2** 586 ff.
- Darlehensvertrag **2** 590
- Erwerb notleidender Forderungen **2** 588 ff.
- Factoring *siehe dort*
- Grundformen **2** 586 ff.
- Herstellung von Liquidität **2** 590
- Kaufvertrag **2** 590
- Kostenerstattung **2** 593 ff.
- nach Verzugseintritt **2** 163
- Obliegenheiten des Gläubigers **2** 599
- Problematik der Kaufpreisdifferenz **2** 589, 597 ff.
- Stand der Erstattungsdiskussion **2** 593 ff.
- Unternehmensfinanzierung **2** 590
- Vollabtretung **2** 589 ff.

Form 2 53 ff.
Freistellung 2 330 ff.
Fristsetzung 2 75 f., 107 ff.

Garantie 2 140
Gebührenbetrug 2 532
Geldersatz *siehe* Schadensersatz
Geltendmachung, gerichtliche 2 160, 536; **3** 1 ff.
- Anforderungen an Dokumentation Aufwand **2** 320 ff.
- Berufung *siehe dort*

- Darlegungs- und Beweislast *siehe dort*
- Einleitung **3** 1 ff.
- Erkenntnisverfahren **3** 12 ff.
- Forderungsinkasso, vorgerichtliches **3** 1
- Hinweispflicht, richterliche **2** 160
- Klageabweisung **3** 24
- Klagebegründung **4** M 3
- Klageverfahren **3** 12 ff.
- Leistungsklage **3** 13
- Mahnung *siehe* Mahnverfahren, gerichtliches
- Nebenforderung **3** 16
- Neuerungen § 4 Abs. 4 S. 3 EGRDG **3** 4 ff.
- Plausibilitätskontrolle *siehe dort*
- Ratenzahlungsvereinbarung **3** 1
- Rechtsmittel **3** 24 ff.
- Rechtsmittelfähigkeit **3** 24
- Rechtsmittelzug **2** 524
- Sachvortrag, unzureichender **2** 184
- Schadensminderungspflicht **3** 18 ff.
- Schadensminderungspflicht, Beachtlichkeit **2** 395 ff.
- Schlüssigkeitsprüfung **2** 160; **3** 4 ff.
- Streitwert **3** 16
- Titulierung im gerichtlichen Verfahren **2** 476
- Verfahren, gerichtliches **3** 12 ff.
- Verzugsschaden **3** 4 ff.
- Verzugszinsen **3** 14, M 15
- Vortrag, schlüssiger **2** 36, 278
- Zahlungsklage **3** 13

Gerichtsgebühren 2 156
Gerichtsverfahren *siehe* Geltendmachung, gerichtliche
Gerichtsvollzieherauftrag 1 10
Geschäftsbesorgungsvertrag 2 288
Geschäftsgegenstand 1 8
Gewinn, entgangener 2 155
Gläubiger 1 20 ff.
- Abbruch der Geschäftsbeziehung **2** 368
- als Akteur des Inkassos **1** 13 ff., 20 ff.
- Annahmeverzug **2** 81

Stichwortverzeichnis

- Aufrechterhaltung Kundenbeziehung **1** 56; **2** 367 f.
- Darlegungs- und Beweislast *siehe dort*
- Dienstleister, externer **1** 29
- Entscheidung Zahlung oder Freistellung **2** 330 ff.
- Forderungsinkasso, außergerichtliches *siehe* Inkasso
- Forderungsmanagement **1** 25
- Gehaltsniveau **1** 28
- Grundentscheidungen **1** 29 ff.
- Grundwege des Forderungsinkassos **1** 20 ff.
- Inkasso *siehe dort*
- Inkassounternehmen **1** 13
- Kernkompetenzen **1** 26 ff.
- Kleinforderung **1** 22 ff.
- Kostenerstattung *siehe dort*
- Kostenrisiko Mahnverfahren **2** 430
- Obliegenheit *siehe* Eigenobliegenheit
- Outsourcing **1** 28
- Pflichtenkreis **2** 194
- Rechtsmissbrauch **2** 581
- Schadensminderungspflicht *siehe dort*
- Spektrum des Forderungsmanagements **1** 29
- Tätigkeit, überobligatorische **2** 575
- Vorsteuerabzug *siehe* Umsatzsteuer
- Wahlfreiheit Inkassounternehmen/Rechtsanwalt *siehe* Wahlfreiheit

Großunternehmer 2 212 ff.
Grundlagen, rechtliche 2 1 ff.
- Einigung, gütliche **2** 10
- Einleitung **2** 1 ff.
- Kostenerstattung *siehe dort*
- Ratenzahlungsvereinbarung *siehe dort*

Haftbefehl *siehe* Zwangsvollstreckung
Handelnde *siehe* Akteure, handelnde
Hemmung 2 90, 401 ff.
Hinweispflicht, richterliche 2 160
Honorar *siehe* Kostenerstattung

Informationsbeschaffung 1 4; **2** 358, 365 ff.

- Auskunft **1** 4
- Bereitstellung **1** 4
- Ermittlungsmaßnahme **2** 550
- Rechtsanwalt **1** 36
- Schadensminderungspflicht *siehe dort*
- Verwaltung **1** 4
- Zwangsvollstreckung **2** 550

Inkasso
- Akteure, handelnde *siehe dort*
- außergerichtliches **1** 8; **2** 267 ff.; **3** 1
- Büro *siehe* Inkassounternehmen
- Durchsetzung der Forderung **1** 40
- Erlaubnis *siehe dort*
- Forderungsaufstellung, bezifferte **2** 58 ff., M 60, 127
- Forderungsausgleich, fehlender **1** 27
- Gewerbe *siehe* Inkassounternehmen
- Grundlagen, rechtliche *siehe dort*
- Kernbereich **1** 29
- Konzerninkasso *siehe dort*
- Outsourcing *siehe dort*
- Rechtsanwalt *siehe dort*
- Telefoninkasso *siehe dort*
- Titulierung der Forderung **1** 40
- Unternehmen *siehe* Inkassounternehmen
- unternehmensinternes **1** 27
- Vertrag *siehe* Inkassovertrag
- vorgerichtliches **2** 365 ff., 484 ff.
- Zwangsvollstreckung **1** 40

Inkassounternehmen 1 38 ff., *siehe auch* Inkasso
- Akte elektronische **2** 321
- als Akteur des Inkassos **1** 13 ff.
- Anerkennung **1** 6
- Auskunft *siehe* Informationsbeschaffung
- Außendienst *siehe dort*
- BDIU **1** 19
- Bedeutung, wirtschaftliche **1** 2, 12
- Begriff **1** 1
- Bemühungen, besondere **2** 357 ff.
- Call Agent **2** 366
- Dienstleister, externer **1** 29
- Differenzierung RA/Inkassounternehmen **2** 437 ff.

269

Stichwortverzeichnis

- Einziehung *siehe* Inkasso
- Entgelt *siehe* Kostenerstattung
- Entstehung **1** 1 ff.
- Erfolgshonorar *siehe dort*
- Erlaubnis *siehe dort*
- Ermittlung von Gründen **1** 40
- erstes **1** 3
- Forderung *siehe dort*
- Gebühren *siehe* Kostenerstattung
- Gehaltsniveau **1** 28
- Geschichte **1** 1 ff.
- Honorar *siehe* Kostenerstattung
- Inkassotätigkeit *siehe* Inkasso
- Kernkompetenzen **1** 39
- Konkurrenz zum Rechtsanwalt **1** 38
- konzerneigenes *siehe* Konzerninkasso
- Kosten *siehe* Kostenerstattung
- Mahntätigkeit **2** 9
- Mahnverfahren **2** 483
- Massenbearbeitung **1** 41 ff.
- Parallelität der Tätigkeit zum Rechtsanwalt **2** 541 f.
- Provision *siehe* Kostenerstattung
- Rechtsberatungsgesetz **1** 7
- Rechtsberatungsmissbrauchsgesetz **1** 6
- Rechtsdienstleistungsgesetz *siehe dort*
- Spektrum des Forderungsmanagements **1** 29
- Unterschied Berufsausübung zum Rechtsanwalt **2** 351 ff.
- Vertrag *siehe* Inkassovertrag
- Vorlaufblatt **2** 321
- Zwangsvollstreckung *siehe dort*

Inkassovertrag
- Abrechnung nach Einzeltätigkeit **2** 290
- Abtretung des Erstattungsanspruchs **2** 295 ff.
- AGB **2** 309
- Auslagen *siehe dort*
- Auswahlkriterien **2** 311
- Bestimmung **2** 315 ff.
- Drittschadensliquidation **2** 295 ff.
- Entscheidung Zahlung oder Freistellung **2** 330 ff.

- Erfolgshonorar *siehe dort*
- Geschäftsbesorgungsvertrag mit Dienstleistungscharakter **2** 288
- Grundmodelle **2** 289 ff.
- Nichterfolgspauschale **2** 298
- Pauschalhonorar *siehe dort*
- Regelungsgrenzen §§ 305 ff. BGB **2** 8
- Vergütung, ortsübliche *siehe dort*

Insolvenzverfahren *siehe* Erlaubnis

Kaufvertrag *siehe* Forderungskauf
Kernkompetenzen
- Akteure, handelnde **1** 13
- Gläubiger **1** 26 ff.
- Inkassounternehmen **1** 39
- Rechtsanwalt **1** 33

Klagebegründung 4 M 3
- Basiszinssatz **4** 2

Klageerhebung 2 209
Klageverfahren *siehe* Geltendmachung, gerichtliche
Kleinunternehmer 2 212 ff.
Kontoführungsgebühr 2 546
Konzerninkasso 2 553 ff.
- als Verzugsschaden **2** 553 ff.
- Behandlung, kostenrechtliche **2** 574 ff.
- Benachteiligung, unangemessene **2** 582
- Fazit **2** 573
- Mahnabteilung, formal ausgegliederte **2** 570
- Mahnung **2** 575
- Mischform **2** 555
- Problematik, berufs- u. kostenrechtliche **2** 563 ff.
- Problematik, künftige **2** 567 ff.
- Problembeschreibung **2** 553 ff.
- Rechnungsstellung **2** 575
- Rechtsmissbrauch **2** 581
- Schuldnerschutz *siehe dort*
- Stand der Diskussion in der Literatur **2** 563 ff.
- Tätigkeit, überobligatorische **2** 575
- Verbraucher, leistungsbereiter **2** 580

Stichwortverzeichnis

- Versagung Erstattung **2** 580
- Verursacherprinzip **2** 582
- Verzugseintritt **2** 575
- Zumutbarkeitserwägungen **2** 577 ff.
- Zusammenfassung **2** 583 ff.
- **Kosten** *siehe* Kostenerstattung
- **Kostenerstattung 1** 12, 17 ff., 53 ff.; **2** 5 ff., 31 ff.
- AGB *siehe* Allgemeine Geschäftsbedingungen
- als Entscheidungsgrundlage des Gläubigers **1** 30
- Anspruch, prozessualer **1** 9; **2** 4
- Argumentationslinien Rechtsprechung **2** 256 ff.
- aus Verzug *siehe* Verzug
- Auslagen *siehe dort*
- Begründung im Erkenntnisverfahren **2** 35
- Besonderheiten nach Inkassovertrag *siehe* Inkassovertrag
- Bezeichnung im Mahnverfahren **2** 35
- Darlegungs- und Beweislast *siehe dort*
- Dienstleisterkosten **2** 182 f.
- Eigenobliegenheiten *siehe dort*
- Einigung, gütliche **2** 10 ff.
- Einleitung **2** 31 ff., 277 ff.
- Einschränkung **2** 34
- Einwendung *siehe dort*
- Entscheidung Zahlung oder Freistellung **2** 330 ff.
- Erstattungsfähigkeit **2** 257 ff.
- Factoring *siehe dort*
- Fehlerquellen **2** 30
- Forderungsinkasso, außergerichtliches **2** 267 ff.
- Forderungskauf **2** 593 ff.
- Geltendmachung, gerichtliche *siehe dort*
- Höhe **2** 277 ff.
- Inkassokosten **4** M 1
- Klagebegründung **4** M 2
- Konzerninkasso *siehe dort*
- Kosten, notwendige **2** 463 ff., 545 ff.

- Kostenregelung, einheitliche **1** 9
- Kostenvorteil Inkassounternehmen **1** 41 ff.
- Mahnung **1** 48 ff.; **2** 6
- Mahnverfahren, gerichtliches *siehe dort*
- nach EGRDG **1** 11
- nach Rechtsanwaltskosten **2** 283 ff.
- neben Rechtsanwaltskosten **2** 371 ff., 547 ff.
- Nebenforderung *siehe dort*
- Problemstellung **1** 9
- Prozessökonomie **2** 286
- prozessuale im Mahnverfahren *siehe* Mahnverfahren, gerichtliches
- prozessuale in der Zwangsvollstreckung *siehe* Zwangsvollstreckung
- Ratenzahlungsvereinbarung *siehe dort*
- Rechtsanwalt **1** 46 ff., 52; **2** 283 ff., 359 ff., 371 ff., 547 ff.
- Schadensbegrenzung *siehe* Schadensminderungspflicht
- Schadensersatzgesichtspunkt **1** 18
- Schadensminderungspflicht *siehe dort*
- Schuldnerschutz *siehe dort*
- Stellungnahme zur Rechtsprechung **2** 256 ff.
- Tabelle Aufwand Inkassounternehmen **2** 321
- über Rechtsanwaltskosten **2** 359 ff.
- Umsatzsteuer *siehe dort*
- Vereinbarung **2** 8, 288 ff.
- Vergleichbarkeit Tätigkeiten **2** 264 ff.
- Vergleichbarkeit Vergütung RA/Inkassounternehmen **2** 419 ff.
- Vergütung, vertraglich vereinbarte **2** 288 ff.
- Vergütungsmodelle Inkassounternehmen **2** 289 ff. *siehe auch* Inkassovertrag
- Vertragsgesichtspunkt **1** 18
- Verzug *siehe dort*
- Vortrag, schlüssiger *siehe* Geltendmachung, gerichtliche

Stichwortverzeichnis

- Wechsel Rechtsdienstleister nach vorgerichtlichem Inkasso **2** 484 ff.
- Zahlungsunfähigkeit **2** 238 ff.

Kostengünstigkeitsvergleich 2 539 ff.

Kredit 1 2; **2** 155

Leistung
- Hindernis **2** 144
- regelmäßig wiederkehrende **2** 72 ff., 120
- überobligatorische **2** 178 f., 185 ff.
- Vorleistung **1** 2
- Zeit *siehe* Fälligkeit

lex specialis 2 465

Liquidität, mangelnde 2 143

Lohnpfändung *siehe* Zwangsvollstreckung

Mahnabteilung 2 570

Mahnbescheid *siehe* Mahnverfahren, gerichtliches

Mahngebühr 2 6

Mahnung 2 53 ff., M 233
- Additionsfehler, offensichtlicher **2** 65
- Androhung Rechtsfolgen **2** 75 f.
- Annahmeverzug **2** 81
- Anspruch aus Rücktritt/Widerruf **2** 125
- Bedingungen, vertragsgemäße **2** 68 f.
- Bestimmbarkeit Forderung **2** 58 ff.
- Bestimmbarkeit, hinreichende **2** 65 f.
- Darlegungs- und Beweislast *siehe dort*
- Darlehensforderung **2** 124
- Entbehrlichkeit *siehe* Mahnung Entbehrlichkeit
- Entgeltforderung **2** 161 ff.
- erneute **2** 73
- Ersatz durch Klage **2** 89 ff.
- Ersatz durch Mahnbescheid **2** 89 ff.
- Falschforderung **2** 58 ff.
- fehlerhafte **2** 61 f.
- Forderungsaufstellung, bezifferte **2** M 2, 58 ff., 127
- Form **2** 53 ff., 129
- Fristsetzung *siehe dort*
- Hinweis auf Rechtsfolgen bei Verbraucher **2** M 2, 133
- Hinweis auf Zinsen **2** M 2, 58 ff.
- Inhalt, notwendiger **2** 53 ff.
- Klage **2** 89 ff. *siehe auch* Geltendmachung, gerichtliche
- Konzerninkasso **2** 575
- Kostenerstattung **1** 48 ff.; **2** 156
- Leistung, zukünftige **2** 72 ff.
- Leistungszeit kalendermäßig bestimmt **2** 92 ff.
- Mahnbescheid **2** 89 ff.
- Mahngebühr **2** 6
- nach Fälligkeit **2** 77 ff.
- Nachsendeantrag **2** 84
- Rechenfehler **2** 65
- Tätigkeit **2** 9
- Unterhaltsleistung **2** 72 ff.
- Verbindung mit fälligkeitsbegründender Mitteilung **2** 80
- Verbraucher **2** 133 ff.
- Verfahren, gerichtliches *siehe* Mahnverfahren, gerichtliches
- Verstoß gegen gesetzliches Verbot **2** 67
- Währung, falsche **2** 65
- Wirksamkeit **2** 58 ff., 65 ff.
- Zeitpunkt **2** 77 ff.
- Zinsforderung **2** 58 ff., M 60
- Zugang **2** 82 ff., 130
- Zustellung **2** 87
- Zuvielforderung **2** 58, 63 ff., 102, 128
- Zuwenigforderung **2** 70 f.

Mahnung Entbehrlichkeit 2 91 ff.
- Angemessenheit **2** 107 ff.
- Anspruch aus Rücktritt/Widerruf **2** 125
- Bestimmung, quartalsmäßige **2** 101
- Bestimmungsrecht, einseitiges **2** 98 f.
- Darlegungs- und Beweislast *siehe dort*
- Darlehensforderung **2** 124
- Entgeltforderung **2** 161 ff.
- Ereignisabhängigkeit **2** 102 ff.
- Erfüllungsverweigerung **2** 110 ff.

- Europäische Zahlungsverzugsrichtlinie *siehe* Zahlungsverzugsrichtlinie, Europäische
- Festlegung Datum während Vertragsdurchführung **2** 98 f.
- Folgezahlung **2** 120
- Forderungsaufstellung, bezifferte **2** 127
- Formulierungen, anerkannte **2** 97, 106, 111
- Formulierungen, nicht ausreichende **2** 100, 112
- Gründe, besondere **2** 114 ff.
- Hinweis auf Rechtsfolgen bei Verbraucher **2** 133 ff., M 137
- Interessenabwägung **2** 114 ff.
- Leistung, regelmäßig wiederkehrende **2** 120
- Leistungszeit kalendermäßig bestimmt **2** 92 ff., 103
- nach § 286 Abs. 2 Nr. 1–4 BGB **2** 86
- Rechnung **2** 127
- Selbstmahnung **2** 119
- Sonderregelung § 286 Abs. 3 BGB **2** 121 ff.
- Verhalten, mahnungverhinderndes **2** 116 ff.
- Zahlungsaufstellung **2** 127
- Zahlungsverzugsrichtlinie, Europäische *siehe dort*
- Zuvielforderung **2** 128

Mahnverfahren, gerichtliches 1 9, **2** 389, 422; **3** 4 ff.
- als Grenze der Wahlfreiheit **2** 251 ff.
- Anrechnung *siehe dort*
- Aspekte der gerichtlichen Rechtsverfolgung **2** 452
- Aspekte, verfassungsrechtliche **2** 457
- Aufwand, geringer zusätzlicher **2** 454 ff.
- Auslagen *siehe dort*
- Auslagenpauschale *siehe dort*
- Auslegung zu § 4 Abs. 4 EGRDG *siehe* Auslegung
- Auswirkungen der Neuregelung § 4 Abs. 4 EGRDG **2** 458 ff., 529 ff.
- BDIU **2** 453
- Differenzierung RA/Inkassounternehmen **2** 437 ff.
- Einleitung Kostenerstattung **2** 405 ff.
- Einspruch **2** 252, 389
- Entlastung Praxis, gerichtliche **2** 436
- Erlaubnis *siehe dort*
- Festgebühr **2** 471
- Gebühr brutto/netto? **2** 426 ff. *siehe auch* Umsatzsteuer
- Geltendmachung, gerichtliche **3** 4 ff.
- Haftungsrisiko Rechtsdienstleister **2** 440
- Höchstgebühr **2** 436
- Kosten, notwendige **2** 463 ff.
- Kostendeckelung **2** 436 ff., 488
- Kostenerstattung **1** 9; **2** 405 ff.
- Kostenrisiko **2** 430
- Mahnbescheid als Ersatz für Mahnung **2** 89 f.
- Mahngericht, zentrales **2** 520
- Masseverfahren **2** 524
- Mindestgebühr **2** 436
- Motivation, gesetzgeberische zu § 4 Abs. 4 EGRDG **2** 433 ff.
- Plausibilitätskontrolle *siehe dort*
- Problemaufriss **2** 241 ff.
- Prognoseentscheidung **2** 474
- Prozesskostenhilfeverfahren **2** 473
- Prozessökonomie **2** 472
- Prüfung Kostenerstattungsklausel Ratenzahlungsvereinbarung **2** 20 f.
- Rechtfertigung **2** 451, 472
- Rechtsanwalt **1** 34
- Rechtsmittel **2** 524 f.
- Regelgebühr **2** 435, 471
- Regelungsgehalt § 4 Abs. 4 EGRDG **2** 411 ff.
- Schadensminderungspflicht *siehe dort*
- Titulierung **2** 238, 476
- Umsatzsteuer **2** 459
- Ungleichbehandlung **2** 445
- Vergleichbarkeit Vergütung RA/Inkassounternehmen **2** 419 ff.
- Vergütung, anwaltliche **2** 413 ff.

Stichwortverzeichnis

– Vergütung, anwaltliche, Berechnungsbeispiele **2** 417
– Vergütung, anwaltliche, Fälle **2** 415
– Vergütung, pauschale Inkassounternehmen *siehe* Pauschalhonorar
– Vollstreckungsbescheid **2** 422
– Wahlfreiheit Gläubiger *siehe* Wahlfreiheit
– Wechsel Rechtsdienstleister nach vorgerichtlichem Inkasso **2** 484 ff.
– Widerspruch **2** 252, 389, 522
Massenbearbeitung 1 41 ff.; **2** 58 ff.
Mehrwertsteuer *siehe* Umsatzsteuer
Mobiliarzwangsvollstreckung 2 245 f., 406, 535, 549
– Erlaubnis **1** 7, 10, 18; **2** 245 f.

Nacht-, Sonntags- und Feiertagsbeschluss *siehe* Zwangsvollstreckung
Nebenforderung 2 36, 160, 184, 278; **3** 16
Nebenleistung 2 400
Nichterfolgspauschale *siehe* Pauschalhonorar
Normauslegung *siehe* Auslegung

Obliegenheit *siehe* Eigenobliegenheit
Offenbarungsverfahren *siehe* Zwangsvollstreckung
Öffentliche Hand 2 101
Ortsüblichkeit 2 323 ff.
Outsourcing 1 28; **2** 553 ff.

Pauschalhonorar 2 291 ff., 303 ff., 471
– als Verzugsschaden **2** 152
– Ersatz **2** 307
– Inkassounternehmen **2** 152
– Kostenerstattung, Höhe **2** 292
– Mahnverfahren, gerichtliches **2** 409 ff.
– neben Erfolgshonorar **2** 308
– Nichterfolgspauschale **2** 298
Personen, handelnde *siehe* Akteure, handelnde

Pfändungs- und Überweisungsbeschluss *siehe* Zwangsvollstreckung
Pfändungsschutzbestimmung 2 253
Plausibilitätskontrolle 2 21, 429, 520 ff.; **3** 4 ff.
Privatperson *siehe* Verbraucher
Prozesskostenhilfeverfahren 2 473
Prozessökonomie 2 286, 472

Ratenzahlungsvereinbarung 2 11 ff., M 16
– AGB *siehe* Allgemeine Geschäftsbedingungen
– Fehlerquellen **2** 30
– Geltendmachung, gerichtliche **3** 1
– Grundlagen, rechtliche **2** 11 ff.
– Höhe der Vergütung **2** 15
– mit Kostenerstattung **2** M 16
– ohne Kostenregelung **2** 14
– Prüfung im gerichtlichen Verfahren **2** 20
– Prüfung im Mahnverfahren **2** 20 f.
– Rechtsausübung, unzulässige **2** 27
– Rechtsgedanke des § 98 ZPO **2** 14
– Schuldnerschutz *siehe* dort
– Schuldversprechen **2** 17
– Zinsstopp **2** 394
RDG *siehe* Rechtsdienstleistungsgesetz
Rechenfehler 2 65
Rechnung 2 127, 205
Rechtsanwalt 1 13
– Abbruch der Geschäftsbeziehung **2** 368
– als Akteur des Inkassos **1** 13 ff.
– Anrechnung von Gebühren *siehe* Anrechnung
– Auslagenpauschale *siehe* dort
– Außendienst *siehe* dort
– Auswirkungen der Neuregelung § 4 Abs. 4 EGRDG **2** 458 ff., 529 ff., *siehe auch* Mahnverfahren, gerichtliches
– Datenbestand, eigener **1** 36 f.

Stichwortverzeichnis

- Differenzierung RA/Inkassounternehmen **2** 437 ff.
- Erfolgshonorar **1** 44 f.
- Fälligkeit Vergütung **2** 46
- Gebühren **2** 156
- Gebühren als Vergleichsmaßstab **2** 283 ff., 323 ff.
- Gebühren als Verzugsschaden **2** 156
- Geltendmachung eigener Forderung **2** 202
- Geschäftsgebühr **2** 285
- Informationsmanagement **1** 36
- Inkasso **1** 35
- Inkassokosten neben Rechtsanwaltsgebühr **2** 371 ff.
- Kernkompetenzen **1** 33
- Konkurrenz zum Inkassounternehmen **1** 38
- Kostendeckelung **2** 488
- Kostenerstattung *siehe dort*
- Mahnverfahren, gerichtliches *siehe dort*
- Notwendigkeit der Zuziehung **2** 381 ff.
- Parallelität der Tätigkeit zum Inkassobüro **2** 541 f.
- Rechtsberatung **1** 32
- Telefoninkasso **1** 35
- Übersteigen der Rechtsanwaltsgebühr **2** 359 ff.
- Umsatzsteuer *siehe dort*
- Unterschied Berufsausübung zum Inkassounternehmen **2** 351 ff.
- Verfahren, gerichtliches *siehe* Geltendmachung, gerichtliche
- Vergleichbarkeit Vergütung RA/Inkassounternehmen **2** 419 ff.
- Vergütung, anwaltliche im Mahnverfahren *siehe* Mahnverfahren, gerichtliches
- Wechsel Rechtsdienstleister nach vorgerichtlichem Inkasso **2** 484 ff.
- Zwangsvollstreckung *siehe dort*

Rechtsanwaltsvergütungsgesetz 2 538

Rechtsausübung, unzulässige 2 27
Rechtsberatung
- Erlaubnis **1** 8
- Rechtsanwalt *siehe dort*

Rechtsberatungsgesetz (RBG) 1 7
Rechtsberatungsmissbrauchsgesetz 1 6
Rechtsbesorgung *siehe* Erlaubnis
Rechtsdienstleister
- Erlaubnis zur Rechtsdienstleistung *siehe* Erlaubnis
- Haftungsrisiko **2** 440
- Wechsel nach vorgerichtlichem Inkasso **2** 484 ff.

Rechtsdienstleistungsgesetz 1 7 ff.
- Einführungsgesetz (EGRDG) **1** 11
- Erlaubnis *siehe dort*
- Schadensminderungspflicht neue Rechtslage **2** 375 ff., 388 ff.
- Tätigkeiten, erlaubte/verbotene *siehe* Erlaubnis

Rechtsmittel 2 537, *siehe auch* Geltendmachung, gerichtliche
Rechtsunkenntnis 2 145
Rechtsverfolgungskosten 2 156
Regelgebühr 2 471
Revision 2 525
Risiko
- berufs- oder strafrechtliches **2** 532
- wirtschaftliches **1** 2; **2** 531

Rücktritt 2 125

Sachmangel 1 27
Sachverständigengutachten 2 313
Schadensersatz 2 154 ff.
- Auslagen *siehe dort*
- Berechenbarkeit für Schuldner **2** 157
- Berechnung, konkrete **2** 158
- Erfüllungsverzögerung **2** 156
- Gerichtsgebühren **2** 156
- Gewinn, entgangener **2** 155 f.
- Inkassokosten **2** 156
- Kreditkosten **2** 155
- Kreditzinsen **2** 155
- Mahnkosten **2** 156
- Naturalrestitution **2** 154

275

Stichwortverzeichnis

- pauschalierter **2** 176 f.
- Rechtsanwaltsgebühren **2** 156
- Rechtsverfolgungskosten **2** 156
- Schadensberechnung, konkrete **2** 180
- Schadensminderungspflicht *siehe dort*
- Schadenspauschale, allgemeine **2** 202
- Schadenspositionen, mögliche **2** 155 f.
- Spekulationsgeschäft **2** 156
- Verzögerungszinsen nach § 288 BGB **2** 155

Schadensminderungspflicht 1 50 ff.; **2** 206, 285, 287, 425, 527
- Abhängigkeit vom erteilten Auftrag **2** 347 ff.
- als Grenze der Wahlfreiheit **2** 248 ff.
- Anrechnung von Gebühren *siehe* Anrechnung
- Auslagenpauschale **2** 459
- Auswirkungen der Neuregelung § 4 Abs. 4 EGRDG **2** 458 ff., 529 ff.
- Beachtlichkeit **2** 395 ff.
- Begrenzung Wahlfreiheit **2** 248 ff.
- Bemühungen, besondere **2** 357 ff.
- Darlegungs- und Beweislast *siehe dort*
- Eigenobliegenheit **2** 206
- Einleitung **2** 334 ff.
- Einwendung **2** 374
- Entfallen Erstattung **2** 362 ff., 486 ff.
- Erkennbarkeit eines hohen Schadens **2** 341 ff.
- Forderung, unbestrittene **2** 376
- Forderungsinkasso, vorgerichtliches **2** 365 ff.
- Fragen, prozessuale **2** 395 ff.
- Geltendmachung, gerichtliche *siehe dort*
- Hinweis auf ungewöhnlich hohen Schaden **2** 336, 340 ff.
- Information Schuldner über Inkasso **2** 344 ff.
- Informationsbeschaffung **2** 358, 365 ff.
- Inkassokosten neben Rechtsanwaltsgebühr **2** 371 ff.
- Kosten, notwendige **2** 463 ff.
- Kostengünstigkeit **2** 336 ff.
- Mahnverfahren, gerichtliches **2** 425
- Mehrkosten **2** 386
- Notwendigkeit der Zuziehung RA **2** 357, 381 ff.
- Prognoseentscheidung **2** 337 ff., 357, 381 ff., 390
- Rechtslage, neue **2** 288 ff., 375 ff.
- Titulierung im gerichtlichen Mahnverfahren **2** 339
- Übersteigen der Rechtsanwaltsgebühr **2** 359 ff.
- Umsatzsteuer *siehe dort*
- Verpflichtung zur Beauftragung Inkassounternehmen *siehe* Wahlfreiheit
- Verstoß **2** 348 ff., 390, 485
- Verweigerung gänzliche Kostenerstattung **2** 362 ff.
- Vorhersehbarkeit, Auffassung, bisherige **2** 375 ff.
- Vorliegen eines hohen Schadens **2** 341 ff.
- Wechsel Rechtsdienstleister nach vorgerichtlichem Inkasso **2** 484 ff.
- Zahlungsunfähigkeit **2** 378, 393
- Zahlungsunwilligkeit **2** 377
- Zeitpunkt der Beauftragung **2** 337
- Zusammenfassung **2** 230 ff.
- Zwangsvollstreckung **2** 542

Schadenspositionen *siehe* Schadensersatz

Schuldner
- Benachteiligung, unangemessene **2** 582
- Berechenbarkeit Verzugsschaden **2** 157
- Darlegungs- und Beweislast *siehe dort*
- Einwendung *siehe dort*
- Großunternehmer **2** 212 ff.
- Information über drohende Einschaltung Inkasso **2** 344 ff.

- Kleinunternehmer **2** 212 ff.
- Kostenrisiko Mahnverfahren **2** 430
- Nachsendeantrag **2** 84
- Privatperson *siehe* Verbraucher
- Schutz *siehe* Schuldnerschutz
- Selbstmahnung **2** 119
- Verhalten, mahnungverhinderndes **2** 116 ff.
- Verschulden **2** 40, 47
- Zahlungsunfähigkeit **2** 238 ff.

Schuldnerschutz 1 8; **2** 27, 211 ff., 580
- Pfändungsschutzbestimmung **2** 253
- Ratenzahlungsvereinbarung **2** 25 ff.

Selbstmahnung 2 119

Sonntags-, Feiertags- und Nachtbeschluss *siehe* Zwangsvollstreckung

Sparkassen 2 520

Spekulationsgeschäft 2 156

Streitwert *siehe* Geltendmachung, gerichtliche

Stundung 2 48 ff.

Tätigkeit
- erlaubte/verbotene *siehe* Erlaubnis

Telefoninkasso 1 35, 54; **2** 85, 352 ff.

Telekommunikationsbranche 2 58 ff.

Terminsgebühr 2 543

Treu und Glauben 2 206

Umsatzsteuer 2 490 ff., 528 ff.
- Auslagen *siehe dort*
- Banken **2** 520
- Bestimmung **2** 528
- Höhe **2** 528
- Mahngericht, zentrales **2** 520
- Plausibilitätskontrolle **2** 520 ff.
- Schadensminderungspflicht **2** 459
- Sparkassen **2** 520
- Versicherungen **2** 520

Ungewissheit, rechtliche 2 146

Ungleichbehandlung 2 214, 445, 518 ff., 523

Unterhaltsleistung 2 72 ff.

Unternehmensfinanzierung 2 590

Verbraucher 2 212 ff., 580
- als Schuldner *siehe* Schuldner
- Mahnung **2** 133 ff.
- Schutz *siehe* Schuldnerschutz

Verfahren, gerichtliches *siehe* Geltendmachung, gerichtliche

Verfassungsrecht 2 451, 519 ff.

Vergütung
- Inkassounternehmen **2** 283 f.
- Kostenerstattung *siehe dort*
- Ortsüblichkeit **2** 323 ff.
- Rechtsanwalt *siehe dort*
- vertraglich vereinbarte **2** 288 ff.

Vergütung, ortsübliche 2 283 f., 287, 312 ff.
- AGB **2** 317 f.
- Anforderungen an Dokumentation **2** 320 ff.
- Aufwand, tatsächlicher **2** 319 ff.
- Dokumentation **2** 320 ff.
- Einzelfallbestimmung **2** 313
- Maßstab für Bestimmung **2** 315
- Orientierung an Rechtsanwaltsgebühren **2** 323 ff.
- Ortsüblichkeit **2** 323 ff.

Vergütungsmodelle *siehe* Inkassovertrag

Verjährung 2 400
- Hemmung **2** 401 ff.
- Nebenleistung **2** 400
- Neubeginn **2** 401 ff.
- Regelverjährung § 195 BGB **2** 400
- Verzugsschaden **2** 399 ff.

Verkehrsauffassung 2 203 ff., 230 ff.

Vermögen, verwertbares *siehe* Zwangsvollstreckung

Verrechnung 2 296

Versandhandel 2 58 ff.

Versäumnisurteil 2 397

Verschulden
- Abdingbarkeit § 286 Abs. 4 BGB **2** 140
- Abtretung als Leistungshindernis **2** 144
- Darlegungs- und Beweislast **2** 141
- Garantie **2** 140

277

Stichwortverzeichnis

- Liquidität, mangelnde **2** 143
- Maßstab der §§ 276, 278 BGB **2** 142 ff.
- Normauslegung **2** 146
- Rechtsprechungsverständnis **2** 146
- Rechtsunkenntnis **2** 145
- Schuldner **2** 40, 47
- Ungewissheit, rechtliche **2** 146
- Vertretenmüssen **2** 139
- Verzug **2** 139 ff.

Versicherungen 2 520
Versorgungswirtschaft 2 58 ff.
Verzögerungszinsen *siehe* Verzugsschaden
Verzug 1 47 ff.; **2** 234
- Abtretung *siehe dort*
- als Grundlage der Kostenerstattung **2** 278
- Fälligkeit der Leistung *siehe* Fälligkeit
- Forderungskauf nach Verzugseintritt **2** 163
- Hinweis auf Folgen der Nichtzahlung **2** 234
- Kausalität zwischen Verzug und Schaden **2** 151 ff.
- Kostenerstattung **1** 47 ff.
- Mahnung *siehe dort*
- Möglichkeit der Leistung **2** 38
- Nichtleistung Schuldner **2** 39 ff.
- Schaden *siehe* Verzugsschaden, *siehe auch* Schadensersatz
- Verschulden *siehe dort*
- Verzugszinsen *siehe* Verzugsschaden
- Voraussetzungen **2** 33 f.

Verzugsschaden 2 36, 50, 147 ff., 156, 164 ff., 552
- Abtretung *siehe dort*
- Art **2** 150
- Eigenkosten *siehe* Eigenobliegenheiten
- Eigenobliegenheiten *siehe dort*
- Einleitung **2** 147 ff.
- Erfüllungsverzögerung **2** 156
- Geldersatz nach § 251 Abs. 1 BGB *siehe* Schadensersatz

- Geltendmachung, gerichtliche *siehe dort*
- Inkassokosten **2** 164 ff.
- Inkassounternehmen **2** 152
- Kausalität zwischen Verzug und Schaden **2** 151 ff.
- Nutzungsausfallschaden **2** 202
- Pauschalhonorar *siehe dort*
- Rechtsanwaltskosten **2** 151
- Schadensersatz *siehe dort*
- Umfang **2** 150
- Verjährung *siehe dort*
- Verzinsung **2** 147
- Verzugszinsen **2** 49 f.; **3** 14, M 15
- Verzugszinsen, Geltendmachung, gerichtliche *siehe* Geltendmachung, gerichtliche
- Verzugszinsstopp **2** 394
- Zeitpunkt des Schadenseintritts **2** 169

Vollstreckungsbescheid *siehe* Mahnverfahren, gerichtliches
Vollstreckungsverfahren 2 253
Vorlaufblatt 2 321
Vorleistung 1 2
Vortrag, schlüssiger 2 278

Wahlfreiheit 2 235 ff.
- Auswirkungen der Neuregelung § 4 Abs. 4 EGRDG **2** 458 ff.
- Begrenzung durch Schadensminderungspflicht **2** 248 ff.
- Betrachtung, differenzierende **2** 242
- Einwendung Schuldner *siehe* Einwendung
- Mahnverfahren, gerichtliches **2** 251 ff.
- Rechtslage ab 1.7.2008 **2** 243 ff.
- Zahlungsunfähigkeit **2** 238 ff.

Währung, falsche 2 65
Widerruf 2 125
Widerspruch *siehe* Mahnverfahren, gerichtliches
Wirksamkeit 2 58 ff.

Zahlungsaufstellung 2 127

Stichwortverzeichnis

Zahlungsunfähigkeit
- Erstattung Inkassokosten **2** 238 ff., 244
- Schadensminderungspflicht *siehe dort*

Zahlungsunwilligkeit 2 377

Zahlungsverzugsrichtlinie, Europäische 2 109, 121, 221 ff.

Zedent 2 162

Zessionar 2 161

Zeuge 2 85

Zinsen *siehe* Verzugsschaden

Zugang *siehe* Mahnung

Zustellung *siehe* Mahnung

Zwangsvollstreckung 2 253
- Auslagen *siehe dort*
- Auslagenpauschale *siehe dort*
- Beschwerde, sofortige **2** 537
- Durchsuchungsbeschluss **2** 535
- Einleitung streitiges Verfahren **2** 536
- Erinnerung **2** 537
- Erlaubnis *siehe dort*
- Ermittlungsmaßnahme **2** 550
- Fahrnisvollstreckung *siehe dort*
- Feiertags-, Sonntags- und Nachtbeschluss **2** 535
- Festsetzung von Inkassokosten **2** 544
- Forderung **2** 245, 535
- Forderungspfändung **2** 550
- Haftbefehl **2** 549
- Informationsbeschaffung *siehe dort*
- Inkassokosten neben Rechtsanwaltskosten **2** 547 ff.
- Kontoführungsgebühr **2** 546
- Kosten, notwendige **2** 545 ff.
- Kostengünstigkeitsvergleich **2** 539 ff.
- Lohnpfändung **2** 551
- Mobiliarzwangsvollstreckung *siehe dort*
- Nacht-, Sonntags- und Feiertagsbeschluss **2** 535
- Offenbarungsverfahren **2** 535, 549 f.
- Parallelität der Tätigkeit **2** 541 f.
- Pfändungs- und Überweisungsbeschluss **2** 549
- Rechtsanwalt **1** 34
- Rechtsanwaltsvergütungsgesetz **2** 538
- Schadensminderungspflicht *siehe dort*
- Sonntags-, Feiertags- und Nachtbeschluss **2** 535
- Terminsgebühr **2** 543
- Vermögen, verwertbares **2** 550

279